LEO TROTZKI

LENIN

Biographische Abrisse

manifest.
geschichte des widerstands.

In der Edition **geschichte des widerstands.** veröffentlichen wir Bücher mit einem historischen oder biographischen Schwerpunkt.

1. Auflage, 2022

Manifest Verlag (Arnsburg, Koschitzki und Sol e.V. GbR)
Dieffenbachstr. 17, 10967 Berlin
Telefon: (030) 24 72 38 02
Email: info@manifest-verlag.de
Internet: www.manifest-verlag.de

Satz und Umschlaggestaltung: René Arnsburg
Korrektur: Gundula Hoffmann
Druck: Booksfactory

Umschlagfoto: Trotzki, Lenin und Kamenew im Gespräch (1919)

ISBN 978-3-96156-119-3

Inhaltsangabe

DER JUNGE LENIN

Die Heimat ... 8
Die Familie ... 18
Der revolutionäre Weg der Intelligenz ... 27
Der ältere Bruder ... 38
Die achtziger Jahre ... 45
Der 1. März 1887 ... 53
Kindheit und Schuljahre ... 63
Schicksalsschläge treffen die Familie ... 76
Der Vater und die zwei Söhne ... 88
Die Vorbereitung beginnt ... 103
Unter dem Deckmantel der Reaktion ... 118
Die »Samarer Periode« ... 130
Das Hungerjahr – Die Advokatur ... 144
Der junge Lenin ... 152
Meilensteine der Entwicklung ... 161
Zeittafel ... 173

ÜBER LENIN. MATERIAL FÜR EINEN BIOGRAPHEN.

Vorwort 180

Lenin und die alte »Iskra« 182

Rund um den Oktober 215

Der Umsturz 227

Brest-Litowsk 234

Die Verjagung der Konstituierenden Versammlung 243

Regierungsarbeit 250

Lenins Regierungston 252

Die Tschechoslowaken und die linken Sozialrevolutionäre 261

Lenin auf der Tribüne 267

Der Philister über den Revolutionär 273

ANHANG

Über den Fünfzigjährigen 284

Über den Verwundeten 288

Über den Kranken 293

Über den Toten 297

Leo Trotzki
Der junge Lenin

Die Heimat

Neben vielem anderen wurde von der Revolution auch die alte verwaltungsmäßige Einteilung des Landes gestürzt. Es verschwanden die unter Katharina II. eingeführten Gouvernements, die sich im Laufe von anderthalb Jahrhunderten so eng mit dem politischen Regime, dem Recht und der Literatur verflochten hatten, daß sie gewissermaßen zu Teilabschnitten der Natur selbst geworden waren. Das Simbirsker Gouvernement, in dem sich die Kindheit und die frühe Jugend des späteren Lenin abspielten, war ein Teil jenes riesigen Gebietes, das von der Wolga, der Königin der russischen Flüsse, zu einer Einheit verbunden und beherrscht wird. Wer an der Wolga aufgewachsen ist, der trägt sein ganzes Leben lang ihr Bild in sich. Die Eigenart und Schönheit des Flusses beruht auf dem Kontrast seiner Ufer: das rechte erhebt sich als hohe bergige Barriere gegen Asien, während das linke als Tiefebene in die unermeßlichen Weiten des Ostens überleitet. Hundertfünfzig Meter hoch erhebt sich über dem beweglichen Spiegel des Flusses jener Berg, auf dem sich kreuz und quer im Grün ihrer Gärten die Stadt Simbirsk ausbreitet, die rückständigste und hinderwäldlerischste aller Gouvernementsstädte des Wolgagebietes. Die Anhöhe, auf der sie liegt, ist gleichzeitig die Wasserscheide zwischen der Wolga und einem ihrer Nebenflüsse, der Swijaga; diese beiden Flüsse, die hundert Kilometer weit parallel verlaufen, fließen – einer Laune der Oberflächengestaltung folgend – ineinander entgegengesetzte Richtungen: die Wolga nach Süden, die Swijaga nach Norden. Beim Simbirsker Berg kommt die Swijaga so nahe an die Wolga heran, daß die Stadt am rechten Ufer beider Flüsse liegt.

Zu jener Zeit, mit der unsere Erzählung beginnt – als die Familie Uljanow nach Simbirsk übersiedelte (1869) –, waren seit der Gründung der Stadt etwa 220 Jahre verstrichen. Die Großrussen waren hartnäckig in das reiche Land am Mittellauf der Wolga vorgestoßen, das schon von Tschuwaschen, Mordwinen und Tataren besiedelt war, hatten sich in Besitz dieser Ländereien gesetzt und die Nomaden nach dem Osten getrieben. Und in diesen Ländereien bauten sie hölzerne Befestigungsanlagen. Im selben Jahr, in dem England seinen »großen Aufstand« vollbrachte (1648), wurde im Namen des Moskauer Zaren am rechten Wolgaufer die Stadt Simbirsk als Verwaltungszentrum des kolonisierten Gaues und als militärischer Stützpunkt gegen die Einheimischen gegründet. Der weite Ring von Kolonisatoren, Grenzern und Kosaken war für das Zarentum jedoch nicht nur ein beweglicher Schutz, sondern auch eine Gefahr. Hierher, an den Rand des Reiches, flüchteten leibeigene Bauern, straffällig gewordene Soldaten und Beamte, überhaupt alle, die mit den Behörden in Moskau und später in Petersburg in Konflikt geraten waren, Raskolniki und Sektierer jeder Art und auch nicht wenige kriminelle Gesellen. Hier trieben sich in der Weite des Wolgalandes verwegene Räuber herum, beunruhigten die Kaufleute,

Bojaren und Woiwoden, schlossen sich zu richtigen Reiterabteilungen zusammen, drangen in die Städte ein, verhinderten Steuereintreibungen – und zum Dank dafür vergab ihnen das unterdrückte Volk, was sie ihm selbst antaten, und feierte und pries sie in seinen Liedern.

Etwas mehr als zwei Jahrzehnte nach der Gründung von Simbirsk flammte an der Wolga der berühmte Aufstand Stepan Rasins auf, der einen großen Heerhaufen von bewaffnetem heimatlosem Volk um sich scharte, um »*Schluß zu machen mit Woiwod und Bojar*«, fünf Jahre lang auf seinen Fahrten auf der Wolga und im Kaspisee Furcht und Schrecken verbreitete und Moskau heillose Angst einjagte. Zarizyn, Saratow, Samara – eine Wolgastadt nach der anderen ergab sich den Aufständischen. Simbirsk hielt stand. Die Adligen und Bojarensprößlinge trotzten der Belagerung, bis aus Kasan regulärer Entsatz kam. Dort, bei Simbirsk, erlitten die aufständischen Partisanen im Kampf mit der europäisch geschulten zaristischen Armee eine schwere Niederlage. Das Ufer der Wolga war mit Galgen übersät; achthundert Menschen wurden hingerichtet. Der schwerverwundete Ataman selbst wurde als Gefangener nach Moskau gebracht und, wie es Brauch war, gevierteilt. Die Erinnerung an Rasin blieb jedoch im Wolgaland, ja in ganz Rußland lebendig. Die Hügel bei Kamyschin, wo die Aufständischen ihr Lager errichtet hatten, behielten den Namen »Stjenka-Rasin-Höhen.« Im Volksepos behauptete sich Stepan als eine der beliebtesten Gestalten. Die radikale Intelligenz sang begeistert die Lieder, die von radikalen Dichtern über Stjenka verfaßt wurden.

Etwas mehr als hundert Jahre später, unter Katharina, als sich Frankreich der großen Revolution näherte, erhob sich aufs neue drohende Gefahr: Jemeljan Pugatschow zog an der Spitze einer großen Heerschar von Unzufriedenen und Aufständischen durchs Wolgaland und nahm eine Stadt nach der anderen ein. Simbirsk ließ er ungeschoren, im Süden kam er bis Zarizyn; dort aber wurde er von regulären Truppen geschlagen, von den eigenen Kampfgefährten ausgeliefert und in einem eisernen Käfig nach Moskau geschickt, wo er das gleiche Schicksal erlitt wie Rasin.

Diese zwei Aufstände im Wolgaland verkörpern die spezifische Tradition der Bauernrevolution des alten Rußland. Trotz ihres gewaltigen Ausmaßes brachten sie jedoch dem Volk keine Erleichterung. Ein ehernes Gesetz der Geschichte lautet, daß eine Jacquerie, auf sich selbst gestellt, sich nicht zu einer wirklichen Revolution entfalten kann. Selbst wenn ihr Aufstand einen vollen Sieg erringt kann die Bauernschaft nur neue Dynastien auf den Schild heben und neue feudale Kasten bilden: darin besteht die ganze alte Geschichte Chinas. Nur unter der Führung einer revolutionären städtischen Klasse kann ein Bauernkrieg zu einem Werkzeug der Umgestaltung der Gesellschaft werden. Aber die alten russischen Städte waren Ansammlungen des Landadels, der Bürokratie und ihres Gesindes und besaßen keinerlei fortschrittliche Kräfte. Das ist auch der Grund, warum nach jeder der großartigen Volksbewegungen des 17. und 18. Jahrhunderts die Wolga das vergossene Blut spurlos in den Kaspisee schwemmte und das zaristische und gutsherrliche Joch noch unerträglicher wurde als zuvor. Wenn in beiden Fällen Simbirsk standhielt, so ist einer der Gründe dafür zweifellos sein Charakter als festes Nest der Bojaren und des Landadels. Ihre reaktionäre Rolle behauptete die Stadt am Mittellauf der Wolga, wo Lenin das Licht der Welt erblickte, bis zuletzt – sowohl in der Periode des Oktoberumsturzes, als auch später in der Zeit des Bürgerkriegs.

Das alte Rußland war fast ein einziges Dorf, und das Simbirsker Gouvernement war der konzentrierte Bodensatz des alten Rußland. Selbst am Ende des vorigen Jahrhunderts überstieg der Anteil der städtischen Bevölkerung noch immer nicht sieben Prozent, und der unterschied sich überdies in seiner Zusammensetzung nur wenig von der des Dorfes. In den Steppen und Wäldern zeigten sich die sozialen Gegensätze nackt und doppelt brutal. Die Simbirsker Bauern verfügten über weit weniger Boden als jene im übrigen Wolgaland; ein Drittel der Bauernhöfe war pferdelos, ihre Besitzer gehörten eindeutig zu den Armbauern, zu den Paupers. Die am schwersten benachteiligte Gruppe, die fremdstämmigen Ureinwohner, hatte unter doppelter Unterdrückung zu leiden. Die größten und besten Ländereien befanden sich in den Händen der Gutsbesitzer; auf ihren Anteil entfielen 73 Prozent. Noch schlimmer stand es mit dem Waldbesitz des Gouvernements: von über anderthalb Millionen Hektar Wald gehörte gut die Hälfte der Güterverwaltung, das heißt der Zarenfamihe, und ungefähr ein Drittel den Gutsbesitzern; auf die Bauern, die 95 Prozent der Bevölkerung ausmachten, kam der fünfzigste Teil des Waldlandes. Wahrlich, wer die feudale Barbarei hassen 1ernen wollte, der mußte in Simbirsk geboren werden!

Schon im äußeren Bild der Stadt zeigte sich sehr anschaulich die soziale Struktur des Gouvernements übrigens auch die des alten Landes. Das alte Simbirsk bestand aus drei sehr verschiedenen Teilen: dem des Adels, dem der Händler und dem der Kleinbürger. Auf der Höhe des Berges, der »Krone« genannt wurde, lag das vornehme Viertel – das des Adels. Hier war der Dom, hier waren die Verwaltungsgebäude, die Lehranstalten, der Boulevard. Aushängeschilder schmückten nicht nur die »Adelsversammlung« und das »Adelige Vormundschaftsamt«, sondern auch die »Adeligen Absteigquartiere« und sogar die »Adelsbäder.« In den breiten Straßen mit hölzernen Bürgersteigen lagen frei, inmitten von Gärten, die Häuser der Gutsherren, die eher ländlichen Herrschaftshäusern glichen. Auf dem Boulevard, am Ufer des Flusses, spielte an den Abenden für ein auserwähltes Publikum eine Militärkapelle. Selbst das Wolgaland mit seiner Armut, seinen Epidemien, mit seinen versklavten Bauern und der Zwangsarbeit der Wolgaschlepper, verwandelte sich, vom Boulevard aus gesehen, auf Dutzende von Kilometern, flußaufwärts und flußabwärts, mit der schmeichelnden Glätte des Wassers, den kleinen, bewaldeten Inseln und der in der Ferne verdämmernden Ebene jenseits der Wolga, in ein unvergleichliches Panorama.

Dem Simbirsker Adel entstammten viele hohe Würdenträger und Kommandeure, die sich übrigens in keiner Weise auszuzeichnen vermochten. Der größte Stolz der »Krone« war der Historiker Karamsin, der nach einem bissigen Wort Puschkins, mit Einfalt und Grazie *»die Notwendigkeit des Absolutismus und die Anmut der Knute«* bewies. Der zu Lebzeiten Nikolaus' I. umschmeichelte offizielle Historiker wurde nach seinem Tode eines allegorischen Denkmals in seiner engeren Heimat würdig befunden. Die antike Muse der Geschichte, die schlecht mit dem Klima, der Flora und Fauna des Wolgalandes harmonierte, erhielt von der Bevölkerung den Namen »Eisernes Weib.« Die Bäuerinnen, die alljährlich zur Begrüßung der Ikone der großen Kasaner Muttergottes in Simbirsk zusammenströmten, beteten inständig zur heidnischen Klio, die sie in der Einfalt ihrer Seele für die Märtyrerin Barbara hielten.

Der Abhang des Berges war mit Obstgärten bedeckt, von denen viele von geächteten Sektenpriestern angelegt waren. Jenseits des Flüßchens Simbirka, das die Stadt durchschneidet, erstrecken sich die Handelsplätze, auf denen an Markttagen Bast und Teer, eingesalzene und getrocknete Wolgafische, Backwaren, Sonnenblumenkerne und andere Delikatessen aufgehäuft und im Staub aufgestapelt lagen; in festen Höfen mit schweren Riegeln an den Toren wohnten die Kaufleute: Tuchhändler, Müller, Getreide- und Holzhändler. Manche von ihnen hatten schon Hunderttausende angehäuft und schielten zur adligen Höhe des Berges. Die Kleinbürger schließlich, unscheinbare und eingeschüchterte kleine Leute, wohnten am Rande der Stadt. Ihre Häuschen und elenden Hütten, mit Spalten statt Fenstern, mit Taubenschlägen und Starenkästen lagen verstreut da, bald in Gruben, bald auf Bodenerhebungen, bald einzeln, bald in Haufen an den engen, gewundenen Straßen und Gäßchen, zwischen windschiefen Flechtzäunen. Fette, schmutzige Schweine und Hofhunde mit zottigem Fell belebten dieses wenig ansehnliche Stadtbild. Und dann begann schon das Dorf, ebenso armselig im Waldland wie im Steppenland des Gaues.

Grausam und kümmerlich war die rückständige »soziale Gotik« Rußlands, besonders dort, an der Wolga, wo der Wald, die Wiege des großrussischen Staates, mit der Nomadensteppe feindlich zusammenstieß. Den gesellschaftlichen Verhältnissen fehlte es an Vollendung und Beständigkeit; sie glichen jenen regellosen Bauwerken, die sich der russische Kolonisator aus frisch gefälltem Holz als Unterkunft errichtete. Den Stempel des Provisorischen trugen auch die hölzernen russischen Städte, die immer wieder abbrannten und dann in aller Eile wiederaufgebaut wurden. Von einem riesigen Brand, der neun Tage lang wütete, wurden im Jahre 1864 fast drei Viertel von Simbirsk zerstört. Hunderte Menschen fanden in den Flammen den Tod. Aber schon im Laufe der nächsten Jahre erhob sich der Fichtenholzphönix mit all seinen 29 Kirchen wieder aus der Asche. Indes wuchs Simbirsk nur langsam; in den siebziger Jahren zählte es noch immer keine 30.000 Seelen: das finstere und hungrige Gouvernement, das den Boden mit dem Holzpflug ritzte, brauchte keine größere Stadt; sie hätte auch seine Kräfte überstiegen.

Dafür wurde Simbirsk im Frühling wunderschön: Der ganze Berg blühte in der Pracht seiner Gärten; der Duft des Flieders, der Weichsel- und Apfelbäume und der Traubenkirschen stand über der adligen Kuppel des Berges; im Querschnitt der

Straßen blinkte die Wolga, die in einer Breite von zwei bis drei Kilometer das Land überflutete; nachts sangen in den Gärten die Nachtigallen. Als solch ein verlorenes Paradies bleibt die Heimatstadt den ehemaligen Bewohnern der »Krone« in Erinnerung. Aber das Frühlingsfest der Natur ging vorbei: die Sonne verbrannte das Grün der Gärten, die Stadt zeigte sich in ihrer Verwahrlosung, im Staub ihrer Straßen und Gassen, die bei regnerischem Herbst im Kot ertranken und im Winter verschüttet wurden von einer schweren Schneedecke. *»Das ist keine Stadt, sondern ein Friedhof, wie alle diese Städte«*, sagte Gontscharow von seiner Vaterstadt Simbirsk.

Auf der Anhöhe verlief das Leben satt, betrunken und gemessen Es gab entschieden nichts, wohin man hätte eilen sollen. Nicht zufällig schuf der aus Simbirsk stammende und von dieser Stadt geformte Gontscharow die Gestalt Oblomows, diese Verkörperung herrschaftlicher Unbeweglichkeit, Scheu vor jeder Anstrengung, selbstzufriedener Untätigkeit – den wahren und unnachahmlichen altrussischen Typ, der hervorgebracht wurde durch das feudale Recht der Leibeigenschaft, es aber lange überlebte und der bis auf den heutigen Tag nicht endgültig ausgestorben ist. 1.500 Kilometer von Petersburg und 900 Kilometer von Moskau entfernt, hatte Simbirsk bis zum Ende der achtziger Jahre keine eigene Eisenbahnlinie. Die ärarischen **Gubernskije Wjedomosti (Gouvernements-Nachrichten)**, die zweimal in der Woche erschienen, waren die einzige politische Zeitung! Bis zum Ende des vorigen Jahrhunderts war in dieser Stadt auch noch kein Telephon installiert. Wahrhaft die ideale Hauptstadt der altrussischen Oblomowerei (Oblomowschtschina)!

Zwei verbündete und sich bekämpfende Hierarchien, die bürokratische und die adlige, die untereinander den Einfluß teilten, beherrschten die Stadt und das Gouvernement. An der Spitze stand der Gouverneur, das Auge von Sankt Petersburg, Träger der Macht, Hüter des gutsherrlichen Schlafes vor den Gespenstern Pugatschowscher Gefahr. Die Kirche nahm den Worten nach den ersten Platz ein; doch in Wirklichkeit rangierten die Popen irgendwo hinter den Kaufleuten. Nur der Bischof galt noch als anerkannte Gestalt des Olymps, als eine Art geistlicher Gouverneur mit beratender Stimme. Bei den Beamten gab es eine eigene unerschütterliche Rangliste, ein für allemal festgelegt für die Menschenwürde in dreizehn Stufen. Die Adeligen ließen sich darüber hinaus noch leiten von den verschiedenen Farbtönen des blauen Blutes und bemühten sich, auf die Emporkömmlinge unter den Beamten von oben herabzuschauen. Die Frage, wer im Dom welchen Platz einnehmen soll in welcher Reihenfolge man zu gehen habe, um das heilige Kreuz zu küssen oder das Händchen der Gouverneursgattin, waren Gegenstand großer Leidenschaften und kriegerischer Gruppierungen, die unweigerlich mit grandiosen Saufereien und nicht selten mit Prügeleien endeten. Wo es um die Ehre ging, vor allem nach einem Saufgelage, schonten die Simbirsker Ritter weder fremde Backen noch die eigenen. In den adligen Herrschaftshäusern blühten indessen zärtliche Turgenjewsche Mädchen, die sich in der Folge nach den Gesetzen der Natur in geizige Gutsherrinnen oder neidische Beamtenfrauen verwandelten.

Ganz zu Beginn der sechziger Jahre, als die Entlarvungsliteratur in Mode kam, besang der radikal gestimmte Dichter Minajew, selbst ein Adeliger des Simbirsker Gouvernements, in Petersburg in satirischen Gedichten seine Heimat, *»das Vaterland der Stockfische, des Schmutzes, der Intrigen«*; die vornehmsten Adeligen mit ihrem *»frechen Luxus«*, ihren Spaßmachern, den hochmütigen Possen, den leibeigenen Harems; die unvergleichlichen Zecher, die beim Kartenspiel ihre Bauern verspielten; die Liberalen, die *»zu Ehren der neunschwänzigen Katze«* Reden schwangen; die Scheinheiligen, die ihrer Dienerschaft die Kiefer zertrümmerten; die Bischöfe, die den Küstern während der Messe blaue Flecke beibrachten; der von der ganzen Stadt verfluchte Gymnasialdirektor, der »bürokratische Schurke«: alle wurden sie von Minajew, ohne jede Scheu, in wohlklingenden Jamben beim Namen genannt. Dafür erwiderte – als Jahrzehnte später der bereits still und friedlich gewordene Dichter als Greis in seine Vaterstadt zurückkehrte, wo inzwischen eine neue Generation herangewachsen war – kein einziger Adeliger seinen Besuch, und niemand folgte bei der Beerdigung seinem Sarg. Diese Leute wußten für die Ehre der Familientradition einzustehen!

Doch schließlich schlug die Stunde – es blieb noch ein Jahrzehnt bis zum hundertjährigen Jubiläum des Aufstands Pugatschows und bis zum zweihundertsten Jahrestag des Aufstands Rasins –, und die Leibeigenschaft, die von der Entwicklung bürgerlicher Verhältnisse bereits tief unterwühlt war, mußte von oben her abgeschafft werden. Der Zar zwang den Muschik nicht nur, dem Herrn für seine persönliche Freiheit zu zahlen, sondern auch für den uralten Bauernboden, der überdies durch die Reform zugunsten des Gutsbesitzers bestohlen wurde. Der Akt der »Befreiung« wurde zu einer für die Bauern doppelt ruinösen gigantischen Finanzoperation. Außerdem brachten die Ablösezahlen in die gutsherrliche Wirtschaft das, woran es dort immer gemangelt hatte: bares Geld. Die Herren Gutsbesitzer schlossen das Goldene Zeitalter mit üppigen Totenmählern ab, jeder, wo er konnte: in Paris oder an der Riviera, in Petersburg oder in Moskau, und die weniger Großartigen auf den eigenen Gütern oder in Simbirsk, in diesem gemeinsamen Herrschaftsgut des Gouvernementsadels. Aber die Ablösezahlungen schmolzen wie Wachs; eine Wiederholung war nicht vorgesehen. Die Unternehmungslustigen, die mit dem Jahrhundert Schritt zu halten verstanden hatten, ergatterten einen Sitz im Semstwo (Landstand) oder fanden eine Versorgung beim Eisenbahnbau, andere verheirateten ihre Söhne mit Kaufmannstöchtern oder gaben die eigenen Töchter Kaufmannserben zur Frau. Doch die überwiegende Mehrzahl verfiel der historischen Liquidierung: sie verpfändete ihre Grundstücke, nahm zusätzliche Hypotheken, dann verkaufte sie ihre Häuser in der Stadt und die herrschaftlichen Familiensitze mit allen Nebengebäuden, dem schattigen Garten, den Gipsmusen und dem Kricketplatz. Ruiniert, verfluchte sie die Reformen, durch die das Volk verwöhnt wurde, der Boden verarmte, in den Simbirsker Wäldern die Marder und Hermeline ausstarben und selbst die Wolga schon nicht mehr so fette Störe gab wie in alten Zeiten. Die Reaktionäre riefen nach der Knute und sandten nach Petersburg Denkschriften, wie zeitgemäß die Wiedereinführung der Leibeigenschaft wäre. Die Liberalen empörten sich über die Langsamkeit des Fortschritts und opferten heimlich Geld für das revolutionäre Rote Kreuz. Die Anhänger der Knute waren unvergleichlich zahlreicher.

Im Kaufmannsviertel von Simbirsk, wo die konservative Unbeweglichkeit noch viel gröbere Formen hatte als in Adelskreisen, führte die Reform- und Gründerzeit dazu, daß die traditionelle Habsucht ein bisher unbekanntes Ausmaß annahm. Gerade aus diesen Kreisen kamen am häufigsten die Aufkäufer der Herrschaftsgüter und der Stadthäuser des Adels. In das Heiligtum des Gouvernementsolymp drangen nun bärtige Kaufleute ein, die sich zwar noch scheuten, die wattegefütterten Schirmmützen gegen weiche Hüte und die Röhrenstiefel gegen französische Stiefeletten zu tauschen; aber die sprichwörtliche Unterwürfigkeit hatten sie bereits abgelegt. So begann sich auf der Simbirsker »Krone« jene nicht sehr harmonische, aber nichtsdestoweniger beständige Symbiose des Adels, der Kaufmannschaft und der Bürokratie zu etablieren, die in verschiedenen Formen das Antlitz des offiziellen Rußland für mehr als ein halbes Jahrhundert bestimmte: von der Aufhebung der Leibeigenschaft im Jahre 1861 bis zum Zusammenbruch des alten Rußland im Jahre 1917.

Der wirtschaftliche Fortschritt drang vom Westen nach Osten vor und vom Zentrum zur Peripherie. Denselben Weg nahmen auch die politischen Einflüsse. Das Wolgaland, dieser rückständige Teil eines rückständigen Landes, konnte nicht bewahrt bleiben vor den Ideen und Aktionsversuchen, die die revolutionäre Umgestaltung Rußlands vorbereiteten. Im ersten Viertel des 19. Jahrhunderts nahm der gebildete Simbirsker Adelige und Staatsrat N.I. Turgenjew, ein Anhänger der Enzyklopädisten und Feind der Leibeigenschaft, an einer Petersburger geheimen Gesellschaft teil, einer von denen, die den bekannten halbschlächtigen Aufstand der Garderegimenter vom 14. Dezember 1825 vorbereiteten. Das heroische und hoffnungslose konstitutionelle Aufbegehren der fortschrittlichen Jugend in Uniform, in deren Reihen sich zweifellos auch die Elite der Simbirsker Adelsfamilien befand, wurde mit einer Kartätsche niedergeschlagen. Turgenjew, der sich rechtzeitig ins Ausland gerettet hatte, wurde in Abwesenheit zum Tod verurteilt; er wurde in ganz Europa bald durch ein französisches Buch über Rußland bekannt. Der Aufstand der Dekabristen ist in die russische Geschichte eingegangen als Wasserscheide zwischen den höfischen Staatsstreichen der Garde im 18. Jahrhundert und dem späteren Befreiungskampf, zu dem er ein dramatischer Auftakt war.

Die Traditionen der Dekabristen wurden zur Schule für die sogenannte Generation der vierziger Jahre, die nach den Worten eines anderen Turgenjew, des berühmten Romanciers, den »Hannibalschwur« des Kampfes gegen die Leibeigenschaft ablegte. Der hervorragende Publizist dieser Generation war A.N. Herzen. Auf dem äußersten linken Flügel erhob sich die monumentale Gestalt des demokratischen Slawophilen und späteren Vaters des internationalen Anarchismus, des russischen Adeligen Bakunin. Simbirsk gab der Generation der vierziger Jahre ausnahmsweise keinen liberalen Gutsbesitzer, sondern einen äußerst konservativen Kaufmanssohn, Gontscharow, dem es jedoch glückte, in der Gestalt Oblomows der russischen Feudalkultur ein vernichtendes und inappellables künstlerisches Urteil zu sprechen.

Der Krimkrieg (1835 bis 1856) endete mit dem Zusammenbruch der vermeintlichen Kriegsmacht des Zarismus: Der Dampfer siegte über das Segelschiff, der Kapitalismus über die Gutsherrenwirtschaft. Das System der Schnurrbart wichsenden Großtuerei, das auf den Knochen der Dekabristen errichtet worden war und sich ganze dreißig Jahre halten konnte, platzte mit Gestank. Der rätselhafte Tod des Zaren, dem A.N. Herzen den Namen »Nikolaus Prügelstock« gab, öffnete der allgemeinen Unzufriedenheit die Schleusen. Die Presse begann eine ungewöhnlich kühne Sprache zu sprechen. Mit der wucherischen Bauernbefreiung setzt die Epoche der sogenannten »großen Reformen« ein. In dem um seine Hoffnung betrogenen Dorf herrschte dumpfe Empörung. In der fortschrittlichen Öffentlichkeit kam es zur offenen Spaltung: als Gegengewicht gegen die Gemäßigten traten die Radikalen auf. Den Gegensatz zwischen den politischen Richtungen kanonisierte der empfindsame Turgenjew in seinem Roman **Väter und Söhne** als endgültigen Bruch zwischen den Menschen der vierziger und jenen der sechziger Jahre. Die Zurückführung der Frage auf den Bruch zwischen den Generationen war nur ein Teil der Wahrheit, und dieser Teil verschleierte das Ganze. Im Grunde genommen hatte der Kampf sozialen Charakter. Die gebildeten Gutsbesitzer, die ihre adligen Privilegien schöngeistig bereuten, wurden von einer neuen sozialen Schicht abgelöst, ohne Privilegien und daher auch ohne Reue. Diese neue Schicht entbehrte zwar einer ästhetischen Erziehung und erblicher Manieren, war aber zahlreicher, entschlossener und aufopfernder: Es handelte sich vor allem. um Söhne von Geistlichen, um Offiziere niederen Ranges, kleine Beamte, Kaufleute, bankrotte Adelige, gelegentlich auch um Kleinbürger und Bauern; Studenten, Seminaristen, Volksschullehrer, mit einem Wort, um sogenannte Rasnotschinzen, der keinem Stand angehörigen Intelligenz, die gerade in dieser Zeit sich in den Kopf gesetzt hatte, das Schicksal des Landes in die Hand zu nehmen. In den Vordergrund tritt auf einmal die studierende Jugend mit ihrem Protest, und das Wort *Student* wird für viele Jahre für das Volk zum Synonym für die von Turgenjew geprägte Bezeichnung *Nihilist.*

Gleichzeitig befreite der Sturz der Fronherrschaft die ältere Generation von ihrem »Hannibalschwur« und entließ sie politisch gewissermaßen in die Reserve. Den liberalen Westlern schwebte vor, daß Rußland von nun an sich langsam und schrittweise der europäischen Zivilisation annähern werde. Die Rasnotschinzen dagegen vertraten mit aller Schärfe die Perspektive eines besondren Schicksals des russischen Volkes, der möglichen Vermeidung der kapitalistischen Sklaverei, des direkten Kampfes gegen die Unterdrücker. Mit einer gehörigen Beimischung von Utopismus klang das, was die Sechziger verkündeten, unvergleichlich tapferer als der schale »Schwur« der Väter. Nicht ohne Herausforderung antwortete Turgenjew 1863 auf wohlmeinende Ratschläge: *»Ich habe nie für das Volk geschrieben. Ich habe* *für die Klasse des Publikums geschrieben, der ich angehöre …«* Indessen suchten neue Menschen leidenschaftlich Wege zum Volk. Statt humanitärer Bußpredigten an die Adresse der Herrschenden beschlossen sie, die Unterdrückten zum Haß aufzurufen. Ebenso wie Gontscharow wandte sich Turgenjew gegen die »Söhne« als mißratene Sprößlinge. Turgenjew nicht ohne die ihm eigene Koketterie; Gontscharow gehässig und verleumderisch. Im Roman **Die Schlucht**, dessen Schauplatz ein adliges Gut bei Simbirsk ist, schildert Gontscharow als schändliches Exempel, wie der Nihilist Mark Wolochow sich erkühnt, Gott durch die Gesetze der Chemie zu ersetzen, wie er von liberalen Adeligen Geld ausleiht, das er nicht zurückgibt, junge Leute auf den Weg der Anarchie lockt und adelige Jungfrauen verführt. Der kollektive Wolochow erwies sich jedoch nicht als schüchternes Bürschlein, grämte sich nicht über die Verurteilung durch die Väter, sondern ging entschlossen zum Angriff über. Mit den sechziger Jahren beginnt die Epoche des ununterbrochenen, immer unerbittlicheren revolutionären Kampfes.

Nicht nur die schöne Literatur, auch die historische Chronik zeugt davon, daß Simbirsk frühzeitig mit den Nihilisten Bekanntschaft machte: die einen hatte die Polizei aus bedeutenderen Städten hierher verbannt, andere wieder hatten sich an Ort und Stelle unter dem Einfluß der Verbannten formiert. Es ist überhaupt bemerkenswert, daß aus den gottverlassensten Gegenden des Landes nicht selten entschiedene Revolutionäre jener Epoche hervorgingen. Unter den linken Studenten nahmen zum Beispiel die Donkosaken und Sibirier einen beachtlichen Platz ein, das heißt junge Leute aus durch und durch großbäuerlichem Milieu, und ebenso solche, die aus stockadeligen Gouvernements wie dem Simbirsker stammten. Die Schärfe des Zusammenstoßes der neuen Strömungen mit der reglosen Erstarrung weltferner Winkel führte bei den empfindsamsten Vertretern der Jugend zu jenem scharfen, oft erbitterten Bruch mit dem alten Glauben und den alten Bindungen, der sie dann zum aufopfernden Dienst an der Revolution brachte. Rückständigkeit neigt überhaupt dazu, in einem bestimmten Augenblick mit vernichtender Entschlossenheit in Drang zum Fortschritt umzuschlagen. Rußland hat das mit seinem ganzen Schicksal demonstriert.

Der ungeheure Simbirsker Brand im Jahre 1864 hatte ebenso wie eine Reihe von anderen Bränden, die in diesem Jahr in Petersburg und in Provinzstädten wüteten, einen rätselhaften politischen Hintergrund. Die Regierung suchte Schuldige unter den Polen und Revolutionären, konnte aber keine finden. Die Anhänger der Leibeigenschaft gaben den Nihilisten die Schuld und forderten aus diesem Anlaß den Aufschub der Bauernreform. Um dieser Forderung mehr Nachdruck zu verleihen, betätigten sie sich offenbar selbst als Brandstifter. Die von Baron Wrangel durchgeführte Untersuchung über die Ursachen des Simbirsker Brandes blieb ergebnislos. Als Sündenböcke wurden trotzdem zwei Soldaten zum Tode verurteilt. Ob das Urteil vollstreckt wurde, wissen wir nicht. Der Senator Shdanow, der Wrangel ablöste, sammelte angeblich im Laufe einer zweijährigen Untersuchung unwiderlegliche

Beweise für die Schuld einer reaktionären Bande; aber auf dem Weg nach Petersburg starb Shdanow eines plötzlichen Todes; seine Aktentasche wurde nie gefunden. Der dritte Revisor, General Den, setzte alle von seinem Vorgänger Verdächtigten in Freiheit und stellte die ganze Untersuchung als aussichtslos ein, und 1869, als die Uljanows nach Simbirsk übersiedelten, beschloß der Regierungssenat, »*die Sache der Vergessenheit anheimzugeben*«, was auch erfolgreich durchgeführt wurde.

Am Ende des adeligen Viertels der Stadt, an derselben Stelle, an der nach der Überlieferung die Heerschar Rasins vernichtend geschlagen wurde, in der entlegenen; und stillen Streletzker Straße, nicht weit vom Gefängnis, kam in einem Nebengebäude am 10. April 1870 das dritte Kind des Volksschulinspektors Uljanow zur Welt. Das Nebengebäude existiert schon lange nicht mehr, und man weiß nicht einmal, wo es stand. Aber man muß annehmen, daß es sich kaum von den vielen anderen Nebengebäuden in der hölzernen Wolgastadt unterschied. Dem Knaben gab man bei der Taufe den klangvollen slawischen Namen Wladimir, was soviel wie Herrscher oder Gebieter der Welt heißt. Die Eltern waren ebenso wie der Geistliche weit davon entfernt, diesen Namen als Prophezeiung zu betrachten. Dem an der Wolga geborenen Knaben war es beschieden, Führer und Gebieter des Volkes zu werden. Simbirsk wird sich dereinst in Uljanowsk verwandeln. Das Gebäude der Simbirsker Adelsversammlung wird zum *Haus des Buches* werden, das nach Lenin benannt ist. Das Rußland des Zaren wird sich in die Union der Sozialistischen Sowjetrepubliken verwandeln.

Die Familie

So wie die Freunde sprachen auch die anderen – darunter jene, die später seine erbitterten Feinde wurden – fast mit denselben Worten vom harmonischen und arbeitsamen Charakter der Familie Uljanow, von der Sauberkeit der inneren Beziehungen, von der heiteren und lebensfrohen Atmosphäre, die im Speisezimmer herrschte, wenn alle bei Tisch saßen. Das Fehlen von erniedrigender Not oder demoralisierendem Überfluß, das ständige lebendige Beispiel von Arbeit und Pflichtbewußtsein in Gestalt des Vaters, die aktive und zärtliche Fürsorge der Mutter, das allen gemeinsame Interesse für Literatur und Musik – das Zusammenwirken dieser Voraussetzungen war äußerst günstig für die Formung eines gesunden und gefestigten Charakters der Kinder.

Ilja Nikolajewitsch Uljanow, das Oberhaupt der Familie, stammte aus Kleinbürgerkreisen Astrachans. Im Kleinbürgerstand verkörperte sich die ganze kulturelle Misere der alten russischen Städte. Die aktiven und erfolgreichen Elemente des Standes beeilten sich, Kaufleute zu werden, oder sie fanden über die Schule Anschluß an die Bürokratie und erdienten sich den Adel. Wenn man von den Industriearbeitern absieht, die ihren Pässen nach weiter zu den Bauern und Kleinbürgern gerechnet wurden, obwohl sie weder das eine noch das andere waren, verblieb im Kleinbürgertum eine buntscheckige Menge von kleinen Leuten, soziale Splitter, armselige Handwerker, Händler am Rande des Pauperismus, Gemüsegärtner, angehende Schankwirte, Leute ohne bestimmte Beschäftigung, die sich in den Vorstädten eingenistet hatten und die sich recht und schlecht in der Gefolgschaft der adeligen Herren, der Beamten und Kaufleute ihr Brot erwarben. Womit sich der Kleinbürger Nikolaj Uljanow, der Großvater Lenins, beschäftigte, wissen wir nicht genau; nach manchen Mitteilungen war er Schneider und diente in irgendeinem Handelsunternehmen; auf jeden Fall hinterließ er der Familie keinerlei Vermögen. Aber das war offenbar eine ganz ungewöhnliche Kleinbürgerfamilie: Sie zeichnete sich aus durch ein außerordentlich hartnäckiges Streben nach Bildung. Nur der frühe Tod des Vaters, der dem ältesten Sohn die Sorge um die Familie aufbürdete, nötigte diesen, in privaten Dienst zu treten. Seinen Wunschtraum, zu studieren, übertrug er auf den Bruder, den damals siebenjährigen Ilja. Um den Preis beharrlicher Arbeit und ständiger Entbehrungen ermöglichte es der ältere Bruder dem das Astrachaner Gymnasium zu absolvieren; dann erhielt er ihn während des Universitätsstudiums so lange, bis Ilja auf eigenen Füßen stand. Dieser bewahrte sein ganzes Leben lang eine hingebungsvolle Dankbarkeit für den Bruder, der für ihn so unermeßliche Opfer gebracht hatte. Treue, Pflichtbewußtsein, Beharrlichkeit bei der Erreichung des gestellten Zieles – diese Eigenschaften finden wir nicht zufällig auf den ersten spärlichen Seiten, die die Vorfahren Lenins betreffen.

Ilja lernte fleißig und erfolgreich. 1850 inskribierte er an der physikalisch-mathematischen Fakultät der Kasaner Universität beendete den Lehrgang »*in den allgemeinen Fächern mit gutem, in den Spezialfächern mit ausgezeichnetem Erfolg*«; durch zusätzliche Prüfungen erwarb er den Titel eines »*rangälteren Gymnasiallehrers für Mathematik und Physik.*« Der Lebensweg des jungen Mannes war vorgezeichnet. Sofort nach der Universität wurde er Lehrer am Adelsinstitut in Pensa, von wo er 1863 ans Gymnasium von Nishegorod versetzt wurde. Schon in Pensa hatte Ilja Nikolajewitsch in der Familie seines Berufskollegen Wereschnikow seine künftige Frau kennengelernt, Maria Alexandrowna Blank, die jüngere Schwester der Hausfrau. Die im Sommer 1863 gefeierte Hochzeit legte den Grundstein zu einer festen und glücklichen Familie.

Die Studentenjahre Ilja Nikolajewitschs fielen zusammen mit dem Ende der Regierung Nikolaus' I. In dieser Zeit brachen für das verhaßte Regime die Jahre der Vergeltung an. Über die Niederlage im Krieg freuten sich sogar die gemäßigten Liberalen, um so mehr noch die radikale Intelligenz. Der Umschwung im inneren Leben des Landes war für die junge Generation eine große politische Schule. Niemand konnte in jenen Tagen gedankenlos an der Bauernfrage vorbeigehen. Zum ersten mal wurden offen Programme einer sozialen Umgestaltung diskutiert. Die Geschicke Rußlands wurden mit den Geschicken Westeuropas und Amerikas verglichen. Man war überzeugt, daß der Fortschritt von nun an nicht mehr aufzuhalten sei; daß das erwachte Volk rasch zur Befreiung aus Finsternis und Elend schreiten, daß die Intelligenz die Mission des Volksführers in Ehren erfüllen werde. Mit solchen oder ähnlichen großherzig verschwommenen Gedanken betrat der junge Pädagoge seinen Lebensweg.

Entsprechend seinen sozialen Wurzeln und der Zeit des geistigen Erwachens war Ilja Nikolajewitsch ein typischer Rasnotschinze der sechziger Jahre. Doch die politische Färbung dieser breiten und buntscheckigen Schicht war bei weitem nicht einheitlich. Nur eine Minderheit bemühte sich, ihre Gedanken über das Schicksal des Volkes in ein klar umrissenes System zu bringen; und nur der linke Flügel der Minderheit betrat wieder den Weg der revolutionären Aktion. Die überwältigende Mehrheit der Ramotschinzen begnügte sich in ihrer Jugend mit allgemeinen Idealen der Liebe zum Volk, um sie im Laufe ihrer weiteren Karriere gründlich zu vergessen. Woher hätte sonst die Regierung ihre Amtsvorsteher und Staatsanwälte, woher die wachsende Bourgeoisie ihre Advokaten und Ingenieure genommen? Sehr treffend ist daher der von irgendwem in Umlauf gesetzte Aphorismus: »*Le russe est radical jusqu'à trente ans et après – canaille.*« Ilja Nikolajewitsch gehörte nicht dem revolutionären Flügel an; es besteht kein Anlaß zur Annahme, daß er sich ein einigermaßen abgerundetes System von gesellschaftlichen Anschauungen erarbeitet hätte; den elementaren Gedanken der Verpflichtung gegenüber dem Volk, der seiner Herkunft und seinem Charakter entsprach, machte er sich dafür ernst und fest für sein ganzes Leben zu eigen.

Zwei, drei seiner Gymnasialschüler, die später zu Ansehen gelangten, gedachten in der Presse mit Hochachtung des seiner Sache zutiefst ergebenen jungen Nishegoroder Mathematik- und Physiklehrers. Er stellte hohe Anforderungen an seine Schüler, noch höhere an sich selbst. Die zurückbleibenden Schüler bestellte er am Sonntag ins Gymnasium und gab ihnen unter Verzicht auf seinen freien Tag kostenlos Nachhilfestunden. Die bescheidene Arbeit eines Provinzlehrers versah er mit einer leidenschaftlichen und selbstlosen Energie, in der ein Element von Heroismus war.

Bei solcher Arbeit vergingen fast dreizehn Jahre, davon sechs Jahre des Familienlebens. Die Tochter Anna war fünf, der Sohn Alexander dreieinhalb Jahre alt, als im Leben der Familie eine Veränderung eintrat, die mit der Umwälzung im Leben des Landes zusammenhing. Die Reformen unter dem neuen Zaren erfaßten auch das Gebiet des Unterrichts. Es wurde ein Netz von Volksschulen gegründet, zum Teil vom Ministerium, hauptsächlich aber von den Semstwos. Den Schulen fehlte es an Regierungskontrolle und Leitung. Ilja Nikolajewitsch wurde der Posten eines Inspektors der Volksschulen des Simbirsker Gouvernements angeboten, das ungefähr eine Million Einwohner hatte. Die Ernennung annehmen bedeutete den Abschied von Physik und Mathematik nehmen, die er liebte; bedeutete Aufgabe der gewohnten Verhältnisse und persönlichen Beziehungen. Auf dem neuen Arbeitsgebiet erwartete ihn weniger pädagogische als administrative Arbeit in einem unbekannten Milieu und unter schwierigen Bedingungen; dafür erweiterte sich sein Wirkungsbereich und erstreckte sich nicht mehr nur auf Auserwählte wie im Gymnasium, sondern auf die Kinder des »wirklichen Volkes«, das heißt der Bauern. Möglich, daß auch das Gehalt höher sein würde als das eines Lehrers. Ilja Nikolajewitsch nahm ohne Zaudern an. Im September 1869 reiste die Familie wolgaabwärts von Nishegorod nach Simbirsk. Dort sollte sie, für fast zwei Jahrzehnte ansässig werden.

Der fünf Jahre vorher eingeführte Semstwo wurde in Simbirsk mehr als sonstwo zur Domäne der Adelsclique, Das Schulwesen wurde als eine Sache, die keinen Vorteil bringt, gewöhnlich irgendeinem Liberalen zugeschoben. In dem armen und unwegsamen Gouvernement mit seiner starken Beimischung von asiatischen Völkerschaften war es auch bei gutem Willen nicht leicht, den Wagen der Volksbildung über den toten Punkt hinauszubringen. Der erstmals ernannte Inspektor der Volksschulen fand in seinem Amtsbereich eine Wüste vor. Die radikale Presse jener Zeit führte das Beispiel eines russischen Kreises an, wo auf 180.000 Einwohner sechzehn Schulen und dreihundert Branntweinschenken kamen. Die kulturelle Statistik der meisten anderen Kreise des Landes zeigte kein besseres Bild. Nicht. ohne Grund schrieb der junge Publizist Schelgunow in der Anbruchszeit der Reformepoche aus der tiefsten Provinz seiner Frau: »*Wildnis, Wildnis, Wildnis, Stagnation und Stumpfheit. Bei Gott, furchtbar.*« Die Bauern hatten gelernt, alles zu fürchten, was vom Staat kam: Gefängnisse, Spitäler und Schulen. Gebildete brauchten die Behörden, um das Volk zu unterdrücken. Manche Lehrer ließen sich von den Bauern dafür bezahlen, daß sie sich verpflichteten, die Schüler nicht von der Arbeit wegzuholen. Die erste Aufgabe des Inspektors war es, die offizielle Lüge zu beseitigen und die tatsächliche Situation bekanntzumachen. Anfangen mußte man fast bei Null neue Schulen bauen, die wenigen bestehenden umgestalten. Lehrer suchen, diese schulen und umschulen. Im Gouvernement gab es weder Eisenbahnen noch Chausseen. Dabei mußte man fast ununterbrochen unterwegs sein, im Fuhrwerk oder im Schlitten, zwischen entlegenen Siedlungen in Wald und Steppe, durch Schmutz und Schlamm und Schneesturm. Unentwegt mußte man Gespräche führen mit Vertretern der Landstände, mit Lehrern, bäuerlichen Gesellschaften und Beamten, sich aufregen, überzeugen, oft sich anpassen, manchmal drohen. In den siebzehn Jahren dieser Arbeit wurden im Gouvernement 450 Schulen gebaut; die Schülerzahl verdoppelte sich. Die an und für sich sehr bescheidenen Resultate waren letztlich der ungewöhnlichen Fähigkeit Ilja Nikolajewitschs zu danken, mit Leuten der verschiedensten gesellschaftlichen Schichten und von verschiedenstem Bildungsniveau umzugehen. Diese Fähigkeit, nur in neuen, unvorhergesehenen Proportionen, übertrug er auch auf seinen Sohn Wladimir.

Zu den Erinnerungen, die in den Jahren des Sowjetregimes über die Familie Uljanow geschrieben wurden, muß man sich mit einer gewissen Vorsicht verhalten: sogar ein gewissenhafter Autor ist, wie im weiteren ersichtlich sein wird, geneigt, bei den Eltern jene Züge zu entdecken, die der Gestalt des Sohnes entsprechen. Glücklicherweise besitzen wir sehr überzeugende Berichte, die zu einer Zeit veröffentlicht wurden, als Lenin noch ein Kind, ein junger Bursche, ein verfolgter Revolutionär war. Der Simbirsker Gutsbesitzer Nasarew, ein Mitarbeiter liberaler Publikationen, der seiner Natur nach zum Enthusiasmus neigte, sprach in einer seiner Arbeiten über den Inspektor Uljanow als eine *»seltene, ungewöhnliche Erscheinung«*, er schilderte mit großer Begeisterung die unermüdliche Hetzjagd Uljanows durch das Gouvernement, den Elementen und der Gleichgültigkeit der Menschen trotzend: *»Eine solche Ausdauer und Kraft kann einzig und allein die grenzenlose, selbstvergessene Hingabe an die Sache verleihen.«* (**Wjestnik Jewropy**, 1876) Frühzeitig anerkannte das Ministerium, daß die Energie des Simbirsker Inspektors *»vollste Aufmerksamkeit verdient.«* Eine im Jahre 1906 veröffentlichte Untersuchung über die Geschichte der Volksbildung vermerkt, daß unter den im Volksschulwesen des Simbirsker Gouvernements tätigen Persönlichkeiten *»nach dem einmütigen Zeugnis der Zeitgenossen Ilja Nikolajewitsch Uljanow an erster Stelle steht.«* Solche unvoreingenommene Zeugnisse können von keiner Seite angezweifelt werden.

Jenes Potential von gesellschaftlichem Idealismus, das die Epoche seiner Jugend Ilja Nikolajewitsch gegeben hatte, fand eine friedliche, wohlmeinende und zuverlässige Verwendung. Das seelische Gleichgewicht war gesichert. Man brauchte sich von nichts loszusagen. Im Gegenteil, auch jetzt noch, vor allem im Sommer, im Freien, auf dem Lande, liebte es Ilja Nikolajewitsch, ein Lied aus seinen Studentenjahren anzustimmen, dessen Text aus der Feder des von Nikolaus gehenkten Dekabristen Rylejew stammte: Den Schwur der Feindschaft gegen *»die Geißeln des Heimatlandes.«* Die erste Geißel war die Leibeigenschaft, sie war gefallen. Die zweite Geißel war die Unwissenheit des Volkes – gegen sie führte Ilja Nikolajewitsch jetzt mit allen Kräften Krieg. Über die dritte Geißel, den Absolutismus, zog der Inspektor der Volksschulen vor, nicht zu sprechen, ja nicht einmal daran zu denken. Er war ein fortschrittlich denkender Beamter, aber kein Revolutionär.

Seinem ganzen Wesen nach, in seinem Auftreten und in seinen Manieren, war Ilja Nikolajewitsch alles andere als ein engstirniger Beamter. Im Gegenteil, er war außerordentlich menschlich: gesellig, aufmerksam, lachlustig. Während seiner endlosen Rundfahrten liebte er es, bei der Rast auf dem Gut eines liberalen Landwirts sich zu entspannen durch ein Gespräch über das Leben im Gouvernement, vor allem über das Schulwesen. Nach Hause brachte er frische pädagogische Anekdoten mit, an denen das Leben reich war. Gern erzählte er sie am Familientisch, mit dem ihm eigenen weichen Schnarren, lachte viel und mit Genuß, wobei er sich mit dem ganzen Körper zurücklehnte und ihm die Tränen in die kleinen, kalmückisch geschnittenen Augen traten. Wer Lenin gesehen, wer ihn reden und lachen gehört hat, der kann sich – zumindest in den charakteristischen Zügen – die Gestalt seines Vaters vorstellen: den niedrigen Wuchs, die Lebendigkeit und Elastizität der Bewegungen, die hervorstehenden Backenknochen, die zarte Haut und die frühzeitig entstandene Glatze. Nur der Körperbau des Sohnes war offenbar kräftiger, stämmiger als der des Vaters.

Im Jahre 1874 wurde Ilja Nikolajewitsch zum Direktor der Volksschulen ernannt. Unter seiner Leitung standen bereits mehrere Inspektoren. Nun war er eindeutig zu einer großen Erscheinung des Gouvernements geworden. Der Orden des heiligen Wladimir und der Rang eines Wirklichen Staatsrates brachten dem ehemaligen Kleinbürger den erblichen Adel. Während der unzähligen Verhöre bei der Polizei mußten seine Söhne und Töchter bis 1917 in die entsprechende Rubrik ihren Adelstitel eintragen. Dem Körperbau nach hatten weder er noch seine Familienmitglieder irgend etwas Aristokratisches; die breite Nase, die vorstehenden Backenknochen, die kurzfingrigen Hände bezeugten eindeutig die plebejische Herkunft. Doch hatte Ilja Nikolajewitsch nicht das geringste mit einem »geadelten Kleinbürger« gemeinsam: der organische Demokratismus seiner Natur, Abscheu vor jeder Großtuerei, Einfachheit im Umgang mit Menschen waren seine besten Eigenschaften. Er übertrug sie auch voll und ganz auf seine Kinder.

Sein Einfluß auf die Kinder war überhaupt tief und fruchtbar. Gewiß, der Vater war den größten Teil seiner Zeit unterwegs, und die Familie sah ihn oft wochenlang nicht; aber auch seine Abwesenheit erhielt eine besondere Bedeutung, als würde sie ständig den Kindern einprägen: die Pflicht kommt vor allem anderen! Sein nie erkaltender Eifer für die Sache, dem Wesen und nicht der Form nach, seine Wahrheitsliebe und Aufgeschlossenheit reinigten das Bild des Vaters von den Zügen des Bürokratismus, die den Kindern vom Gymnasium her nur allzu gut bekannt waren.

Seine Erzählungen am Familientisch über die Überwindung der Hindernisse auf dem Wege Volksbildung wurden vom Bewußtsein der Kinder gierig aufgenommen. Der Vater war die Verkörperung einer höheren Sache, die weit über den engen Interessen des Familienkreises stand. »*Seine Autorität in der Familie*«, schreibt seine älteste Tochter, »*und die Liebe der Kinder zu ihm waren sehr groß.*« Maria Alexandrowna kam aus einer wohlhabenderen und kultivierteren Familie als ihr Mann. Ihr Vater, Arzt und Besitzer eines Gutes im Kasaner Gouvernement, hatte, nach dem Bericht der Enkelin, für die damalige Zeit recht fortschrittliche Anschauungen. Er trug den eindeutig nichtrussischen Familiennamen Blank – über seine Nationalität wissen wir leider nichts – und war mit einer Deutschen verheiratet, die die Kinder in deutschen Traditionen erzog. Die Familie lebte offenbar ständig auf dem Land, der Vater widmete sich aufmerksam der körperlichen Erziehung der Kinder, die Tochter Maria hatte eine gesunde Kindheit und eine durch keine Konflikte getrübte Jugend, kannte keine Nervosität und liebte das heimatliche Kokuschkino. Mit der Bildung stand es weniger gut. Pädagogische Erwägungen, vielleicht aber auch gewisse Vorurteile gestatteten es den Eltern nicht, die Tochter vom Land fortzulassen und in eine Internatsschule zu schicken. Zu den älteren Kindern ließ man Lehrer ins Haus kommen. Aber zu der Zeit, als Maria heranwuchs, verschlechterten sich die materiellen Verhältnisse der Familie; für Lehrer langte das Geld nicht mehr, und die jüngere Tochter erhielt eine sogenannte häusliche Erziehung wie viele Provinzfräulein zu jener Zeit: sie wurde unter Anleitung einer deutschen Tante in Sprachen und Musik unterwiesen, sonst aber sich selbst überlassen. Später, als sie die Studien und die Erfolge der eigenen Kinder beobachtete, sprach sie nicht selten davon, daß sie seinerzeit keine Möglichkeit hatte, selbst zu lernen.

Maria heiratete mit 28 Jahren; ihr Mann war um vier Jahre älter. Die gesellschaftliche Position Ilja Nikolajewitschs war bescheiden, aber gesichert. Die Mitgift der Frau bestand aus dem fünften Teil des nicht großen väterlichen Besitzes. Grundlage der Ehe war wohl vor allem gegenseitige Zuneigung, wenn nicht ein leidenschaftliches Gefühl. Die sechziger Jahre, die im Zeichen der weiblichen Emanzipation standen, hatten der elterlichen Willkür in Herzensangelegenheiten der Kinder einen schweren Schlag versetzt. Außerdem war Ilja Nikolajewitsch unabhängig, und der Vater Maria Alexandrownas neigte zu fortschrittlichen Ideen.

Die ersten Jahre des Familienlebens in Nishegorod ließen sich sehr gut an; die Wohnung beim Gymnasium war für die alte russische Provinz recht gut eingerichtet; nebenan wohnten andere Lehrerfamilien; für die junge Frau fanden sich Freundinnen, mit denen man gemeinsam lesen und musizieren oder sich in Gesprächen zerstreuen konnte. Man erhielt die neuen Petersburger Zeitschriften, in denen der Herzschlag der damaligen Befreiungsbewegung zu spüren war. Ilja Nikolajewitsch verbrachte seine freien Stunden mit der Familie; an den Abenden las er manchmal vor: zu jener Zeit erschien gerade Tolstojs **Krieg und Frieden** in Fortsetzungen.

Mit der Übersiedlung nach Simbirsk, bei der Maria Alexandrowna den künftigen Wladimir unter dem Herzen trug, änderten sich die Lebensverhältnisse sehr. Die Stadt stand weit zurück hinter Nishegorod, das sich kulturell auch nicht gerade auszeichnete; man mußte eine Wohnung am äußersten Rand der »Krone« beziehen, stand außerhalb der Gesellschaft, war ohne Freunde, ohne »eigenen Kreis.« Der aus dem Kleinbürgertum stammende Inspektor mit der halbdeutschen Frau konnte natürlich nicht »gleichberechtigt« in die adelige Gesellschaft aufgenommen werden. Aber auch mit der kleinen Welt der Gouvernementsbürokratie, wo man sich mißmutig den Folgen der Reformepoche anpaßte, kamen die Beziehungen nicht richtig in Gang. Das pädagogische Milieu von Simbirsk war wohl der muffigste und modrigste Teil der Bürokratie. Schon die Tatsache, daß Uljanow eifrig an die Gründung von Schulen heranging, machte ihn zu einem Außenseiter im Kreise von bestechlichen Intriganten. Wegen seiner entgegenkommenden und einfachen Umgangsformen nannte man ihn in der Stadt einen »Liberalen.« In dieser Bezeichnung paarten sich Mißgunst und Ironie. Das Milieu der Kaufleute war äußerst roh und, auf seine Weise, nicht weniger exklusiv als das adelige. Anderseits konnte ein Regierungsbeamter, Familienvater und loyaler Bürger natürlich keine Verbindung mit den verdächtigen Kreisen der radikalen Intelligenz suchen.

Die Isolierung der Familie traf Maria Alexandrowna um so schwerer, als die neue Arbeit des Mannes ihn aus dem Hause führte. Das Leben der jungen Frau war zermürbend und eintönig, bis sie in der Sorge für die Kinder und die Wirtschaft aufging. Die Familie wuchs. Das bescheidene Gehalt des Mannes war die einzige Existenzgrundlage. Not gab es zwar nicht, aber jede Kopeke mußte wieder und wieder umgedreht werden. Die ihr von der deutschen Mutter eingeimpfte Sparsamkeit kam ihr sehr zustatten. Ilja Nikolajewitsch sagte später wiederholt den älteren Kindern, daß die Familie nur dank der umsichtig rechnenden Mutter irgendwie durchkommen konnte.

Die ersten Grundlagen des Wissens brachte Maria Alexandrowna den älteren Kindern bei. Aber der Unterricht erfolgte unvermeidlich in den kurzen Zeitspannen zwischen einer Unzahl anderer Beschäftigungen. 1873, als das fünfte Kind auf die Welt kam, wurde für die Kinder ein Lehrer aufgenommen, der auch an der Gemeindeschule unterrichtete. Dieser überlebte seine wichtigsten Schüler, Alexander und Wladimir, um vieles und veröffentlichte in der Folge lebendig geschriebene Erinnerungen an sie. Ilja Nikolajewitsch, dem in den Fragen der Erziehung das entscheidende Wort zukam, hielt es für notwendig, die Kinder so bald wie möglich ins Gymnasium zu schicken: als Beamter des Unterrichtsministeriums brauchte er an den staatlichen Schulen nichts zu zahlen, und außerdem fürchtete er den verzärtelnden Einfluß der Familie und bevorzugte die männliche Leitung, den geregelten Gang des Unterrichts und die Schuldisziplin.

Aus den Erinnerungen Annas, die voll töchterlicher Pietät sind, geht dennoch hervor, daß der Vater den individuellen Besonderheiten der Kinder nicht immer genügend Aufmerksamkeit schenkte und vielleicht durch allzu hohe Anforderungen sündigte, vor allem in Bezug auf den älteren Sohn, der sich ohnehin selbst das Höchste abforderte. Der autoritäre Cha rakter des Vaters fand zusätzliche Nahrung in der Religion. Ilja Nikolajewitsch, ein Mathematiker und Physiker, der seine Dissertation über die Bestimmung der Umlaufbahn des Klinkerfumeschen Kometen nach der Methode von Olbers verfaßt hatte, bewahrte sich in voller Unversehrtheit den orthodoxen Glauben der Astrachaner Kleinbürger und ging nicht nur pflichtgemäß als Beamter des Zaren, sondern aus innerer Überzeugung zum Abendgottesdienst, war also praktizierender Christ, fastete und kommunizierte.

Den größten Einfluß auf die Kinder hatte zweifellos die Mutter. Im Verlauf von vierzehn Jahren gebar sie siebenmal; eines der Kinder starb bald nach der Geburt, die anderen blieben am Leben, und jedes erforderte Pflege und Aufmerksamkeit. Die Mutter hatte anscheinend einen unerschöpflichen Born an Lebenskraft. Schwanger und gebärend, stillend, erziehend und wieder schwanger, immer in Arbeit, immer ruhig und ausgeglichen, fröhlich und freundlich, war sie ein wirkliches Vorbild einer Mutter, einer Mehrerin und Hüterin des Geschlechts. Die beiden älteren Kinder hatten nie ein Kindermädchen. Aber auch die übrigen stillte die Mutter selbst, war ihnen Spielkamerad, immer zugegen, Spenderin alles Guten, Quell aller Freuden, Wahrerin der Gerechtigkeit im Kinderzimmer. Die Tiefe ihres Einflusses war aber nicht nur durch ihre ständige Nähe bedingt, sondern auch durch den besonderen Reichtum ihrer Natur. Das wenige, was wir von den beiden wissen, erlaubt uns mit voller Überzeugung die Feststellung, daß die Mutter seelenvoller war als der Vater. Von ihr gingen jene unsichtbaren Strahlen aus, die die Kinderherzen erwärmen und ihnen einen zusätzlichen Vorrat an Wärme für das ganze Leben geben. Sie überschüttete sie nicht mit stürmischer Zärtlichkeit und mit Küssen, stieß sie aber auch nicht zurück und fiel nie über sie her. Von den ersten Tagen an umgab sie sie mit aufopfernder Liebe – ohne Verwöhnung und ohne Zänkerei. Nach vielen Jahrzehnten, als sie selbst schon eine alte Frau war, erinnerte sich die Tochter mit tiefer Zärtlichkeit an die mütterliche Musik und an »Reisen« mit ihr auf Stühlen, die sich in der schöpferischen Phantasie der Beteiligten in Schlitten auf verschneiten Straßen verwandelten, die zwischen Tannen und Fichten dahinglitten.

Der ausgeglichene Charakter der Mutter wurzelte nicht in egoistischer Selbsterhaltung, wie es gelegentlich vorkommt, sondern im Gegenteil in warmherziger Selbstlosigkeit. Als Frau von tiefster Empfindsamkeit erlebte sie intensiv die seltenen Freuden, das häufige Leid und auch die kleinen alltäglichen Kränkungen. Doch eine besondere Schamhaftigkeit machte ihr heftige Gefühlsausbrüche unmöglich. Sie litt unter den Grausamkeiten des Lebens nicht nur für sich selbst, sondern auch für die anderen, für den Mann für die Kinder; und schon das allein erlaubte ihr nicht, sich zu entladen, sich gehenzulassen, Szenen zu machen, das heißt zu versuchen, einen Teil ihrer Leiden auf die andern, auf die Nächsten abzuladen. Ein unerschöpflicher Quell von Charakterstärke half ihr nach jedem neuen Schicksalsschlag – an denen es nicht mangelte -, das innere Gleichgewicht wiederherzustellen und alle jene zu unterstützen, die der Unterstützung bedurften. Charakterliche Genialität, mit keinerlei zusätzlichen Gaben ausgestattet, ist für das unbeteiligte Auge unsichtbar, sie strahlt nur auf kurze Entfernung aus. Doch wenn es auf der Welt keine solchen verschwenderischen Frauennaturen gäbe, verdiente das Leben selbst nicht diesen Namen. Aktiven äußeren Ausdruck für ihre verborgenen Kräfte fand Maria Alexandrowna nur durch ihre Kinder. Ein knappes Jahr zu früh starb diese Frau, um den historischen Sieg ihres Sohnes zu erleben.

In einer nichtorthodoxen Familie geboren und aufgewachsen, hatte Maria Alexandrowna, wenngleich sie vollständig russifiziert war, zum Unterschied von ihrem Mann keine kirchlichen Traditionen, abgesehen von der deutschen Weihnachtstanne. Und sie zeichnete sich durchaus nicht durch Frömmigkeit aus: wie die Tochter erzählt, »besuchte sie ebenso selten die russische Kirche wie die deutsche.« Es ist nicht einmal ganz klar, ob sie Lutheranerin blieb oder bei der Verheiratung zur orthodoxen Kirche übertrat. Aber trotzdem brach Maria Alexandrowna nie mit der Religion und nahm in den schwersten Augenblicken mit der ganzen verborgenen Leidenschaftlichkeit ihrer Natur Zuflucht zu ihr. Als das Leben des gefährlich erkrankten vierjährigen Sohnes an einem Faden hing, flüsterte die von Kummer gepeinigte Mutter der sechsjährigen Tochter zu: *»Bete für Sascha!«* und fiel selbst verzweifelt vor dem Heiligenbild in die Knie. Das Unglück verschonte sie dieses Mal. Sascha wurde gerettet, und die glückliche Mutter lehrte den gesundenden Knaben wieder gehen. Siebzehn Jahre später – wieviel Ängste, Mühen, Hoffnungen! – wiederholte die Mutter durch das Gitter des Petersburger Gefängnisses die beschwörende Bitte an die Tochter: *»Bete für Sascha!«* Aber diesmal konnte es sich nur um die Rettung seiner Seele handeln, denn der Strick des Zaren hatte den geliebten ältesten Sohn, den Stolz und die Hoffnung der Familie, schon erwürgt.

Der revolutionäre Weg der Intelligenz

Als Intellektueller plebejischer Herkunft gehörte Ilja Nikolajewitsch Uljanow der Bürokratie an, ohne in ihr aufzugehen. Die Kinder hatten keinerlei Verbindung mit dem bürokratischen Milieu: ihr Beruf wurde der revolutionäre Kampf. Bevor die Befreiungsbewegung gegen Ende des Jahrhunderts zu einer Massenbewegung wurde, durchlief sie in den ersten Jahrzehnten eine reiche Geschichte im Laboratoriumsmaßstab. Man kann das Schicksal der Familie Uljanow nicht verstehen, wenn man nicht die Logik der selbständigen revolutionären Bewegung der russischen Intelligenz und gleichzeitig auch die Logik ihres Zusammenbruches verstanden hat.

In einem der berühmten politischen Prozesse der siebziger Jahre, der als »Sache der 193« bekannt ist, entwickelte der Hauptangeklagte den Gedanken, daß nach der Bauernreform außerhalb der Reihen der Bauernschaft *»eine ganze Fraktion entstanden war ..., bereit, dem Ruf des Volkes zu folgen, die zur Keimzelle einer sozial-revolutionären Partei wurde. Diese Fraktion ist das* geistige Proletariat.« Mit diesen Worten von Hippolyt Myschkin wird das Wesen der Erscheinung richtig beschrieben, wenn auch nicht richtig eingeschätzt. Die feudale Gesellschaft zersetzte sich schneller, als die bürgerliche sich herausbildete. Die Intelligenz, die ein Produkt des Zerfalls der alten Stände war, fand weder hinreichend Nachfrage nach ihrer Arbeit noch einen Wirkungsbereich für ihren politischen Einfluß. Sie brach mit dem Adel, der Bürokratie, der Geistlichkeit, mit ihrem müßigen Leben und ihren sklavenhalterischen Traditionen. Aber sie suchte auch keinen Anschluß an die noch allzu primitive und rohe Bourgeoisie. Sie betrachtete sich als sozial unabhängig und erstickte gleichzeitig beinahe in den Klauen des Zarismus. So war nach der Aufhebung der Leibeigenschaft die Intelligenz fast der einzige Nährboden für revolutionäre Ideen, vor allem die junge Generation, der ärmste Teil der studierenden Jugend, die Studenten, Seminaristen, Gymnasiasten, die in ihrer Mehrheit nicht besser lebten als das Proletariat, oft sogar schlechter. Der Staat brauchte die Intelligenz und erzeugte sie, schweren Herzens, durch seine Schulen. Die Intelligenz aber verlangte nach einer Erneuerung des Regimes und wurde zum Feind des Staates. Das politische Leben des Landes wurde für lange Zeit zum Duell zwischen der Intelligenz und der Polizei, bei fast vollständiger Teilnahmslosigkeit der entscheidenden Klassen der Gesellschaft. Mit Schadenfreude, aber nicht ohne Grund wies der Staatsanwalt im Prozeß Myschkins darauf hin, daß sowohl die *»entwickelteren Schichten«*, das heißt die besitzenden Klassen und die ältere Generation der Intelligenz selbst, als auch die *»der Bildung entbehrenden«*, das heißt die Volksmassen, für die revolutionäre Propaganda gleichermaßen unzugänglich sind. Unter diesen Umständen war der Ausgang des Zusammenpralls im vorhinein entschieden. Da aber der Kampf dem *»geistigen Proletariat«* durch seine ganze Lage aufgezwungen wurde, erforderte er große Illusionen.

Die Intelligenz, die sich in ihrem Bewußtsein kaum erst von den mittelalterlichen Verhältnissen und Sitten losgerissen hatte, fand ihre Kraft in ihren Ideen. Seit den sechziger Jahren hatte sie sich eine Theorie zu eigen gemacht, wonach die Vorwärtsbewegung der Menschheit das Ergebnis des kritischen Denkens sei; wer aber konnte denn als Träger des kritischen Denkens auftreten, wenn nicht sie, die Intelligenz? Da sie gleichzeitig ihre geringe Zahl und ihre Isolierung fürchtete, war die Intelligenz genötigt, zur großen Gebärde, der Waffe der Schwachen, Zuflucht zu nehmen: Sie sagte sich los von sich selbst, um desto mehr Recht zu haben, im Namen des Volkes zu sprechen und zu handeln: dies tat auch Myschkin im weiteren Teil seiner berühmten Rede. Aber Volk war gleichbedeutend mit Bauernschaft. Das wenig zahlreiche industrielle Proletariat präsentierte sich nur als eine ihrer zufälligen und ungesunden Abzweigungen. Die Anbetung der Bauernschaft und der Dorfgemeinschaft durch die Volkstümler wurde zur Kehrseite des maßlosen Anspruches des *»geistigen Proletariats«* auf die Rolle des wichtigsten, wenn nicht einzigen Hebels des Fortschritts. Die Geschichte der russischen Intelligenz spielt sich zwischen diesen beiden Polen ab: der Selbsterniedrigung und dem Hochmut, dem kurzen und dem langen Schatten ihrer sozialen Schwäche.

Die revolutionären Elemente der Intelligenz identifizierten sich nicht nur theoretisch mit dem Volk, sondern strebten danach, mit ihm zu verschmelzen; sie trugen Bauernkittel, aßen wie der Muschik Krautsuppe ohne Fleisch und lernten mit Hakenpflug und Axt zu arbeiten. Das war keine politische Maskerade, das war eine echte Tat. Aber zugrunde lag ihr ein großes Quid pro quo: die Intelligenz schuf das Volk nach ihrem Ebenbild, und dieser biblische Schöpfungsakt bereitete ihr beim Übergang zur Aktion tragische Überraschungen.

Schon die ersten revolutionären Gruppen stellen sich die Aufgabe, einen Bauernaufstand vorzubereiten. Ist nicht die Fähigkeit des Muschiks zur Meuterei tatsächlich durch seine ganze Vergangenheit erwiesen? An die Stelle von Stepan Rasin und Jemeljan Pugatschow wird von nun an die kritisch denkende Persönlichkeit treten. Diese Hoffnungen hingen, so schien es, nicht ganz in der Luft. In den Jahren der Vorbereitung und Durchführung der Reform empörte sich die Bauernschaft in verschiedenen Teilen des Landes; da und dort war die Regierung genötigt, Militär einzusetzen, in den meisten Fällen fand man mit der patriarchalischen Prügelstrafe das Auslangen. Die Bauernunruhen gaben in Petersburg 1860 den Anstoß zur Gründung der kleinen illegalen Organisation »Junges Rußland.« Ihr unmittelbares Ziel war: »*... eine blutige und unbarmherzige Revolution, die alle Grundlagen der heutigen Gesellschaft radikal ändern muß.*« Aber die Revolution ließ auf sich warten. Ohne ihre Einschätzung zu ändern, kam die Intelligenz zu dem Schluß, daß es sich nur um einen kurzen Aufschub handelte. Neue Zirkel zur Vorbereitung der Revolution entstanden. Die Regierung antwortete darauf mit Unterdrückungsmaßnahmen, deren grausames Wüten dem Ausmaß ihrer Beunruhigung entsprach. Für den Versuch, eine Proklamation an die Bauern zu verbreiten, wurde der berühmte russische Publizist Tschernyschewskij, der wirkliche Führer der jungen Generation, am Schandpfahl zur Schau gestellt und zur Zwangsarbeit verschickt. Nicht ohne Grund hoffte der Zar, durch diesen Schlag die revolutionäre Bewegung für lange Zeit zu enthaupten. Am 4. April 1866 feuerte der fünfundzwanzigjährige Dmitrij Karakosow, ein aus niedrigem Adel stammender ehemaliger Student, auf Alexander II., als dieser den Sommergarten verließ, die erste Kugel, die den Zaren nicht traf, aber unter das »liberale« Kapitel seiner Regentschaft den Schlußpunkt setzte. Die Verfolgungen der Presse und die polizeilichen Uberfälle auf die Wohnungen friedlicher Bürger jagten den ohnehin nicht sehr tapferen liberalen Kreisen einen heillosen Schrecken ein. Die unabhängigen Elemente der Bürokratie kapselten sich ab. Von dieser Zeit an – so muß man annehmen – hörte Ilja Nikolajewitsch Uljanow auf, die Lieder seiner Jugend anzustimmen. Der Unterrichtsminister, Graf Dmitrij Tolstoj, beschloß, mit Hilfe eines sterilisierten Klassizismus als System der Verkrüppelung der jungen Hirne das freie Denken im Keim zu ersticken. Ein ungeheuerliches System wurde oktroyiert. Auch Alexander und Wladimir Uljanow mußten in der Folge die Foltern des Polizeiklassizismus mitmachen, bei denen Athen und Rom nur als Propyläen zum zaristischen Sankt Petersburg dienten.

Von der ersten Proklamation bis zum bewaffneten Anschlag auf den Zaren dauerte es also nur sechs Jahre. So schließt die Intelligenz im Morgengrauen ihrer revolutionären Tätigkeit den ersten kleinen Zyklus: von der Hoffnung auf einen sofortigen Aufstand der Bauern über den Versuch der Propaganda und Agitation zum individuellen Terror. Viele Erfahrungen, Fehler und Enttäuschungen stehen noch bevor. Doch eben mit dieser Zeit, mit der Aufhebung der Leibeigenschaft, beginnt die in der Weltgeschichte einzig dastehende Arbeit der revolutionären Pioniere, die im Laufe von sechs Jahrzehnten ihre unterirdischen Gänge anlegen und damit die Explosionen von 1905 und 1917 vorbereiten.

Zwei Jahre nach dem Prozeß gegen Karakosow versuchte der unscheinbare Provinzler Netschajew, Religionslehrer in einer Pfarrschule, eine der grandiosesten Gestalten in der Galerie der russischen Revolutionäre, eine Verschwörergesellschaft »Volksrache oder Axt« zu gründen. Den Volksaufstand setze Netschajew im voraus für den neunten Jahrestag der Reform, den 19. Februar 1870, fest, den Tag, an dem die provisorischen Verhältnisse im Dorf dem Gesetz nach durch endgültige abgelöst werden sollten. Die revolutionäre Vorbereitungsarbeit ist genau nach einem Kalender eingeteilt: bis zum Mai 1869 in der Hauptstadt und in den Universitätsstädten; vom Mai bis zum September in den Gouvernements- und Kreisstädten; ab Oktober »mitten im Volk«; im Frühjahr 1870 soll die erbarmungslose Volksrache gegen die Ausbeuter beginnen. Aber es kommt auch diesmal nicht zum Aufstand. Die Sache endet mit der Ermordung eines Studenten, der des Verrats verdächtig ist. Netschajew, der ins Ausland floh und von der Schweizer Regierung dem Zaren ausgeliefert wurde, beendete seine Tage in der Petropawlowsker Festung. Im Sprachgebrauch der revolutionären Zirkel wird das Wort Netschajewerei (Netschajewschtschina) noch lange eine harte Verurteilung sein, ein Synonym für gewagte und verdammenswerte Mittel zur Erreichung von revolutionären Zielen. Lenin wird von seinen politischen Gegnern Hunderte Male die Beschuldigung Netschajewscher Kampfmethoden zu hören bekommen.

In den siebziger Jahren beginnt der zweite Zyklus der Revolution, der in seinem Ausmaß schon weit größer ist, aber in seiner Entwicklung die uns schon bekannte Folge der Etappen reproduziert: von der Hoffnung auf einen Volksaufstand und den Versuchen, ihn vorzubereiten, über den Zusammenstoß mit der politischen Polizei bei Teilnahmslosigkeit des Volkes zum individuellen Terror. Die Netschajewsche Verschwörung, die voll und ganz auf der Diktatur einer einzige Person aufgebaut war, löste in revolutionären Kreisen eine kräftige Reaktion gegen Zentralismus und blinde Disziplin aus. Die nach einer kurzen Atempause im Jahre 1873 wiederauflebende Bewegung nimmt den Charakter eines chaotischen massenweisen Ins-Volk-Gehen der Intelligenz an. Junge Leute, vor allem ehemalige Studenten und Studentinnen, insgesamt gegen tausend, trugen die sozialistische Propaganda in alle Teile des Landes, vor allem aber, auf der Suche nach dem geistigen Erbe Rasins und Pugatschows, an den Unterlauf der Wolga. Die in ihrem Ausmaß und ihrem jugendlichen Idealismus großartige Bewegung, die wahre Wiege der russischen Revolution, zeichnete sich, wie sich das für eine Wiege ziemt, durch äußerste Naivität der Methoden aus. Die Propagandisten hatten weder eine leitende Organisation noch ein klares Programm, noch konspirative Erfahrung. Wozu auch? Der junge Mensch ohne Beruf, der mit seiner Familie und mit der Schule gebrochen hatte, ohne persönliche Bindungen und Verpflichtungen, ohne Angst vor den irdischen und himmlischen Gewalten, betrachtete sich selbst als einen lebenden Kristall des Volksaufstandes. Verfassung? Parlamentarismus? Politische Freiheit? Nein, auf diese westlichen Köder läßt er sich nicht ein. Er braucht die ganze Revolution, ohne Abstrich und ohne Zwischenetappen.

Die theoretischen Sympathien der Jugend gehörten teils Lawrow, teils Bakunin. Beide Beherrscher der Geister kamen aus adeligem Milieu, beide wurden in ein und derselben Offiziersschule in Petersburg erzogen, Michail Bakunin zehn Jahre vor Pjotr Lawrow. Beide beendeten ihr Leben in der Emigration: Bakunin 1876, als Wladimir Iljitsch noch die Kinderschuhe vertrat; Lawrow lebte bis 1900, als Uljanow sich in Lenin verwandelte. Der ehemalige Artillerieoffizier Bakunin war schon zum zweiten mal in der Emigration und hatte bereits den Übergang vom demokratischen Panslawismus zum reinen Anarchismus vollzogen, als der Oberst Lawrow, Lehrer an der Artillerieschule und enzyklopädisch gebildeter Eklektiker, in legaler Journalistik die Theorie der »*kritisch denkenden Persönlichkeit*« entwickelte, gewissermaßen den politischen Paß der russischen »Nihilisten.« Nichts entsprach besser dem Messianismus der Intelligenz als die Lehre von der Verpflichtung gegenüber dem Volk, eine Lehre, deren theoretischer Hochmut sich vereinte mit der ständigen praktischen Bereitschaft zum Opfer. Die Schwäche des Lawrismus bestand darin, daß er keinen Weg zu Aktion zeigte, wenn man von der abstrakten Propaganda des ein für allemal geoffenbarten Evangeliums absieht. Selbst völlig friedliche Kulturarbeiter wie Ilja Nikolajewitsch Uljanow konnten sich ehrlich als Jünger Lawrows betrachten; doch gerade deshalb befriedigte er den entschlossensten und aktivsten Teil der Jugend nicht. Die Lehre Bakunins erwies sich als unvergleichlich klarer und vor allem entschlossener; den russischen Bauern klassifizierte sie als *»Sozialisten dem Instinkt und Revolutionär der Natur nach«*; die Aufgabe der Intelligenz sah Bakunin im Aufruf zur sofortigen *»allgemeinen Zerstörung«*, aus der Rußland als eine Föderation von freien Gemeinschaften hervorgehen sollte. Die geduldige Propaganda mußte notwendig ins Hintertreffen geraten unter dem Ansturm der integralen Verkündung des Aufstandes. Gewappnet mit dem Bakunismus, der zur herrschenden Doktrin geworden war, betrachtete es die Intelligenz der siebziger Jahre als selbstverständlich, daß man nur die Funken des kritischen Denkens versprühen muß, damit Wald und Steppe zu einem einzigen Flammenmeer werden.

»Die Bewegungen der Intelligenz«, erklärte später vor Gericht der uns schon bekannte Myschkin, *»sind nicht künstlich erzeugt, sondern sind Ausdruck des Volkswillens.«* Dieser vom Standpunkt der großen historischen Betrachtung unbestreitbare Gedanke konnte jedoch auf keinen Fall einen unmittelbaren politischen Zusammenhang zwischen der Unzufriedenheit des Volkes und den revolutionären Plänen der Rebellen beweisen. Der schicksalhafte Ablauf der Verhältnisse wollte es, daß das Dorf, das fast während der ganzen Geschichte Rußlands in Aufruhr war, gerade dann still wurde, als sich die Stadt für das Dorf zu interessieren begann; still wurde für lange. Die Bauernreform war zu einer vollzogenen Tatsache geworden. Die nackte sklavische Abhängigkeit der Muschiks vom Gutsherrn war gefallen. Infolge der hohen Getreidepreise in den sechziger Jahren erhöhte sich der Wohlstand der obersten, wirtschaftlich aktivsten Schichten des Bauerntums, die dessen gesellschaftliche Ansichten bestimmten. Den räuberischen Charakter der Reform waren die Bauern bereit, dem Widerstand der Adeligen gegen den Willen des Zaren zuzuschreiben. Die Hoffnungen auf eine bessere Zukunft stützten sich ebenfalls auf den Zaren: er war berufen, zu korrigieren, was die Gutsbesitzer und Beamten verdorben hatten. Diese Einstellung machte die Bauern nicht nur unzugänglich für die revolutionäre Propaganda, sondern führte dazu, daß sie die Feinde des Zaren als ihre eigenen Feinde betrachteten. Der leidenschaftliche und ungeduldige Drang der Intelligenz zur Bauernschaft stieß auf das erbitterte Mißtrauen der Bauernschaft gegen alles, was von den Herren kam, von den Städtern, von den Gebildeten, von den Studenten. Das Dorf empfing die Propagandisten nicht nur nicht mit offenen Armen, sondern wies sie feindselig ab. Diese Tatsache führte zum dramatischen Verlauf der revolutionären Bewegung der siebziger Jahre und zu ihrem tragischen Ende. Erst eine neue

Generation der Bauernschaft, die schon nach der Reform aufgewachsen war und die Bodennot, die schweren Steuern, die Unterdrückung des Standes mit neuer Schärfe zu fühlen bekam, sollte – diesmal schon unter dem direkten Einfluß der Arbeiterbewegung – zur Ausräucherung der Gutsbesitzer aus ihren erblichen Nestern schreiten. Doch bis dahin mußte man noch ein Vierteljahrhundert warten.

Das Ins-Volk-Gehen war jedenfalls zu einem vollständigen Mißerfolg geworden. Weder Wolga noch Don noch Dnjepr antworteten auf den Ruf. Die Nichtbeachtung der nötigen Vorsicht bei der illegalen Arbeit führte zur Aufspürung der Propagandisten: die überwältigende Mehrheit von ihnen – mehr als 700 – wurde schon 1874 verhaftet. Die Staatsanwaltschaft inszenierte zwei große Prozesse, die für immer in die Geschichte der Revolution eingegangen sind: die »Sache der 50« und die »Sache der 193.« Die Anklagen, die von den vor Gericht Stehenden über die Köpfe der Richter hinweg dem Zarismus ins Gesicht geschleudert wurden, ließen mehreren Generationen der Jugend die Herzen höher schlagen.

Die teuer bezahlte Erfahrung zeigte, daß kurze Ausflüge ins Dorf nicht genügen. Die Propagandisten beschlossen, ein System richtiger Ansiedlung im Volk zu versuchen, als Handwerker, Händler, Schreiber, Heilgehilfen, Lehrer und so weiter. Ihrem Umfang nach war diese Bewegung, die 1876 begann, weit schwächer, als die chaotische Welle des Jahres 1873: die Enttäuschungen und Repressalien hatten zu einer Auslese geführt. Beim Übergang zum seßhaften Leben waren die Propagandisten genötigt, in den starken Wein des Bakunismus viel Lawrowsches Wasser zu gießen: Das Rebellentum wurde zurückgedrängt von der Kulturarbeit, bei der sich selbst zu individuellen sozialistischen Predigten nur ausnahmsweise Gelegenheit fand.

Entsprechend der Narodniki-Doktrin, die dem russischen Kapitalismus jede Zukunft absprach, wurde dem Proletariat in der Revolution überhaupt keine selbständige Rolle zugebilligt. Aber es ergab sich ganz von selbst, daß die ihrem Inhalt nach für das Dorf berechnete Propaganda nur in den Städten Zustimmung fand. Die Schule der Geschichte ist reich an Lehrmitteln. Die Bewegung der siebziger Jahre ist vor allem dadurch lehrreich, daß sich um das sorgfältig für die Maße der bäuerlichen Revolution zugeschnittene Programm ausschließlich Intellektuelle und vereinzelt auch Industriearbeiter sammelten. So offenbarte sich die Unhaltbarkeit der Volkstümelei, und zum ersten mal wurden kritische Elemente für ihre Revision erarbeitet. Aber bevor sie zu einer realistischen Doktrin kam, die sich auf die tatsächlichen Tendenzen der Gesellschaft stützte, mußte die revolutionäre Intelligenz erst zum Golgatha des terroristischen Kampfes hinabsteigen.

Die allzu fernen und in keiner Weise gesicherten Termine eines Erwachens der Volksmassen entsprachen nicht den leidenschaftlichen Erwartungen der revolutionären Zirkel in den Städten. Die grausame Abrechnung der Regierung mit den Propagandisten des ersten Aufgebots – jahrelange Präventivhaft, Dutzende Jahre Zwangsarbeit, körperliche Züchtigungen, Fälle von Irrsinn und Selbstmord – entflammte den brennenden Wunsch, von den Worten zur Tat überzugehen. Aber worin sonst konnte die sofortige »Tat« von kleinen Zirkeln bestehen, als in Einzelaktionen gegen die verhaßtesten Vertreter des Regimes? Terroristische Stimmungen beginnen sich immer hartnäckiger Bahn zu brechen. Am 24. Januar 1878 schießt ein junges Mädchen, eine Einzelgängerin, auf den Petersburger Stadtkommandanten Trepow, auf dessen Befehl kurz vorher über den Häftling Bogoljubow eine Prügelstrafe verhängt worden war. Der Schuß von W.I. Sassulitsch – dieser hervorragenden Frau, mit der Lenin mehr als 20 Jahre später im Ausland in derselben Redaktion zusammenarbeiten sollte – war nur ein unmittelbarer Zoll an die Empörung; aber in dieser Geste lag der Keim eines ganzen Systems. Ein halbes Jahr später tötete Krawtschinskij, der mit dem Dolch ebenso gut umzugehen wußte wie mit der Feder, in einer Straße von Petersburg den allmächtigen Gendarmeriechef Mesenzew. Auch hier handelte es sich noch um Rache für zugrunde gegangene Kampfgenossen. Aber Krawtschinskij ist schon kein Einzelgänger mehr: er handelte als Mitglied einer revolutionären Organisation.

Die im Volk verstreuten »Ansiedlungen« brauchten eine Führung. Durch die Erfahrungen des Kampfes wurden die Vorurteile gegen Zentralismus und Disziplin leicht überwunden, die als »Netschajewerei« abgestempelt waren. Die Provinzgruppen schlossen sich bereitwillig einem organisierten Zentrum an. So wurde von auserlesenen Elementen »Semlja i Wolja« (Land und Freiheit) gegründet, eine in ihrer Zusammensetzung und in der Geschlossenheit ihrer Kader wahrhaft hervorragende Organisation der revolutionären Volkstümlerbewegung. Doch immer schärfer wurde der Skeptizismus in den Beziehungen dieser Volkstümler zum Volk, das angesichts der blutigen Opfer der Revolutionäre so teilnahmslos blieb. Das Beispiel von Sassulitsch und Krawtschinskij war gewissermaßen ein Aufruf, nicht auf die Massen zu warten und mit der Waffe in der Hand sofort für sich und die Seinen einzutreten. Ein halbes Jahr nach der Ermordung von Mesenzew schoß der junge Aristokrat Mirskij – diesmal schon auf direkten Parteibeschluß – auf den neuen Chef der Gendarmerie, Drenteln. Der Schuß verfehlte sein Ziel. Zur selben Zeit, im Frühjahr 1879, kam ein angesehenes Parteimitglied aus der Provinz in die Hauptstadt und schlug vor, den Zaren zu töten. Alexander Solowjow, Sohn eines kleinen Beamten, der auf Staatskosten studiert hatte und dann Kreislehrer wurde, war durch die ernste Schule revolutionärer Ansiedlungen in den Dörfern des Wolgalandes gegangen, bevor er am Erfolg der Propaganda verzweifelte. Die Führer von »Semlja i Wolja« schwankten. Der terroristische Sprung ins Ungewisse erschreckte sie. Die Verweigerung der Sanktion durch die Partei hielt Solowjow nicht ab. Am 2. April feuerte er auf dem Schloßplatz dreimal mit dem Revolver auf Alexander II. Der Zar blieb auch diesmal unverletzt. Die Regierung ließ natürlich auf Presse und Jugend einen neuen Hagel von Repressionen niedergehen.

Der Schuß Solowjows ist für die »Bewegung ins Volk« der siebziger Jahre dasselbe wie der Schuß Karakosows für die ersten Propagandaversuche des vorhergehenden Jahrzehnts. Die Symmetrie springt ins Auge. Aber der zweite revolutionäre Zyklus ist der Anzahl der von der Bewegung erfaßten Personen, ihrer Erfahrung und Härte sowie der Erbitterung des Kampfes nach unvergleichlich bedeutender als, der erste. Der Anschlag Solowjows, von dem sich zu distanzieren »Semlja i Wolja« schon nicht mehr für möglich hielt, bleibt kein isolierter Akt wie der Schuß Karakosows. Der systematische Terror wird auf die Tagesordnung gestellt. Der Krieg mit der Türkei, der die Wirtschaft zerrüttet und zur Kapitulation der russischen Diplomatie auf dem Berliner Kongreß (1879) geführt hatte, hatte die Gesellschaft gehörig aufgerüttelt, das Prestige der Regierung schwer angeschlagen und die Revolutionäre mit übertriebenen Hoffnungen beflügelt. Sie waren nun auf den Weg des direkten politischen Kampfes gedrängt. Nach dem Bruch (Juni 1879) mit den altgläubigen Volkstümlern, die der Loslösung vom Dorf nicht zustimmten, wechselte »Semlja i Wolja« die Haut und betrat die politische Arena schon als »Narodnaja Wolja« (Doppelbedeutung: »Volkswille« oder »Volksfreiheit«). Gewiß, in der programmatischen Erklärung verzichtete die neue Partei nicht auf die Agitation in den Volksmassen: im Gegenteil, es wurde sogar beschlossen, für sie zwei Drittel der Mittel der Partei aufzuwenden, für den Terror aber nur ein Drittel. Doch dieser Beschluß blieb ein platonischer Zoll an den gestrigen Tag. Die revolutionären Chemiker stellten inzwischen ohne Mühe fest, daß man Dynamit und Pyroxilin, die durch den russisch-türkischen Krieg allgemein bekannt wurden, relativ leicht mit häuslichen Mitteln herstellen kann. Der Würfel war gefallen. Gleichzeitig mit der trügerischen Hoffnung auf die Propaganda, die endgültig dem Terror ihren Platz abtrat, wurde der Revolver, dessen Unzuverlässigkeit sich erwiesen hatte, vom Dynamit abgelöst. Die ganze Organisation wurde entsprechend den Bedürfnissen des terroristischen Kampfes umgebaut und alle Kräfte und Mittel in den Dienst der Vorbereitung von Attentaten gestellt. Die Dörfler fühlten sich in ihren gottverlassenen Winkeln vergessen. Vergeblich versuchen sie im »Tschornyj Peredjel« (Schwarze Umteilung) eine selbständige Organisation zu schaffen. Ihr war es allerdings bestimmt, in der Folge als Brücke zum Marxismus zu dienen. Aber sie hatte keinerlei selbständige politische Bedeutung. Die Hinwendung zum Terror war unwiderruflich. Die programmatischen Vorstellungen der Revolutionäre änderten sich entsprechend den Erfordernissen der neuen Kampfmethode. »Semlja i Wolja« verkündete die Lehre, daß eine Verfassung an und für sich dem Volke schädlich sei: Die politische Freiheit solle ein Nebenprodukt des sozialen Umsturzes werden; »Narodnaja Wolja« anerkannte, daß die Eroberung der politischen Freiheit eine notwendige Voraussetzung des sozialen Umsturzes werden mußte. »Semlja i Wolja« wollte im Terror nur ein einfaches Aktionssignal sehen, das den unterdrückten Massen von oben gegeben wird. »Narodnaja Wolja« stellte sich die Aufgabe, den Umsturz durch eine terroristische »Desorganisation« der Regierung herbeizuführen. Das, was anfangs ein halb instinktiver Akt der Rache für mißhandelte Kampfgenossen war, verwandelte sich im Laufe der Entwicklung in ein selbständiges und hinreichendes System des politischen Kampfes. So versuchte die vom Volk isolierte und gleichzeitig auf historische Vorposten gestellte Intelligenz ihre soziale Schwäche mit der Sprengkraft des Dynamits zu kompensieren. Die Chemie der Zerstörung wurde in ihren Händen zur politischen Alchimie. Entsprechend den geänderten Aufgaben und Methoden verlagerte sich der Schwerpunkt der Arbeit ganz entschieden: vom Dorf in die Stadt, von den Städten in die Hauptstadt. Der Stab der Revolution sollte nunmehr dem Stab der Macht unmittelbar gegenüberstehen. Gleichzeitig änderte sich die psychische Struktur des Revolutionärs und sogar seine äußere Erscheinung. Mit dem Schwinden des naiven Glaubens ans Volk gehörte auch die Sorglosigkeit in den Fragen der Konspiration der Vergangenheit an. Der Revolutionär straffte sich, wurde vorsichtiger, hellsichtiger, entschlossener. Jeder Tag bedeutete für ihn aufs neue tödliche Gefahr. Zum Selbstschutz trug er im Gürtel den Dolch, in der Tasche den Revolver. Die Menschen, die zwei, drei Jahre vorher das Schuster- oder Tischlerhandwerk gelernt hatten, um mit dem Volk zu verschmelzen, lernten jetzt die Kunst, Bomben herzustellen und zu werfen und sich auf der Flucht freizuschießen. Der Apostel wurde vom Krieger abgelöst. Wenn sich der Dorfpropagandist fast in Lumpen kleidete, um in allem dem »Volk« zu gleichen, dann suchte der städtische Revolutionär sich im Aussehen möglichst wenig von den wohlhabenden und gebildeten Städtern zu unterscheiden. Aber wie frappierend dieser Wechsel auch sein mochte, der im Laufe von einigen kurzen Jahren vor sich gegangen war – in den beiden kontrastierenden Gestalten konnte man unschwer ein und denselben »Nihilisten« erkennen: im armseligen Bauernkittel war er nicht »Volk«; im Anzug des Gentleman war er nicht Bourgeois. Der Abtrünnige, der die alte Gesellschaft sprengen wollte, war genötigt, die Schutzfarbe bald des einen, bald des anderen ihrer Pole anzunehmen.

Der revolutionäre Weg der Intelligenz offenbart sich uns Schritt für Schritt. Beginnend mit der theoretischen Selbstvergöttlichung unter dem Namen »kritisches Denken«, sagte sie sich dann von sich selbst los im Namen der Auflösung im Volk, um nach dem Mißerfolg unvermittelt zur praktischen Selbstvergöttlichung in Form des terroristischen Exekutivkomitees zu schreiten: das kritische Denken übersiedelte in einen Sprengkörper, dessen Aufgabe es war, einem Häuflein von Sozialisten die Verfügungsgewalt über die Geschicke des Landes in die Hand zu geben. So hieß es zumindest im offiziellen Programm der »Narodnaja Wolja.« Tatsächlich verwandelte der Verzicht auf den Massenkampf die sozialistischen Ziele in eine subjektive Illusion. Realität blieb nur die Taktik der Einschüchterung der Monarchie durch Bomben mit der einzigen Perspektive, verfassungsmäßige Freiheiten zu erringen. Ihrer objektiven Rolle nach wurden die aufrührerischen Anarchisten von gestern, die von der bürgerlichen Demokratie nichts hören wollten, zu einem Sturmtrupp im Dienst des Liberalismus. Die Geschichte findet Mittel und Wege, den Widerspenstigen ihren Platz zuzuweisen: auf der Tagesordnung stand nicht die Anarchie, sondern die politische Freiheit.

Der revolutionäre Kampf verwandelte sich in einen wütenden Wettstreit zwischen dem Exekutivkomitee und der Polizei: Die Leute der »Semlja i Wolja« – und später die der »Narodnaja Wolja« -, verübten die ersten Anschläge im Alleingang, in den meisten Fällen ohne Erfolg. Die Polizei fing und henkte sie. Vom August 1878 bis zum Dezember 1879 kamen auf zwei Opfer der Regierung siebzehn gehenkte Revolutionäre. Es blieb nichts anderes übrig, als auf Anschläge gegen einzelne hohe Beamte zu verzichten, um alle Kräfte der Partei auf den Zaren zu konzentrieren. Auch heute, nach einem halben Jahrhundert, kann man die Energie, den Mut und das Organisationstalent des Häufleins der Kämpfer nur bewundern. Der Politiker und Redner Sheljabow, der Gelehrte und Erfinder Kibaltschitsch, Frauen von unvergleichlicher Charakterstärke - wie Petrowskaja und Figner - waren die Elite der Intelligenz, die Blüte der Generation. Sie wußten sich voll und ganz dem frei gewählten Ziel unterzuordnen und lehrten es die anderen. Für diese Helden, die den Vertrag mit dem Tod geschlossen hatten, schien es keine unüberwindlichen Hindernisse zu geben. Bevor er sie vernichtete, gab ihnen der Terror übermenschliche Stählung. Sie unterminierten die Bahnlinie, auf der der Zug des Zaren unterwegs war, dann die Straße, auf der die Equipage des Zaren fuhr; sie schlichen sich in der Person des Arbeiters Chalturin mit einer Ladung Dynamit in den Zarenpalast ein und sprengten ihn in die Luft. Mißerfolg auf Mißerfolg. *»Der Allerhöchste beschützt den Befreier«*, schrieb die liberale Presse. Aber letzten Endes errang die Energie des Exekutivkomitees die Oberhand über die Wachsamkeit des Allerhöchsten. Am 1. März 1881, nach einem Fehlschlag des jungen Ryssakow, tötete der junge Grinewitzkij mit der zweiten nach dem System Kibaltschitsch hergestellten Bombe in einer Straße der Hauptstadt Alexander II. und gleichzeitig sich selbst. Diesmal traf der Schlag mitten ins Herz des Regimes. Doch bald stellte sich heraus, daß im Feuer des erfolgreichen Terrors die »Narodnaja Wolja« selbst verbrannt war. Die Kraft der Partei war fast zur Gänze im Exekutivkomitee konzentriert. Daneben gab es nur noch Hilfsgruppen ohne selbständige Bedeutung. Der terroristische Kampf einschließlich der technischen Vorbereitungsarbeit wurde auf jeden Fall von den Mitgliedern des zentralen Stabes geführt. Wie viele solcher Kämpfer gab es nun? Die Rechnung ist heute einwandfrei aufgestellt: Das erste Exekutivkomitee umfaßte 28 Personen. Bis 1. März 1881 betrug die Gesamtzahl der Mitglieder, die überdies niemals gleichzeitig in Aktion traten, 37. Restlos illegal, das heißt von allen sozialen und selbst Familienverbindungen abgeschnitten, hielten diese Leute alle Kräfte der politischen Polizei in Atem und machten gleichzeitig den neuen Zaren für einige Zeit zum »Einsiedler von Gatschina.« Die ganze Welt wurde erschüttert vom Dröhnen der titanischen Attacke auf die Petersburger Despotie. Es hatte den Anschein, als stünden der geheimnisvollen Partei Legionen von Kämpfern zur Verfügung. Das Exekutivkomitee sorgte geflissentlich für die Aufrechterhaltung der Hypnose seiner Allmacht. Aber mit Hypnose allein kann man sich nicht lange halten. Inzwischen schmolzen die Reserven schnell.

Die Narodowolzen meinten, jeder erfolgreiche Schlag gegen den Feind müßte die Autorität der Partei erhöhen, ihr neue Kämpfer zuführen, den Kreis der Sympathisierenden vergrößern und wenn schon nicht sofort die Volksmassen wecken, so doch auf jeden Fall die liberale Opposition kühner machen. Aber alle diese Erwartungen waren reine Phantasie. Der Heroismus fand zweifellos Nachahmung. Es gab wohl keinen Mangel an Burschen und Mädchen, die bereit waren, sich selbst mit ihrer Bombe in die Luft zu sprengen. Aber es fand sich niemand, der diese Leute erfaßt und dirigiert hätte. Die Partei zerfiel. Dem Wesen seiner Natur entsprechend, verausgabte der Terror unvergleichlich schneller die fertigen Kräfte, die ihm von der propagandistischen Periode zugeführt worden waren, als neue herangebildet werden konnten. *»Wir leben vom Kapital«*, sagte der Führer der »Narodnaja Wolja«, Sheljabow. Gewiß, der Prozeß gegen die Zarenmörder fand stürmischen Widerhall in den Herzen von jugendlichen Einzelgängern. Während Petersburg von der Polizei bald nur zu gut gesäubert war, entstanden in verschiedenen Provinzorten noch zum Jahre 1885 immer wieder Narodowolzen-Gruppen. Aber zu einer neuen Terrorwelle kam es nicht. Die Intelligenz, die sich die Finger verbrannt hatte; zog sich in ihrer Masse vom revolutionären Feuerbrand zurück.

Nicht besser stand es mit den Liberalen, auf die die Terroristen, nachdem sie ihre Blicke von der Bauernschaft abgewandt hatten, mit immer größerer Hoffnung blickten. Gewiß, unter dem Einfluß der diplomatischen Mißerfolge und der wirtschaftlichen Zerrüttung versuchten die Bürgerlichen, eine Probemobilisierung ihrer Kräfte durchzuführen. Es wurde jedoch eine Mobilisierung der Kraftlosigkeit. Verschreckt durch die wachsende Erbitterung der kämpfenden Lager, beeilten sich die liberalen mit der Entdeckung, daß die »Narodnaja Wolja« kein Verbündeter, sondern das Haupthindernis auf dem Weg zu konstitutionellen Reformen sei. Wie der am weitesten linksstehende unter den Bürgerlichen, I.I. Petrunkewitsch, sagte, *»schüchtern die Terrorakte die Gesellschaft ein und erbittern die Regierung.«*

So wurde die Leere um das Exekutivkomitee, das aus einer relativ breiten Bewegung der Intelligenz hervorgegangen war, immer größer, je betäubender sein Dynamit explodierte. Keine Partisanenabteilung kann sich inmitten einer feindseligen Bevölkerung lange halten. Keine illegale Gruppe kann auf die Dauer ohne sympathisierende Deckung operieren. Durch die politische Isolierung wurden die Terroristen endgültig der Polizei preisgegeben, die mit wachsendem Erfolg die Reste der alten Gruppen und die Keime von neuen erledigte. Die Liquidierung der Narodowolzen-Bewegung durch eine Reihe von Verhaftungen und Prozessen erfolgte schon vor dem Hintergrund der allgemeinen gesellschaftlichen Reaktion der achtziger Jahre. Wir werden mit dieser düsteren Periode näher Bekanntschaft machen im Zusammenhang mit dem terroristischen Unternehmen Alexander Uljanows.

Der ältere Bruder

Alexander glich in Aussehen und Charakter der Mutter, vor allem zu jener Zeit, als er noch sehr jung war: »*Dieselbe seltene Kombination*«, schreibt die ältere Schwester, »*von außerordentlicher Festigkeit und Ausgeglichenheit des Charakters mit erstaunlicher Feinfühligkeit, Herzlichkeit und Gerechtigkeit. Doch ein strengerer, konzentrierterer, männlicher Charakter.*« Kalaschnikow, der Hauslehrer der Kinder, sagte, daß das milchweiße Gesicht Alexanders, seine gedämpfte Stimme und seine ruhigen Bewegungen schon in den Kinderjahren von innerer Kraft durchleuchtet waren. Die Isolierung der Uljanows in der ersten Zeit in Simbirsk, das Fehlen von Spielkameraden, zum Teil auch die hohen Ansprüche, die der Vater stellte, mußten wohl die angeborene Verschlossenheit und Konzentration des Knaben verstärken. An schweren und rohen Eindrücken fehlte es nicht. Dazu trug schon die Tatsache bei, daß das Haus auf der »Alten Krone«, in dem die Uljanows lebten, nicht weit vom Gefängnisplatz lag. Die Mutter war mit den kleineren Kindern beschäftigt. Kindermädchen hatten die älteren keines, und so gingen sie allein zum Platz. An den Feiertagen versammelte sich auf der »Alten Krone« das »Volk«; zum Unterschied von der »Neuen Krone«, wo das »Publikum« spazieren ging. Der Platz war bald übersät mit den Schalen von Sonnenblumenkernen, mit Fischgräten und anderen Abfällen. Zu Ostern gab es Spiele mit gefärbten Eiern. Bunte Kleider und rote Hemden leuchteten vom Karussell, eine Harmonika löste die andere ab. Am Abend konnte man schon vom Platz her die Betrunkenen singen hören, und wilde Raufereien waren im Gange. Zu den Feiertagen ließ man freilich die Kinder nicht auf die »Krone.« Aber wenn sie wochentags im Staub wühlten, die Wolga bewunderten oder den Singvögeln in den Obstgärten lauschten, wurden sie nicht selten durch das Klirren von Ketten, durch rohes Anschreien und Fluchen aus dem Spiel gerissen. Mit quälender Neugier erhaschte Sascha einen Blick durchs Gitter, und es überlief ihn kalt vor Angst und Mitleid.

Schön war es jedoch in Kokuschkino, auf dem Gut des Großvaters mütterlicherseits im Kasaner Gouvernement. Dorthin kamen in den Ferien die verheirateten Töchter mit ihren vielen Kindern; es gab muntere Spiele, Ausflüge, Bootsfahrten, später die Jagd, der sich Sascha mit Begeisterung hingab. Aber ringsum herrschte die Not des Dorfes; das Milieu war noch wie durchtränkt vom Geruch der Leibeigenschaft. Karpej, ein Bauer aus der Nachbarschaft, Jäger und Fischer, erzählte Anna und Sascha, daß er mit eigenen Augen gesehen habe, wie man die »Judenkinder« durch das Kasaner Gouvernement nach Sibirien trieb, zehnjährige Knaben, die man den Eltern gewaltsam entrissen hatte, um sie zur »Rechtgläubigkeit« zu bekehren und zum Dienst für den Zaren zu erziehen. Karpejs Erzählung verletzte und brannte schmerzlicher als die Gedichte Nekrassows. Später, schon an der Universität, las Alexander in einem illegalen Buch A. N. Herzens, wie dieser auf dem Weg in die Verbannung einen Konvoi jüdischer Kinder traf, die nach Sibirien getrieben wurden; unter ihnen waren achtjährige, die vor Erschöpfung umfielen und auf dem Weg starben. Herzen verkroch sich in seinen Reiseschlitten, weinte und verfluchte machtlos Nikolaj und sein Regime. Weinte Sascha? Seine Schwester berichtet, daß er auch als Kind fast nie weinte. Aber um so schmerzlicher empfand er das Unrecht und vergoß in seinem Inneren bittere Tränen.

Auf die Frage »*Was sind die schlimmsten Laster?*« antwortete Sascha in der Kindheit: »*Lüge und Feigheit.*« Er hatte immer eine eigene Meinung, meist unausgesprochen, aber erlebt und deshalb gefestigt. Zu niemandem in der Familie hatte der verschlossene Knabe davon gesprochen, daß er nichts mehr glaubte, aber als der gläubige Vater Verdacht schöpfte und ihn fragte: »*Gehst du heute zur Abendmesse?*«, antwortete Sascha so überzeugt mit einem »*Nein*«, daß der Vater sich nicht entschließen konnte, darauf zu bestehen.

In die Vorbereitungsklasse des Gymnasiums trat Sascha 1874 ein. Trotz der vorhergehenden Epoche der Reformen war das Gymnasium damals eine Art von Besserungs- und Strafkompanie für Knaben. Das wichtigste Folterinstrument war der Klassizismus. »*Das Studium der alten Sprachen*«, erläuterten die Schöpfer des Unterrichtssystems, »*erzieht schon durch Schwierigkeit von Erfolgen zur Bescheidenheit, und Bescheidenheit ist das erste Merkmal und das erste Erfordernis wahrer Bildung.*« Der Klassizismus war berufen, die Rolle eines eisernen Jochs zu spielen, das man dem kindlichen Verstand aufzwang. Der Kirchenbesuch stand unter strengster Kontrolle und vergiftete die Feiertage. Zwischen zwei tiefen Verbeugungen bis zum Boden spähte der Direktor scharfen Auges zu den Schülern der oberen Klassen: steht nicht irgendeiner frech aufrecht, während er, der Direktor, vor seinem Gott auf den Knien liegt? Kartenspiel, Trunkenheit und andere derartige Vergnügungen galten als harmlose Sünden im Vergleich zur Teilnahme an Selbstbildungszirkeln, dem Lesen von liberalen Zeitschriften, dem Theaterbesuch oder einem nicht genügend militärischen Haarschnitt. Verschlossenheit oder stolzes Benehmen waren in den Augen der Leitung – und nicht immer ohne Grund – äußere Zeichen eines heimlichen inneren Protestes. Die stets gespannten Beziehungen führten in einigen Gymnasien zu heftigen Explosionen und sogar zu Verschwörungen gegen besonders verhaßte Erzieher. Schließlich kam es so weit, daß im Jahre 1880 Graf Loris-Melikow, der eine Zeitlang beim eingeschüchterten Alexander II. die Rolle eines liberalen Polizeidiktators spielte, dem Zaren berichtete, es sei der Unterrichtsverwaltung gelungen, »*sowohl die hohen Beamten als auch die Geistlichkeit, den Adel, den Gelehrtenstand, den Semstwo sowie die Städte …*« gegen sich aufzubringen. Im ersten Schreck entließ man den Grafen Dmitrij Tolstoj, den verhaßten Schöpfer des »klassischen« Systems und ersetzte ihn durch den »liberalen« Minister Saburow. Aber dieser Wind war nicht von Dauer. Mit Schwankungen auf die eine und auf die andere Seite – und mehr auf die Seite der Reaktion – hielt sich das Schulsystem ein Vierteljahrhundert und, mit einigen Milderungen, bis zu den letzten Tagen der Monarchie. Der Haß gegen das Gymnasium wurde zu einer Art Nationaltradition. Nicht zufällig widmete Poleshajew in dem uns schon bekannten satirischen Poem die schärfste Strophe dem Direktor des Simbirsker Gymnasiums. Ein anderer Dichter, Nadson, der derselben Generation wie Alexander Uljanow angehörte, schrieb über seine Schulzeit:

> *»Fluch meinen Schul- und Knabenjahren,*
> *die ohne Liebe, Freundschaft, Freiheit waren ...«*

Die Roheit und Grausamkeit des Schulregimes ertrug Alexander schwerer als die meisten seiner Altersgenossen. Aber er biß die Zähne zusammen und lernte. Wenn Ilja Nikolajewitsch von seinen Fahrten heimkam, überwachte er genau das Studium des Sohnes und verlangte die einwandfreie Durchung der Arbeiten für die Schule. Der Druck des Vaters fiel zusammen mit den angeborenen Eigenschaften des Knaben, der, bei großen Fähigkeiten, viel arbeitete. In dieser Familie arbeiteten alle viel.

Sascha stieg in die fünfte Klasse auf, als der Vor-Reform-Mann Wischnewskij von Kerenskij abgelöst wurde, dem Vater des künftigen Helden der Februarrevolution. Der neue Direktor lüftete ein wenig die stickige Polizei- und Kasernenatmosphäre im Gymnasium; aber im wesentlichen blieb das Schulregime unverändert. Am 1. März 1881, als Alexander in die sechste Klasse ging, kam aus Sankt Petersburg eine Kunde, die einem den Atem verschlug: die Revolutionäre hatten den Zaren ermordet. Die ganze Stadt war voll von Gerüchten und Vermutungen. Direktor Kerenskij hielt eine Rede über die gegen den Befreier-Zaren verübte Missetat. Der Religionslehrer schilderte den Märtyrertod des Gottesgesalbten und nannte die Revolutionäre *»Auswurf des Menschengeschlechtes.«* Aber die Autorität des Religionslehrers wie überhaupt der ganzen Gymnasialleitung war in den Augen Alexanders schon sehr gering. Zu Hause sprach der Vater gegen die Terroristen, beunruhigt als Oberhaupt der Familie, als Bürger und Beamter. Erschüttert kam Ilja Nikolajewitsch aus dem Dom, wo eine Totenmesse für den ermordeten Zaren gelesen worden war. Seine eigenen Studentenjahre waren in jene finstere Zeit nach der Niederwerfung der Revolution von 1848 gefallen. Die Thronbesteigung Alexanders II. hatte sich in seinem Bewußtsein für immer als Ära der Freiheit eingeprägt: für den Kulturarbeiter eröffnete sich auf jeden Fall ein Tätigkeitsfeld, von dem er unter Nikolaus I. nicht einmal hätte träumen können. Mit Bitterkeit wies er später wiederholt auf die nach dem 1. März einsetzende Reaktion hin, die sich auch auf das Schulwesen empfindlich auswirkte. In der Kritik des Vaters erkannte Alexander zweifellos die Stimme des durch das grausame Drama eingeschüchterten liberalen Beamten. Aber das Ereignis war so ungewöhnlich, daß Sascha für seine unklaren Gedanken keine Worte fand. Sein Mitleid war auf jeden Fall eher auf seiten der hingerichteten Revolutionäre. Aber er sprach darüber kein Wort: infolge seines ungenügenden Selbstvertrauens, der Befürchtung, auf die Jüngeren einzuwirken, der Angst vor einer scharfen Bemerkung der Älteren. So war er immer.

In den neun Jahren seiner Mittelschulzeit gab es über Alexander keine einzige Klage: Er lernte glänzend, stieg mit höchster Auszeichnung von einer Klasse in die andere auf, sagte niemandem eine Frechheit oder Grobheit, nicht weil es ihm an Mut fehlte, sondern aus Selbstbeherrschung. Das Gymnasium war für ihn nur die Brücke zur Universität, und er schritt ohne Freude, doch mit Glanz über diese Brücke, absolvierte das Gymnasium als Klassenerster mit der goldenen Medaille – um zwei Jahre früher als seine Altersgenossen.

Die Gymnasialjahre Alexanders waren genau mit dem Hauptzyklus der revolutionären Bewegung der Intelligenz zusammengefallen: in die Vorbereitungsklasse war er im Jahre 1874 eingetreten, auf dem Höhepunkt der Bewegung des Ins-Volk-Gehens, und er hatte seine Gymnasialzeit 1883 beendet, als die »Narodnaja Wolja« noch im Zenit ihrer Macht stand. Simbirsk war nicht ganz abseits von der Bewegung geblieben: hierher wurden aus größeren Städten die Unzuverlässigen verbannt, in Simbirsk nahmen die aus Sibirien zurückkehrenden Verbannten vorübergehend Aufenthalt, durch Simbirsk fuhren von Zeit zu Zeit in Troikas geheimnisvolle Reisende in Begleitung von schnauzbärtigen Gendarmen. 1877 und 1878 verbreitete in Simbirsk der Gymnasiallehrer Muratow die Ideen der Narodniki; er war ein aktiver Anhänger der »schwarzen Umteilung«, und unter seinem Einfluß stand eine Gruppe von Schülern, jungen Militärs und sogar einige Lehrer. Obwohl Muratow selbst nach eineinhalbjähriger Lehrtätigkeit aus Simbirsk entfernt wurde, verschwanden im Laufe der folgenden Jahre die Jugendzirkel nicht. Aber Alexander hatte mit ihnen keinerlei Kontakt. Die Atmosphäre der Familie, wo man für die Bildung und Aufklärung lebte, Nekrassow und Stschedrin liebte, befriedigte vorläufig offenbar die erwachten ideellen Bedürfnisse des Knaben, des Halbwüchsigen, des jungen Mannes. Aber auch in den ersten drei Jahren seiner Studienzeit hielt sich Alexander abseits von den revolutionären Zirkeln. Die Ursache muß man in seinem Charakter suchen, in einer besonderen Einheitlichkeit und einer gewissen Schwerfälligkeit seiner Natur. Jeder geistige und charakterliche Dilettantismus lag ihm fern, ebenso wie jede rasche Annäherung an Menschen und Ideen und jedes rasche Sichlossagen von ihnen. Es fiel ihm nicht leicht, einen Entschluß zu fassen. Wenn er sich aber entschlossen hatte, kannte er weder Furcht noch Schwanken. Das sollten später auch alle seine Mitarbeiter bezeugen können.

Im Sommer 1882 verbrachte Alexander die Ferien vor der letzten Klasse vornehmlich in der Küche des Nebengebäudes, die er zu einem chemischen Laboratorium umgestaltet hatte. Nur schwer trennte er sich von seiner Beschäftigung; oft kam er als letzter zum Tee, und oft mußte man ihn zweimal rufen. Ilja Nikolajewitsch scherzte gelegentlich über die Leidenschaft des Sohnes für die Chemie. Alexander lächelte schweigend und »herablassend.« *»An der allgemeinen Unterhaltung beteiligte er sich wenig.«* Kaum hat er Tee getrunken, geht er wieder fort und an die Arbeit. Wie Anna erzählt, führte die Hingabe Alexanders für die Chemie schon gegen Ende der Gymnasialzeit zur Entfremdung von ihr. Tatsächlich waren nicht nur und nicht einmal in erster Linie die Naturwissenschaften die Ursache dieser Entfremdung. Alexander war in die Periode der Umwertung der Werte gekommen, in der die halbwüchsigen jungen Leute die gestern noch nahen Menschen wägen und nicht selten zu leicht befinden. Alexander nahm immer weniger an den Zerstreuungen der Familie teil, bevorzugte die Jagd oder das Gespräch mit einer Kusine, für die er Sympathie empfand, die sich zur ersten schüchternen Liebe entwickelte.

In einem Roman von Tschirikow über das Leben seiner Vaterstadt Simbirsk wird der leidenschaftliche Hang Alexanders zur Chemie als bewußte Vorbereitung zur Tätigkeit als Terrorist dargestellt: eine der vielen Mißdeutungen des Autors, der mit der Sympathie zum Bolschewismus begann und mit der weißen Emigration endete. Alexander liebte die Chemie um der Chemie willen. Seine verschlossenen, nachdenklichen, etwas langsamen Augen waren die Augen eines geborenen Naturforschers. 1883 verließ er Simbirsk. Ilja Nikolajewitsch, der den Sohn vor seiner Reise nach Petersburg verabschiedete, legte ihm ans Herz, auf sich achtzugeben: das Donnergrollen der letzten Terroranschläge war noch allen nur zu frisch im Gedächtnis. Der Sohn konnte dem Vater ganz aufrichtig einige beruhigende Worte sagen: ihm lag noch jeder Gedanke an den revolutionären Kampf fern. Alexander stürzte sich in die Wissenschaft, sein Kopf rauchte von den Formeln Mendelejews. Die Hauptstadt bedeutete für ihn vor allem die Universität.

Das war noch das alte Petersburg, das nicht einmal eine Million Einwohner hatte. Alexander mietete bei einer verwittweten Alten ein Zimmer, in dem – nach der Erzählung der Schwester – *»Ruhe und Behaglichkeit und der Geruch von Lampenöl den ganzen Raum erfüllten.«* Die unklare Unzufriedenheit mit der herrschenden Ordnung, die Alexander in sich trug, verstärkte sich in den ersten Universitätsjahren nicht, spitzte sich nicht zu; wenn sie auch nicht nachließ, so wurde sie doch in sein Unterbewußtsein verdrängt. Die Universität eröffnete dem jungen Geist neue Horizonte. Alexander war besessen vom Dämon der Erkenntnis. Er stürzte sich Hals über Kopf in die Naturwissenschaften und lenkte schon bald die Aufmerksamkeit seiner Kameraden und Professoren auf sich.

Der Vater wies der Tochter und dem Sohn für den Unterhalt monatlich vierzig Rubel an. Man muß annehmen, daß diese Summe zweimal, wenn nicht dreimal so hoch war wie das durchschnittliche Budget eines damaligen Studenten. Trotz der Versicherung Alexanders, daß er mit dreißig Rubel genug habe, schickte ihm der Vater auch weiterhin ebensoviel wie der Tochter. Alexander schwieg. Aber als er in den Ferien nach Simbirsk kam, übergab er dem Vater die Ersparnisse der letzten acht Monate: achtzig Rubel. Das Bezeichnendste an dieser kleinen Geschichte ist, daß Alexander den ganzen Winter über vor der Schwester mit keinem einzigen Wort seine Handlungsweise erwähnte: Er wollte auf sie keinen Druck ausüben, noch wollte er die eigene Handlungsfreiheit einschränken. Übrigens hatte er damals zur Schwester schon keinerlei engere Bindung mehr. Der Vater war begeistert über die Standhaftigkeit seines Sohnes, für den es in der Hauptstadt an Versuchungen keinen

Mangel gab. Anderseits zeigt dieselbe Episode, daß Alexander in der ersten Periode seiner Studentenzeit nicht nur den revolutionären Organisationen, sondern auch allen anderen Jugendvereinigungen fernstand: sonst hätte er für die überschüssigen zehn Rubel wohl eine andere Verwendung gefunden. Nach dem Bericht des Studenten Goworuchin, auf dessen Zeugnis man sich voll und ganz verlassen kann, lehnte es Uljanow auch Ende 1885, als er schon den dritten Kurs besuchte, ab, Studentenzirkeln beizutreten: »*Sie schwätzen viel, aber lernen wenig.*« Ebenso wie es in der Medizin unzulässig ist, daß ein Laie Kranke behandelt, war es seiner pedantischen Meinung nach auch für einen Unkundigen in gesellschaftlichen Fragen ein Verbrechen, den Weg der Revolution zu beschreiten. In derselben Weise wird das Wesen und Verhalten Alexanders in dieser Periode auch von anderen Beobachtern gezeichnet, vor allem von seiner älteren Schwester, wenn man von einzelnen konventionellen Phrasen absieht.

Es gibt allerdings auch andere Zeugenberichte, die vielleicht mehr dem abstrakten Bild eines geborenen Revolutionärs entsprechen, aber mit der Wirklichkeit nichts zu tun haben. In einem Büchlein, das der Erinnerung an I.N. Uljanow gewidmet ist, schreibt die jüngste Tochter, Maria, daß der Vater von den revolutionären Absichten des ältesten Sohnes »*wußte, wissen mußte.*« Tatsächlich konnte der Vater nichts von ihnen wissen, da es sie nicht gab: sie begannen sich erst im Herbst des Jahres 1886 herauszubilden, als der Vater nicht mehr am Leben war. Als Ilja Nikolajewitsch starb, war Maria noch keine acht Jahre alt; von selbständigen politischen Beobachtungen konnte um diese Zeit bei ihr gar nicht die Rede sein. Sie stützt sich auch gar nicht auf persönliche Erinnerung, sondern auf allgemeine psychologische Erwägungen: »*Allzu groß war ihre Liebe zueinander, eine allzu enge Freundschaft verband sie* ...« Aber ganz abgesehen davon, daß gerade die Liebe zu den Eltern so manchen revolutionären Sohn veranlaßte, vor ihnen bis zur letzten Stunde die ihm drohende Gefahr zu verheimlichen, hatte in diesem Fall der Sohn gar nichts zu verheimlichen: das kann man mit absoluter Sicherheit als feststehend betrachten. Außerdem entspricht das Wort »enge Freundschaft« wohl kaum den wirklichen Beziehungen zwischen Ilja Nikolajewitsch und Alexander. Die ältere Schwester erwähnt wiederholt, wie verschlossen Alexander schon in den frühen Kinderjahren auch innerhalb der Familie war, und sie führt diese Verschlossenheit darauf zurück, daß der Vater allzu hohe Ansprüche stellte. Von ihr wissen wir, daß Alexander dem gläubigen Vater nichts von seinen Glaubenszweifeln mitteilte. Die erste Weigerung des Sohnes, die Abendmessen zu besuchen, kam für Ilja Nikolajewitsch ganz überraschend. Beide Seiten enthielten sich offenbar aller Erklärungen zu dieser Frage. Konnte das auf dem Gebiet der Politik anders sein, wo die Kollision, wenn sie schon zu Lebzeiten des Vaters herangereift wäre, unvergleichlich schärfer sein mußte? Maria beruft sich auf das Zeugnis ihres Bruders Dmitrij, der im Alter von elf Jahren bei einem langen Gespräch des Vaters mit Alexander in der Allee des Gartens zugegen war, ein halbes Jahr vor dem Tod des Vaters, anderthalb Jahre vor dem Ende des Sohnes. Den Inhalt der Unterredung verstand der Knabe nicht; aber sein ganzes Leben lang blieb ihm der Eindruck von etwas äußerst Wichtigem und Bedeutendem. »Heute bin ich absolut überzeugt«, sagte Dmitrij, *»daß die geschilderte Unterredung sich um politische Themen drehte, und sie war zweifellos nicht die einzige und nicht zufällig.«* Diese Vermutung Dmitrijs – und es handelt sich um nichts anderes als um eine Vermutung nach vierzig Jahren – muß man im Lichte jener Worte betrachten, die der Vater Anna, die schon in Petersburg lebte, auf die Reise mitgab: *»Sag Sascha, daß er sich wenigstens um unseretwillen in acht nimmt.«* Zur Zeit seines letzten Zusammentreffens mit dem Vater, im Sommer 1885, befand sich Alexander schon in jenem Übergangszustand, wo er im Gespräch mit Revolutionären dazu neigte, sein Recht, sich der Wissenschaft zu widmen, zu verteidigen, und bei Zusammenstößen mit durch Lebenserfahrung gewitzigten Ratgebern das Bedürfnis verspürte, die revolutionäre Betätigung zu verteidigen. Auf dieser Ebene mögen sich die Gespräche zwischen Vater und Sohn bewegt haben. Hier muß man aber auch hinzufügen, daß Alexander nicht das Bedürfnis haben konnte, dem Vater seine Gedanken anzuvertrauen, von ihm konnte er in den Fragen der Revolution am allerwenigsten ideelle Hilfe erwarten. Ganz abgesehen von dem, was Alexander dem Vater anvertraute, mußte Ilja auf jeden Fall besorgt sein. Die Verurteilungen zu Galgen oder Zwangsarbeit standen vielen Vätern und Müttern unablässig vor Augen. Ilja Nikolajewitsch mußte sich immer wieder die Frage stellen, ob sein Sohn nicht in ein nicht wiedergutzumachendes Unheil geraten war. Auf dieser Linie konnten, ja mußten sich die letzten Feriengespräche bewegt haben, besonders am Vorabend der Trennung. Wie viele solche eindringliche Ermahnungen richteten in allen Ecken und Winkeln Rußlands konservative und liberale Eltern an ihre radikaleren Kinder: die eine Seite suchte den Ausweg aus den Grausamkeiten des Regimes und seinen Lügen; die andere versuchte, mit den Folgen zu schrecken. Das letzte väterliche Argument: *»Hab wenigstens Mitleid mit mir und der Mutter«* war zwar quälend, überzeugte aber selten.

In den ersten dreieinhalb Jahren seiner Studentenzeit lernte Alexander nur. Es hatte den Anschein, als wollte er sich für Jahrzehnte mit Wissen versorgen. Aber er entging nicht dem Schicksal ... Der Widerstand, den er anfangs den revolutionären Einflüssen geleistet hatte, sowie der Charakter, den dann seine kurze revolutionäre Arbeit annahm, waren bestimmt durch die tiefgreifenden Veränderungen, die inzwischen in der politischen Atmosphäre des Landes und besonders in der Einstellung der Intelligenz vor sich gegangen waren. Hier ist auch der Schlüssel zum Schicksal Alexander Uljanows zu suchen.

Die achtziger Jahre

Gleich nach dem 1. März 1881 machte das Exekutivkomitee der »Narodnaja Wolja« in einem offenen Brief Alexander III. den Vorschlag, sofort den terroristischen Kampf abzubrechen, wenn der neue Zar die Volksvertreter einberuft. »Der Gang der Dinge« ist keine Metapher, sondern eine Realität; er weiß jene zu desavouieren, die ihn nicht verstehen. Wie lang war es her, daß sich die Narodniki gegen eine Verfassung als Vorstufe des Kapitalismus verwahrten? Und jetzt versprachen sie als Gegenleistung für eine Verfassung den Verzicht auf den revolutionären Kampf. Der eingeschüchterte Zar weinte an der Brust seines Erziehers Pobedonoszew. Aber die Schwankungen in den herrschenden Kreisen dauerten nicht lange. Der Terrorakt fand im Land keinen Widerhall. Die Bauern hielten ihn für einen Racheakt des Adels. Die Arbeiter schlossen sich nur ganz vereinzelt der revolutionären Bewegung an. Die Liberalen versteckten sich. Niemand unterstützte die Forderungen nach einer Volksvertretung, einem »Semski Sobor.« Die Regierung überzeugte sich, daß die Terroristen niemanden repräsentierten als ihren eigenen Heroismus, und wurde wieder zuversichtlich. Am 29. April bekräftigte der Zar in einem Manifest das unerschütterliche Festhalten am Absolutismus. Gleichzeitig wurde eine Pogrombewegung inszeniert. Von nun an wurde ein harter Kurs eingeschlagen. Der Oberprokurator der Synode, Pobedonoszew, der Minister Graf D. Tolstoj und der Moskauer Publizist Katkow wurden die geistigen Väter der Regierungstätigkeit des neuen Zaren. Ein »Semski Sobor«? Man mußte sich doch nur die Semstwos der Provinzen, diese »Schwatzbuden«, ansehen. Wer hat dort die Führung? *»Untaugliche, sittenlose Leute, die nicht mit ihrer Familie leben und sich Ausschweifungen hingeben ...«* So belehrte Pobedonoszew den jungen Zaren, der im Rufe eines guten Familienvaters stand.

Den Terroristen blieb nichts anderes übrig, als die Jagd auf den neuen Zaren zu beginnen. In diesem Sinne wurde von einem angesehenen Narodowolzen auch das Aktionsprogramm formuliert: *»Einen Sascha nach dem andern«* (Sascha = Alexander). Aber die Formel hing kraftlos in der Luft. Das Kapital war verausgabt. Bis eine neue Generation auf den Plan trat, dauerte es noch lange. 1883 verriet der Provokateur Degajew Vera Figner, eine der hervorragendsten Persönlichkeiten des Exekutivkomitees. 1884 kehrte G. A. Lopatin, der im Ausland mit Marx und Engels engen Kontakt aufnehmen konnte, nach Petersburg zurück, um den zentralen Terror wiederaufleben zu lassen. Aber nichts gelang mehr. Bei der Verhaftung Lopatins fielen der Polizei viele Adressen in die Hand, die es ihr erlaubten, alle zu liquidieren, die noch der »Narodnaja Wolja« angehörten. In dieser Kette von Mißerfolgen lag eine schicksalhafte Logik. Die politische Bewegung der isolierten Intelligenz war eingeengt worden zur Technik des Zarenmordes, wodurch sich die Terroristen selbst von der Intelligenz isolierten.

Bei der ursprünglichen Wirkung des Terrors spielte das Element der Überraschung eine große Rolle. Sowie die Polizei sich entsprechend vorbereitet und in der Provokation ein Kampfmittel gefunden hatte, befand sich das Häuflein der Terroristen in der Würgeschlinge. Der Übergang der Organisationsleitung von einem auf den anderen hörte endgültig auf; was blieb, war eine immer mehr vom Zweifel zerfressene Tradition. Neue Versuche einer revolutionären Tätigkeit unter der alten Fahne hatten unorganisierten, gewissermaßen zufälligen Charakter und brachten nicht einmal episodische Erfolge. Dennoch ging am Zarenhof die lähmende Angst nicht so bald vorbei. Alexander III. verließ Gatschina nicht. Aus Angst vor Attentaten wurde die Krönung bis zum Mai 1883 verschoben. Aber es gab kein Attentat. Bei der Krönung entwickelte der Zar vor den Amtsvorstehern der Bezirke ein klares Programm: *»Gehorcht euren adeligen Vorgesetzten und glaubt nicht den abgeschmackten und läppischen Gerüchten über eine Neuaufteilung des Bodens …«*

Zu dem scharfen Kurswechsel zur adeligen Reaktion, der für die achtziger Jahre bezeichnend ist, trugen die Störungen auf dem Weltmarkt bei: die beginnende Agrarkrise brachte auf dem Gebiet der Ideen und Programme große Veränderungen. Die Aufhebung der Leibeigenschaft fiel nicht zufällig mit einer Periode hoher Getreidepreise zusammen. Die kapitalistische Landwirtschaft, die den Export steigerte, brachte den Bodenbesitzern große Vorteile. In der ersten Zeit nach der Reform machten nur die parasitärsten Grundbesitzer Bankrott, denen auch die Ablösezahlungen nicht mehr helfen konnten. Die Sympathie der fortschrittlichen Gutsbesitzer für liberale Maßnahmen, die das feudale Rußland in ein adelig-bourgeoises Rußland verwandelten, dauerte so lange, als die hohen Getreidepreise sich hielten. Die agrarische Weltkrise der achtziger Jahre versetzte dem adeligen Liberalismus einen schweren Schlag. Die Gutsbesitzer konnten sich jetzt nur mehr halten, wenn sie vom Staat direkte finanzielle Zuschüsse erhielten und wenn, wenigstens teilweise, die Fronarbeit der Bauern wiedereingeführt wurde. Schon 1862 wird die Bauernbank gegründet, die der bäuerlichen Bourgeoisie hilft, den vor dem Ruin stehenden Adeligen unangemessen hohe Preise für ihren Boden zu bezahlen. Drei Jahre später bekräftigt der Zar in einem besonderen Manifest dem Adel die bevorrechtete Stellung im Staat und gründet diesmal eine Adelsbank für direkte Geschenke an den Adelsstand.

Der Rückgang des Getreideexports nach Europa ermöglichte es anderseits, die Einfuhrzölle für Industriewaren aus Europa stark zu erhöhen. Damit wurde der jungen und gierigen russischen Industrie auf die Beine geholfen. Die Gedanken der freien Arbeit in der Landwirtschaft und des freien Außenhandels kamen gleichzeitig zu Fall. Alexander III. stellte im Interesse der Gutsbesitzer wieder halbfeudale Verhältnisse her und führte im Interesse der Industriellen Schutzzölle ein, die fast einer Einfuhrsperre gleichkamen. Die offizielle Losung des Zaren »Rußland den Russen« bedeutete: keinerlei westliche, vor allem keinerlei konstitutionelle Ideen; die Staatsämter dem russischen Adel; der Inlandmarkt der russischen Industrie; das Getto für die Juden, die Unterdrückung Polens und Finnlands im Interesse des russischen Beamten und des russischen Kaufmanns. Halbe Restauration der Leibeigenschaft und Forcierung des Kapitalismus – zwei in entgegengesetzter Richtung verlaufende Prozesse – ergaben zusammen die Wirtschaftspolitik Alexanders III. Sowohl die Gutsbesitzer als auch die Industriellen bekamen alles, was man auf Kosten des Volkes bekommen kann: billige Arbeit, hohen Pachtzins, hohe Preise für Industriewaren und, als Zugabe: Subsidien, Geschenke, Staatsaufträge. Die Adeligen hörten auf, liberal zu sein, die Kaufleute hatten noch gar nicht damit angefangen. Die Bürokratie rächte sich für die Epoche der großen Reformen. Hemmungslos entfaltete sich die politische Reaktion während der ganzen Regierungszeit des Zaren. Die Veränderungen, die sich noch vom Frühling der Regierungszeit des letzten Zaren her erhalten hatten, wurden konsequent im Sinne der Adelsprivilegien, der nationalen Beschränkungen und der polizeilichen Bevormundung revidiert. Gegen das Jahrzehnt der »großen Reformen« (1861 bis 1870) erhob sich das Jahrzehnt der Gegenformen (1884 bis 1894).

Der äußerst konservative Liberale Kawelin, der mit den höchsten Kreisen Verbindung hatte, schrieb heimlich einem geächteten hohen Beamten: *»Überall Stumpfsinn und Kretinismus dümmste Routine oder Fäulnis ... Aus diesem verwesenden Aas kann man nichts Brauchbares machen.«* Der Gang der Dinge widerlegte Kawelin auf seine Art. Aus dem verwesenden Aas wurde ein Zarenregiment monumentalen Stils errichtet. Nach den ersten Jahren der Beunruhigung fand Alexander III. endgültig das Vertrauen zu sich selbst und zu seiner Berufung. Groß und ungeschlacht, finster, ungebildet, mit Vorliebe für Wodka, fette Speisen und rohe Scherze, ließ er nicht einmal den Gedanken an irgendwelche Rechte der Untertanen aufkommen. Dank der Todfeindschaft zwischen Frankreich und Deutschland war die internationale Lage Rußlands doppelt gesichert. Der Petersburger Hof war ein Herz und eine Seele mit dem Berliner Hof. Gleichzeitig eröffnete die Freundschaft mit Frankreich dem Zarismus unerschöpfliche finanzielle Perspektiven. Die westliche Welt mit ihren parlamentarischen »Schmierentheatern« behandelte Alexander *en canaille*. Wenn er eine dringende diplomatische Depesche, die ihn im Sommer erreichte, unbeantwortet ließ, erklärte er dem Minister: *»Europa kann warten, wenn der Zar fischen geht.«* Von seinen gekrönten Kollegen sprach der Zar ohne Umstände: die Königin Viktoria nannte er eine *»alte Intrigantin«*, Wilhelm II. einen *»Tagedieb«*, den serbischen König Milan ein *»Vieh«*, den türkischen Sultan *»alte Schlafmütze.«* Nicht alle diese Bezeichnungen waren falsch.

Der Zar war nicht ohne gesunden Menschenverstand. Kawelin schrieb über ihn: *»... große Vorsicht, ein eigener Schädel, großes Mißtrauen, vielleicht ein Schuß Verschlagenheit.«* Den treuergebenen Liberalen bekümmerte nur, daß es dem Zaren an *»Wissen und Erziehung«* fehlte. Dafür war Alexander III. unerschütterlich überzeugt, daß seine schwergewichtige Physiologie von göttlicher Herkunft sei und in allen ihren Funktionen dem Wohl Rußlands und den Zielen der Vorsehung diene.

In dieser Beschränktheit lag Charakter: man fürchtete den Zaren. Die grauhaarigen und glatzköpfigen Großfürsten, die sich, wenn sie besoffen waren, mit französischen Schauspielern prügelten, verheimlichten ihre Heldentaten wie feige Schulbuben. Als der Direktor des Polizeidepartments Durnowo unvorsichtigerweise in eine schmutzige Geschichte geriet, schrie der Zar: »*Das Schwein abservieren.*« Das hinderte übrigens Durnowo nicht daran, unter Nikolaus II. ein allmächtiger Minister zu werden. Zur Rechtfertigung der Unterwürfigkeit der hohen Beamten vor dem Grobian auf dem Thron sagte Kriegsminister Wannowskij: »*Das ist ein neuer Peter I. mit seinem Knüppelstock.*« Der Außenminister Lamsdorf schrieb in sein Tagebuch: »*Nur Knüppelstock, ohne Peter I.*« Die Polizei beherrschte alles ohne Mühe, mit einem Wink des Fingers. Die Stadtgendarmen mit den riesigen Schnauzbärten und den Medaillen, der berühmte Stadtkommandant Gresser, der mit einem Paar Apfelschimmeln durch »seine« Stadt fuhr, der Staatsrat, der heilige Synod, Pobedonoszew, der unerbittliche Turm der Petropawlowsker Festung, die alte Kanone, die Mittag verkündete – welches Ensemble! Ohne mit der Wimper zu zucken, befahl Gresser dem Opernorchester, nicht so laut zu spielen, um die hochgestellten Zuhörer nicht zu belästigen. Und das Orchester fügte sich, obwohl es die Partitur von Wagner war. Lärm war strengstens verboten: in der Literatur, auf der Straße, selbst in der Musik.

Den Geist der Herrschaft dieses Zaren verkörperte später, wohl kaum ganz bewußt, der russisch-italienische Bildhauer Paolo Trubetzkoj im berühmten Denkmal Alexanders III., bei dem sich Apotheose und Satire paaren: Ein verfetterter Riese lastet mit mächtigem gußeisernem Sattel auf einem Pferd, das eher einem gemästeten Schwein gleicht. In diesem Stil der unentwegten Schweinerei war das ganze offizielle Rußland gehalten. Die Prüfung eines Vierteljahrhunderts, das mit der Bauernbefreiung begann und mit der Ermordung Alexanders II. endete, hatte gewissermaßen aufs neue die Unerschütterlichkeit der nationalen Grundlagen geoffenbart: Absolutismus, Orthodoxie, Nationalismus. War nicht erprobt und erwiesen, daß selbst Dynamit den granitenen Festen des Zarismus nichts anhaben konnte? Alles schien zugeschnitten und genäht nach den Maßen der Ewigkeit.

Der Altmeister der russischen Satire, Saltykow-Schtschedrin, dessen Lebensweg sich dem Ende näherte, beklagte sich in seiner Zeitschrift bitter: »*Das Leben wird langweilig und schwer ... Der Mensch fühlt sich wie in einer Folterkammer, in der er überdies eins über den Schädel bekommen hat.*« Heute kann man sich kaum die Vergötterung vorstellen, die in den Kreisen der linken Intelligenz den **Vaterländischen Notizen** zuteil wurde, einer kühnen Monatsschrift, die ihrer Geisteshaltung nach der revolutionären Volkstümlerbewegung am nächsten stand. »*Wir warteten auf das Heft*«, berichtet ein Zeitgenosse, »*wie auf einen lieben Gast, der alles weiß, alles erklärt und erzählt...*« Es handelte sich nicht nur um eine literarische Publikation, sondern um ein geistiges Zentrum: die Gruppierung von Richtungen in der gebildeten Gesellschaft Rußlands erfolgte seit eh und je, vor allem aber seit der Bauernreform, um die sogenannten »*dicken Zeitschriften.*«

Aber die heilige Dreieinigkeit, die dem *»bösen Geist der sechziger Jahre«* den Krieg erklärt hatte – Pobedonoszew, D. Toltstoj und Katkow –, wachte nicht umsonst. Der Schlag über den Schädel ließ nicht auf sich warten: 1834 wurden die **Vaterländischen Notizen** eingestellt. Die Welt der radikalen Intelligenz hatte die Achse verloren. Gleichzeitig entfernte man aus den Bibliotheken Mill, Buckle, Spencer, gar nicht zu reden von Marx und Tschernyschewskij.

Die letzte Nummer der Zeitung **Narodnaja Wolja**, die am 1. Oktober 1885 herauskam, als die Partei selbst schon nicht mehr existierte, schilderte den moralischen Zustand der gebildeten Gesellschaft in düsteren Farben: *»Der vollendetste geistige Zerfall, ein Chaos der allerverschiedensten Meinungen in den elementarsten Fragen des gesellschaftlichen Lebens persönlicher und gesellschaftlicher Pessimismus einerseits, religiös-sozialer Mystizismus anderseits...«* Diejenigen von den zweitrangigen Siebzigern, die am Leben und in Freiheit geblieben waren, blickten mit Verwunderung um sich: die Welt war für sie nicht wiederzuerkennen. Verkünder des Terrors waren allerdings noch in beträchtlicher Zahl zu finden. *»Alles kann man totschweigen«*, sagten sie immer wieder, *»aber die Explosion einer Bombe kann man nicht totschweigen.«* Doch auch die Terroristen waren nicht mehr dieselben. Sie hatten auf den utopischen Gedanken, die Macht zu erobern, verzichtet und hofften nur, mit Hilfe von Bomben liberale Zugeständnisse zu erzwingen. Aber die Jugend zur Todesverachtung begeistern – das konnte nur eine große Idee oder zumindest eine große Illusion sein: und die waren verloren. In Wirklichkeit zu Konstitutionalisten geworden, blickten die Verkünder des Terrors voll Hoffnung auf die Liberalen. Aber die besitzende Opposition schwieg. So wurde der Terror von zwei Seiten untergraben. Es gab Verkünder des Terrors, aber keine Terroristen. In den da und dort entstehenden revolutionären Zirkeln herrschte eine verzweifelte Stimmung. Das Lieblingslied jener Zeit kannte nur einen einzigen Trost: *»Aus unseren Gebeinen wird ein harter Rächer erstehn.«* Einer der letzten Narodowolzen, Jakubowitsch, brandmarkte in pathetischen Versen seine *»von Gott verfluchte Generation.«*

Die Volkstümlerbewegung der siebziger Jahre bestand aus revolutionärem Haß gegen die Klassengesellschaft und aus einem utopischen Programm. Im Laufe der achtziger Jahre verrauchte die revolutionäre Unversöhnlichkeit, der Utopismus blieb; aber der Flügel beraubt, wurde er in das Kleingeld eines Reformprogramms für die kleinen Besitzer umgewechselt. Für die Verwirklichung dieses Programms blieb den Epigonen der Volkstümlerbewegung eine einzige Hoffnung – jene auf den guten Willen der herrschenden Klassen. *»Unsere Zeit ist keine Zeit großer Aufgaben«*, sagten nach dem Beispiel der Liberalen auch die friedlich gewordenen Narodniki. Aber auf dieser Etappe verharrte der Prozeß nur für eine kleine Minderheit. Die breiten Kreise der Intelligenz sagten sich, nach den geflügelten Worten eines Publizisten der Reaktion, voll und ganz *»los von der Erbschaft«* der sechziger und siebziger Jahre. In der Philosophie bedeutete das die Abkehr von Materialismus und Atheismus, in der Politik den Verzicht auf die Revolution. Das Renegatentum aller

Art trat in breitem Strom aus den Ufern. Die solideren Schichten der Intelligenz erklärten offen, daß ihnen der Muschik zum Hals heraushänge: höchste Zeit, für sich selbst zu leben. Die farblos gewordenen radikalen und liberalen Zeitschriften legten Zeugnis ab vom Tiefstand der gesellschaftlichen Interessen. Gleb Uspenskij, der bedeutendste Narodniki-Schriftsteller, beklagte sich darüber, daß in den Personenwagen der Eisenbahn die einst so lauten allgemeinen Unterhaltungen über politische Themen verstummt waren: es gab nichts, worüber man reden sollte. Aber das *»Leben für sich selbst«* hatte einen äußerst bescheidenen Inhalt. Petersburg – beklagte sich die fortschrittliche Presse – war noch nie so farblos wie jetzt: Flaute im Handel und eine geradezu beängstigende geistige Flaute. Noch schlimmer war es in der Provinz. Die Gouvernementsstädte unterschieden sich voneinander dadurch, daß man in der einen mehr trank und in der anderen mehr Karten spielte. Die dem Volk zugewandte Kunst wurde immer mehr als tendenziös verurteilt. Die Intelligenz wandte sich der »reinen Kunst« zu, die sie nicht durch die Erinnerung an die ungelösten Aufgaben und unerfüllten Verpflichtungen beunruhigte.

Zum Sänger der Linkskreise wurde der junge Dichter Nadson, ein Sänger mit geknickten Flügeln, einem Sprung in der Leier und Schwindsucht in der Lunge. Die beherrschende Note in seinen melancholischen Gedichten, die binnen kurzer Zeit mehrere Auflagen erzielten, war der Zweifel. *»Wir wissen keinen Ausweg«*, sagte der Dichter mit tränenerstickter Stimme über seine Generation, die den Glauben der Helden und Propheten einer nahen Vergangenheit verloren hatte. Langsam stieg in der Literatur der Stern Anton Tschechows empor. Er versuchte zu lachen, aber sein Lachen erstarb in einer Atmosphäre der Depression und der Hoffnungslosigkeit. Tschechow fand sich und seine Zeit in den **Erzählungen in der Dämmerung** und in den **Langweiligen Geschichten**, wo sich die Klage über die Grausamkeit und Sinnlosigkeit des Lebens mit der kraftlosen Hoffnung auf eine bessere Welt »in dreihundert Jahren« verbindet. In der Malerei wurde Tschechow von Lewitan ergänzt, der eine trostlose Dorflandschaft mit Krähen malte, und eine vom Regen grund- und uferlos gewordene Landstraße im trübseligen Licht herbstlicher Dämmerung. Grau war die beherrschende Farbe dieser Epoche.

Von besonderer Bedeutung für die achtziger Jahre war der Einfluß des Grafen Leo Tolstoj, nicht des längst mit Recht berühmten Künstlers, sondern des Propheten und Lebenslehrers. Der Weg der Entwicklung Tolstojs überschnitt sich wiederholt mit der Bahn der russischen Intelligenz, fiel aber nie mit ihr zusammen. Tief verwurzelt in den Lebensformen des Adels und beunruhigt durch den Zerfall, suchte Tolstoj für sich eine neue moralische Achse. Der bürgerliche Liberalismus war ihm verhaßt wegen seiner Beschränktheit, seiner Heuchelei und seiner Parvenü Manieren, ebenso die radikale Intelligenz, ohne Boden unter den Füßen, nihilistisch und geneigt, alles auf die Spitze zu treiben. Tolstoj suchte Ruhe und Harmonie, wollte Zuflucht finden vor der sozialen Unrast und gleichzeitig auch vor der heillosen Todesangst. Zur selben Zeit, als die radikale Intelligenz bestrebt war, die Dorfgemeinschaft mit ihrem »kritischen Denken« zu befruchten, bestand für Tolstoj das Anziehende des Muschiks einzig darin, daß er kritiklos war und überhaupt keine eigenen Gedanken hatte. Letzten Endes war Tolstoj ein bußfertiger russischer Adeliger – ein seit den Tagen der Dekabristen nicht seltener Typ –, nur blickte seine Reue nicht in die Zukunft, sondern in die Vergangenheit. Er hatte die Wiederherstellung des verlorenen Paradieses patriarchalischer Harmonie im Sinn – diesmal aber ohne Zwang und Gewalt. Der Künstler wurde Moralist. Der Moralist rief sich sofort eine sterilisierte Religion zu Hilfe. Der vollblütigste aller Realisten begann plötzlich zu lehren, daß der wahre Sinn des Lebens in der Vorbereitung auf den Tod bestehe. Er duldete keinerlei Kritik an seiner Offenbarung, verspottete Wissenschaft und Kunst, geißelte ihre Priester und predigte mit großartiger Raserei die Versöhnung. Wenn man den Sinn seiner Philosophie des verführerischen Gewandes entkleidet, mit dem der nicht zum Schweigen zu bringende Künstler sie schmückte, dann bleibt nichts übrig als bedrückender Quietismus: Jeder Kampf gegen das Übel macht das Übel noch größer. Möge jeder das Gute in sich selbst suchen. Der Unterdrückte darf den Unterdrücker nicht daran hindern; freiwillig auf die Unterdrückung zu verzichten. Die ganze Predigt Tolstojs hat notwendig negativen Charakter: *»Zürne nicht. Irre nicht. Fluche nicht. Kämpfe nicht.«* Das wurde noch ergänzt durch andere, praktischere Rezepte: *»Rauche nicht und iß kein Fleisch.«* Das Christentum ist seinem ureigensten Wesen nach nicht eine Weltverbesserungslehre, sondern eine Prophylaxe zur persönlichen Erlösung, die Kunst, Sünden zu vermeiden. Sein Ideal ist das Mönchtum, die Krönung des Mönchtums ist Säulenheiligkeit. Nicht zufällig führte die Lehre Tolstojs in die Nähe des Buddhismus.

Die Predigt der Widerstandslosigkeit konnte auf gar keinen besseren Boden fallen als den, der durch den Zusammenbruch der Pläne und Hoffnungen der »Narodnaja Wolja« vorbereitet war. Wenn die Quintessenz der revolutionären Gewalt Bankrott gemacht hatte, war es angezeigt, zur Abwechslung das harmlose Tränklein der christlichen »Liebe« hervorzuholen. Wenn es nicht gelungen war, den Zarismus zu stürzen, blieb nichts anderes übrig, als ihn moralisch zu verurteilen. *»Das Königreich Gottes ist in euch.«* Die Idee der moralischen Selbstvervollkommnung trat an die Stelle des Programms sozialer Umgestaltungen. In den Kreisen der Intelligenz machte das Tolstojanertum verheerende Eroberungen. Sie versuchten nach dem Beispiel des Lehrers schlechte Stiefel zu nähen und unbrauchbare Öfen zu setzen. Andere verzichteten auf Tabak und fleischliche Liebe, in den meisten Fällen nicht für lang. Andere wieder gründeten landwirtschaftliche Kolonien, in denen sich der evangelische Wein der Liebe sehr bald in den Essig der gegenseitigen Feindschaft verwandelte. Fünf Fräulein aus Tiflis fragten Tolstoj – und die Presse wiederholte ihre Frage: Wie sollen wir ein heiliges Leben führen? Aber es wurde kein heiliges Leben. Im Gegenteil, je höher sie die Regeln der persönlichen Moral suchten, desto tiefer versanken sie im irdischen Dreck. Der idealistische Philosoph Wladimir Solowjow versuchte ein Jahrzehnt später die Position der russischen Aufklärung in folgender Formel darzustellen: *»Der Mensch ist nur eine Abart des Affen, und deshalb müssen wir ... unsere Seele einsetzen für die jüngeren Brüder.«* Das Paradoxon war als Verhöhnung der materialistischen Beschränktheit gedacht; in Wirklichkeit aber wurde es zur Satire gegen die idealistische Heuchelei. Nicht umsonst wurde die Epoche des rohen und gottlosen Materialismus, als die Menschen Blut und Leben einsetzten, um den Weg in eine bessere Zukunft zu bahnen, abgelöst von einem Jahrzehnt des Idealismus und der Mystik, wo jeder allen den Rücken kehrte, um desto gewisser die eigene Seele zu retten.

Der politische Sinn dieser ideologischen Metamorphosen hat, vor allem bei retrospektiver Betrachtung, nichts Rätselhaftes an sich: in ihrer Mehrheit hervorgegangen aus einem Milieu, wo noch vorbourgeoise Sitten herrschten, betrat die Intelligenz, nachdem sie mit dem linken Flügel eine Zone der heroischen Selbstaufopferung für das Volk durchschritten hatte, nach den bitteren Fehlschlägen den Weg der bürgerlichen Wiedergeburt. Im heldenhaften Kämpfer von gestern meldete sich der Egozentriker zum Wort. Vor allem mußte er sich frei machen von der Idee der *»Pflicht gegenüber dem Volk.«* Literatur und Philosophie beeilten sich natürlich, das kümmerliche Erwachen des bürgerlichen Individualismus zu begrüßen und in den schönsten Farben zu malen. Die besitzenden Klassen taten ihr möglichstes, um die Intelligenz, die ihnen so viele Scherereien bereitet hatte, zahm zu machen. Der Prozeß der Annäherung und Versöhnung zwischen einer zivilisierter gewordenen Bourgeoisie und der bourgeoise gewordenen Intelligenz war, ganz allgemein gesprochen, unvermeidlich. Doch die barbarischen politischen Verhältnisse hatten eine glatte und ununterbrochene Entwicklung im vorhinein unmöglich gemacht. Es war der russischen Intelligenz vorausbestimmt, auch in Zukunft noch wiederholt eine Wendung zu machen.

Wir mußten uns etwas näher mit den achtziger Jahren bekannt machen, jener Zeit, da Alexander Uljanow, Student der Universität, die Kampfarena betrat, während sein jüngerer Bruder Wladimir den wissenschaftlichen Kurs im Simbirsker Gymnasium absolvierte.

Der 1. März 1887

Obwohl die im Jahre 1884 eingeführte Universitätsordnung Studentenorganisationen jeglicher Art verbot, bestanden in der Hauptstadt nach wie vor etwa 20 Landsmannschaften mit nahezu 1.500 Mitgliedern. Die Landsmannschaften waren völlig harmlose Gemeinschaften und betrieben Speisehäuser und Selbsthilfekassen. Bei der Armut der großen Mehrheit der studierenden Jugend waren derartige Organisationen lebensnotwendig. Aber die Regierung fürchtete sie nicht ganz ohne Grund: Die Revolutionäre benützten alle Organisationen, um Anhänger zu werben, und in Augenblicken des politischen Erwachens mobilisierte die friedlichste Landsmannschaft die Jugend zum Kampf. Doch seit der Zerschlagung der »Narodnaja Wolja« galt Petersburg als vollständig gesäubert von Revolutionären; die wenigen verschont gebliebenen verbargen sich in der Provinz. Die Stimmung der Studentschaft schien den Behörden so ruhig, daß sie bei den Landsmannschaften durch die Finger schauten. Die überwältigende Mehrheit der Studenten hatte sich tatsächlich von der Politik abgekehrt. Vor dem Grau des universitären Hintergrundes zeichnete sich deutlich die Schicht der jungen Karrieristen, der künftigen Beamten ab, die schon durch Kleidung und Haartracht das gerade Gegenteil des Nihilistentyps waren. Die immer hungrige und von der Polizei niedergehaltene Jugend war nach wie vor unzufrieden, trat aber nicht heraus aus ihrer mißmutigen Passivität.

In der allgemeinen Welle der Depression gab es jedoch noch mitunter das Branden von Ebbe und Flut, hauptsächlich im schmalen Strombett dieser Studentenschaft. Erst im dritten Studienjahr wurde Alexander in Studentenzirkel hineingezogen: in biologische, volkswirtschaftliche und literaturwissenschaftliche. Aber auch hier handelte es sich noch um die Erarbeitung von wissenschaftlichen Ansichten und nicht um aktive Politik. Auf diesem Boden kam er in engere Beziehungen mit radikalen Elementen der Landsmannschaft. Alexander verwendete nun mehr Zeit auf das Studium sozialer Fragen. In dem Zirkel tauchte die Idee auf, das fünfundzwanzigjährige Jubiläum der Bauernreform (19. Februar 1861) mit einer Seelenmesse für die Urheber der »Bauernbefreiung« auf dem Friedhof von Wolkowo zu feiern. Welche Umwertung der Reputation! Der große Publizist Tschernyschewskij haßte die Bauernreform als Raub und Betrug und bezahlte teuer für seine nüchterne und kühne Anschauung, die zur Grundlage der revolutionären Bewegung der nächsten zwanzig Jahre wurde. Auf die Frage Alexanders II.: *»Weshalb hast du auf mich geschossen?«*, antwortete Karakosow, der sich schon in den Händen der Polizei befand: *»Deshalb, weil du den Bauern Freiheit und Boden versprochen und sie betrogen hast.«* Nicht anders werteten auch Hippolyt Myschkin und seine Genossen und die Narodowolzen den »19. Februar.« Doch mit dem wachsenden Druck der Reaktion begannen die »großen Reformen« des vorhergehenden Zaren, die von der liberalen

Presse gepriesen wurden, auch der studierenden Jugend in einem günstigeren Licht zu erscheinen. Hinter dem gewichtigen Rücken Alexanders III. gewann die Gestalt Alexanders II. fast liberale Züge. Der Jahrestag der Bauernreform bekam nach und nach revolutionären Charakter, und seine Feier wurde von der Polizei verboten. Die Presse wurde diesmal im vorhinein angewiesen, keine Jubiläumsartikel zu veröffentlichen. Eine Totenmesse für die offiziellen Urheber der Reform war somit schon ein Protestakt. Der Friedhofspope erklärte sich nicht ohne Bangen bereit, die Seelenmesse für die Befreier zu lesen, das heißt unter anderem auch für Alexander II., der sechs Jahre vorher von den älteren Brüdern der Teilnehmer an der Totenmesse ermordet worden war. An dieser politischen Akzentverschiebung können wir besser als an allen polizeilichen Verfolgungen erkennen, wie tiefgehend die gesellschaftliche Reaktion war. Gewiß, ein Teil der Demonstranten bezog die Totenmesse nicht auf die Bürokraten, sondern auf jene Schriftsteller, die für die Befreiung der Bauern gestritten hatten. Aber es gab keine Klarheit, die Grenzlinien verschwammen.

Der Friedhof von Wolkowo wird der erste Schauplatz der öffentlichen Betätigung Alexander Uljanows; an der Vorbereitung der Totenmesse nahm er aktiv teil. Die liberalen Kreise, an die sich die Initiatoren wandten, ließen, wie zu erwarten war, überhaupt nichts von sich hören. Es kamen nur Studenten, ungefähr vierhundert. Die Polizei entschloß sich offenbar nicht dazu, das oppositionelle Beten zu stören, vielleicht hatte sie es auch verschlafen. Doch die Jugend ging beinahe mit dem Gefühl eines errungenen Sieges auseinander. Die Entschlossensten zogen den Schluß, daß man diesen Weg auch weiterhin beschreiten könne.

Die Führer der Studentenschaft schlossen sich enger zusammen und gründeten in den nächsten Monaten einen Verband der Landsmannschaften. Seiner zentralen Leitung gehörte auch Uljanow an. Aber die Tätigkeit des Verbandes, die an und für sich sehr bescheiden war, wurde bald durch die Ferien unterbrochen, die letzten, die Alexander an der Wolga verbrachte, bei der Familie, die schon den Vater verloren hatte. Im Herbst begann die Aktivität der Zirkel und Landsmannschaften wiederaufzuleben. Die Anführer – ein und dieselben da und dort – verfielen auf die Idee, den nahenden fünfundzwanzigsten Todestag des berühmten Kritikers Dobroljubow, eines Schülers und Mitkämpfers von Tschernyschewskij, zum Anlaß für die Veranstaltung einer neuen Totenmesse zu nehmen. Diesmal kamen sechshundert, nach anderen Angaben tausend Menschen. Die Tore des Friedhofs von Wolkow waren jedoch geschlossen: Die Polizei hatte sich diesmal nicht überrumpeln lassen. Die Bitte einer Deputation, die Totenmesse zu gestatten, wurde von Stadthauptmann Gresser abschlägig beschieden. Als die Studenten in die Stadt zurückkehrten, wurden sie von Kosaken umzingelt, die sie zwei Stunden lang im Regen anhielten. Dann wurden vierzig Teilnehmer aus Petersburg ausgewiesen. Das an und für sich geringfügige Ereignis erschütterte und verwandelte im vollsten Sinne des Wortes die Initiatoren der Kundgebung, vor allem Alexander Uljanow. Das war seine eigene, persönliche Erfahrung, und diese konzentrierte alle seine bisherigen Beobachtungen und Buchweisheiten zum brennenden Bedürfnis nach Aktion. Wie den Vergewaltigern antworten? Es gab endlose Beratungen und auch kühne Pläne, zu deren Durchführung nur die Kraft fehlte. Es wurde eine Proklamation *An die Gesellschaft* verfaßt, das heißt an die Professoren, die bürgerlichen Gutsbesitzer, Advokaten und Schriftsteller. Der größte Teil der Kuverts mit dem Aufruf wurde jedoch von der Polizei aus den Briefkästen geholt, so daß er nicht einmal den friedlichen Schlummer der Liberalen störte. Die Erregung in der Studentenschaft legte sich nach und nach. Aber in den heißen Tagen hatte sich eine Gruppe der Entschlossensten abgesondert, die aus der eigenen Entrüstung und der politischen Machtlosigkeit den schon von der Vergangenheit geheiligten Schluß zog: Terror! Uljanow versuchte noch einige Zeit, seinen alten Standpunkt zu vertreten: man darf an die Sache der Revolution nicht herangehen, bevor man richtige Anschauungen erarbeitet hat. Man antwortete ihm: Während du bei den Büchern sitzt, verstärkt sich die Gewalt und triumphiert. Das Argument wirkte um so überzeugender, als Alexander nicht länger Widerstand leisten wollte. Ein Zurück gab es für ihn nicht mehr. Als einer der Hauptorganisatoren der Demonstration, für die andere leiden mußten, als Autor der Proklamation *An die Gesellschaft*, auf die niemand reagierte, stand Alexander schon unter dem Imperativ des Terrors. Nach kurzem Streit in engem Kreis schloß er sich endgültig der kleinen Gruppe der terroristischen Richtung an. Zwei, drei der Verschwörer verfügten über etwas Erfahrung und bescheidene Verbindungen. So kam es zur Aktion vom 1. März 1887.

Die letzte Zeit seines Lebens teilte Alexander zwischen dem Laboratorium der Universität, wo er Idothea entomon, die baltische Klappenassel, erforschte, und dem geheimen Verschwörerlaboratorium, wo er magnesiales Dynamit herstellte. Bereit, sein Leben einzusetzen für die künftigen Geschicke der Menschheit, setzte er mit leidenschaftlichem Wissensdurst die Untersuchung des Sehvermögens der Asseln fort. Die Wissenschaft hielt ihn fest in ihren Armen, und er riß sich nur schwer los von ihr – wie ein Krieger von seiner Geliebten am Vorabend des ersten und letzten Kampfes. Nicht weniger charakteristisch für diesen jungen Mann ist, daß er noch in den letzten Tagen vor dem Anschlag, bereits in übermenschlicher Erregung, die Seelenstärke fand, mit unbeholfener Hand ein von ihm selbst verfaßtes Programm der »terroristischen Fraktion« in Druck zu setzen.

Von der Totenmesse für die Urheber der Bauernreform zur Totenmesse für einen früh verstorbenen radikalen Schriftsteller; und von dieser Totenmesse, die nicht stattfand, zur Vorbereitung des Zarenmordes – das ist der Weg, den die am Attentat Beteiligten im Verlauf von einigen Monaten zurücklegten. Später stellte der Hauptverteidiger vor dem Gericht die Genesis der Verschwörung recht wahrheitsgetreu dar: *»Diese Leute«*, sagte er, *»waren doch nicht immer Terroristen; im August 1886 waren sie einfach ›Unzufriedene‹; im November, nach der mißglückten Totenmesse am Grabe Dobroljubows, waren sie ›Protestanten‹, und erst im Januar reifte bei ihnen die terroristische Richtung heran...«* Der liberale Advokat fügte nicht hinzu, daß der Sprung von der Totenmesse zur Bombe nur deshalb möglich war, weil sich unter dem schweren Deckel der Herrschaft des neuen Zaren in den demokratischen Schichten der Intelligenz, gar nicht zu reden vom Volk, nicht wenig dumpfe Unzufriedenheit angesammelt hatte. Wie dem auch sei: Das tollkühne Unternehmen eines isolierten Zirkels war von vornherein zum Scheitern verurteilt. Wenn die revolutionäre Offensive der Jahre 1860 bis 1866, von der ersten Proklamation bis zum Schuß Karakosows, in der inneren Folgerichtigkeit ihrer Etappen gewissermaßen der Rohentwurf der großen Bewegung der Intelligenz der Jahre 1873 bis 1881 war, dann war die Episode der Jahre 1886 bis 1887 ihr verspäteter und verhallender Ausklang.

Am 1. März zu Mittag wurden auf dem Newskiprospekt von Polizeibeamten sechs junge Leute angehalten. Einer von ihnen hatte ein dickes Buch bei sich, dessen Einband in erhabenen Buchstaben die Worte **Medizinisches Wörterbuch** trug. In Wirklichkeit handelte es sich um die politische Medizin des Terrors: Das angebliche Wörterbuch enthielt Dynamit und Kugeln mit Strychnin. Zwei weitere Sprengkörper von zylindrischer Form befanden sich in Händen der anderen Terroristen. Die Sprengkörper waren für Alexander III. bestimmt. Nun setzte eine unerhörte Welle von Haussuchungen und Verhaftungen ein. Die am Anschlag auf den allmächtigen Beherrscher Rußlands Beteiligten waren durch die Bank junge Studenten; nur einer der als Bombenwerfer Ausersehenen war bereits sechsundzwanzig Jahre alt; einer der Organisatoren dreiundzwanzig; die übrigen fünf unmittelbar Beteiligten waren zwischen zwanzig und einundzwanzig. Die Herstellung der Sprengkörper oblag in erster Linie einem Studenten der Naturwissenschaften, dem noch drei Monate zur Volljährigkeit fehlten. Der Name des Konstrukteurs war Alexander Uljanow, jetzt kam ihm seine Beschäftigung mit Chemie in der Küche des Nebengebäudes in Simbirsk zustatten. Initiator des Unternehmens war der kranke dreiundzwanzigjährige Student Schewyrjow. Er wählte die Leute aus und teilte ihnen die Arbeit zu. Seine eigene revolutionäre Erfahrung war nicht groß und konnte es auch nicht sein. Zwischen dem übereiligen Sanguiniker Schewyrjow und dem nachdenklichen Uljanow kam es wiederholt zum Streit wegen der Heranziehung von nicht genügend erprobten Leuten. Aber die Auswahl war nicht groß. Zwei zufällig in die Verschwörung hineingezogene Studenten verrieten dann Uljanow. Die Organisation verfügte über lächerlich geringe technische und finanzielle Mittel. Um Salpetersäure und hundertfünfzig Rubel zur Deckung von Auslagen zu bekommen, mußte jemand nach Wilna fahren; aber die Säure erwies sich als zu schwach, und das Geld kam auch nicht gleich. Um einem der Organisatoren das Geld für die Flucht ins Ausland geben zu können, verpfändete Uljanow seine goldene Gymnasiumsmedaille gegen hundert Rubel. Eine dem Bombenwerfer Generalow gelieferte Pistole, die es ihm ermöglichen sollte, sich bei der Flucht freizuschießen, erwies sich als unbrauchbar. Nicht besser stand es mit den konspirativen Methoden. Das ganze Unternehmen hing an einem Faden.

Selbst bei der Vorbereitung des 1. März 1881, als unvergleichlich abgebrühtere Revolutionäre in Aktion traten, ging die schreckliche Anspannung, je näher die Schicksalsstunde heranrückte, immer mehr in Müdigkeit und Apathie über. Ist es denkbar, daß nicht auch am Herzen Uljanows und der anderen jungen Verschwörer Zweifel nagten? Es tauchten Gerüchte auf, daß die Regierung von den Attentatsvorbereitungen bereits erfahren hatte. Irgendeiner aus der Gruppe schlug vor, die Sache auf den Herbst zu verschieben. Aber das war mit neuen Gefahren verbunden. Nach einigen Berichten sah Alexander angeblich das Fehlschlagen des Attentats voraus. Am wahrscheinlichsten ist, daß die Stimmung des Häufleins der Todgeweihten heftig zwischen Optimismus und Hoffnungslosigkeit schwankte. Aber der Wille überwand den Zweifel. Die Sprengkörper wurden hergestellt, die Rollen zugewiesen, die Posten eingeteilt – es blieb nun mehr, zu töten und, auf jeden Fall, zugrunde zu gehen.

Tatsächlich hatte die Regierung keinerlei Verdacht geschöpft. Einige Jahre der Ruhe hatten die Polizei entwöhnt, an Terror zu denken. Ohne Provokation war die Polizei bei der Aufdeckung von Komplotten hilflos. Unter den jungen Verschwörern gab es aber keinen Provokateur. Sie brachten es jedoch zustande, sich selbst zu verraten: durch die Jugend, die Naivität, den Leichtsinn eines der Ihren. Erst nach der Revolution, als die Archive der Polizei geöffnet wurden, gelang es, die Ursache des Mißerfolges aufzuklären. Der Student Andrejuschkin, der als einer der Bombenwerfer ausersehen war, schrieb, anderthalb Monate bevor es losgehen sollte, einem befreundeten Studenten in Charkow einen Brief, der eine Art Hymne auf den Terror enthielt. Der Brief, dessen Unterschrift unleserlich war, wurde perlustriert. Der Charkower Adressat wurde auf die Polizei gerufen und verriet seinen Petersburger Korrespondenten. Der Schriftwechsel der Polizeiinstanzen zog sich lange hin; in Charkow sah man keine besonderen Gründe, sich zu beeilen. Schließlich erhielt die Petersburger Polizei den Namen und die Adresse des Briefschreibers und stellte ihn unter Beobachtung: das geschah am 28. Februar, gerade am Vorabend des beabsichtigten Attentats. Andrejuschkin und andere wurden auf dem Newskiprospekt von zwölf bis fünf Uhr nachmittags mit irgendwelchen schweren Gegenständen beobachtet. Der Polizei kam es gar nicht in den Sinn, daß es sich um Bomben handeln könnte. Sie suchten den Verfasser des verdächtigen Briefes, das war alles. Am nächsten Tag wurden *»dieselben Personen, sechs an der Zahl, wieder unter denselben Umständen auf dem Newski beobachtet.«* Erst jetzt wurden sie verhaftet. Die Überraschung kannte keine Grenzen, als man auf eine Gruppe von Terroristen stieß. Von der Entdeckung wurde selbstverständlich sofort Alexander III. verständigt. Der Zar schrieb auf den Bericht: *»Diesmal hat uns Gott gerettet, aber auf lange?«* Der Zar, der der göttlichen Hilfe nicht vertraute, fügte ein Lob für die Wachmannschaften hinzu: *»Dank allen Beamten und Agenten der Polizei, daß sie nicht schlafen und erfolgreich arbeiten.«* In der Tat hatten die Beamten und Agenten der Polizei den Dank wohl kaum verdient: ein glücklicher Zufall war ihnen zu Hilfe gekommen. Man weiß übrigens nicht, wie der Anschlag ohne die Einmischung der Polizei und des Zufalls geendet hätte. Die Qualität der Bomben blieb bis zuletzt ungeklärt. Als der Bombenwerfer Ossipanow, bei dessen Verhaftung auf der Straße man nicht einmal daran gedacht hatte, ihm die Bombe abzunehmen, in der Wachstube seinen Sprengkörper warf, um sich zusammen mit der Bewachung zu liquidieren, explodierte der Sprengkörper nicht. Es besteht kein Grund zu der Annahme, daß die übrigen Sprengkörper besser waren. Ein Artilleriegeneral befand als Experte *»die Konstruktion der Sprengkörper als mangelhaft.«* Alles war mangelhaft bei diesem tragischen Unternehmen: die Ideen, die personelle Zusammensetzung, die Konspiration, die Technik der Bomben.

Die gesellschaftliche Stellung der Angeklagten charakterisierte der Staatsanwalt so: neun Studenten, ein Kandidat der geistlichen Akademie, ein Apothekerlehrling, ein Kleinbürger, zwei Hebammen, eine Volksschullehrerin. Die Anklagebank war das Spiegelbild der untersten, demokratischsten Schichten der Intelligenz, die außerdem ausschließlich durch die jüngere Generation vertreten war. *»Nicht alle Angeklagten haben die staatsbürgerliche Volljährigkeit erreicht«*, mußte der Staatsanwalt zugeben; das hinderte ihn nicht daran, sie alle hinreichend gereift für den Strick zu erachten. Die liberalen Advokaten unterschieden sich im Ton ihrer Reden nicht sehr vom Staatsanwalt. Als *»wahrhaft russische Menschen«* konnten sie nicht glauben, daß eine solche Übeltat von der russischen Jugend ausging; hinter ihrem Rücken suchten sie *»ausländische Mißachtung des russischen Heiligtums.«* Die Mehrheit der Angeklagten verstand es hei der Untersuchung und vor Gericht nicht, sich richtig zu verhalten. Es fanden sich Kleinmütige, die verrieten. Aber auch die Tapferen redeten mehr als nötig und halfen der Anklage – gegen sich selbst und gegen die anderen. Unter den Angeklagten befand sich auch Bronislaw Pilsudski, der Sohn eines reichen Gutsbesitzers, der Uljanow seine Studentenwohnung für das Drucken des Programms zur Verfügung gestellt hatte. Der leibliche Bruder Bronislaws, Josef Pilsudski, wurde aus dem Gefängnis als Zeuge vorgeführt. Bronislaw hielt sich erbärmlich, verleugnete seine Sympathie für die »Narodnaja Wolja« berief sich auf seinen schwachen Charakter und seinen Leichtsinn. Josef machte seine Zeugenaussage mit großer Vorsicht gab aber zu, daß er aus Wilna ein Telegramm in »verschlüsseltem revolutionärem Jargon« geschickt hatte. In der Folge vertauschte Josef Pilsudski als Diktator Polens den »revolutionären Jargon« gegen den faschistischen.

Der Gerichtsprozeß ließ keinen Zweifel daran, daß Alexander Uljanow, wenn er auch nicht die allgemeine Leitung hatte, doch die bedeutendste Gestalt der Verschwörung war. Und in den schwierigsten Tagen, als der Initiator und der Organisator, entsprechend dem vorher festgelegten Plan, aus Petersburg verschwanden, *»ersetzte Uljanow«*, wie der Staatsanwalt richtig feststellte, *»beide – Anstifter und Anführer.«* Uljanow, der beim letzten Akt auf der Straße keinerlei Rolle zu spielen hatte, wurde in der Wohnung des Studenten Kantscher verhaftet, wo er in einen Hinterhalt der Polizei geriet. Nur durch Kantscher, der alles verriet, was er wußte, erfuhren die Behörden die wirkliche Rolle Uljanows. Von diesem Augenblick an las der Angeklagte Lukaschewitseh in den Augen seines Mitarbeiters bei der Herstellung von Bomben *»die unwiderrufliche Entschlossenheit zu sterben.«* *»Wenn Sie es notwendig haben, reden Sie sich auf mich aus!«* flüsterte bei der Verhandlung Uljanow Lukaschewitsch zu. Viele Jahre später erzählte die Angeklagte Ananjina ihrer Tochter: *»Er war bereit, sich zwanzigmal hängen zu lassen, wenn er damit das Schicksal der anderen hätte erleichtern können.«*

Das Verhalten Uljanows in der Untersuchung und vor Gericht zeigt diesen jungen Menschen als ganzen Mann: Er will soviel als möglich auf sich nehmen, um das Schicksal der Kameraden zu erleichtern; gleichzeitig scheut er davor zurück, seine Führerrolle beim richtigen Namen zu nennen, um nicht das persönliche Verdienst der anderen zu schmälern. Er beansprucht die ausschließliche Verantwortung, nicht die ausschließliche Ehre. *»Ich habe«*, sagte der Staatsanwalt, *»volles Vertrauen zu den Aussagen des Angeklagten Uljanow, dessen Geständnis zwar nicht ganz den Tatsachen entspricht, aber doch wohl nur in dem Sinne, daß er auch das auf sich nimmt, was er in Wirklichkeit gar nicht getan hat.«* Die ihm vom Staatsanwalt gezollte Anerkennung machte die Verurteilung Uljanows zum Tod nur noch sicherer.

Es gab bei dem Prozeß außer den Richtern, dem Staatsanwalt, den Verteidigern und den Angeklagten noch einen unsichtbaren, aber höchst wirklichen Beteiligten: den Zaren. In einem gewissen Sinne war der Prozeß ein Duell zwischen zwei Gestalten: Alexander Romanow und Alexander Uljanow. Der Zar war damals dreiunddreißig Jahre alt. Er saß nicht über das Mikroskop gebeugt und zerbrach sich nicht den Kopf über Marx. Dafür glaubte er an Ikonen und Reliquien; er betrachtete sich als »wahrhaft russischen« Zaren, konnte aber in russischer Sprache (und übrigens auch in anderen Sprachen) keinen einzigen richtigen Satz bauen. Auf das von Uljanow verfaßte Programm schrieb der Zar eigenhändig: *»Diese Niederschrift ist nicht einfach das Werk eines Verrückten, sondern eines reinen Idioten.«* Zu der Feststellung des Programms, daß bei dem herrschen den politischen Regime eine Tätigkeit zur Hebung des Niveaus des Volkes fast unmöglich sei, schrieb Romanow: *»Das ist tröstlich.«* Zum praktischen Teil des Programms, das neben der Forderung nach Demokratie auch die nach Nationalisierung des Bodens, der Fabriken und aller Produktionsmittel enthält, bemerkte der Zar: *»Die reinste Kommune.«* Seine besondere Aufmerksamkeit erregten schließlich die Worte Uljanows vom 21. März: *»Was schließlich meine moralische und intellektuelle Beteiligung an dieser Sache betrifft, so war sie vollständig, das heißt, sie umfaßte alles, was mir meine Fähigkeiten und die Kraft meiner Kenntnisse und Überzeugungen erlaubten.«* Der Zar schrieb auf das Blatt: *»Diese Offenherzigkeit ist geradezu rührend!!!«* Was den gerührten Zaren nicht hinderte, fünf Angeklagte, die zusammen kaum 110 Jahre alt waren, hängen zu lassen.

Die Terroristen der siebziger Jahre waren durch eine vorbereitende Schule der Propaganda und der revolutionären Organisation gegangen; das hatte ihr Alter und ihre Erfahrung erhöht. Bevor sie das Schafott bestiegen, waren Sheljabow, Kibaltschitsch und Petrowskaja zu politisch reifen Menschen mit großer revolutionärer Stählung geworden. Aus dem Versuch einer Massenbewegung gewachsen, hatte sich die »Narodnaja Wolja«, zumindest auf dem Papier, die Aufgabe gestellt, einen Aufstand zu entfesseln, für den man vorher die Unterstützung der Arbeiter und die Sympathie eines Teiles der Truppen sichergestellt hatte. Tatsächlich war, wie wir wissen, das Exekutivkomitee genötigt, alle seine Kräfte auf den Zarenmord zu konzentrieren. Die Gruppe des Jahres 1887 begann sofort mit dem, was dem Exekutivkomitee seinerzeit den Kopf gekostet hatte. Die Entmutigung der Intelligenz hatte gewissermaßen von vornherein die Wege abgeschnitten, die zu den Massen führten. Die Verschwörung Schewyrjows und Uljanows versuchte nicht einmal über den Studentenzirkel hinauszugehen: Keinerlei Versuche einer Propaganda, der Heranziehung der Arbeiter, der Einrichtung einer Druckerei, der Herausgabe einer Zeitung. Die Initiatoren des Terroranschlages rechneten weder mit der Hilfe des Volkes noch mit der Unterstützung der Liberalen. Sie nannten sich nicht Partei, sondern Fraktion, das heißt Absplitterung von einem nicht existierenden Ganzen. Sie verzichteten auf Zentralisierung: sie hatten niemanden und nichts zu zentralisieren. Sie wollten glauben, daß sich im Lande andere Gruppen finden werden, die aus eigenem Antrieb zu handeln bereit wären und das das für den Erfolg genügte.

In seiner Rede vor Gericht gab Uljanow eine sehr eindrucksvolle Erklärung – wenn schon nicht für den terroristischen Kampf, so doch für die Quellen des Glaubens an seine Kraft: *»Es gibt bei uns«*, sagte er, *»keine festgefügten Klassen, die die Regierung im Zaum halten könnten...«* Gleichzeitig ist *»unsere Intelligenz physisch so schwach und unorganisiert, daß sie derzeit keinen offenen Kampf aufnehmen kann...«* Aus dieser pessimistischen Einschätzung der gesellschaftlichen Kräfte mußte sich politische Hoffnungslosigkeit im Sinne der in den achtziger Jahren herrschenden Stimmungen ergeben. Aber es ist hinreichend bekannt, daß äußerste Verzweiflung nicht selten zum Quell schimärischer Hoffnungen wird. *»Eine schwache Intelligenz, die äußerst schwach von den Interessen der Massen durchdrungen ist ...«*, schließt Uljanow, *»kann nur in terroristischer Form ihr Recht, zu denken; verteidigen.«* Das sind die psychologischen Ausgangspunkte der Aktion vom 1. März 1887, dieses überraschenden Versuchs eines Dutzends junger Leute, die sich auf nichts stützen konnten und dem politischen Leben eine andere Richtung geben wollten.

An der Abfassung des Programms der Gruppe waren sechs Personen beteiligt: drei von ihnen, darunter Uljanow, betrachteten sich als Narodowolzen, die drei anderen neigten dazu, sich Sozialdemokraten zu nennen. Der Unterschied zwischen den einen und den anderen war aber nur sehr bedingt. Die sogenannten Sozialdemokraten begannen anzuerkennen, daß der Marxismus nicht nur für den Westen, sondern auch für Rußland anwendbar ist. Doch wenn es sich um den *»unmittelbaren politischen Kampf«* handelte, hielten auch sie sich unentwegt an den Terror. Wenn es – so war ihr Gedankengang – erst im Zusammenhang mit der weiteren

Entwicklung des Kapitalismus zu einer revolutionären Massenbewegung kommt, dann bleibt der revolutionären Intelligenz derzeit nichts anderes übrig, als sich der Waffe zu bedienen, die den Händen der »Narodnaja Wolja« entfallen war. Darin waren sich die Menschen einig, die in anderem verschiedener Meinung waren. Der Terror als zentrale Aufgabe drängt alle anderen Fragen in den Hintergrund. Kein Wunder, daß sich beide Schattierungen vereinigten unter dem Namen *»Terroristische Fraktion der Narodnaja Wolja«*: Die einen wie die anderen hatten den Blick nicht nach vorn, sondern nach hinten gerichtet. Ihre Gedanken waren ausschließlich beherrscht vom blendenden Beispiel des 1. März 1881. Wenn der Terror des Exekutivkomitees nicht zum gewünschten Ziel geführt hatte, dann nur deshalb, weil er nicht zu Ende geführt wurde. *»Ich glaube nicht an den Terror«*, sagte Alexander Uljanow, der sich als Narodowolze eines neuen Typs betrachtete, *»ich glaube an den systematischen Terror.«*

Alexander las eifrig Marx und andere ökonomische und soziologische Bücher. Kein Zweifel, daß er bei seinen großen Fähigkeiten und seiner Ausdauer in den letzten Jahren seines Lebens auf diesem für ihn neuen Gebiet beträchtliche Kenntnisse erwarb. Aber das waren nur Kenntnisse. Er hatte sich weder eine geschlossene Weltanschauung noch eine Methode erarbeitet. Von der Theorie des Marxismus spann er nicht die notwendigen Fäden zur russischen Wirklichkeit, und er selbst gab in kleinem Kreise zu, daß er in den Fragen der Dorfgemeinschaft und der Entwicklung des Kapitalismus ein Laie geblieben war. Das Programm schrieb er im Zusammenhang mit der bereits vollzogenen Tatsache der terroristischen Verschwörung: Daher sein Bemühen, die Bedeutung der Meinungsverschiedenheiten zu bagatellisieren, die in den achtziger Jahren die revolutionäre Bewegung in zwei Lager zu spalten begannen und in der Zukunft unversöhnlich bleiben sollten. Im Wesentlichen lief der Streit vor allem auf die Alternative hinaus: Klassenkampf des Proletariats oder der Student mit der Bombe. Das Programm Uljanows anerkannte zwar die Notwendigkeit der *»Organisierung und Erziehung der Arbeiterklasse«*, aber es verlegte diese Aufgabe in eine unbestimmte Zukunft; die revolutionäre Tätigkeit in den Massen erklärte es als *»beim herrschenden politischen Regime fast unmöglich.«* Diese Fragestellung umging ganz einfach das Wesen des Streites. In der Entwicklung des Kampfes der Arbeiterklasse erblickten die wirklichen Marxisten – wie Plechanow und seine Freunde – die Hauptkraft für den Sturz der Selbstherrschaft. Die terroristische Fraktion dagegen meinte, die *»physisch schwache«* Intelligenz sollte zunächst die Selbstherrschaft mit Hilfe des Terrors stürzen, damit die Arbeiterklasse den politischen Schauplatz betreten könne. Auf diese Weise kam man unweigerlich zu dem Schluß, daß die Schaffung einer sozialdemokratischen Organisation zumindest verfrüht sei.

Für die Beurteilung der subjektiven Einstellung der an der Angelegenheit Beteiligten zur marxistischen Perspektive haben wir ein menschliches Dokument von erstrangigem psychologischem Interesse. Der als Bombenwerfer ausersehene Student Andrejuschkin, der *»im großen und ganzen«* ebenfalls die Lehre von Marx akzeptierte, schrieb einem Freund in demselben unglückseligen Brief, der zur Entdeckung der Verschwörung führte: »*Ich werde nicht die Vorzüge und die hohen Werte des roten Terrors aufzählen, denn ich käme bis ans Ende des Jahrhunderts damit nicht zu Rande, da er mein Steckenpferd ist, und daher kommt wahrscheinlich auch mein Haß gegen die Sozialdemokraten.*« Von seinem Standpunkt aus hatte der expansive Andrejuschkin recht: Wenn man die Hoffnungen auf einen unmittelbaren Übergang von der Dorfgemeinschaft zum Sozialismus noch irgendwie ins nebelhafte Gebiet der »Theorie« verlegen konnte, so hatte das Dogma von der »selbständigen Bedeutung der Intelligenz« brennende praktische Bedeutung. Der Revolutionär, der sich anschickte, sich in einen Sprengkörper zu verwandeln, konnte nicht nur keine Leugnung, sondern nicht einmal den geringsten Zweifel an der unersetzlichen und rettenden Bedeutung des Dynamits dulden.

Die Versuche der offiziösen sowjetischen Historiker, die »terroristische Fraktion« gewissermaßen als Brücke zwischen der alten Bewegung und der Sozialdemokratie zu schildern, um auf diese Weise die Möglichkeit zu haben, Alexander Uljanow als Bindeglied zwischen Sheljabow und Lenin hinzustellen, werden durch die Analyse der Tatsachen und der Ideen in keiner Weise gerechtfertigt. Auf dem Gebiet der Theorie huldigte die Gruppe Uljanows eklektischen Anschauungen, die für die achtziger Jahre als Periode der Depression bezeichnend sind. Praktisch muß sie den Epigonen des Narodowolzentrums zugezählt werden, dessen Methoden sie ad absurdum führte. Das Unternehmen des 1. März 1887 trug keinerlei Keime der Zukunft in sich und war seinem Wesen nach die letzte, wahrhaft tragische Konvulsion der bereits verurteilten Prätentionen der »kritisch denkenden Persönlichkeiten« auf eine selbständige historische Rolle. Und gerade darin bestand auch seine so teuer bezahlte Lehre.

Kindheit und Schuljahre

Im Laufe von vierzehn Jahren (1864 bis 1878) wurden den Uljanows sieben Kinder geboren. Wenn man den Fünftgeborenen, Nikolaj, der nur einige Tage lebte, ausschließt, so kann man auf Grund aller uns bekannten Angaben zu folgendem lehrreichen Schluß kommen: die nach Charakter und Begabung hervorragendsten Kinder der Familie – Alexander, Wladimir und Olga – sind die mittlere Altersgruppe, wobei Wladimir der zentrale Platz zukommt. Die ältere Tochter, Anna, und die beiden jüngsten Mitglieder der Familie, Dmitrij und Maria, erheben sich trotz vieler achtenswerter Eigenschaften nicht oder fast nicht über das Mittelmaß. Zur Zeit der Geburt Wladimirs war der Vater neununddreißig, die Mutter fünfunddreißig Jahre alt – das Alter der vollen Entfaltung der physischen und geistigen Kräfte. Die übrigen Kinder, mit Ausnahme der jüngsten Tochter, Maria, wurden im Abstand von je ein bis zwei Jahren geboren, während vor der Geburt Wladimirs der Organismus der Mutter vier Jahre ausrasten konnte.

Es wäre natürlich äußerst aufschlußreich, die Vorfahren Lenins durch einige Generationen zu verfolgen. Bisher wurde hinsichtlich der Genealogie jedoch fast nichts getan. Höchstwahrscheinlich ist die Feststellung der Ahnen väterlicherseits angesichts der plebejischen Herkunft des Großvaters, eines unbekannten Archangelsker Kleinbürgers, schwer, vielleicht überhaupt nicht möglich: Die standesamtlichen Eintragungen wurden bei den Kleinbürgern und Bauern sehr schlampig durchgeführt, und überdies fielen die Geburtsregister und sonstigen Bücher im Königreich der Holzbauten periodisch Bränden zum Opfer. Eine genealogische Besonderheit kann man aber mit weit größerer Sicherheit als nach den einwandfreiesten Dokumenten feststellen: die Gesichtszüge von Ilja Nikolajewitsch, besonders die vorspringenden Backenknochen und der Schnitt der Augen, zeugten ohne jeden Zweifel von einer Beimischung mongolischen Blutes. Das Aussehen Lenins sprach ebenfalls dafür. Kein Wunder: Seit jeher stellten die Tataren einen beträchtlichen Teil der Bevölkerung Astrachans, und nach den Beobachtungen der biologischen Schule Mendels dominieren in der Vererbung die mongolischen Augen gegenüber den europäischen. Weniger erklärlich ist, daß bis heute fast nichts über die Vorfahren Lenins mütterlicherseits publiziert wurde. Es ist bekannt, daß Maria Alexandrowna die Tochter des Arztes Blank war, der mit einer Deutschen verheiratet war. Hinsichtlich dieser Großmutter Lenins kann man mit Sicherheit annehmen, daß sie ihrer Herkunft nach aus einer der wolgadeutschen Kolonien stammte, aus denen nicht wenige wohlhabende und relativ kultivierte Familien hervorgingen. Doch Blank selbst? Maria Uljanowa berichtet, daß der Großvater kleinbürgerlicher Herkunft war, ein fortschrittlicher und unabhängiger Mensch, dar gerade aus diesem Grund früh in Pension ging und sich mit der Landwirtschaft befaßte. Über seine Nationalität wird aus irgendeinem Grund nichts mitgeteilt. Doch zeugt der Familienname Blank, vor allem bei einem Kleinbürger, von nichtrussischer Herkunft. Ist nicht auf diesen Umstand das merkwürdige Verschweigen zurückzuführen? Sind doch die offiziellen Memoirenschreiber imstande zu denken, daß die eine oder andere Einzelheit der Abstammung die Gestalt Lenins kleiner oder größer machen könnte. Aber wenn wir auch die nationale Herkunft Blanks beiseite lassen, können wir feststellen, daß in den Adern Lenins das Blut von mindestens drei »Rassen« floß: großrussisches, deutsches und tatarisches. Wenn durch diesen Umstand irgend etwas zu Schaden kommt, so nur der Kult der »Rassenreinheit.«

Über die Kindheit Wladimirs wissen wir weniger als über die Alexanders. Das hängt mit der Altersstruktur der Familie zusammen. Anna, die aufmerksamste und fruchtbarste Lebensbeschreiberin der Familie, die das Wachstum und die Entwicklung Alexanders aus nächster Nähe beobachtete, war um ganze sechs Jahre älter als Wladimir. Maria war fast acht Jahre jünger als er. Der Unterschied ist in beiden Fällen zu groß für nahe Beobachtungen und genaue Erinnerungen. Die nächste Gefährtin von Wladimirs Kinderjahren, die Schwester Olga, starb mit neunzehn Jahren. Die Gestalt des Knaben und des Halbwüchsigen wird für uns nur durch einige Episoden erhellt, die der älteren Schwester in Erinnerung geblieben waren; näher interessierte sie sich für Wladimir, als dieser bereits begann, ein junger Mann zu werden. Irgendwelche Briefe aus den Kinderjahren Wladimirs sind nicht erhalten geblieben, und wahrscheinlich hat er auch gar keine geschrieben: die Familie lebte zusammen. Auch Tagebücher sind keine erhalten; und wahrscheinlich hat er auch nie welche geführt: von Kindheit an lebte er zu intensiv, um seine Erlebnisse zu registrieren.

Wolodja (Koseform von Wladimir) lernte spät gehen, fast gleichzeitig mit der um anderthalb Jahre jüngeren Schwester Olga. Und seine ersten Heldentaten auf dem Gebiet der Peripatetik waren nicht sehr glücklich: Der Knabe fiel oft und schwer, dabei immer auf den Kopf, so daß die einen Stock tiefer Wohnenden mit voller Sicherheit seine Laufbahn verfolgen konnten. »*Wahrscheinlich hatte sein Kopf Übergewicht*«, schreibt die Schwester. Nach jedem Sturz konnte man Wolodjas Gebrüll im ganzen Haus hören: überhaupt versäumte er in frühen Jahren keine Gelegenheit, die Stimmbänder zu entwickeln. »*Die Leidenschaft der Zerstörung*«, sagte Bakunin, der in der Verbannung starb, als der künftige Lenin sechs Jahre alt war, »*ist eine schöpferische Leidenschaft.*« Wolodja war ein unbedingter Anhänger dieser Formel. Er zerstörte das Spielzeug, bevor er damit zu spielen begann. Als ihm das Kindermädchen einen Schlitten mit drei Pferden aus Papiermaché schenkte, versteckte er sich zunächst hinter der Tür vor der zudringlichen Kontrolle der Erwachsenen und drehte an den Beinen der Pferde so lange, bis sie herunterfielen.

Die Selbständigkeit und Leidenschaftlichkeit des Charakters zeigten sich offenbar sehr früh. Oft mußten die Älteren den stürmischen und lärmenden Knaben zur Ordnung rufen. Auch in aller Öffentlichkeit erlegte er sich keinen Zwang auf. »*Auf dem Dampfer darf man nicht so laut schreien*«, sagte die Mutter zu ihm, als sie die Schiffsreise zum Sommeraufenthalt im Kasaner Gouvernement antraten. »*Aber der Dampfer schreit doch selbst laut*«, antwortete Wolodja, ohne die Stimme zu senken. Die Mutter wirkte auf die Kinder vor allem durch Ermahnungen und Beharrlichkeit ein. Wenn aber diese erzieherischen Hilfsmittel sich als unzureichend erwiesen, wurde Wolodja ins leerstehende Kabinett des Vaters geführt und in den »schwarzen Sessel« gesetzt. Wolodja fand sich damit ab und verstummte; manchmal schlief er sogar unter der Schwere des Schlages, der ihn getroffen hatte, vielleicht aber auch infolge des Ledergeruchs friedlich ein.

Obwohl er spät gehen gelernt hatte, war der Knabe sehr beweglich. Wegen seines stämmigen Wuchses bei geringer Körpergröße erhielt er in der Familie den Spitznamen »Kubyschka« (Fäßchen). Spielzeug interessierte ihn sehr wenig; dafür bemühte er sich nicht ohne Erfolg, bei Spielen, die Agilität, Geschicklichkeit und Kraft erforderten, an erster Stelle zu stehen. Versteckenspiel, Blindekuh, Rodelfahren, später Kricketspiel und Eislaufen beschäftigten ihn abwechselnd oder gleichzeitig leidenschaftlich.

Sascha war bei den Spielen erfinderisch, aber selbst im eifrigsten Spiel beherrscht. Wolodja wollte immer »einholen und überholen«, wobei er nicht davor zurückschreckte, dazu die Ellbogen zu gebrauchen. Auch in vielen anderen Zügen unterschied sich Wolodja schon in früher Kindheit vom älteren Bruder. Sascha war ausdauernd, liebte das Sammeln und Laubsägearbeit: so schärfte er die Aufmerksamkeit und Geduld des künftigen Naturforschers. Wolodja hatte für langweilige Kleinarbeit nichts übrig. Einmal sammelte Sascha Theateranzeigen und breitete sie sorgfältig auf dem Boden aus. Der kleine Wolodja sprang auf die wertvollen farbigen Blätter, zerstampfte und zerknüllte sie und zerriß auch einige. Diese Barbarei war für Sascha unfaßbar; seine Augen verdüsterten sich, aber er schlug den Übeltäter nicht und beschimpfte ihn nicht einmal; das entsprach nicht seinem Charakter: seine großen und kleinen Kränkungen verschloß er in seinem Inneren und wurde allein damit fertig. Aber wie sehr sich Wolodja dem Temperament nach auch von Sascha unterschied, versuchte er es ihm doch in allem gleichzutun. Auf die Frage »*Kascha mit Butter oder mit Milch?*« antwortete er: »*Wie Sascha.*« Und genauso wie Sascha fuhr er später auf Schlittschuhen den steilen Berg hinunter. Der starke und ausgeglichene Charakter des Bruders imponierte »Kubyschka.« Und gleichzeitig feuerte ihn der Geist des Wettbewerbs an, es dem Älteren gleichzutun. Die Formel »wie Sascha«, über die man sich in der Familie nicht selten lustig machte, hatte einen doppelten Inhalt: Anerkennung der Überlegenheit eines anderen und das Bestreben, »einzuholen und zu überholen.«

Sascha war ordentlich und, fast krankhaft wahrheitsliebend: jede List und jede Lüge lagen ihm genauso fern wie Schimpfen oder Verhöhnen; in schwierigen Situationen schwieg er. In der gesunden Wahrheitsliebe Wolodjas war ein Element der Verschmitztheit. Bei der über die Stränge schlagenden Extensivität seiner Natur war es ihm ganz unmöglich, ohne Notlügen auszukommen: es war unmöglich, sich an Apfelschalen gütlich zu tun, wenn man sie nicht in Abwesenheit der wachsamen Mutter heimlich in der Küche stibitzte; man konnte den Papierpferden nicht die Füße ausreißen, wenn man sich nicht hinter der Tür versteckte; und es war natürlich unvorstellbar, einer wenig bekannten Tante zu gestehen, daß gerade er, Wolodja, der bei ihr zu Gast war, beim Laufen die Wasserkaraffe zerbrochen hatte. Dafür begann der Knabe drei Monate später vor dem Einschlafen im Bett zu weinen und gestand der Mutter, daß er nicht nur die Karaffe zerbrochen, sondern auch die Tante belogen hatte. Daraus können wir ersehen, daß »Kubyschka« der kategorische Imperativ der Moral durchaus nicht so fremd war, wie später die zahlreichen Feinde Lenins behaupteten.

Vielleicht muß man noch besonders vermerken, daß Wolodja auf keinen Fall ein »Wunderkind« war; diese Bezeichnung trifft schon eher auf die jüngere Schwester, Olga, zu. Er wuchs als normales, gesundes Kind heran, in den allerersten Jahren war er vielleicht sogar etwas zurückgeblieben. Nach der Erzählung von Jelisarowa lernte Wolodja bei der Mutter mit fünf Jahren lesen, wieder gleichzeitig mit der jüngeren Schwester Olga. Demnach hätte das Mädchen allerdings schon allzufrüh lesen gelernt. Vielleicht muß man hier ein halbes oder ganzes Jahr zugeben. Als Pädagoge bekam Ilja Nikolajewitsch viel Kinderliteratur. Für das Lesen und Auswendiglernen von Gedichten zeigte jedoch Olga mehr Neigung, die mit Wolodja im Entwicklungsgang eng verbunden, aber ihrem Charakter nach Sascha ähnlicher war. Wolodja las schnell, ließ aber gern die Kinderbücher liegen, um umherzulaufen und Unfug zu treiben. Er liebte das Leben vor allem als Bewegung. Im Kabinett des Vaters tauchten von Zeit zu Zeit neue physikalische und sonstige Geräte auf, mit deren Hilfe die Kinder in freien Minuten mit den Geheimnissen der Wissenschaft bekannt wurden. Wolodja verstand es, mit absoluter Sicherheit das Allerwichtigste schon bei einer Andeutung zu erfassen. Er wurde gewissermaßen im Vorübergehen reifer und gescheiter.

Im Gegensatz zu Sascha, der sich zu den jüngeren Familienmitgliedern sehr aufmerksam verhielt, liebte es Wolodja, bei jeder Gelegenheit an ihnen seine Überlegenheit zu erproben. Wenn die Kinder, von der Mutter begleitet, das Lied vom Zicklein sangen, über das die grauen Wölfe herfielen, vergoß Mitja, der besonders empfindsam war, gewöhnlich Tränen. Man versuchte, ihn zu überzeugen, daß es nicht notwendig sei, sich das Schicksal eines unbekannten Zickleins so zu Herzen zu nehmen, Mitja versuchte sich zusammenzunehmen. Aber was half es: der graue Wolf ging ja auf Mitja selbst los. Sowie das Lied zur kritischen Stelle kam, sang Wolodja die Schlußstrophe, *»Sie ließen der Großmutter nur die Hörnlein und die Füßlein zurück«*, mit so schrecklicher Stimme und illustrierte sie mit solch finsteren Grimassen, daß der arme Mitja von Schluchzen geschüttelt wurde.

Dank der Mutter spielte die Musik im Leben der Familie eine beträchtliche Rolle. Die Kinder sangen – oder, wie das Kindermädchen sagte, »schrien« – gerne, und die Mutter begleitete sie. Es wird behauptet, daß Wolodja dabei nicht nur großen Eifer, sondern auch ein recht gutes Gehör zeigte. Die musikalischen Fähigkeiten des Knaben erfuhren aber, wenn es sie überhaupt gab, auf jeden Fall keine weitere Entwicklung. Die Liebe zur Musik blieb ihm aber das ganze Leben lang.

Der Hauslehrer Kalaschnikow und dann die Lehrerin Kaschkadamowa bereiteten Wolodja auf das Gymnasium vor. Kalaschnikow erinnert sich an ihn als einen Knaben von kräftiger Statur und rötlichen, über der Stirn gekräuselten Haaren, die dem Äußeren nach den anderen Kindern der Familie wenig ähnlich war, lebhafter, von rascher Auffassung und spottlustig. Kalaschnikow, der es in der städtischen Schule vor allem mit Kindern von Fremdstämmigen zu tun hatte, hatte sich angewöhnt, die Wörter langsam und halb singend auszusprechen; der ungeduldige Wolodja, bei dem dieses System nicht am Platze war, äffte seinen Lehrer ungeniert nach. Dieses interessante Detail zeigt, daß das Pflänzchen der Ehrerbietung bei dem Knaben nicht Wurzeln geschlagen hatte und daß er früh damit anfing, seine Krallen nicht nur an den Jüngeren zu erproben.

Im Jahre 1878, als Wolodja acht Jahre alt war, übersiedelten die Uljanows ins eigene Haus, ein sehr bescheidenes Holzhaus, das dafür einen Obstgarten hatte, dem die ganze Familie viel Sorgfalt und Pflege angedeihen ließ. Wolodja rannte zur Zeit der Gartenarbeit wohl noch emsiger und eifriger als die anderen mit der Gießkanne; auch bei der Verwertung der Früchte war er, wie man wohl annehmen kann, nicht der letzte. Interessant ist die genaue Ordnung, die in dieser Beziehung in der Familie eingeführt war: den Kindern wurde genau gezeigt, welche Sträucher und Bäume für sie bestimmt waren und welche für den Wintervorrat oder für den Namenstag des Vaters, und alle beobachteten streng die Disziplin des Genusses. Ein Mädchen, das zu Gast war, biß im Laufen übermütig in einen Apfel, der noch auf dem Baum hing, und eilte weiter. Ein halbes Jahrhundert nach dieser »Katastrophe« erinnert sich A. Jelisarowa: *»Uns war ein solches Rowdytum fremd und unverständlich (!).«* Dieses in seiner Pedanterie sonderbar berührende Urteil zeigt nicht schlecht den patriarchalischen Geist der Familie, wo die Disziplin von Mutter und Vater auf verschiedene Weise, aber mit großem Erfolg aufrechterhalten wurde. Sparsamkeit, Ordnungsliebe, Achtung vor der Arbeit und ihren Früchten hat sich der künftige große Zerstörer schon in früher Kindheit angeeignet. Wenn er selbst auch unschuldigen kindlichen Übermut natürlich nicht »Rowdytum« genannt hätte, so war ihm doch bei den Erwachsenen jede Schlamperei und Verschwendungssucht zutiefst unsympathisch.

Mit dreizehn Jahren verfiel Sascha auf den Gedanken, eine Familienzeitschrift herauszugeben; da er selbst keine Neigung zur Schriftstellerei verspürte, übernahm er die Rolle des Redakteurs und verfaßte außerdem Scharaden und Rebusse und besorgte die Illustrationen. Der neunjährige Wolodja wurde unter dem eindrucksvollen Pseudonym »Kubyschkin« sein engster Mitarbeiter. Selbst die siebenjährige Olga bereicherte die Zeitschrift mit ihren Kritzeleien. Das Journal kam jeden Samstag heraus und hieß **Subbotnik**. Die fünfzehnjährige Anna, die schon mit den Artikeln des berühmten Kritikers Belinskij Bekanntschaft gemacht hatte, zog mit ätzenden Artikeln gegen eine Erzählung des jungen Literaten Kubyschkin los. Wolodja hörte sich die kritische Abrechnung mit größter Aufmerksamkeit an und zeigte sich nicht im geringsten verletzt: er lernte und merkte sich die Lektion. An den literarischen Diskussionen beteiligten sich auch der Vater und die Mutter. Ihre Gesichter strahlten vor Freude über die Kinder. *»Diese Abende«*, schreibt Jelisarowa, *»waren der Gipfelpunkt der engen Verbundenheit zwischen uns vier Ältesten und den Eltern. Sie hinterließen eine so helle und freudige Erinnerung!«*

Mit neuneinhaib Jahren trat Wolodja in die erste Klasse des Gymnasiums ein. Jetzt trug er die gleiche Uniform »wie Sascha« und stand unter der Herrschaft derselben Lehrer in den Uniformen mit den zweiköpfigen Adlern auf den Messingknöpfen. Aber seinem ganzen Charakter nach ertrug Wladimir leichter als Alexander das Gymnasialregime mit seiner Vergewaltigung und Verlogenheit. Selbst der Klassizismus bereitete ihm kein Ungemach: Der künftige Schriftsteller und Redner fand früh Geschmack an den alten Meistern des Wortes. Wladimir lernte ungewöhnlich leicht. Dieser unruhige und lärmende Knabe mit seinem weiten geistigen Gesichtsfeld besaß in unerhört hohem Maß die Gabe konzentrierter Aufmerksamkeit. Unbeweglich auf seiner Bank sitzend, nahm er gierig alle Erklärungen der Vortragenden auf. So war für ihn jede Aufgabe schon gelöst, sobald sie gegeben wurde. Wenn er nach Hause kam, machte er rasch die Arbeiten für den nächsten Tag. Und während die beiden älteren Geschwister bei ihren Aufgaben am großen Tisch im Speisezimmer saßen, begann Wolodja schon sein extensives Leben: er lärmte, schwätzte, neckte die jüngeren. Die älteren protestierten. Die Autorität der Mutter war manchmal unzureichend. Wolodja war nicht zu bändigen. Manchmal nahm der Vater, wenn er zu Hause war, den unruhigen Geist zu sich ins Kabinett, um sich zu überzeugen, ob er wirklich seine Aufgabe gelernt hatte. Doch Wolodja antwortete einwandfrei. Der Vater nahm die alten Hefte und prüfte ihn den Stoff des ganzen Kurses. Wolodja erwies sich auch hier als unverwundbar, die lateinischen Worte saßen fest in seinem Gedächtnis. Der Vater wußte nicht, ob er sich über ihn freuen oder ärgern sollte: allzu leicht wird der Knabe mit dem Lernstoff fertig; wie soll er da richtige Arbeitsamkeit lernen ...

Wenn Wolodja aus dem Gymnasium heimkam, berichtete er den Eltern über die Ereignisse des Tages, vor allem darüber, in welchen Gegenständen er aufgerufen wurde und wie er geantwortet hatte. Da seine Erfolge immer wieder dieselben waren, ging er rasch am Kabinett des Vaters vorbei und rapportierte, ohne stehenzubleiben: *»In Griechisch Fünf, in Deutsch Fünf.«* Am nächsten und übernächsten Tag dasselbe: *»In Latein Fünf, in Algebra Fünf.«* Vater und Mutter lächelten einander heimlich und zufrieden zu. Ilja Nikolajewitsch lobte die Kinder nicht gern laut, besonders diesen schlagfertigen Knaben, dem alles allzu leichtfiel. Aber die Erfolge der Kinder brachten natürlich eine frohe Note in das Leben der Familie. An den Abenden fanden sich alle zufrieden beim großen Teetisch ein. Ilja Nikolajewitsch verlor nicht den Geschmack an Scherzen und Schulanekdoten. Es wurde viel gelacht, und als erster legte nicht selten der Direktor der Volksschulen selbst los. *»In dieser harmonischen Familie fühlte man sich warm und behaglich«*, erzählte die Hauslehrerin Kaschkadamowa ... *»Am lebhaftesten von allen sprechen Wolodja und seine zweite Schwester Olga. Ihre fröhlichen Stimmen und ihr ansteckendes Lachen klingen nur so.«*

Die Stimme Wolodjas, das mußte man zugeben, klang manchmal allzu laut. Da sich der Knabe zwischen den Wänden des Gymnasiums sehr diszipliniert verhielt, brachte er notwendigerweise die aufgestauten Nervenladungen nach Hause, nicht immer zum Vorteil der häuslichen Ruhe. Sein Benehmen in der Familie war übrigens sehr unterschiedlich, je nachdem, ob der Vater zu Hause war oder nicht. Offenbar fürchtete Wolodja den Vater, der nicht nur wie ein Kind mit den Kindern spielen, sondern mitunter auch sehr hart sein konnte. Jelisarowa ist der Ansicht, daß der mit Arbeit überlastete Vater die Individualität seiner Kinder, besonders die Alexanders, nicht genügend berücksichtigte, aber daß sein pädagogisches System trotzdem *»vollständig richtig«* war in bezug auf Wladimir, als Gegengewicht gegen seine *»große Selbstsicherheit und Überheblichkeit.«* Wir sind dankbar für diese wertvollen Andeutungen und bedauern nur, daß sie so dürftig sind. Gehörte es zum System Ilja Nikolajewitschs, daß er sich nicht nur des Lobes, sondern auch der Bestrafung enthielt? Noch als Inspektor der Volksschulen schrieb er 1878: *»Bei Lehrern, die ihrer Sache ergeben sind, besteht nie die Notwendigkeit, den Schülern gegenüber irgendwelche Strafmaßnahmen anzuwenden...«* Hielt sich jedoch der Familienvater an die eigenen pädagogischen Regeln? In dieser Hinsicht liegen keinen direkten Zeugnisse vor. In den Familienerinnerungen wird wie immer ohne Abschwächung oder Verschweigung auf jede Weise die Ausgeglichenheit und Geduld der Mutter unterstrichen; um so näher liegt der Gedanke, daß es beim Vater anders bestellt war. Die Herrschsucht Ilja Nikolajewitschs in Verbindung mit seinem Jähzorn können diese Annahme nur unterstützen. Jede Familie hat ihre Schattenseite. Und kann das auch anders sein, der Familie Verpflichtungen aufgehalst sind, denen sie ganz offenbar nicht gewachsen ist? Eine gute Familie – das heißt nicht eine untadelige Familie, sondern nur eine solche, die besser ist als andere Familien unter denselben Bedingungen. Die Familie Uljanow war eine gute, konservative Provinzfamilie mit ernsthaften Interessen und einer sauberen Atmosphäre. Die Eltern lebten sehr gut zusammen, und die Kinder blieben stets verschont von demoralisierenden Streitereien und Auseinandersetzungen zwischen Vater und Mutter. Das Vorhandensein von älteren Geschwistern, besonders Alexanders, beschleunigte die Entwicklung des jüngeren. Wenn Wladimir in den Schuljahren auch gelegentlich krank war, so war sein Organismus doch recht kräftig und entwickelte sich gut. Bei seinen Fähigkeiten konnte von einer Überbeanspruchung keine Rede sein. Er wuchs wie ein junges Eichenbäumchen, schlug tief Wurzeln und war reichlich versorgt mit Luft und Feuchtigkeit. Wie soll man da nicht sagen: eine glückliche Kindheit!

Der Sommer in Kokuschkino, in der Heimat der Mutter, war, wie bei allen mehr oder weniger privilegierten Kindern auf der Welt, die schönste Zeit des Jahres. Dort trafen sich nach langer Trennung die Geschwisterkinder, gab es endlose Spiele, wurden große Ausflüge unternommen, dort befreundeten sich die Kinder oder verliebten sich ineinander. Wolodja war der größte Draufgänger von allen, besonders bei Wettbewerben. In Kokuschkino kam er auch gelegentlich mit der Welt der Bauern in Berührung, ein- oder zweimal gelang es ihm sogar, mit den Bauernkindern in der Nacht Pferde hüten zu gehen. Dem Literaten Kubyschkin lag der Gedanke fern, daß dieses Ins-Volk-Gehen ein halbes Jahrhundert später so ausgelegt wurde, als sei daraus der Gedanke des Bündnisses der Arbeiter und Bauern entsprungen. Aber zweifellos wurden in diesem geräumigen Knabenkopf auch die flüchtigen Eindrücke der Ferienbegegnungen als wertvoller Vorrat deponiert, der ihm später zustatten kam.

Als Alexander II. ermordet wurde, ging Wladimir in die zweite Klasse; er war noch keine elf Jahre alt. In diesem Alter las Sascha allerdings schon Nekrassow und machte sich seine Gedanken über das Schicksal der Unterdrückten. Aber die jüngeren Kinder ermunterte der Vater nicht zur Lektüre radikaler Literatur. Die Reaktion lag schon in der Luft, und ihren Atem spürte man nicht nur im Gymnasium, sondern auch in der Familie. Man kann mit Sicherheit sagen, daß die politischen Interessen bei Wladimir fast bis zum Ende der Gymnasialzeit nicht geweckt wurden. Die Ereignisse des 1. März 1881 und die nachfolgenden Totenmessen und Reden mußten ihn nur aufregen wie ein Brand oder ein Zugzusammenstoß. Der Sohn des Direktors der Volksschulen, erzogen im Geist der Disziplin und des orthodoxen Glaubens, hatte an der Richtigkeit dessen, was ist, noch nicht einmal zu zweifeln begonnen. Es ist nicht uninteressant, daß sein späterer engster Kampfgenosse, der dann Führer der Menschewiken und sein unversöhnlicher Gegner wurde, der damals achtjährige Julij Zederbaum (Martow) der in einer liberalen jüdischen Familie in Odessa aufwuchs, das Ereignis des 1. März zweifellos weit schärfer erfaßte als Wladimir: In der Küche hörte er von Adeligen, die den »Befreier« ermordet hatten, in der guten Stube von den Narren, die davon träumten, mit Bomben die Freiheit zu erobern. Die Judenpogrome zu Beginn der Herrschaft des neuen Zaren bestimmten früh den politischen Weg des empfindsamen und begabten Julij. Der lebensfrohe und aktive Wladimir hingegen muß bald den Eindruck des ungewöhnlichen Ereignisses abgeschüttelt haben, das sich in unerreichbaren Höhen abgespielt hatte, ohne jede Beziehung zu ihm selbst und zu seinen Angehörigen. Einfach Übergang zu den alltäglichen Dingen: *»In Arithmetik Fünf, in Latein Fünf …«*

Die Befürchtungen des Vaters waren unbegründet, Wolodja wurde nicht überheblich, im Gegenteil, er nahm sich selbst mit jedem Tag fester in die Hand. Eine Zeitlang war er Feuer und Flamme fürs Schlittschuhlaufen; aber da er nach dem Sport in der kalten Luft verschlafen wurde, hörte er damit auf, um besser lernen zu können. Krupskaja, die diese Episode nach Lenins eigener Erzählung wiedergibt, fügt hinzu: *»Wladimir Iljitsch konnte seit früher Jugend auf das verzichten, was* *hinderlich war.«* Seine vielseitige Aufmerksamkeit befähigte ihn, wie wir wissen, zur Konzentration und war letztlich utilitaristisch bestimmt. Er bemerkte bei den anderen nicht nur die Schwächen und lächerlichen Seiten, sondern auch die starken Züge, die bei ihm selbst nicht genügend ausgeprägt waren Vielleicht sprach er seine Bewunderung nicht immer aus: Wolodja hatte vom Vater früh gelernt, sich mit dem Lob nicht zu übereilen; desto mehr war er bestrebt, sich die Vorzüge des anderen anzueignen. In der eigenen Familie arbeiteten andere ausdauernder und systematischer als er, vor allem Sascha. Das Beispiel des älteren Bruders hatte er immer vor Augen. Seit Ilja Nikolajewitsch ein eigenes Haus gekauft hatte, bewohnten die beiden Brüder zwei nebeneinanderliegende Zimmer im Halbstock, die abgesondert von den anderen waren. Der in Gedanken versunkene Sascha ging wohl oft, ohne stehenzubleiben, am allzu lauten und ausgelassenen jüngeren Bruder vorbei. Wolodja aber beobachtete Sascha aufmerksam: lernte von ihm, versuchte es ihm gleichzutun. So ging es bis zur Abreise des älteren Bruders zur Universität, während der jüngere in die fünfte Klasse des Gymnasiums aufstieg. Diese Nachbarschaft hat bei Wolodja zweifellos wertvolle Spuren hinterlassen: er ergänzte seine Fähigkeiten mit Ausdauer. Aber nicht nur das. Im Gegensatz zu Sascha, der alle durch seine sanfte Selbstbeherrschung für sich einnahm, war Wolodja wie der Vater sehr jähzornig, was ihm nicht wenig Unannehmlichkeiten bereiten sollte. Als er heranwuchs, bemühte er sich, auch in dieser Hinsicht »wie Sascha« zu werden. Das war nicht leicht, denn sein unbändiges Temperament brach sich in Zornausbrüchen Bahn. Wenn die ältere Schwester schreibt: *»In den reiferen Jahren konnten wir überhaupt oder fast überhaupt keinen Jähzorn bei ihm feststellen«*, so übertreibt sie dabei wohl ein wenig. Doch zweifellos lernte Wladimir erfolgreich, sich zu disziplinieren.

Im Haus gab es ein Schachspiel, das der Vater noch in Nishnij-Nowgorod geschnitzt hatte und das langsam zu einer Art Reliquie geworden war. Die männlichen Angehörigen der Familie, angefangen mit dem Vater, widmeten sich gerne der uneigennützigen Kasuistik dieses alten Spiels, bei dem die Überlegenheit gewisser, wenn auch nicht gerade der höchsten geistigen Fähigkeiten am unmittelbarsten Ausdruck und Befriedigung findet. Die Söhne folgten jedesmal freudig der Aufforderung des Vaters, mit ihm eine Partie Schach zu spielen. Doch das Kräfteverhältnis änderte sich immer mehr zugunsten der jungen Generation. Alexander kaufte ein Schachlehrbuch und vertiefte sich mit der ihm eigenen ruhigen Hartnäckigkeit in die Theorie des Spiels. Einige Züge später folgte ihm auch Wladimir. Offenbar errangen die Brüder bedrohliche Erfolge, denn eines Abends, als Wolodja die Treppe hinaufstieg, stieß er auf den Vater, der aus dem Halbstock das Schachlehrbuch geholt hatte, sichtlich mit der Absicht, sich für die künftigen Zweikämpfer besser zu rüsten. Doch kurz ist das Vergnügen, lang der Alltag. Auf den Stufen der Gymnasialkurse stieg Wladimir unentwegt höher, und immer mit Auszeichnung. Nur in der siebenten Klasse kam es zu einem Zusammenstoß mit dem Französischlehrer, einem ungebildeten und hinterhältigen Subjekt, den er als Zielscheibe seines Spottes ausersehen hatte.

Diese Unvorsichtigkeit blieb nicht ungestraft: der Franzose setzte durch, daß der beste Schüler für das Quartal in Betragen eine Vier bekam. Ilja Nikolajewitsch regte sich auf, und Wladimir versprach dem Vater fest, das riskante Experiment einzustellen. Der Zwischenfall hatte keine Folgen. Die pädagogische Leitung betrachtete die Frechheit gegenüber einem Lehrer, der keine Achtung genoß, nicht als Ausdruck einer schädlichen Geistesrichtung. Und für die damalige Zeit traf das auch zu.

In den Annalen des Simbirsker Gymnasiums stellte Wladimir Uljanow seinen Bruder Alexander eindeutig in den Schatten. Auf dem Gebiet der intellektuellen Geschmäcker und Neigungen bestanden zwischen den Brüdern auffallende und interessante Unterschiede. Die Schulaufsätze waren nicht die starke Seite Alexanders. Im Gegenteil: sie gerieten bei ihm kurz und trocken. Jene inneren Hemmungen, die seinen Charakter so anziehend machten, hinderten ihn, aus sich herauszugehen. Er haßte Phrasen und Unaufrichtigkeit, und alles, was im Gespräch die Grenzen des Notwendigen überschritt, war ihm peinlich. Sein bis zur Schamhaftigkeit ehrliches Denken entbehrte der Elastizität. Und da es ihm bei großem kritischem Feingefühl an literarischer Begabung fehlte, reduzierte er seine schriftlichen Arbeiten auf ein asketisches Minimum.

Wladimir hingegen wurde in der Klasse bekannt als »Schriftsteller.« Auch er hatte keinerlei Sympathie für Phrasen. Im Gegenteil: Das Bemühen um äußerliche Ausschmückung war ihm ebenso fremd in der Literatur wie in der Kleidung. Sein gesunder geistiger Appetit brauchte keine Gewürze. Aber auch Alexanders Schamhaftigkeit des Ausdrucks war ihm vollkommen fremd. Jenes kräftige und offensive Selbstvertrauen, das den Vater beunruhigte und gelegentlich den älteren Bruder abstoßen mußte, verließ Wladimir auch dann nicht, wenn es galt, die Gedanken in Worte zu kleiden. Wenn er sich hinsetzte, um einen Aufsatz zu schreiben – nicht in der letzten Minute, sondern beizeiten -, dann wußte er schon im vorhinein, daß er alles sagen wird, was nötig ist und wie es nötig ist. Er nahm einen möglichst harten Bleistift und spitzte ihn scharf zu, damit die Buchstaben dünn und gedrängt aufs Papier kamen, er entwarf zunächst einen Plan, um von vornherein eine vollständige Entwicklung seiner Gedanken sicherzustellen. Rund um das entworfene Schema gruppierten sich dann die Hinweise und Zitate, nicht nur aus den Schulbüchern, sondern auch aus anderen Büchern. Wenn die Vorbereitungsarbeiten fertig, die Quellenhinweise numeriert, Einleitung und Schluß entworfen waren, dann ging die Niederschrift des Aufsatzes fast von selbst. Er mußte dann nur mehr mit aller Sorgfalt ins reine geschrieben werden. Der Literaturlehrer Kerenskij – er war auch Direktor des Gymnasiums – schätzte diesen kräftigen, rotblonden Schriftsteller sehr, stellte seine schriftlichen Arbeiten den anderen als Beispiel hin und belohnte ihn mit der besten Note: Fünf plus. Wenn er mit den Eltern zusammenkam – und die Beziehungen zwischen Kerenskij und den Uljanows waren freundschaftlich -, ließ der Gymnasialdirektor nie die Gelegenheit vorübergehen, seinen Schüler zu loben.

Die Naturwissenschaften ließen Wolodja in der Gymnasialzeit kalt; er fing nicht wie der ältere Bruder Schmetterlinge oder Fische, legte keine Vogelschlingen und begleitete Alexander nicht bei seinen sommerlichen Bootfahrten. Der Geschmack an der äußeren Natur entwickelte sich bei ihm offenbar erst spät. Seine eigene Natur mit ihren ständig neu entdeckten Fähigkeiten und Möglichkeiten beanspruchte in diesen Jahren des geistigen Erwachens und des ersten Wachstums seine ganze Aufmerksamkeit. Er interessierte sich für Literatur, Geschichte, die lateinischen Klassiker, das heißt für jenen Wissenskreis, der unmittelbar mit dem Menschen und dem Menschlichen zu tun hat. Es wäre aber falsch, den Gesamtcharakter seiner Interessen als humanistisch zu bezeichnen. Dieses Wort riecht zu sehr nach Dilettantismus, Gemeinplätzen, schönen Zitaten. Indessen war das Denken Wladimirs seit jungen Jahren durchdrungen von organischem Realismus. Er betrachtete, beobachtete, belauerte fast das Leben in seinen verschiedenen Erscheinungsformen, hatte einen scharfen Sinn für die Tatsachen in ihrer ganzen Materialität und suchte mißtrauisch das, was hinter der trügerischen Äußerlichkeit stand, so wie er in den Kleinkinderjahren darauf aus war, das innerste Wesen der Spielzeugpferde zu ergründen. Seine Gymnasiasteninteressen auf wissenschaftlichem Gebiet waren nicht so sehr für die Grundrichtung seines Intellekts bezeichnend als vielmehr für eine bestimmte Etappe seiner Entwicklung. Weder Literatur noch Geschichte und erst recht nicht die klassische Philologie gehörten im späteren Leben zum engsten Kreis seiner Interessen. Bald nach Beendigung seiner Gymnasialzeit schritt er über sie hinweg zur Anatomie der Gesellschaft, das heißt zur politischen Ökonomie.

Wir haben bisher nichts über das Verhältnis Wladimirs zur Religion gesagt. Und nicht zufällig: die Frage der Orthodoxie und der Kirche trat in der letzten Periode des Gymnasialstudiums kritisch in sein Bewußtsein. Diese Tatsache ist infolge des Milieus, der Zeit und seines persönlichen Charakters durchaus verständlich, doch halten sie, wie unglaublich das auch sein mag, die offiziellen Biographen für beschämend. Wenn man heute die Wahrheit herausbekommen will, muß man sich schon durch die aufgehäuften Hindernisse hindurcharbeiten. Dabei kann man gerade am Beispiel des Bruches des jungen Lenin mit der Legende des Christentums erfolgreich beobachten, wie die Lenin-Legende entsteht und immer weiter wuchert.

Eine bekannte sowjetische Persönlichkeit, Ingenieur Krshishanowski, schreibt: *»Lenin hat mir gesagt, daß er schon in der fünften Klasse des Gymnasiums entschieden mit allen religiösen Fragen Schluß gemacht hat: Er nahm das Kreuz von der Halskette und warf es auf den Mist.«* Seine Erinnerungen an Lenin, mit dem ihn in der Jugend die revolutionäre Arbeit, Gefängnis und Verbannung verbanden, schrieb Krshishanowski ungefähr dreißig Jahre nach diesem Gespräch, auf das er sich beruft. Vollzog sich die Krise des revolutionären Bewußtseins bei Wladimir tatsächlich in der fünften Klasse, und ist es wahr, daß dabei das Kreuz, das er auf der Brust trug »in den Mist« geworfen wurde, oder verwendete Lenin nur im Gespräch eine der kräftigen Redensarten, für die er eine Vorliebe hatte? Um diese Fragen zu beantworten, bedarf die verspätete Mitteilung Krshishanowskis, wie wir sehen werden, einer ernsthaften Überprüfung: nach so langer Zeit werden Gedächtnis nicht nur fremde, sondern auch eigene Erlebnisse deformiert. Um so überraschender ist die Bearbeitung, die das Zeugnis Krshishanowskis durch die Feder eines anderen alten Bolschewiken erfuhr, eines der Leiter der Parteigeschichtsschreibung: Sowie Wladimir zu dem Schluß kam, daß es »*Keinen Gott gibt, riß er*« – nach den Worten Lepeschinskijs – »*das Kreuz von seinem Hals, spuckte mit Verachtung auf die ›heilige Reliquie‹ und warf sie auf die Erde.*« Man könnte noch weitere Varianten anführen, in denen beschrieben wird, wie Wladimir das Kreuz nicht nur wegwarf, sondern es auch »zerstampfte.« Die pädagogischen Motive der freien Umarbeitung des Textes hat am offensten von allen Lepeschinskij in der Zeitschrift der Jugend ausgesprochen: Mögen die Komsomolzen wissen, daß der junge Lenin sich von den religiösen Vorurteilen »*auf seine Art, ganz auf Iljitsch-Art, revolutionär*« befreite. Manche Memoirenschreiber und Kommentatoren zeigen uns nicht so sehr Lenin in seinen jungen Jahren als vielmehr, leider, sich selbst am Ende ihrer Jahre.

Krupskaja, die Lenin das erstemal in derselben Zeit traf wie Krshishanowski und Lepeschinskij, teilte aus eigener Erinnerung über Religion und Kirche in bezug auf Lenin nichts mit. Nur ganz nebenbei und gemildert führt sie die Erzählung Krshishanowskis an: »*Den Schaden der Religion*«, schreibt sie in ihren bekannten »Erinnerungen«, »*begriff Iljitsch schon als Fünfzehnjähriger. Er warf das Kreuz weg und ging nicht mehr in die Kirche. Damals war das nicht so einfach wie heute.*« Während die Krupskaja einerseits gewissermaßen versucht, Lenins allzu späten Bruch mit der Orthodoxie zu rechtfertigen, macht sie anderseits einen Fehler bei der Angabe des Alters: wenn sich die Sache in der fünften Klasse ereignete, dann war Wladimir nicht fünfzehn, sondern vierzehn Jahre alt. Alle diese nicht ganz übereinstimmenden Versionen werden unzählige mal reproduziert. In der uns beschäftigenden Frage gibt es aber nicht nur unvergleichlich überzeugendere Zeugnisse, sondern auch ein absolut authentisches Dokument.

Anna Jelisarowa ist die einzige der noch lebenden Zeugen, die über die Entwicklung Wladimirs nicht auf Grund einer flüchtigen Phrase oder einer Unterhaltung aus späteren Zeiten, sondern aus eigener, lebendiger Beobachtung erzählen kann, im Zusammenhang mit der ganzen Situation in der Familie und folglich mit unvergleichlich größeren Garantien für die faktische und psychologische Glaubwürdigkeit. Eigentlich müßte man vor allem ihr Gehör schenken. Im Winter 1886 brachte der Verlust des Vaters Schwester und Bruder einander näher, und sie machten häufig gemeinsame Spaziergänge, wobei Anna auffiel, daß Wolodja »*sehr oppositionell gestimmt war gegen die Gymnasialleitung, den Gymnasialunterricht und auch gegen die Religion …*« Von einem angeblich auf den Mist geworfenen Kreuz sagte der Bruder nichts. Das Zeugnis der Jelisarowa werden wir auch noch später brauchen, wenn wir die politische Entwicklung Lenins beurteilen. Vorläufig genügt es, festzustellen, daß die Schwester erst an der Schwelle von Wladimirs siebzehntem Lebensjahr auf seine negative Einstellung zur Religion stößt als einen an ihm neuen Zug, der in ihrem Bericht sein Grollen über die Gymnasialbehörden ergänzt. Gewissermaßen wie zur Entschuldigung dieser nach späteren Maßstäben verzögerten Entwicklung schreibt die Jelisarowa: »*Damals bezog die Jugend, besonders in der finsteren, vom gesellschaftlichen Leben isolierten Provinz, politisch nicht so früh Stellung.*« Neben dieser unschätzbaren Angabe Jelisarowas, auf deren Erinnerungen man sich in diesem Fall um so mehr verlassen kann, als ihr nach einigen Monaten der Trennung die Änderung der Stimmung und der Anschauungen des Bruders besonders auffallen mußte, besitzen wir noch ein, diesmal absolut unbestreitbares Zeugnis: das von Lenin selbst. In einem Parteifragebogen, der von ihm eigenhändig sorgfältig ausgefüllt ist, antwortet er auf die Frage: »*Wann haben Sie aufgehört, religiös zu sein?*« – »*Mit sechzehn Jahren.*« Lenin verstand es, exakt zu sein. Aber seine Angabe, die sich vollständig mit dem Zeugnis der älteren Schwester deckt, hat keinen Erfolg, weil sie offenbar für die Erziehung der Komsomolzen nicht geeignet ist.

Die Berufung Jelisarowas auf die verspätete politische Entwicklung in der finsteren Provinz ist nur zum Teil richtig und auf jeden Fall unzureichend. Wie sie selbst erzählt, war Sascha noch jünger, als er sich von der Kirche abwandte. Und dieser Unterschied hat nichts Rätselhaftes. Als Alexander das Gymnasium besuchte, beherrschte ein kämpferischer Atheismus unumstritten die fortschrittliche Intelligenz und bahnte sich sogar in die Reihen des Lehrpersonals im Gymnasium den Weg. In den achtziger Jahren dagegen kam der von oben her von Pobedonoszew eingetrichterten »religiös-moralischen Erleuchtung« die ideelle Reaktion in der gebildeten Gesellschaft selbst entgegen. Aber man darf auch den Unterschied der individuellen psychischen Veranlagung nicht außer acht lassen. Der nach innen gewandte und gegenüber jeder Lüge äußerst empfindsame Alexander konnte und mußte früher zu kritischem und unzufriedenem Denken erwachen als der lebenslustige Wladimir, den der unbändige Ansturm der eigenen Kräfte daran hinderte, vor der Zeit der Stimme des Zweifels Gehör zu schenken. In der Religiosität Wladimirs darf man am allerwenigsten irgendeine mystische Tiefe suchen. Die Bindung an die Kirche war für ihn ganz einfach ein wesentlicher Bestandteil des Familien- und Schulmilieus, in dem er schwamm wie der Fisch im Wasser, umgeben von Erfolgen, Spiel und Scherz. Er hatte in einem gewissen Sinn gar nicht Zeit, mit der religiösen Tradition abzurechnen. Es bedurfte eines starken äußeren Anstoßes, damit die innere Kritik, die schon eine Menge von halbbewußten Beobachtungen angehäuft hatte, plötzlich nach außen durchbrach. Ein solcher Anstoß mußte der Tod des Vaters sein, als er das erstemal einen Menschen sterben sah, und noch dazu einen nahen und geliebten Menschen.

Schicksalsschläge treffen die Familie

»Alle glücklichen Familien sind einander ähnlich«, sagt Tolstoj, *»jede unglückliche Familie ist auf ihre eigene Art unglücklich.«* Die Familie Uljanow führte fast dreiundzwanzig Jahre lang ein glückliches Leben und war anderen einträchtigen und erfolgreichen Familien ähnlich. 1886 traf sie der erste Schlag: der Tod des Vaters. Aber ein Unglück kommt selten allein. Dem ersten folgten bald andere: die Hinrichtung Alexanders, die Verhaftung Annas. Doch neues und immer neues Unheil stand bevor. Von nun an begannen Nahestehende und Fernstehende die Uljanows als unglückliche Familie zu betrachten. Und sie wurde wirklich unglücklich, nur auf ihre eigene Art. Als Ilja Nikolajewitsch sein fünfundzwanzigstes Dienstjahr absolviert hatte, wurde er vom Ministerium nur noch für ein weiteres Jahr im Dienst belassen, und nicht für fünf, wie die meisten hohen Beamten. Diese Mißachtung seiner Verdienste empfand Ilja Nikolajewitsch als sehr bitter. Mit der Annahme, daß der Vater für sein allzu großes Bemühen um die Volksbildung zu leiden hatte – oder richtiger: beinahe zu leiden gehabt hätte –, eilt Jelisarowa eindeutig der Zeit voraus: Der Minister, der es ablehnte, Uljanow noch fünf Jahre im Dienst zu belassen, war derselbe »Liberale«, Saburow, der im Jahre 1880 die »Diktatur des Herzens« auf dem Gebiet der Volksbildung vorschlagen sollte. Es ist sogar möglich, daß Saburow, der das Personal auffrischen wollte, mit der Entlassung von verdienten Routiniers begann, und daß Ilja Nikolajewitsch durch ein Versehen des Ministeriums dieser Kategorie zugezählt wurde. Saburow wurde jedoch selbst sehr bald abgesetzt, ebenso sein Vorgesetzter Loris-Melikow; der Nachfolger Saburows, der sich besser auskannte, beließ Uljanow für weitere fünf Jahre. Auf jeden Fall litt Ilja Nikolajewitsch zweifellos schwer unter den unerwarteten Widerwärtigkeiten in seinem Schicksal. Die vorzeitige Pensionierung drohte nicht nur ihn aus der gewohnten Arbeit zu reißen, sondern auch die materielle Lage der Familie zu erschweren.

Die Änderung des Regierungskurses im Unterrichtswesen wurde tatsächlich nach der Episode mit der Pensionierung Uljanows durchgeführt. Der Semstwo geriet in eine mißliche Lage und mit ihm auch die Landschule. Gleichzeitig mit der Einführung eines neuen Universitätsstatuts wurden 1884 auch die Vorschriften über die kirchlichen Pfarrschulen erlassen. Ilja Nikolajewitsch war mit dieser Reform nicht einverstanden: nicht aus Feindschaft gegen die Kirche – im Gegenteil, er achtete eifrig darauf, daß das Gesetz Gottes in den Landschulen gewissenhaft gelehrt wurde -, sondern aus Hingabe für das Bildungswesen. Je kräftiger der Wind der Reaktion blies, desto mehr geriet der Simbirsker Direktor der Volksschulen schon wegen seiner Sorge um die Volksbildung in unfreiwillige Opposition zum neuen Kurs. Das, worin früher sein Verdienst bestand, wurde ihm jetzt gewissermaßen als Schuld angekreidet. Er mußte nachgeben und sich anpassen. Sein ganzes Lebenswerk wurde zerstört. Gelegentlich war Ilja Nikolajewitsch nicht abgeneigt, die älteren Kinder auf die verderblichen Folgen des revolutionären Kampfes hinzuweisen, die Reaktion statt Fortschritt hervorbrachte. Dieselbe Einstellung hatten die meisten friedlichen Kulturarbeiter jener Zeit. Der Simbirsker Gutsbesitzer Nasarew schrieb dem Redakteur der liberalen Zeitschrift **Wjestnik Jewropy (Europabote)**, als er ihm die fällige Korrespondenz schickte, privat über Uljanow: »*Er genießt nicht die Aufmerksamkeit des Ministeriums und ist in einer beneidenswerten Lage.*« Ilja Nikolajewitsch litt schwer, wenn auch ergeben, unter dem Angriff der Regierung auf die Volksschulen. Seine Lebensfreude war verschwunden, die letzten Lebensjahre wurden von Unsicherheit und Besorgnis vergiftet. Im Januar 1886 erkrankte er plötzlich während der Abfassung des Jahresberichtes. Alexander befand sich in Petersburg und ging ganz in seiner Kursarbeit in Zoologie auf. Wladimir, der in einem halben Jahr seine Gymnasialstudien abschließen sollte, mußte sich schon über die Universität Gedanken machen. Anna war zu den Weihnachtsferien nach Hause gekommen. Weder die Angehörigen noch der Arzt maßen der Erkrankung Ilja Nikolajewitschs besondere Bedeutung bei. Er setzte die Arbeit am Jahresbericht fort, und die Tochter las ihm gerade aus irgendwelchen Papieren etwas vor, als sie bemerkte, daß der Vater plötzlich zu phantasieren begann. Am nächsten Morgen – am 12. Januar – kam der Kranke nicht ins Speisezimmer; er ging bis zur Tür und schaute hinein. »*So, als wäre er sich verabschieden gekommen*«, erinnert sich später Marja Alexandrowna. Um fünf Uhr nachmittag rief die Mutter angstvoll Anna und Wladimir. Ilja Nikolajewitsch lag auf dem Diwan, der ihm als Bett diente, bereits in Agonie. Die Kinder sahen, wie der Vater zweimal vom Schüttelfrost überlaufen wurde und dann für immer die Augen schloß. Er war noch keine fünfundfünfzig Jahre alt. Als Todesursache stellte der Arzt – »*vermutlich, wenn auch mit größter Wahrscheinlichkeit*«, wie er selbst sagte – eine Gehirnblutung fest. So traf die Familie Uljanow der erste große Schlag.

»*Das Begräbnis des Vaters zeigte, welche Popularität er in Simbirsk genoß*«, erzählt Jelisarowa. In den Nachrufen wurden, wie sich's gehört, seine Verdienste um das Schulwesen angeführt. Am wärmsten gedachten seiner die Simbirsker Lehrer. Der Direktor hatte an sie große Ansprüche gestellt, er war manchmal sogar unerbittlich hart gewesen, aber er hatte nicht wenig Mühe darauf verwendet, ihre materielle Lage zu bessern. »*Einen zweiten Ilja Nikolajewitsch wird es nicht geben*«, sagten die Lehrer, als sie vom Begräbnis heimgingen. Anna blieb in Simbirsk, um der Mutter nahe zu sein. In diese Zeit fällt auch die uns schon bekannte Annäherung zwischen der älteren Schwester und Wladimir, die gemeinsamen Winterspaziergänge und langen Gespräche, in denen sich der Bruder als Protestant, als Widerspruchsgeist entpuppte – einstweilen nur gegen »*die Gymnasialleitung, den Gymnasialunterricht und auch die Religion.*« Zur Zeit der letzten Sommerferien war diese Einstellung bei ihm noch nicht festzustellen gewesen. Der Tod des Vaters unterbrach sofort den einschläfernden Lauf des Familienlebens, das bisher stets so glücklich erschienen war. Wie soll man da nicht annehmen, daß gerade dieser Schicksalsschlag den Gedanken Wladimirs eine neue, kritische Richtung gab? Die Antworten des kirchlichen Katechismus auf die Fragen von Leben und Tod mußten ihm angesichts der grausamen Wirklichkeit der Natur erbärmlich und erniedrigend erscheinen. Ob er nun das Kreuz, das er auf der Brust trug, tatsächlich in den Mist warf oder, was wahrscheinlicher ist, ob die Erinnerung Krshishanowskis einen bildlichen Ausdruck in eine körperliche Geste umwandelte, eines steht außer Zweifel: mit der Religion muß Wladimir jäh gebrochen haben, ohne lange Schwankungen, ohne jeden Versuch, Wahrheit und Lüge eklektisch auszusöhnen, mit dem jungen Mannesmut, der erst die Flügel entfaltete.

Alexander war nächtelang schlaflos über seiner Arbeit gewesen, als ihn die überraschende Nachricht vom Tod des Vaters erreichte. *»Für einige Tage ließ er alles liegen und stehen«*, erzählt ein Universitätskollege, *»und rannte in seinem Zimmer von einem Ende zum andern, wie ein verwundetes Tier.«* Doch ganz im Sinne dieser Familie, wo starke Gefühle mit Disziplin gepaart waren, verließ Alexander nicht die Universität, eilte nicht nach Simbirsk, sondern riß sich zusammen und kehrte zu seinen Studien zurück. Die Mutter erhielt nach einigen Wochen einen wie immer kurzen Brief: *»Für meine zoologische Arbeit über die Ringelwürmer erhielt ich die goldene Medaille.«* Maria Alexandrowna weinte aus Freude über ihren Sohn und aus Schmerz über ihren Mann.

Von nun an mußte man von der Pension der Mutter leben, vielleicht auch von kleinen Ersparnissen, die der Vater hinterlassen hatte. Man rückte im Haus zusammen und nahm Mieter auf. Aber die Ordnung des Lebens blieb wie zuvor. Maria Alexandrowna betreute die jüngeren Kinder und wartete, bis der älteste Sohn die Universität beendete. Alle arbeiteten. Wladimir bereitete ihr Freude durch seine Erfolge und Besorgnis durch seine Anmaßung. So verging das Trauerjahr. Das Leben hatte bereits begonnen, sich auf neuen, schmäleren Geleisen einzuspielen, als die Familie ein absolut unerwarteter und überdies doppelter Schlag traf; Sohn und Tochter waren in einen Prozeß wegen Vorbereitung des Zarenmordes verwickelt. Es war schon schrecklich, diese Worte auch nur auszusprechen!

Anna wurde am 1. März im Zimmer des Bruders verhaftet, wohin sie gerade zur Zeit der Hausdurchsuchung gekommen war. In schrecklicher Ungewißheit saß das junge Mädchen im Gefängnis wegen einer Sache, mit der sie nicht das Geringste zu tun hatte. Damit also hatte sich Sascha befaßt! Sie waren Schulter an Schulter aufgewachsen, hatten im Kabinett des Vaters mit einem Siegellackstäbchen und einem Magnet gespielt, waren oft bei der Musik der Mutter eingeschlummert, hatten gemeinsam in Petersburg studiert – und so wenig hatte sie ihn gekannt. Je älter Sascha wurde, desto mehr entfernte er sich von der Schwester. Mit Bitterkeit erinnert sich Anna, wie Alexander sich bei ihren Besuchen mit sichtlichem Bedauern von seinem Buch trennte. Über seine Gedanken sprach er nicht mit ihr. Nach jeder neuen Nachricht über die Gemeinheiten der zaristischen Behörden verfinsterte sich sein Gesicht, und er zog sich noch mehr in sich selbst zurück. *»Ein tiefblickender Beobachter hätte schon damals seinen Weg vorausgesagt...«* Aber Anna war keine tiefblickende Beobachterin. Im letzten Jahr hatte sich Alexander geweigert, mit ihr zusammen zu wohnen; er erklärte einem Genossen, er wolle seine Schwester, die keinerlei Neigung zu gesellschaftlicher Betätigung zeigte, nicht kompromittieren. Im Winter sah ihn Anna einmal mit irgendwelchen sonderbaren Gegenständen in den Händen. Wie fern lag ihr der Gedanke an Sprengkörper! Bald darauf geriet sie in seiner Wohnung in eine Versammlung von Verschwörern. Aber seine Freunde waren nicht ihre Freunde. Sie dachten gar nicht daran, sie einzuweihen. An einem der letzten Tage, am 26. Februar, als er todtraurig war, kam er überraschend zu ihr, saß da, dachte nach und wartete, als warte er auf das Wunder des Sichnäherkommens. Aber sie verstand die Stimmung des Bruders nicht und versuchte, mit ihm über alltägliche Dinge zu sprechen. Das Wunder geschah nicht, Alexander ging fort, verschlossen, fremd, verurteilt. Und sie blieb zurück, ein wenig gekränkt, daß er irgendwas vor ihr verheimlichte. Erst in der Einzelzelle begriff sie, daß der Bruder bei ihr ein letztes Mitfühlen gesucht hatte, und daß sie ihm nicht gegeben hatte, wessen er bedurfte. Schon in der Kindheit hatte sie sich angewöhnt, in den Augen Alexanders Billigung oder Tadel zu suchen. Jetzt empfand sie klar, daß sie keine Billigung gefunden hatte, und das für immer. Sie schrieb dem Bruder aus einem Kerker in den anderen: *»Es gibt auf der Welt keinen besseren, keinen edleren Menschen als dich.«* Aber der verspätete Schrei der Anerkennung erreichte nicht den Adressaten.

Von der Verhaftung Alexanders und Annas schrieb eine Petersburger Verwandte der Uljanows der ehemaligen Lehrerin der Kinder und bat, sie, die Mutter schonend vorzubereiten. Wladimir zog die jungen Brauen zusammen und schwieg lang über den Petersburger Brief. Der Blitzschlag zeigte ihm die Gestalt Alexanders in einem neuen Licht. *»Die Sache ist ernst«*, sagte er, *»sie kann für Sascha ein schlechtes Ende nehmen.«* Er zweifelte offenbar nicht daran, daß Anna nicht beteiligt war. Ihm oblag die Aufgabe, die Mutter vorzubereiten. Diese aber fühlte schon bei den ersten Worten das Unheil, verlangte den Brief und bereitete sich sofort zur Abreise vor. Simbirsk hatte noch keine Eisenbahnverbindung, bis Sysran mußte man mit dem Pferdefuhrwerk fahren. Aus Ersparnisgründen und zur größeren Sicherheit suchte Wladimir für die Mutter einen Reisegefährten. Aber die Kunde von den Ereignissen hatte sich schon in der Stadt verbreitet, alle hielten sich ängstlich abseits, niemand war bereit, mit der Mutter eines Terroristen zu fahren. Wladimir prägte sich diese Lehre fest ins Gedächtnis ein. Die nun kommenden Tage waren überhaupt von großer Bedeutung für die Formung seines Charakters und seiner geistigen Ausrichtung. Der Junge war finster und schweigsam, schloß sich meist in sein Zimmer ein, wenn er nicht genötigt war, sich um die seiner Obhut anvertrauten jüngeren Geschwister zu kümmern. So einer ist er also, dieser unermüdliche Chemiker und Würmerpräparator, dieser schweigsame Bruder, so nah und doch so unbekannt! Als er mit Kaschkadamowa über die Katastrophe zu reden kam, wiederholte er: *»Alexander konnte nicht anders handeln.«* Die Mutter kam auf einen kurzen Besuch zu den Kindern, erzählte von ihren Bemühungen und träumte von lebenslänglicher Zwangsarbeit für Sascha. *»Ich würde dann mit ihm fahren, die älteren Kinder sind schon groß, und die jüngeren nehme ich mit.«* Nicht ein Lehrstuhl und wissenschaftlicher Ruhm waren jetzt Gegenstand der mütterlichen Hoffnungen, sondern Ketten und Verbannung.

Die erste Besuchserlaubnis erhielt Maria Alexandrowna erst am 30. März, einen Monat nach der Verhaftung. Sascha weinte, umarmte ihre Knie, bat um Verzeihung, rechtfertigte sich damit, daß er außer der Pflicht der Familie gegenüber auch noch die Pflicht vor dem Vaterland habe, und bemühte sich, die Mutter auf das Schicksal vorzubereiten, das ihn erwartete. *»Man muß sich damit abfinden, Mama!«* sagte er ihr. Aber sie wollte sich nicht abfinden. Vom Sohn ging sie zur Tochter, von der Tochter zu den Behörden und zu einflußreichen Persönlichkeiten. Ihr Leid war unermeßlich, aber ihr Mut erhob sich auf die Höhe ihres Leids. Sie ergab sich nicht, klopfte an alle Türen, suchte dem Sohn Hoffnung zu machen, tröstete die Tochter. Man gewährte ihr Einlaß zur Gerichtsverhandlung. In den anderthalb Monaten der Haft war Alexander zum Mann geworden, selbst seine Stimme hatte eine unerhörte Eindringlichkeit bekommen. *»Wie gut sprach Sascha: wie überzeugend, wie beredsam.«* Aber bis zum Ende seiner Rede hielt es die Mutter nicht aus: diese Beredsamkeit zerriß ihr Herz. Am Vorabend der Hinrichtung hatte sie die Hoffnung noch immer nicht aufgegeben und wiederholte dem Sohn durch zwei Drahtgitternetze: *»Verzweifle nicht!«* Am 5. Mai, auf dem Weg zum Besuch der Tochter, erfuhr sie aus einem Zettel, der auf der Straße verteilt wurde, daß Sascha nicht mehr am Leben war. Nirgends findet man die Gefühle aufgezeichnet, mit denen die verwaiste Mutter sich, zum Gitter schleppte, hinter dem Anna stand. Aber Maria Alexandrowna beugte sich nicht, brach nicht zusammen, verriet der Tochter nicht das Geheimnis. Auf die Frage nach dem Bruder antwortete die Mutter: *»Bete für Sascha.«* Anna hörte hinter dem Mut nicht die Verzweiflung. Mit welcher Hochachtung gaben die Beamten der Gefängnisverwaltung, die von der Hinrichtung Alexanders schon wußten, dieser beherrschten Frau in Schwarz den Weg frei! Die Tochter ahnte noch nicht, daß die Trauer um den Vater schon zur Trauer um den Bruder geworden war.

Simbirsk war erfüllt vom Blütenduft seiner Gärten, als aus der Hauptstadt die Nachricht von der Hinrichtung Alexander Uljanows kam. Die gestern noch von allen geachtete Familie des Wirklichen Staatsrates war zur Familie eines hingerichteten Staatsverbrechers geworden. Alle Bekannten und Freunde, ohne Ausnahme, mieden das Haus in der Moskauer Straße. Selbst der alte Lehrer, der oft zu Ilja Nikolajewitsch gekommen war, um eine Partie Schach zu spielen, ließ sich nicht mehr blicken. Aufmerksam beobachtete Wladimir die Umgebung, ihre Feigheit und Treulosigkeit. Es war für ihn ein unersetzlicher Unterricht in politischem Realismus.

Anna wurde einige Tage nach der Hinrichtung des Bruders in Freiheit gesetzt; die Behörden hatten zugestimmt, sie statt nach Sibirien unter Polizeiaufsicht nach

Kokuschkino zu verbannen, der Heimat der Mutter. Für Maria Alexandrowna begann ein neuer Abschnitt des Lebens. Sie mußte nicht nur die äußeren Beziehungen, sondern auch sich selbst völlig umstellen. Die langsame und grausame Fortbewegung der russischen Revolution, die über Totenschädel der jungen Generation der Intelligenz ging, hat so manche konservative Mutter umerzogen. Frauen aus adeligen, bourgeoisen oder kleinbürgerlichen Kreisen wurden aus ihrer häuslichen Umgebung gerissen, um lange Stunden in den Wartezimmern der Gendarmen, in den Kabinetten der Staatsanwälte und in den Kanzleien der Gefängnisse zu verbringen. Sie wurden keine Revolutionäre, aber um ihre Kinder zu verteidigen, führten sie im Hinterland der Revolution ihren eigenen Kampf mit dem Regime. Allein schon durch ihre Klagen über die Rachsucht und Grausamkeit der Staatsmacht machten sie diese verhaßt. Die Funktion der Mutter wurde zur revolutionären Funktion. Aus ihrer Mitte ragten wahrhaft heroische Gestalten hervor, von höherer Seelengröße als die biblische Mater Dolorosa, die nichts anderes konnte, als vor der Selbstherrlichkeit des Himmels auf das Antlitz zu fallen. Für die verbleibenden dreißig Jahre ihres Lebens trat Maria Alexandrowna ein in den Orden der leidenden und kämpfenden Mütter.

In denselben Wochen, als sich in der Hauptstadt das Schicksal des älteren Bruders entschied, mußte sich der jüngere auf die Reifeprüfung vorbereiten. Wie Alexander nach dem Hinscheiden des Vaters, so unterbrach auch Wladimir nach dem Tod des Bruders kaum für mehr als einige Tage die angespannte Arbeit. Der pädagogische Rat stellte dem Schüler der achten Gymnasialklasse Uljanow das beste Zeugnis aus: *»Er beschäftigt sich liebevoll mit allen Gegenständen und vor allem mit den alten Sprachen.«* In zehn Gegenständen hatte Uljanow Fünf, nur in Logik Vier. War es etwa deshalb, weil Hegel, sein künftiger Lehrer, die Schullogik »dies tote Gebein« genannt und das Syllogismen Spiel mit dem Zusammenstellen von Kinderbildern aus einzelnen Würfeln verglichen hatte? Oder begann vielleicht die Logik des künftigen Revolutionärs schon damals um ein Fünftel von der offiziellen Logik abzuweichen? Trotz der noch ganz frischen Warnung aus Petersburg, wo man dem künftigen Staatsverbrecher Alexander Uljanow eine Medaille und das beste Zeugnis gegeben hatte, konnte der pädagogische Rat nicht umhin, seinem jüngeren Bruder die goldene Medaille zu geben: bei den Abschlußprüfungen bekam Wladimir lauter Fünfer. Er beendete das Gymnasium im Alter von 17 Jahren und zwei Monaten.

In den Semstwos und in der Presse jener Zeit wurde darüber geklagt, daß das klassische System dem Land *»schwachbrüstige, nervöse Menschen gab, mit krummen Rücken und eher schwachem Verstand.«* Kein Wunder: Die Aufgabe des ganzen Systems bestand in der Verkrümmung der Geister und Rücken. Wladimir Uljanow verließ jedoch unbeschädigt das Gymnasium: wenn es »Kubyschkin« auch gelungen war, gründlich abzumagern, so war sein Brustkorb doch gut entwickelt, die Nerven waren in Ordnung, Verstand und Rückgrat stark und gerade. Am allerwenigsten hätte man diesen jungen Burschen schön nennen können; mit seinem Gesicht von grauer Farbe, dem halbmongolischen Schnitt der Augen, den vorspringenden Backenknochen, den groben und gleichzeitig verschwommenen Gesichtszügen, den rötlichen Haaren auf dem kräftigen und großen Kopf. Dafür leuchteten die kleinen braunen Augen unter den dunkelblonden Brauen forschend und übermütig, und das Mienenspiel des Gesichts verriet unfehlbar die Musik der inneren Kräfte. In der Gruppe der Gymnasiasten, die steif vor dem Photoapparat standen, konnte Wladimir in keiner Weise die Aufmerksamkeit auf sich lenken. Dafür war er im lebendigen Gespräch, in der Unterhaltung und vor allem in der Arbeit unweigerlich der erste, und den zweiten mußte man weit hinten suchen.

Die offizielle Charakteristik, die der Direktor des Gymnasiums, Kerenskij, Wladimir Uljanow gab, verdient es, daß man sie zur Gänze wiedergibt. »*Außerordentlich begabt, ständig eifrig und akkurat, war Uljanow in allen Klassen der beste Schüler und wurde bei Beendigung des Studienganges wegen seiner Erfolge, seiner Entwicklung und seines Betragens als Würdigster mit der goldenen Medaille ausgezeichnet. Weder im Gymnasium noch außerhalb desselben wurde bei Uljanow auch nur ein einziger Fall beobachtet; wo er in Wort oder Tat bei den Leitern und Lehrern des Gymnasiums eine abfällige Meinung über sich hervorgerufen hätte! Auf das Studium und die moralische Entwicklung Uljanows achteten immer sorgfältig die Eltern, und ab 1886, nach dem Tod des Vaters, die Mutter allein, deren ganze Sorge und Betreuung der Erziehung der Kinder galt. Der Erziehung lag die Religion und vernünftige Disziplin zugrunde. Die guten Früchte der häuslichen Erziehung waren aus dem ausgezeichneten Benehmen Uljanows ersichtlich. Bei näherer Betrachtung der Art des häuslichen Lebens und des Charakters Uljanows konnte mir seine allzu große Verschlossenheit nicht entgehen sowie seine Scheu, sich selbst guten Bekannten, und außerhalb des Gymnasiums auch Kameraden, die eine Zierde der Schule waren, mitzuteilen, wie überhaupt seine Menschenscheu. Die Mutter Uljanows hat die Absicht, ihn während der ganzen Zeit seines Universitätsstudiums nicht allein zu lassen.*« Nach seinen Jahresberichten zu urteilen, gründete Kerenskij selbst die Erziehung auf der »*Entwicklung des religiösen Gefühls, der Ehrerbietung vor den Älteren, dem Gehorsam gegenüber der Leitung und der Achtung des fremden Eigentums.*« Angesichts dieser untadeligen Prinzipien ist es nicht leicht, zu glauben, daß die von ihm ausgestellte vorbildliche Charakteristik sich auf den künftigen Unterwühler der Religion, der Staatsmacht und des Eigentums bezieht. Gewiß, der Direktor des Gymnasiums war zu jener Zeit ein naher Bekannter der Familie Uljanow und wollte, nach der Meinung Jelisarowas, mit seinem günstigen Zeugnis Wladimir helfen, die Schwierigkeiten zu überwinden, die das Schicksal des älteren Bruders auf seinem Weg aufzutürmen drohte. Aber was immer die Motive Kerenskijs waren, er hätte sich nie entschlossen, angesichts des ganzen pädagogischen Rates seinem Zögling ein so gutes Attest auszustellen, wenn er nicht überzeugt gewesen wäre, daß es den Tatsachen entspricht. Der ehrsame Direktor handelte mit um so größerer Überzeugung, weil gerade seine nahe Bekanntschaft mit den Uljanows, die sich natürlich nicht zufällig herausgebildet hatte, es ihm gestattete, die in der Schule gemachten Beobachtungen über Wladimir im Familienkreis zu ergänzen.

Der Hinweis der Charakteristik darauf, daß *»Religion und eine vernünftige Disziplin«* die Grundlage der Familienerziehung bildeten, wird von Jelisarowa selbst bestätigt, die sagt: *»Ilja Nikolajewitsch war ein tiefgläubiger Mensch und erzog seine Kinder in diesem Sinn«*, wobei er von ihnen gleichzeitig *»Pünktlichkeit und Folgsamkeit bis zur Pedanterie«* verlangte. Bis zum sechzehnten Jahr blieb Wladimir gläubig. Entsprechend der Entwicklung der gesellschaftlichen Anschauungen in Rußland und entsprechend den spezifischen Zügen seines in jeder Hinsicht einheitlichen Charakters konnte er auf keinen Fall irgendwelche umstürzlerischen Anschauungen auf dem Gebiet der Politik haben, solange er noch religiös war. Man muß, allen Scheinheiligen der Revolution zum Trotz, diese Tatsache anerkennen, wie sie eben ist: Der Kern der Persönlichkeit Wladimirs, der sich mit Lebenskräften vollsog, verbarg sich lange Zeit unter der schützenden Schale der Tradition. Wladimir hatte, vor allem nach der unangenehmen Affäre mit dem »Franzosen« gelernt, seine natürliche beißende Spottlust zu zügeln, wenn es notwendig war. Er suchte keine Abenteuer und liebte nicht den Lärm um nichts. Ohne sein Gesicht zu verlieren, verstand er es, sein Verhalten mit den Gymnasialregeln zu koordinieren, mit der Elastizität seines Charakters, seiner Findigkeit und Lebensfreude als Gegengewicht. Gewiß, schon ungefähr vor einem Jahr hatte Wladimir der Religion den Rücken gekehrt und damit die Ausgangsposition für die Revision überhaupt aller traditionellen Anschauungen bezogen. Aber dieser Prozeß vollzog sich vorläufig noch im verborgenen. Wladimir begann nur, eine *»kritisch denkende Persönlichkeit«* zu werden. Gleichzeitig aber lehrte ihn die Lebensweisheit seiner siebzehn Jahre, die Veränderungen, die in ihm vor sich gingen, selbst vor dem Schulleiter, der ihn aus der Nähe beobachtete, zu verbergen. Nichts berechtigt daher, dem ehrsamen Direktor vorzuwerfen, er habe aus persönlicher Freundschaft auch nur um ein Haar sein Urteil modifiziert.

Nicht die lobenden, sondern gerade die kritischen Bemerkungen der Charakteristik geben Anlaß zu gewissen Zweifeln. Die zeitweilige Bedrücktheit unter dem Einfluß der Unglücksfälle in der Familie konnten jedenfalls keinen Anlaß geben, den gesprächigen und spottlustigen Burschen als verschlossen und menschenscheu zu bezeichnen. Man muß daher wohl annehmen, daß Direktor Kerenskij ein ebenso schlechter Psychologe war wie später einmal sein Sohn, wenn sich nicht hinter der Bezeichnung »menschenscheu« ein anderer Zug verbarg, den der Direktor bemerkte, aber nicht zu verstehen und mit seinem richtigen Namen zu nennen wußte. Die Aufgabe war auch nicht gerade leicht. Hinter der Selbstbeherrschung und Disziplin Wladimirs war irgendein anderes, nicht auflösbares psychisches Element zu spüren. Ebenso in seinen Beziehungen zu den Altersgenossen. Alles schien gut zu gehen, aber doch nicht ganz so, wie es sich gehört. Wladimir war mit seinen Kenntnissen anderen oft behilflich. Er unterrichtete mit Erfolg seine ältere Schwester in Latein.

Zwei Jahre lang beschäftigte er sich unentgeltlich mit einem tschuwaschischen Lehrer, um ihn auf die Matura vorzubereiten. Er schrieb gern für andere Aufsätze und bemühte sich dabei, in einem anderen Stil zu schreiben. Aber er nahm niemanden mit sich nach Hause. Von seinen Altersgenossen, selbst von solchen, die als *»Zierden der Schule«* galten, trennte Wladimir irgendeine unsichtbare Scheidewand, die Intimität und Familiarität ausschloß. Gute Beziehungen verbanden ihn mit vielen, Freundschaft mit niemandem. *»Der Bruder machte sich«*, schreibt Jelisarowa, *»Oft über Kameraden und auch über einige Lehrer lustig.«* Der Spott war vermutlich treffend und schonte nicht immer die Eigenliebe des anderen; doch was noch wichtiger ist: er schuf Distanz zwischen dem Spötter und seinem Opfer. *»Intime Freunde hatte er in der Gymnasialzeit nicht«*, gibt Jelisarowa zu. Prahlerei und Wichtigtuerei waren Wladimir sowohl in der Schule als auch in der Jugend fremd: schon die Maße seiner Persönlichkeit schlossen diese Eigenschaften aus. Aber die ungeheure persönliche Überlegenheit des künftigen Menschenfängers verhinderte Annäherungen, die, wenn schon nicht Gleichheit, so doch eine gewisse Kommensurabilität verlangten. Trotz seiner Geselligkeit blieb Wladimir allein. Entsprechend seinem Verständnis ging der Direktor an diesen Charakterzug heran, der in Zukunft zu so vielen Vorwürfen und Verurteilungen Anlaß geben sollte, so lange, bis er endgültig seine Anerkennung erzwang. Vielleicht ist am richtigsten, diesen unbequemen Zug Genialität zu nennen. Der Gymnasiast Wladimir Uljanow war Lenin im Larvenstadium.

Von der Absicht der Mutter, Wladimir *»nicht allein zu lassen«*, schrieb Kerenskij nicht zufällig. Zu der Zeit, als Maria Alexandrowna endlos für Sascha intervenierte, gab ihr der Direktor des Polizeidepartements den »Rat«, den jüngeren Sohn möglichst weit von der hauptstädtischen Infektionsquelle, auf einer der ruhigsten Provinzuniversitäten, unterzubringen. Es wurde entschieden, daß Wladimir in Kasan studieren sollte. Maria Alexandrowna beschloß, auch mit der ganzen Familie dorthin zu übersiedeln: Sie versuchte zu glauben, daß Wolodja unter ihrer Obhut nicht so leicht auf einen verderblichen Weg geraten würde. Und in Simbirsk zu bleiben wäre auch unerträglich gewesen: hier erinnerte alles allzu sehr an die jüngste Vergangenheit, und die Freunde von gestern verdrängten durch ihre feige Feindseligkeit die Familie gewissermaßen aus dem Ort, an dem sie ansässig geworden war. Maria Alexandrowna beeilte sich, das Haus zu verkaufen, und schon nach einigen Wochen folgte sie Wladimir und übersiedelte mit den übrigen Kindern nach Kasan. Am neuen Ort war die Familie abermals isoliert, so wie in der ersten Zeit in Simbirsk, und noch dazu unter der schwarzen Wolke der Ungnade.

Die Stadt, die sich mit ihren etwa hunderttausend Einwohnern »Hauptstadt des Wolgalandes« nannte, bewahrte trotz der Universität ihren wahrhaft hinterwäldlerischen Charakter. Die Gedanken und Hoffnungen, die vor zwei Jahrzehnten die gebildete Gesellschaft bewegten, waren verblüht und verwelkt. *»Die Ode, die das Leben in Kasan versauerte«*, schreibt ein Zeitungskommentator jener Zeit, *»drang bis in den letzten Winkel und brachte in die öffentlichen Institutionen Kasans – in die Duma,* *in den Semstwo – tödliche Apathie.«* Die zu Anfang des neunzehnten Jahrhunderts gegründete Kasaner Universität hatte eine dramatische Geschichte. Als über Europa, die Heilige Allianz ihre schwarzen Schwingen breitete, geriet die russische Universitätswissenschaft trotz ihrer Gefügigkeit bei den Frömmlern am Hof in Verdacht. Der Revisor Magnitzkij entdeckte zu seinem Entsetzen, daß das Naturrecht von den Kasaner Professoren von der Vernunft – und nicht vom Evangelium – abgeleitet wurde; er schlug vor, die Universität zu schließen und dem Erdboden gleichzumachen. Alexander I. erreichte dasselbe Ziel auf einem anderen Weg: er ernannte den Revisor selbst zum Rektor der Universität. Magnitzkij führte für alle Wissenschaften strengste Reglements ein, geschrieben von einem Korporal und ergänzt von einem betrunkenen Mönch. Von nun an entwickelte sich die Parabel im Namen der Heiligen Dreieinigkeit, und die chemischen Reaktionen verliefen nur mit Genehmigung des Heiligen Geistes. Die Universität, die für lange Zeit in einen Zustand tiefster Erniedrigung versetzt wurde, erlebte später, zur Zeit des zwanzigjährigen Rektorats des berühmten Lobatschewskij, des Schöpfers der nichteuklidischen oder »imaginären« Geometrie, einen gewissen Aufschwung. Der Vater Uljanow war Schüler Lobatschewskijs gewesen, allerdings schon in den Jahren eines neuerlichen Niedergangs der russischen Universitäten, der durch die Angst Nikolaus' I. vor der Revolution des Jahres 1843 hervorgerufen wurde. Während seiner Tätigkeit als Lehrer in Pensa leitete Ilja Nikolajewitsch auf Rekommandation Lobatschewskijs einige Jahre lang die meteorologische Station.

Wladimir trat siebenunddreißig Jahre nach seinem Vater in die Kasaner Universität ein, aber nicht in die physikalisch-mathematische, sondern in die juridische Fakultät. Der Direktor des Simbirsker Gymnasiums war über diese Wahl gekränkt: seinem Wunsch nach hätte sein bester Schüler Philologe werden sollen. Aber die Laufbahn eines Pädagogen war für Wladimir wenig verlockend: er wollte Advokat werden. Die Zusammensetzung der Studentenschaft war in Kasan wohl noch demokratischer als an anderen Universitäten. Aber das Leben der Hochschulen stand in jenen Tagen vollständig im Zeichen der Panik: seit der Hinrichtung Alexander Uljanows und seiner Genossen waren erst drei Monate vergangen. Die Regierung, die über eine machtvolle Polizei und eine Million Soldaten verfügte, fürchtete sich noch immer vor der Studentenschaft mit ihren kaum 15.000 Seelen. Das Statut des Jahres 1884 trat jetzt voll in Kraft. Die liberalen Professoren entfernte man, die unschuldigen Landsmannschaften löste man auf, verdächtige Studenten relegierte man, die übrigen zwang man zum Tragen der verhaßten Uniform. Der Minister für Volksbildung, Graf Deljanow, eine bösartige Null, verbot in einem eigenen Rundschreiben die Aufnahme von »Köchinnenkindern« ins Gymnasium. Leonid Krassin, ein Altersgenosse und späterer Kampfgefährte Lenins, erzählt in seinen Erinnerungen: *»Im Herbst 1887, als ich zum erstenmal nach Petersburg kam, um am Technologischen Institut die Aufnahmeprüfung zu machen, herrschte in Petersburg finsterste Reaktion.«* In Kasan war es auf jeden Fall nicht besser.

Und dennoch brachte die Studentenschaft die Kraft zum Protest auf. Seine ersten Noten erklangen innerhalb der Mauern der Petersburger Universität schon im Frühling, als der Rektor Andrejewskij anläßlich der Verschwörung Uljanows und seiner Genossen mit dem für die Helden des Katheders so bezeichnenden kriecherischen Pathos eine Rede hielt: »*Warum habt ihr, Unglückselige, die Schwelle unserer Universität überschritten? Sie kamen in unsere vortreffliche Studentenfamilie, um sie zu schänden...*« und so weiter. Am nächsten Tag erklärte der Verband der Landsmannschaften die Universität für geschändet, die »*knechtisch hinter ihrem Rektor zu den Stiefeln des Despotismus kroch ....*« Die Hinrichtung der fünf Studenten versetzte die Universität in Angst und Schrecken. Die Ferien führten zu einer gewissen Entspannung der Stimmung. Aber im Herbst fühlten sich die Studenten in den Schraubstock gepreßt. Die Atmosphäre in den Hörsälen und auf den Gängen wurde plötzlich dichter. Im November erhob sich eine Welle der »Ordnungsstörungen.« Von Moskau ausgehend, erreichte sie im Dezember die Wolga.

Die Studenten der Kasaner Universität traten am 4. Dezember eigenmächtig zu einer Versammlung zusammen, ließen den Inspektor kommen, legten ihm lärmend ihre Forderungen vor und weigerten sich, auseinanderzugehen. Der Inspektor bemerkte in den ersten Reihen einen jungen Studenten, der beim Hinausgehen einen Ausweis auf den Namen Uljanow vorwies. Noch in derselben Nacht wurde er in seiner Wohnung verhaftet. Es ist nicht leicht, zu entscheiden, ob er sich tatsächlich durch sein protestierendes Benehmen hervorgetan hatte, oder ob er wegen seines odiosen Familiennamens auf die Liste der Verhafteten kam. Die Rolle eines Führers kam ihm als Neuling jedenfalls nicht zu: Organisatoren der »Ordnungsstörungen« waren immer erfahrenere Studenten, die miteinander verabredet waren und mit Lehranstalten anderer Städte in Verbindung standen. Doch die offiziellen Dokumente jener Zeit versuchen, das Betragen des jungen Studenten in einem anderen Licht erscheinen zu lassen. Der Kurator des Lehrbezirkes berichtete dem Ministerium nach den Angaben des Inspektors, daß Wladimir Uljanow in der kurzen Zeit seiner Anwesenheit auf der Universität sich ausgezeichnet habe durch »*Verschlossenheit, Unaufmerksamkeit und selbst Unhöflichkeit.*« Schon zwei Tage vor der Versammlung habe er angeblich die Aufmerksamkeit der Überwachung auf sich gelenkt: unterhielt sich im Rauchzimmer mit den »*verdächtigsten Studenten*«, ging hinaus, kam zurück, brachte irgend etwas mit; am 4. Dezember stürzte er mit der ersten Gruppe in die Aula, rannte schreiend den Korridor entlang und »*fuchtelte mit den Armen, als wollte er damit die anderen aufputschen.*« Aus dieser malerischen Skizze geht eines klar hervor: seit der ersten Stunde seiner Anwesenheit an der Universität stand Wladimir unter der Lupe polizeilicher: Beobachtung, die bei ihm sofort drei Laster entdeckte: »*Verschlossenheit, Unaufmerksamkeit und selbst Unhöflichkeit.*« Man kann dem Zeugnis der Presse vollen Glauben schenken, daß Lenin wie er später selbst erzählte, bei den Ordnungsstörern »*keinerlei nennenswerte Rolle spielte.*« Aber auch der Inspektor wird sich kaum sehr geirrt haben, wenn er mit seinem schon a priori auf Uljanow gerichteten Vergrößerungsglas ihn in der »ersten Gruppe« entdeckte. Und vielleicht vermochte das erfahrene Polizistenauge in den Blicken dieses jungen Mannes mit dem unbequemen Familiennamen auch den glühenden Haß zu entdecken. *»Angesichts der außerordentlichen Umstände, in denen sich die Familie Uljanow befindet«*, fügt der Kurator in seinem Bericht hinzu, *»gab diese Beziehung Uljanows zur Versammlung der Inspektion Anlaß, ihn verschiedenster ungesetzlicher und verbrecherischer Demonstrationen fähig zu erachten.«* Die Verhaftung hatte folglich präventiven Charakter. Die Tatsache, daß Uljanow beim Verlassen der Versammlung dem Inspektor seinen Studentenausweis übergab, betrachten Jelisarowa und andere als eine zusätzliche Demonstration. Tatsächlich ist der Sinn dieser Geste unklar. Vielleicht haben es die erfahreneren Studenten verstanden, die Vorweisung ihres Ausweises zu vermeiden, während Uljanow überrumpelt wurde. Aber es ist auch nicht ausgeschlossen, daß er in einem Zustand höchster Erregung dem Inspektor seinen Ausweis unter die Nase rieb, als Visitenkarte des Protestanten. Der Wachbeamte, der Uljanow zur Wachstube führte, suchte ihn unterwegs zu warnen: *»Was meinen Sie, junger Mann, Sie stehen doch vor einer Mauer ...«* – *»Ja, vor einer Lehmmauer«*, wendete sofort der Verhaftete ein, *»stoß zu, und sie bricht zusammen.«* Die geistesgegenwärtige Antwort litt an einem Übermaß von Optimismus: an die Mauer zu stoßen, erwies sich als unzureichend. Aber der Meuterer war knapp siebzehn Jahre und acht Monate alt. Eine realistischere Einschätzung der Aufgabe kommt mit den Jahren. Nach einigen Tagen Haft wurde Wladimir aus der Universität ausgeschlossen, an der er weniger als vier Monate verbracht hatte, und aus Kasan ausgewiesen. So traf ein halbes Jahr nach der Hinrichtung Alexanders die Familie ein neuer Schlag, zwar nicht so tragisch, doch schwer genug: Die Karriere des zweiten Sohnes schien zerstört.

Erst im Frühling desselben Jahres hatte der Direktor des Gymnasiums feierlich bezeugt, daß *»kein einziger Fall beobachtet wurde, wo er mit Wort oder Tat eine abfällige Meinung über sich hervorgerufen hätte.«* Aber noch hatten sich die Straßen Kasans nicht mit Schnee bedeckt, und Uljanow erwies sich schon als einer, der die Grundlagen des Staates unterwühlt. Er verbarg sich im Rauchzimmer, befaßte sich mit verdächtigen Studenten, fuchtelte mit den Armen und putschte die anderen auf. Stimmt es, daß seine Veränderung so stark war, oder entstellten die Angaben der Gymnasialbehörden und der Universitätsbehörden sein Bild in entgegengesetzter Richtung? Ohne Entstellung ging es nicht ab. Aber das ist nicht entscheidend. In den dazwischenliegenden Monaten hatte Wladimir die größte innere Umwälzung mitgemacht: der Zar hatte Wolodjas Bruder gehenkt.

Der Vater und die zwei Söhne

In der Sowjetliteratur ist es schon fast zur Regel geworden, daß man die revolutionäre Einstellung: der Brüder Uljanow als Ergebnis eines entsprechenden Einflusses des Vaters hinstellt. Diese Legende hat folgende Mechanik: Jeder, der in der Vergangenheit mit der Familie des Simbirsker Direktors der Volksschulen in Berührung gekommen ist, hielt es in den letzten Jahren für seine Pflicht, in der Presse retrospektiv seine Auffassung des revolutionären Charakters der Familie darzulegen. Wie in der christlichen Literatur nicht nur die Heiligen; sondern womöglich auch ihre Vorfahren mit den Attributen höchster Tugendhaftigkeit ausgestattet werden, so halten es auch die neuesten moskowitisch-byzantinischen Evangelisten für unzulässig, im Vater Lenins nur das zu sehen, was er wirklich war, das heißt einen Beamten, der sich hingebungsvoll der Volksbildung widmete. Wozu? Vom Vater eines Dichters verlangt niemand poetische Begabung, und der Vater eines Revolutionärs ist nicht verpflichtet, ein Verschwörer zu sein. Es ist gut, wenn die Eltern ihre Kinder nicht daran hindern, ihre Begabungen zu entwickeln. Aber der Biograph stellt an die Eltern überhaupt keine Anforderungen. Er soll sie so darstellen, wie sie waren. Welche Lehren soll man aus einer Lebensbeschreibung ziehen, wenn sie in ihren tatsächlichen Grundlagen nicht der Wahrheit entspricht? *»Ilja Nikolajewitsch hatte sehr große Sympathien für die revolutionäre Bewegung«*; das Haus in der Moskauer Straße war also offenbar so etwas wie ein politischer Klub; in den Debatten über revolutionäre Themen *»gab Alexander den Ton an«*, aber auch Wladimir – konnte es denn anders sein? – *»nahm oft und sehr erfolgreich an den Streitgesprächen teil.«* Ein so angesehener Schriftsteller wie der verstorbene Lunatscharskij schreibt, daß Ilja Nikolajewitsch *»mit den Revolutionären sympathisierte und seine Kinder in revolutionärem Geist erzog.«* Noch einen Schritt weiter, und schon schließt er, daß Lenin *»über den Vater und den Bruder mit der Revolution der vorübergehenden Formation der ›Narodnaja Wolja‹ auf das innigste verbunden war.«* Mit Verwunderung hören wir von der jüngsten Tochter, Maria Uljanowa, daß Ilja Nikolajewitsch die neuen Kader der Volksschullehrer *»im Geiste der besten Ideen der sechziger und siebziger Jahre erzog.«* Zweifellos waren die Kurse nützlich. Doch unter den besten Ideen der sechziger und siebziger Jahre pflegte die Geschichte des gesellschaftlichen Denkens in Rußland die Ideen der revolutionären Volkstümlerbewegung zu verstehen. Das waren: Bruch mit der Kirche, Anerkennung der Doktrinen des Materialismus, unversöhnlicher Krieg gegen die Ausbeuterklassen und den Zarismus. In den staatlichen Lehrerkursen konnte gar nicht die Rede sein von einer derartigen Erziehung, selbst wenn der Organisator selbst *»die besten Ideen der siebziger Jahre«* teilte. Aber er teilte sie durchaus nicht. Ilja Nikolajewitsch war voll Hingebung für die Volksbildung, was jedoch den Glauben an die heilige Kommunion nicht ausschloß. Das läßt sich nicht einfach mit der bloßen Berufung auf »die Zeit« erklären: nur in den sechziger, sondern auch in den vierziger Jahren waren die fortschrittlichen Menschen Atheisten und utopische Sozialisten. Ilja Nikolajewitsch gehörte nicht zu ihnen; nicht nur dem Charakter seiner Tätigkeit, sondern auch seiner Denkungsart nach. Es genügt, darauf hinzuweisen, daß er schon zu Beginn seiner Tätigkeit als Inspektor besorgt die Aufmerksamkeit der leitenden Instanzen auf die Nachlässigkeit der Geistlichen beim Religionsunterricht lenkte. Die in den Kursen Uljanows herangebildeten Lehrer wurden, nach vertrauenswürdigen Berichten, die besten Lehrer des Gouvernements; aber in die Geschichte der revolutionären Bewegung sind sie in keiner Hinsicht eingegangen. Die Ideen Ilja Nikolajewitschs und seiner Zöglinge waren nicht die revolutionären Ideen Tschernyschewskijs, Bakunins, Sheljabows, sondern die Ideen der gemäßigten liberalen Pädagogen und Aufklärer: Pirogow, Uschinskij, Baron Korf. Aber auch unter denen, die die pädagogische Laufbahn einschlugen, gab es in jenen Jahren Revolutionäre; mit einigen von ihnen kam Ilja Nikolajewitsch in der ersten Zeit seiner Lehrtätigkeit bei der Arbeit in nähere Berührung. Doch kein einziger von ihnen hielt sich auf seinem Posten, alle wurden aus den Reihen der Lehrer hinausgeworfen. So geschah es mit einem Lehrer des adeligen Instituts in Pensa, der sich bei der Abschlußfeier 1860 eine oppositionelle Rede erlaubte. Eine solche Heldentat oder ein derartiger »Wahnwitz« konnte Ilja Nikolajewitsch gar nicht in den Sinn kommen. Schon 1859 erhält er für *»ausgezeichneten, eifrigen Dienst«* eine Belohnung von 150 Rubel. Bald darauf hebt ihn der Senator, der eine Revision durchführt, wegen der *»gewissenhaften Erfüllung seiner Verpflichtungen«* besonders hervor. Drei Jahre später äußert sich ein neuer hochgestellter Revisor, der über eine Reihe von anderen Lehrern ein negatives Urteil angibt, lobend über Uljanow. Als im nächsten Jahr, 1863, im Zusammenhang mit dem polnischen Aufstand, der Generaladjutant Ogarjow untersucht, ob es keine Fäden gibt, die von diesem Aufruhr zu den Lehrern an der Wolga gehen, kommt er zu dem Schluß, daß »der Geist der Negation und des Unglaubens« seinen Herd in der Kasaner Universität hat; doch Ilja Nikolajewitsch, Absolvent der infizierten Alma mater, bleibt nach wie vor in höchstem Ansehen. Nach weiteren drei Jahren ist einer der ehemaligen Arbeitskollegen und Freunde Uljanows in den Fall Karakosow verwickelt. Aber auf ihn fiel dabei nicht einmal ein zufälliger und unverdienter Verdacht: seine Religiosität bildete in den Augen der Behörden eine zuverlässige Wasserscheide zwischen ihm und der Welt der Attentäter; und das mit vollem Recht. So hielt sich also Ilja Nikolajewitsch schon in der Frühzeit seiner Tätigkeit, in seinen Jugend- und Junggesellenjahren, streng an die Grenzen seiner Funktion als Pädagoge. Nirgends und in nichts zeigte er irgendwelche Neigung, Unerlaubtes zu tun.

Die Einführung eines Inspektorates der Volksschulen war schon an und für sich eine Maßnahme der bürokratischen Reaktion, die sich gegen die Unabhängigkeit der Semstwos auf dem Gebiet der Volksbildung richtete. Ein Pädagoge, der auf dem Gebiet der politischen »Moral« auch nur einigermaßen verdächtig war, hätte nie für einen solchen Vertrauensposten ernannt werden können. Bei der Darstellung des Kampfes der Regierung gegen den Semstwo hebt Lenin 1901 in einem Artikel zwei Daten besonders hervor: die Jahre 1869 und 1874, wo die Bürokratie die örtliche Selbstverwaltung verdrängte und die Aufsicht über die Volksbildung selbst in die Hand nahm. Beide Daten sind nicht nur von historischem, sondern auch von biographischem Interesse: 1869 wurde Lenins Vater zum Inspektor, 1874 zum Direktor der Volksschulen ernannt. Ilja Nikolajewitsch stand im Ministerium in bestem Ansehen, stieg auf der hierarchischen Leiter entsprechend auf und erhielt zur gegebenen Zeit den Rang einer »Exzellenz« und den Orden des heiligen Wladimir, zugleich den erblichen Adel. Nein, dieses Curriculum vitae ähnelt ganz und gar nicht dem Weg eines Revolutionärs, ja nicht einmal dem eines friedlichen oppositionellen Bürgers. Wir können der ältesten Tochter vollen Glauben schenken, wenn sie sagt, daß *»der Vater niemals Revolutionär war.«* Wenn dieselbe Jelisarowa, genötigt wie alle, der offiziellen Legende Tribut zu zollen, in späteren Skizzen schreibt, daß seinen Überzeugungen nach Ilja Nikolajewitsch »Narodnik« (Volkstümler) war, so muß man diese Bezeichnung in einem sehr weiten Sinn verstehen: nicht nur auf die Ideologie der Liberalen, sondern auch auf die der konservativen Unabhängigen hatten volkstümlerische Tendenzen abgefärbt. Unter dem Einfluß des revolutionären Kampfes in der zweiten Hälfte der siebziger Jahre wich Ilja Nikolajewitsch von seinen ohnehin gemäßigten Ansichten, ebenso wie die meisten Liberalen, nicht nach links ab, sondern nach rechts. Den älteren Kindern schenkte er seinerzeit eine Sammlung von Gedichten Nekrassows, und Sascha berauschte sich an den wie Brennesseln brennenden Strophen der plebejischen Poesie. Aber schon drei, vier Jahre später, als Wladimir heranwuchs, ermuntert er nicht nur die jüngeren seiner Kinder nicht, sondern begann auch die älteren in die Schranken zu weisen. Bald verkroch er sich endgültig in eine offizielle Panzerkruste. Als eine Nichte sich bei ihm, empört über die ungerechte Entlassung einer Volksschullehrerin, beklagte, in deren Tätigkeit es nichts Regierungsfeindliches gab, saß Ilja Nikolajewitsch wortlos da, *»konzentriert, mit gesenktem Kopf.«* Auf die Fragen seiner vierzehnjährigen Tochter schwieg er. Diese aus dem Leben gegriffene Episode zeigt gut die Gestalt des Vaters und die ganze Atmosphäre der Familie. Von revolutionären Debatten, bei denen »Alexander den Ton angab«, konnte gar keine Rede sein. *»Der Vater, der nie ein Revolutionär war«*, fährt Jelisarowa fort, *»wollte damals, im Alter von vierzig Jahren, belastet mit der Bürde der Familie, uns, die Jugend, behüten.«* Diese einfachen Worte liquidieren ein für allemal die Legende vom revolutionären Einfluß des Vaters. Aber gerade die unanfechtbaren Zeugnisse der ältesten Tochter werden meist beiseite gelassen.

Julij Zederbaum, der spätere Martow, erzählt, wie einer der jungen Advokaten 1887 heimlich die Anklageschrift in der Strafsache Lopatin zu seinem Vater nach Hause gebracht und wie er als vierzehnjähriger Junge mit angehaltenem Atem und unter Anspannung aller Geisteskräfte des Nachts zugehört habe, wie die staatsanwaltlichen Berichte über Attentate, Flucht und bewaffneten Widerstand gelesen wurden. Die Familie Zederbaum war friedlich liberal und hatte nicht die geringste Verbindung mit revolutionären Kreisen. Eine solche Vorlesung eines geheimen Dokuments über einen terroristischen Straffall wäre jedoch im Hause des wirklichen Staatsrates Uljanow absolut undenkbar gewesen. Wenn Ilja Nikolajewitsch in den ersten Jahren seines Dienstes in Simbirsk als Fremdling und »Liberaler« in der kleinen Welt der Gouvernementsmachthaber isoliert war, so wurde er schließlich, wie von allen bezeugt wird, *»eine sehr populäre, beliebte und geachtete Persönlichkeit in Simbirsk«*, das heißt, er hatte sich dem Milieu der Bürokratie angepaßt. Nicht zufällig hatte der Direktor des Gymnasiums, Kerenskij, ein entschiedener Konservativer, der seine Pädagogik aufbaute *»auf dem heiligen Evangelium und dem kirchlichen Gottesdienst«*, große Sympathie für die Familie Uljanow. Hinsichtlich der letzten Lebensjahre Ilja Nikolajewitschs, die in die Regierungszeit Alexanders III. fallen, kommt wohl die Einschätzung des Simbirsker Delarow, eines ehemaligen Abgeordneten der zweiten Staatsduma, der Wirklichkeit am nächsten:

> *»I. N. Uljanow war ein Mensch von konservativer Weltanschauung, aber er war nicht rückschrittlich, kein Konservativer alten Typs – er hatte bestimmte Ziele im Leben ..., das Bestreben, dem Wohl des Volkes zu dienen.«*

Was die unmittelbare Einflußnahme Ilja Nikolajewitschs auf die Wahl des Lebensweges seiner Kinder betrifft, so zeigte sie sich im Laufe einer gewissen Zeit nur bei der ältesten Tochter; ihr erster bewußter Wunsch war es, Lehrerin zu werden; ungefähr zwei Jahre lang, bis zur Abreise zu den Kursen, arbeitete sie in der Volksschule. Doch gerade bei der älteren Schwester fand Alexander keine revolutionären Interessen. Was die Söhne betrifft, so gehörten in ihren Gymnasialjahren, als sie unter dem unmittelbaren Einfluß des Vaters standen, weder Alexander noch Wladimir irgendwelchen geheimen Zirkeln an, wo sich die künftigen Revolutionäre bei der Lektüre von tendenziösen Büchern heranbildeten. Es ist auch höchst unwahrscheinlich, daß irgendwer versuchte, die Söhne eines hohen Beamten, die ständig die Klassenbesten waren und sich in der Schule untadelig aufführten, zum Betreten eines sträflichen Weges zu verleiten. Aber es gibt auch einen anderen, tieferen Grund. In der Familie eines feudalen Gutsbesitzers, eines bestechlichen Beamten oder eines geschäftstüchtigen Geistlichen mußten der Sohn oder die Tochter, wenn ein neuer Wind sie erfaßte, frühzeitig und entschieden mit den Eltern brechen und außerhalb der Familie ein neues Milieu suchen. Die Kinder der Uljanows dagegen fanden lange in den Wänden des Vaterhauses Befriedigung ihrer geistigen Ansprüche. Da sie außerdem von Natur aus dazu neigten, jede Sache ernst zu nehmen, mußten sie sogar der übereilten Lösung großer Fragen durch einzelne Altersgenossen, die oft in den Wissenschaften wenig erfolgreich waren, mit Mißtrauen gegenüberstehen. Aber der Konflikt der beiden Generationen war auch in dieser Familie unvermeidlich: Die Kinder dachten jene Gedanken zu Ende und sprachen sie aus, vor denen die Eltern haltgemacht hatten. Vor dem unvermeidlichen Konflikt mit den Kindern auf politischem Boden schützte Ilja Nikolajewitsch nur sein früher Tod.

»*Wer weiß nicht*«, schrieb Lenin elf Jahre nach dem Tod des Vaters, »*wie leicht sich im heiligen Rußland die Verwandlung eines radikalen Intellektuellen, eines sozialistischen Intellektuellen in einen Beamten der kaiserlichen Regierung vollzieht – einen Beamten, der sich damit tröstet, daß er im Rahmen der Kanzleiroutine ›Nutzen‹ bringt, einen Beamten, der mit diesem ›Nutzen‹ seine politische Indifferenz, sein Lakaientum vor einer Regierung der Knute und der Peitsche rechtfertigt?*« Wenn es ungerecht wäre, diese harten Worte uneingeschränkt auf Ilja Nikolajewitsch anzuwenden, so nur deshalb, weil er auch in seiner Jugend kein Sozialist, kein Radikaler im wahrsten Sinne des Wortes war. Doch es bleibt unbestreitbar, daß er sein ganzes Leben lang als gefügiger Beamter dem Absolutismus diente. Jene maßlosen Verehrer, die versuchen, um des Sohnes willen die politische Physiognomie des Vaters umzufärben, beweisen damit ein Übermaß an Verehrung für die Blutsbindungen Lenins und mangelnde Achtung für seine wirklichen Ideen.

Die ganz allgemein in Umlauf gebrachte Vorstellung, daß Wladimir die ersten revolutionären Impulse vom terroristischen Bruder erhielt, scheint so sehr aus der ganzen Situation hervorzugehen, daß sie überhaupt keines Beweises bedarf. Tatsächlich ist auch diese Hypothese falsch. Alexander gab keinem der Familienmitglieder Zutritt zu seiner inneren Welt, am allerwenigsten Wladimir. »*Das waren*«, wie Jelisarowa sagt, »*zweifellos jede in ihrer Art sehr scharf umrissene, aber absolut verschiedene Individualitäten.*« Eine vergleichende Charakteristik der beiden Brüder drängt sich uns hier, wenn wir dabei auch in bezug auf den jüngeren ein wenig vorzugreifen riskieren, durch den Gang unseres Berichtes auf. Der radikale Literat Wodowosow, der Alexander in Petersburg kennenlernte und dann oft die Uljanows in Samara besuchte, schrieb viele Jahre später, schon als antisowjetischer Emigrant, daß die »*selten gute*« Familie Uljanow »*in zwei klar ausgeprägte Typen*« zerfiel: der eine, dessen bester Repräsentant Alexander war, mit ovalem, blassem Gesicht und nachdenklichen, forschenden Augen, gewann einen durch seine jugendliche Frische und Beseeltheit. Der andere, Wodowosow verhaßte Typ, fand seinen vollkommensten Ausdruck in Wladimir: »*Das ganze Gesicht überraschte durch irgendeine Mischung von Verstand und Grobheit, ich möchte sagen, irgendeiner Tierhaftigkeit. In die Augen sprang die Stirn – gescheit, aber dachförmig. Die fleischige Nase. Wladimir Iljitsch war mit 21, 22 Jahren fast vollkommen glatzköpfig.*« Diese offenbar durch die Vorbilder Ormuzd und Ahriman inspirierte Gegenüberstellung ist keine ausschließliche Spezialität Wodowosows. Kerenskij der Jüngere, der übrigens keinen der Brüder persönlich kannte – er war sechs Jahre alt, als Wladimir das Gymnasium beendete –, nennt sie *»moralische Antipoden«*: dem *»bezaubernden und glänzenden«* Alexander steht Wladimir als *»unübertrefflicher Zyniker«* gegenüber. Ungefähr dieselben Farben verwendet unter anderen auch der Simbirsker Literat Tschirikow: die aufrichtige oder angebliche Sympathie für den älteren Bruder soll dem Haß gegen den jüngeren größeres Gewicht verleihen. Aber die Gegenüberstellung selbst ist nicht erfunden; in ihr kann man unschwer die durch Feindschaft verzerrte Widerspiegelung eines wirklichen Kontrastes erkennen.

»Die Verschiedenheit der Natur der beiden Brüder«, schreibt Jelisarowa, *»zeigte sich schon in der Kindheit, und nahestanden sie einander niemals.«* Wolodja hatte für Sascha *»grenzenlose Hochachtung«*, aber die Sympathie Saschas genoß er offenbar nie (Jelisarowa drückt das vorsichtiger aus: *»Die weit größere Sympathie Saschas genoß unter den jüngeren Olga«*). Auf Grund von bruchstückweisen Erzählungen ihres Mannes, die ihr schlecht im Gedächtnis geblieben waren, versuchte Krupskaja in einigen Zeilen die Beziehungen der Brüder in ihrer Jugend zu beleuchten: *»Sie hatten in vielem einen gemeinsamen Geschmack; beide hatten das Bedürfnis, lange allein zu bleiben ... Sie wohnten gewöhnlich zusammen ... und wenn irgendwer von den zahlreichen jungen Leuten zu ihnen kam ..., war eine Lieblingsphrase der Knaben: ›Beglückt uns mit eurer Abwesenheit‹.«* Schon diese »Lieblingsphrase« bezeugt unfehlbar, daß Krupskaja keine klare Vorstellung vom Charakter Alexanders und der Beziehung zwischen den Brüdern hat. *»Beglückt uns mit eurer Abwesenheit«* – so konnte Wladimir durchaus sprechen. Aber Alexander, der kein gehässiges Wort ertragen konnte, hätte dabei nur die Stirn gerunzelt.

Dem Gesicht und dem Charakter nach glich Alexander mehr der Mutter. Im Aussehen und in der psychischen Struktur Wladimirs überwogen die Züge des Vaters. So wichtig im Grunde diese Gegenüberstellung ist, so ist sie doch zu elementar, um die Frage zu erschöpfen. Mut, Mannhaftigkeit – in der russischen Sprache ist dieses Wort vom Mann usurpiert – war der wichtigste Charakterzug Maria Alexandrownas. Aber das war der Mut einer Mutter, die sich selbst ganz und bis zuletzt der Familie und den Kindern hingibt. Auch der Mut Alexanders war vor allem der Mut der Selbstaufopferung. Herrschsucht, Jähzorn, Spottlust, das schnarrende Sprechen, die frühe Glatze und der frühe Tod – diese Züge hatte Wladimir von Ilja Nikolajewitsch. Aber wie der ältere Sohn keine einfache Wiederholung der Mutter war, so war der jüngere noch weniger eine Reproduktion des Vaters. Jeder von ihnen hatte von den Eltern und durch sie von fernen Ahnen irgendwelche »Chromosomen« mitbekommen, die in ihrer Mischung diese weit über den Durchschnitt emporragenden, aber einander so unähnlichen Persönlichkeiten hervorbrachten.

Die Brüder hatten zweifellos auch gemeinsame Züge: die große, wenn auch bei weitem nicht gleiche Begabung, die Arbeitsliebe, die Fähigkeit, sich einer Sache ganz hinzugeben, die Sparsamkeit, die in so früher Jugend geradezu erstaunlich ist. Schließlich, last but not least, wurden beide Revolutionäre. Die Literaten der Reaktion wurden nicht müde, die russischen Revolutionäre als ungebildet und unbegabt hinzustellen. Auch Turgenjew und Gontscharow lag im Grunde genommen diese Gewohnheit nicht fern. Aber es stimmt nicht: nicht die Unbegabten waren kennzeichnend für die allgemeine Physiognomie der Revolutionäre. Die Brüder Uljanow – sowohl Alexander als auch Wladimir – gehörten, ebenso wie vor ihnen die Führer der Dekabristen, der Aufklärer, der Narodniki, der Narodowolzen, zur Blüte der russischen Intelligenz.

»In meinem ganzen, heute schon nicht mehr kurzen Leben«, schreibt Wodowosow, *»könnte ich wenige Menschen nennen, die auf mich einen im wahrsten Sinne des Wortes so bezaubernden Eindruck machten wie Alexander Iljitsch Uljanow.«* Alle, die den älteren Bruder kannten, sprechen gleicherweise von der gewinnenden Vollendung seiner Natur, die frei war von der *»geringsten Pose oder Affektiertheit«*, von seiner organischen Wahrheitsliebe und seiner ungemein feinfühligen Aufmerksamkeit gegenüber der Persönlichkeit des anderen, selbst in den kleinsten Dingen. Es fällt nicht schwer, zu glauben, daß Alexander im persönlichen Umgang unvergleichlich gewinnender war als der junge Wladimir. Freilich, in der Freiheit von Pose und falschem Schein, im Haß gegen alles Gezierte stand Wladimir keineswegs hinter Alexander zurück. Ebenso in der Vollendung der Natur; nur war seine Natur von ganz anderer Art und nicht bestimmt für den persönlichen Umgang. Jeder der beiden Brüder war aus einem Stück gegossen, aber die Stücke waren verschieden. Und wenn Lunatscharskij seine wohlgesinnte Überzeugung ausspricht, daß Alexander *»an Genialität hinter Wladimir nicht zurückstand«*, so muß man schon sagen: diese Leute messen die Genialität mit allzu kurzem Maß. Wenn man dieses schwerwiegende Epitheton auf Alexander anwendet, so ist das in Wahrheit ein retrospektiver Abglanz der historischen Gestalt Wladimirs.

Sascha las schon in den Gymnasialjahren aufgewühlt und begeistert Dostojewskij: Das quälerische Psychologisieren entsprach. der inneren Welt des konzentrierten und tiefempfindsamen Knaben, den schon die ihn umgebende Wirklichkeit verletzte. Wladimir blieb der Autor von **Schuld und Sühne** auch in den Jahren der Reife fremd. Dafür las er geradezu mit Gier immer wieder den Dostojewskij verhaßten Turgenjew, dann Tolstoj, den gewaltigsten der russischen Realisten. Die Antithese Tolstoj-Dostojewskij, die nicht zufällig zu den Lieblingsthemen der alten russischen Literaturkritik gehörte, hat viele verschiedene Seiten; aber am wichtigsten bleibt die Gegenüberstellung der tragischen Vertiefung in sich selbst und der lebensfreudigen Rezeption der äußeren Welt. Es wäre eine zu große Vereinfachung, wenn man diese Antithese voll und ganz auf die beiden Brüder übertragen wollte; aber sie ist absolut nicht belanglos für das Verständnis ihrer Charaktere.

Alexander war von Natur aus melancholisch. Ilja Nikolajewitsch meinte, daß Wladimir ein cholerisches Temperament habe. Anna zeichnet den älteren Bruder als verschlossen, oft sogar in seiner uneingestandenen Feinfühligkeit mürrisch. *»Niemals habe ich ihn sorglos fröhlich gesehen«*, schreibt einer der Teilnehmer der Verschwörung, *»immer war er nachdenklich und schwermütig.«* Genau das Gegenteil war Wladimir, dessen auffallendster Zug seine übersprudelnde Lebenslust war, als Ausdruck des Vertrauens in die eigene Kraft. Ein anderer Verschwörer spricht von Alexander als nachdenklichem Organisator, bemerkt jedoch: *»Er war vielleicht etwas zögernd.«* Wladimir dagegen zeichnete sich – nicht nur in seinen jungen Jahren – vor allem durch sein stürmisches Ungestüm und sein schnelles Arbeiten aus, Eigenschaften, die genährt werden vom Reichtum, von der Mannigfaltigkeit und der Geschwindigkeit der unterbewußten Assoziation: ist nicht das eine der wichtigsten Quellen der Genialität?

»Ein sehr bezeichnender Zug«, schreibt Jelisarowa über Alexander, *»war, daß er nicht lügen konnte. Wenn er irgend etwas nicht sagen wollte, schwieg er. Diese seine Eigenschaft trat auch vor Gericht deutlich in Erscheinung.«* Man möchte hinzufügen: leider. Im unerbittlichen sozialen Kampf bedeutet eine solche psychische Veranlagung politische Wehrlosigkeit. Mögen die strengen Moralisten, diese Lügner von Beruf, noch so sehr herumphilosophieren, die Lüge ist ein Ausdruck der sozialen Gegensätze – und mitunter auch eine Waffe im Kampf mit ihnen. Durch individuelles moralisches Bemühen kann man nicht herausspringen aus der Verstrickung der sozialen Lüge. Seinem Typ nach glich Alexander eher einem Ritter als einem Politiker. Das schuf auch die psychische Scheidewand zwischen ihm und dem jüngeren Bruder, der weit elastischer war, opportunistischer in Fragen der persönlichen Moral, besser gewappnet für den Kampf, aber auf keinen Fall weniger unversöhnlich gegenüber dem sozialen Unrecht.

Ober Leo Tolstojs Bruder Nikolaj, einen feinen Beobachter und Psychologen, sagte Turgenjew, daß diesem nur einige Mängel fehlten, um ein hervorragender Schriftsteller zu werden. Leo Tolstoj selbst hielt diese paradoxe Charakteristik für *»sehr richtig.«* Vielleicht fand er darin indirekt eine Rechtfertigung für jene seiner Züge, die selbst den Mitgliedern seiner eigenen Familie den Kontakt mit ihm erschwerten. Die Worte Turgenjews haben den Sinn, daß für die Ausübung einer bestimmten öffentlichen Funktion solche ergänzenden Züge gehören, die durchaus nicht immer zur Verschönerung der persönlichen Beziehungen dienlich sind. Wenn das für den Schriftsteller zutrifft, dann um so mehr für den Politiker, und in vervielfachtem Maße für den Führer. Aber aus dem Urteil Turgenjews geht durchaus nicht hervor, daß auf der Waage der Moral, wenn es für Unwägbares eine Waage gäbe, Leo Tolstoj weniger wiegen würde als sein Bruder Nikolaj. Der Einfluß Alexanders auf den Kreis der ihm Nahestehenden war groß. Aber er konnte kaum über diesen Kreis hinausgehen. Alexander hatte nicht den Willen, zu beherrschen, nicht die Fähigkeit, für die Sache nicht nur die guten Eigenschaften, sondern auch die Unzulänglichkeiten anderer auszunützen und, wenn nötig, über die fremde Persönlichkeit hinwegzugehen. Er war allzu subjektiv, allzu beherrscht vom eigenen Erleben, allzu geneigt, eine Aufgabe als gelöst zu betrachten, wenn er sie für sich selbst gelöst hatte. Er besaß nicht den offensiven und unermüdlichen Geist der Proselytenmacherei. Und gerade, daß der jüngere Bruder Züge des künftigen Politikers, Schriftstellers, Redners, Agitators, Tribunen hatte, machte ihn für Alexander fremd und wenig anziehend.

Wladimir sieht man unter allen Bedingungen als Rädelsführer, als Reformator, als Führer von Menschenmassen. Alexander kann man sich unter zivilisierteren Bedingungen leicht als friedlichen Gelehrten und Familienvater vorstellen. Durch den Gang der Dinge in die Revolution hineingezogen, übernahm er die geheiligte Tradition der terroristischen Methoden, baute Bomben nach dem Muster Kibaltschitschs, deckte die anderen, ging in den Tod. Die Gestalt Alexanders ist die Gestalt eines heroischen Streiters, Wladimir dagegen ist jeder Zoll ein Führer. Der eine ging in die Geschichte der Revolution ein als das tragischste ihrer erfolglosen Unglückskinder, der andere als der größte aller Vollstrecker.

L. Kamenjew, der ursprüngliche Redakteur der Gesamtausgabe der **Werke** Lenins, schreibt vorsichtig: »*Vielleicht hat Wladimir Iljitsch gerade aus dem Munde des älteren Bruders zum erstenmal von der Marxschen Lehre und von jenen Gedanken und Bestrebungen gehört, die die revolutionäre Intelligenz jener Jahre beschäftigten.*« Weit kategorischer drückt sich ein anderer bedeutender Sowjetschriftsteller aus, der ehemalige Redakteur der **Iswestija**, Steklow: »*Kurz vor seiner Verhaftung übergab der ältere Bruder seinem jüngeren Bruder ... den ersten Band des* **Kapitals**, *Damit schuf Alexander Uljanow nicht nur seinen Nachfolger, sondern auch den Jünger und Fortsetzer von Karl Marx.*« Diese Version erfuhr weltweite Verbreitung; sie steht jedoch in vollem Gegensatz zur tatsächlichen und psychologischen Sachlage. »*Niemals*«, erzählt Anna, »*bestritt oder negierte Sascha irgend etwas in Gegenwart der Jüngeren.*« Auch der älteren Schwester, die in seiner unmittelbaren Nähe in Petersburg lebte, teilte er nichts von dem mit, was ihm wichtiger war als alles andere. Die Brüder hatten keineswegs jene geheime Sphäre der Interessen und Gespräche – über Gott, über die Liebe, über die Revolution -, die in anderen Familien die älteren und jüngeren Kinder eng miteinander verbindet. Wir haben bereits von Anna gehört: »*Der Unterschied der Natur der beiden Brüder zeigte sich schon in der Kindheit, und niemals standen sie einander nahe.*« Im Sommer 1886, dem letzten, den die Brüder gemeinsam verbrachten, waren sie einander ferner als je. Wladimir, der sich nach dem Tod des Vaters bald wieder gefaßt hatte, fühlte sich als der älteste Mann im Hause. Die vor kurzem erfolgte Befreiung von den religiösen Anschauungen mußte sein Selbstbewußtsein schlagartig gesteigert haben. Wie das bei willensstarken jungen Menschen nicht selten vorkommt, trat bei ihm in dieser Periode des Umbruchs das Bedürfnis nach Selbständigkeit auf Kosten der Persönlichkeit der anderen und in beträchtlichem Maße auf Kosten der Autorität der Mutter brüsk in Erscheinung. »*Wolodja neigte überhaupt zum Spott, aber ganz besonders in diesem Übergangsalter.*« Wir können diesen Worten um so mehr Vertrauen schenken, als die ältere Schwester, wie wir sie aus ihren eigenen Schriften kennenlernen, Verspottung kaum leicht vergaß. Was Alexander betrifft, so konnte er es nicht vertragen, wenn man sich über dritte Personen lustig machte: ihn selbst zu verspotten, konnte überhaupt niemandem in den Sinn kommen. Alexander kam in diesem Sommer das erstemal zur vaterlos gewordenen Familie. Sein inniges Gefühl für die Mutter, vertieft durch die Trennung und den gemeinsamen Verlust, war von besonderer Intensität. Zu dem tiefgehenden Unterschied des Charakters der beiden Brüder kam jetzt noch hinzu, daß ihre Einstellung sie in Gegensatz zueinander brachte. Die kindliche Vergötterung, als er alles so machen wollte *»wie Sascha«*, wurde bei Wolodja abgelöst vom Kampf um Selbständigkeit; es begann die unausbleibliche Loslösung vom älteren Bruder: seiner Konzentration, seiner Aufmerksamkeit den Menschen gegenüber, seiner Scheu, die eigene Überlegenheit zu zeigen, stellte Wladimir lärmende Aggressivität, Spottlust, das organische Streben, sich hervorzutun, entgegen. Der Sommer verlief in Zwietracht.

Hören wir, was Jelisarowa sagt. Die Heftigkeit und Streitsucht *»trat besonders fühlbar in Erscheinung ... nach dem Tod des Vaters, dessen Gegenwart auf die Knaben immer hemmend gewirkt hat.«* Der Mutter begann Wladimir *»gelegentlich so scharf zu antworten, wie er es sich in Gegenwart des Vaters nie erlaubt hatte.«* Es sieht sehr danach aus, möchten wir nebenbei bemerken, daß in den demonstrativen Frechheiten Wladimirs auch ein nachträglicher Protest gegen die Fuchtel des Vaters mitklang. Mit bewegter Miene erinnerte sich später die Mutter, wie Sascha in diesem letzten Sommer sie gelegentlich in Schutz nehmen mußte. Einmal winkte Wladimir beim Schachspielen achtlos ab, als seine Mutter ihn an irgendeinen Auftrag erinnerte; und als Maria Alexandrowna gereizt darauf bestand, antwortete er mit einem dummen Witz. Da mischte sich Alexander ein: *»Entweder tust du sofort, was Mama dir sagt, oder ich spiele nicht mehr mit dir.«* Das Ultimatum wurde ruhig, aber so entschieden gestellt, daß Wladimir sofort den Auftrag durchführte. Anna selbst geriet, obwohl sie, wie sie sagt, *»die Spottlust, die Frechheit und die Arroganz«* Wolodjas erbitterte, dennoch unter seinen Einfluß; auf jeden Fall plauderte sie immer gern mit ihm, unter Witzen, Sticheleien und Gelächter. Alexander nahm an solchen Plaudereien nicht nur nicht teil, sondern konnte sie kaum ertragen: Er litt unter der Last der eigenen Stimmung, und Anna erhaschte mehrmals seinen mißbilligenden Blick. Im Herbst, schon in Petersburg, raffte sie sich dazu auf, Sascha die Frage zu stellen: *»Wie gefällt dir unser Wolodja?«* Sascha antwortete: *»Zweifellos ein sehr fähiger Mensch, aber wir stimmen nicht überein.«* Vielleicht sagte er sogar: *»Wir stimmen absolut nicht überein«*, verbessert sich Jelisarowa; auf jeden Fall äußerte sich der Bruder *»entschieden und bestimmt.«* *»Warum?«* fragte überrascht die Schwester. Aber Alexander verweigerte die Antwort und unterstrich damit, wie tief die Kluft war, die sie trennte. Der ältere nannte den jüngeren Bruder nicht von oben herab einen *»fähigen Jungen«*, sondern einen *»fähigen Menschen«*, als Ebenbürtigen; und alles veranlaßt uns zu der Ansicht, daß Annas Gedächtnis diesen Akzent richtig behalten hat. Aber gleichzeitig überraschte er die Schwester durch eine gewisse moralische Distanzierung vom Bruder. Das Fehlen einer Seelenverwandtschaft genügte für Alexander vollkommen, um die Möglichkeit von Gesprächen über vertrauliche Themen mit Wladimir auszuschließen. Es gab aber auch noch einen anderen, nicht weniger triftigen Grund. Im Sommer 1886 hatte Alexander selbst für sich noch nichts entschieden. Er las Marx, wußte aber durchaus noch nicht, welche praktische Anwendung sich für ihn aus dieser Lektüre ergeben würde. Sogar im Herbst, schon in Petersburg, versuchte er noch immer, sich gegen revolutionäre Schlußfolgerungen zu wehren. Konnte er seinen jüngeren Bruder, mit dem er überdies *»absolut nicht übereinstimmte«*, in seine Schwankungen und Zweifel einweihen?

Von einer direkten politischen Einflußnahme Alexanders auf Wladimir kann folglich gar nicht die Rede sein. Aber der moralische Einfluß mußte, wenn auch nicht sofort, seinen politischen Ausdruck finden. Alexander, der den Bruder schon durch sein Wesen zu hohen Anforderungen an sich selbst und an die anderen veranlaßte, brachte Wladimir, abgesehen von seinem eigenen Wunsch, dem – ganz allgemein gesprochen – unvermeidlichen Konflikt mit dem Milieu um ihn näher. Anna erinnert sich, wie Alexander, als er in den Ferien nach Hause kam, einem alten Diener des Vaters *»freundschaftlich einfach«* die Hand drückte, was *»nicht üblich war und daher Aufmerksamkeit erregte.«* Diese interessante Episode, die der Schwester nicht zufällig im Gedächtnis geblieben ist, wirft übrigens ein Blitzlicht auf die Bräuche im damaligen Milieu der bourgeoisen Beamten, wie sie sich selbst in einer der besten Familien jener Zeit spiegelten: die ganze Atmosphäre war zum Ersticken gesättigt mit den Ausdünstungen der Leibeigenschaft:

Kein Zweifel, daß das ehrliche »demokratische« Auftreten Alexanders für die Formung der Persönlichkeit Wladimirs ernstere Bedeutung hatte, als sie flüchtige Gespräche über die »Narodnaja Wolja« oder über Marx gehabt hätten. Aber solche Gespräche hat es nie gegeben.

Welche Ideen und Stimmungen beherrschten Wladimir im Sommer 1886, vor der letzten Gymnasialklasse? Seit dem vergangenen Winter war er nach den Worten Jelisarowas in die Periode des *»Verwerfens der Autorität, in die Periode der ernsten, gewissermaßen negativen Herausbildung der Persönlichkeit«* getreten. Aber seine Kritik erfaßte, bei all ihrer Heftigkeit, erst einen sehr begrenzten Radius: sie richtete sich gegen das Gymnasium, die Lehrer und mitunter gegen die Religion. *»In unseren Gesprächen gab es nichts ausgesprochen Politisches.«* Wladimir stellte seiner Schwester, die aus der Hauptstadt kam, keinerlei Fragen über revolutionäre Organisationen, illegale Bücher, politische Gruppierungen der Studentenschaft. Anna fügte hinzu: *»Ich bin überzeugt, daß Wolodja bei unseren damaligen Beziehungen derartige Interessen vor mir nicht verheimlicht hätte, wenn er sie gehabt hätte.«* Die Erzählungen über politische Debatten im Haus der Uljanows schon zu Lebzeiten des Vaters, bei denen Alexander die führende Rolle innehatte und Wladimir erfolgreich replizierte, sind von Anfang bis Ende erfunden. Obwohl es unter den Simbirsker Gymnasiasten selbst in der finstersten Periode der achtziger Jahre, wie die neuesten Ausgrabungen in den Papieren der Gendarmerie zeigen, irgendwelche geheime Zirkel und tendenziös zusammengestellte kleine Bibliotheken gab, blieb Wladimir ein halbes Jahr nach dem Tod seines Vaters politisch vollständig unberührt und zeigte nicht das geringste Interesse für die ökonomischen Bücher, die im gemeinsamen Zimmer der

Brüder das Bücherbrett füllten. Der Name Marx sagte dem Jungen, dessen Interessen ausschließlich der schönen Literatur galten, nichts. Dieser hingegen widmete er sich mit Leidenschaft. Ganze Tage verschlang er die Romane Turgenjews, Seite für Seite, lag auf dem Bett und ließ sich von der Phantasie davontragen in das Königreich der »überflüssigen Leute« und der idealisierten Mädchen unter den Linden der herrschaftlichen Alleen. Wenn er das Buch ausgelesen hatte, begann er wieder von vorne: sein Hunger war unersättlich.

So lebte, trotz der engen Nachbarschaft, jeder der Brüder in diesem Sommer sein eigenes Leben. Alexander saß von morgens bis abends über das Mikroskop gebeugt. Krupskaja legt aus diesem Anlaß Lenin folgenden Satz in den Mund: »*Nein, aus dem Bruder wird kein Revolutionär, dachte ich damals, ein Revolutionär kann den Ringelwürmern nicht so viel Zeit widmen.*« Ein offenkundiger Anachronismus: Wladimir, der damals keine Beziehung zur Politik hatte, konnte sich nicht solchen Gedanken über den Bruder hingeben, den die ganze Familie als zukünftigen Gelehrten betrachtete. Dafür mußte Wladimir nach der Verhaftung Alexanders tatsächlich wiederholt haben: Wer hätte gedacht, daß dieser Bruder morgen das Mikroskop gegen eine Bombe eintauscht?

Nach ihrer Befreiung aus dem Gefängnis schonte Anna Wladimir und teilte ihm die Äußerung des hingerichteten Bruders über ihn nicht mit. Aber Wladimir war weder taub noch blind. In der Beziehung Alexanders zu ihm mußte er die von unausgesprochener Gereiztheit, wenn nicht Feindschaft gefärbte Entfremdung fühlen. Kein Unglück, das geht alles vorbei – so muß er sich getröstet haben: Die enge Bindung wird sich schon wieder herstellen; er, Wolodja, wird zeigen, was er wert ist, und Sascha wird genötigt sein, ihn anzuerkennen: vor ihm liegt noch das ganze Leben, das heißt, die Ewigkeit. Heute aber steht die wundervolle Welt Turgenjews auf der Tagesordnung. Doch auf die Tagesordnung traten die Petropawlowsker Festung und der Tod Saschas.

Einige Jahre später befragte der Sozialdemokrat Lalajanz Lenin über die Ereignisse des 1. März. Dieser antwortete: »*Für uns alle kam die Beteiligung Alexanders an dem Terrorakt absolut überraschend. Vielleicht hat die Schwester irgend etwas gewußt – ich wußte nichts.*« Tatsächlich hat auch die Schwester nichts gewußt. Das Zeugnis Lalajanz' bestätigt voll und ganz die Erzählung Annas und deckt sich mit dem, was Krupskaja in ihren **Erinnerungen** aus diesem Anlaß nach den Worten Lenins mitteilt. Um diese Tatsache zu erklären, die ihre eigene Version von der engen Bindung der Brüder zueinander total zerstört, versucht sich Krupskaja auf den Altersunterschied zu berufen; aber diese Berufung ist zumindest unzureichend und ändert nichts an der Tatsache. Dem Schmerz um den Bruder mußte sich bei Wladimir das bittere Bewußtsein zugesellen, daß Alexander vor ihm das Wichtigste und Tiefste verheimlicht hatte, und die Unzufriedenheit mit sich selbst, daß er dem Bruder infolge der herausfordernden Unterstreichung seiner Unabhängigkeit nicht genügend Aufmerksamkeit geschenkt hatte. Die kindliche Vergötterung Saschas muß nun mit verzehnfachter Kraft wiedererstanden sein, verschärft durch das Gefühl der Schuld gegenüber Sascha und das Bewußtsein, daß es unmöglich war, die »Schuld« wiedergutzumachen. *»Vor mir saß schon nicht mehr der frühere unbekümmerte, lebenslustige Knabe«*, erinnert sich seine ehemalige Lehrerin, die ihm den schicksalsschweren Brief aus Petersburg brachte, *»sondern ein erwachsener, in Gedanken versunkener Mensch ...«* Mit zusammengebissenen Zähnen machte Wladimir seine letzten Gymnasialprüfungen. Es ist ein Photo von ihm erhalten geblieben, das offenbar für das Reife-Zeugnis gemacht wurde: auf dem noch ungeformten, aber sehr konzentrierten Gesicht mit der herausfordernd vorgeschobenen Oberlippe liegt ein Schatten von Schmerz und tiefem Haß. So stehen zwei Todesfälle am Beginn der neuen Periode im Leben Wladimirs. Das in seiner physiologischen Natürlichkeit überzeugende Ende des Vaters gab den Anstoß zu einer kritischen Einstellung zur Kirche und dem religiösen Mythos. Die Hinrichtung des Bruders weckte glühenden Haß gegen die Henker. Der künftige Revolutionär war schon präformiert im Charakter des jungen Menschen und in den gesellschaftlichen Verhältnissen, die ihn formten. Es fehlte nur der erste Anstoß. Und der wurde gegeben durch den unerwarteten Tod des Bruders. Die ersten politischen Gedanken Wladimirs mußten unvermeidlich einem zweifachen Bedürfnis entspringen: Sascha zu rächen und das Mißtrauen Saschas durch die Tat zu widerlegen.

Warum betrat dann Wladimir den Weg des Marxismus und nicht den des Terrors? fragen die offiziellen Biographen und beantworten die Frage mit der universellen Berufung auf die »Genialität.« In Wirklichkeit hat aber nicht nur die Antwort, sondern auch die Frage selbst fiktiven Charakter: den Weg des Marxismus betrat Wladimir, wie wir sehen werden, erst nach einigen Jahren, in der Folge einer großen geistigen Arbeit, wobei er auch noch nachher lange Zeit Anhänger des Terrors blieb. Die groben Anachronismen ergeben sich fatal aus der Abneigung dagegen, den lebendigen Menschen in seiner lebendigen Entwicklung zu sehen. Selbst Krupskaja wurde ein Opfer der Vorstellung von dem Marxisten Lenin des Jahres 1887: Sie versucht zu erklären, warum die Hinrichtung Alexanders bei Wladimir nicht die *»Entschlossenheit und das Bestreben weckte, den Weg des Bruders zu gehen«*, und äußert die durch nichts begründete Annahme, Wladimir habe *»zu dieser Zeit schon über vieles selbständig nachgedacht und für sich bereits die Notwendigkeit des revolutionären Kampfes beschlossen.«* Noch weiter ging auf demselben Wege die Jüngste der Uljanows, Maria, die bei der Gedenkfeier für Lenin am 7. Februar 1924 erzählte, daß Wladimir, als er die Nachricht von der Hinrichtung des Bruders erhielt, angeblich ausgerufen habe: *»Nein, diesen Weg werden wir nicht beschreiten. Nicht diesen Weg muß man beschreiten.«* Man konnte die offene Sinnwidrigkeit in der Erzählung M. Uljanowas übergehen, die zur Zeit des Geschehens noch keine neun Jahre alt war, wenn nicht der von ihr unvorsichtig hingeworfene Satz im wahrsten Sinne des Wortes kanonisiert worden wäre, als Beweis für die Tiefe des politischen Denkens des Simbirsker Gymnasiasten, der erst gestern die Eierschale der Rechtgläubigkeit abgeworfen hatte, den Namen Marx noch nicht kannte, kein einziges illegales Buch gelesen hatte, die Geschichte der russischen revolutionären Bewegung nicht kannte und gar nicht kennen konnte und der in sich noch nicht einmal das Interesse für Politik entdeckt hatte. Was konnten unter diesen Umständen die ihm von der jüngeren Schwester zugeschriebenen Worte bedeuten? Auf keinen Fall, daß er dem Terror der Intelligenz den revolutionären Kampf der Massen gegenüberstellte. Wenn man einen Augenblick annimmt, daß ein ähnlicher Satz wirklich ausgesprochen wurde, so konnte er nicht Ausdruck eines Programms, sondern nur der Verzweiflung sein: Nein, Sascha durfte, durfte diesen Weg nicht beschreiten! Warum hat er sich nicht der Wissenschaft gewidmet? Warum hat er sich selbst ins Verderben gestürzt?

Zum Unterschied vom Geld werden Erfindungen bekanntlich nicht abgenützt, sondern wachsen beim Umlaufen. Der alte Bolschewik Schelgunow erzählt: *»Als sie das Telegramm lasen, daß Alexander hingerichtet wurde, rieb Wladimir Iljitsch die Stirn und sagte: ›Und wenn schon, wir werden einen wirksameren Weg suchen‹.«* Alle Gesetze der menschlichen Psychologie werden mit Füßen getreten. Als Wolodja die schreckliche Nachricht erhält, ist er nicht verzweifelt, voll Schmerz über den unersetzlichen Verlust, sondern *»reibt sich die Stirn«* und erklärt, daß es notwendig ist, einen *»wirksameren Weg«* zu beschreiten. An wen waren diese Worte gerichtet? Die Mutter war in Petersburg, Anna saß noch im Gefängnis. Offenbar teilte Wladimir seine taktischen Erwägungen dem dreizehnjährigen Dmitrij und der neunjährigen Maria mit ...

Diese ergebenen Schüler gehen nur deshalb so leicht über die Tatsachen und über die Logik hinweg, weil sie nicht zufrieden sind mit dem Lehrer, wie er wirklich war. Sie wollen einen besseren Lenin. Sie versehen ihn in früher Jugend mit der Geistesmacht, die er erst in titanischer Arbeit errang. Sie legen ihm aus Mildtätigkeit zusätzliche Eigenschaften bei. So erschaffen sie sich einen anderen, einen vollkommeneren Lenin. Uns genügt Lenin, wie er wirklich war.

Wir haben von Krupskaja gehört, daß der junge Wladimir nach der Hinrichtung des Bruders dessen Fußstapfen gefolgt wäre, wenn er nicht schon eigene revolutionäre Ansichten gehabt hätte. Im Grunde genommen hat Wladimir das tatsächlich getan. Er ging nicht ins Dorf zu den Bauern, nicht in die Fabrik zu den Arbeitern, sondern ebenso wie Alexander an die Universität. Dort traf er das gleiche Milieu einer demokratischen Jugend an, die mit dem Kampf um das Recht begann, ihre eigenen Speisehäuser und Leseräume einzurichten, und mit terroristischen Verschwörungen endete. Als er wegen eines rein studentischen Protestes aus der Universität hinausgeworfen wurde, verstärkte dies in Wladimir die Idee des Terrors. Wenn er nicht in der Praxis den Weg der Verschwörung betrat, dann nicht aus prinzipiellen Erwägungen, sondern deshalb, weil nach der Katastrophe des 1. März 1887 Attentate für lange Zeit psychologisch und physisch unmöglich geworden waren. Die einzelnen Revolutionäre waren ohne Erfahrung und ohne Perspektiven, so isoliert vom gesellschaftlichen, sogar vom studentischen Milieu und so ohne jede Verbindung untereinander, daß keiner zu praktischem Handeln die Hand erhob. Der alte Pfad der Intelligenz war durch das Grab der fünf Studenten endgültig versperrt. Ein neuer Weg wurde nicht gefunden. Von nirgends waren Aufrufe zum Kampf zu hören. Wladimir wußte nicht, wie er zur Rache schreiten sollte Die lückenlose Dichte der Reaktion und die politische Entmutigung der Intelligenz gaben dem jungen Mann einen Aufschub. Wir werden sehen, daß er ihn gut genutzt hat.

Die Vorbereitung beginnt

Die ausgeschlossenen Studenten wurden aus Überlegungen der politischen Hygiene aus den Universitätsstädten »in die Heimat« abgeschoben. Aber in Simbirsk, wo Wladimir mehr als 17 Jahre, fast ein Drittel seines Lebens, verbracht hatte, war von den Verwandten niemand mehr übriggeblieben. Gnadenhalber wurde ihm gestattet, sich auf dem ehemaligen Besitz des Großvaters Blank niederzulassen, wo Maria Alexandrowna den fünften Teil geerbt hatte. Im Dezember reiste Uljanow nach Kokuschkino, ungefähr vierzig Kilometer von Kasan; dort lebte er unter geheimer Überwachung bis zum Herbst des nächsten Jahres. Im Dorf traf er die ältere Schwester wieder, die ursprünglich nach Ostsibirien verbannt werden sollte – einfach nur deshalb, weil sie die Schwester Alexanders war, eine andere Begründung gab es nicht -, was nach rastlosem Bemühen der Mutter in eine Verbannung nach Kokuschkino unter offener polizeilicher Überwachung umgewandelt worden war. Etwas später kam aus Kasan auch Maria Alexandrowna mit den jüngeren Kindern. Die Familie wohnte in einem kalten und schlecht eingerichteten Nebengebäude einer der Tanten. Bei den Nachbarn konnte kein großes Verlangen bestehen, sich mit den Uljanows zu treffen. Von Zeit zu Zeit kam der Herr Chef der Landpolizei, um sich zu überzeugen, ob das verbrecherische Element anwesend sei. Die aufgeregten Tanten bewirteten den Polizeichef, wie sich's gehört, mit Tee und Eingemachtem, vielleicht auch mit Kirschbrand, und damit war die Sache erledigt. Gelegentlich kam auch ein in keiner Hinsicht bemerkenswerter Vetter zu Besuch. Still war es im Winter in Kokuschkino. Der Wind heulte, und Schneestürme verwehten das Haus. Die Mutter seufzte verstohlen. Ab und zu schüttelten die Tanten vorwurfsvoll die Köpfe. Weshalb mußte denn auch wirklich Wladimir sich das Leben verderben? War es denn nicht schon genug mit dem, was sich mit Sascha ereignet hatte? Sie vermieden es übrigens, Saschas Namen auszusprechen.

Wladimir reifte zum Mann, wurde der Mutter gegenüber aufmerksamer, die nach wie vor den unerschöpflichen Quell ihrer Liebe und Sorge an die Kinder verschwendete. Anna, die überhaupt einen unausgeglichenen Charakter hatte, war nach dem, was sie im Gefängnis mitgemacht hatte, noch nervöser als sonst. Die Familie lebte gedrückt, von einem Tag zum andren, ohne zu wissen, was sie von der nächsten Zukunft zu erwarten hatte. Glücklicherweise befand sich im Nebengebäude ein Schrank mit Büchern eines verstorbenen Onkels, der seinerzeit als belesener Mensch gegolten hatte. Solche Onkel, nicht selten vom Typ der Turgenjewschen *»überflüssigen Leute«*, gab es in vielen Gutsbesitzerfamilien; wenn sie auf den Friedhof übersiedelten, hinterließen sie den Neffen und Nichten zweihundert zufällig zusammengewürfelte Bücher und Bände alter russischer Zeitschriften. Wladimir stürzte sich auf den Bücherschrank des Onkels. Der erste Anlauf zum

»ernsten« Lesen mußte wohl oder übel reichlich ungeordnet sein: Die Auswahl der Bücher war zufällig, es gab niemanden, der einen angeleitet hätte; die jungen Augen liefen gierig hin und her.

Als Wladimir mit den fortschrittlichen Zeitschriften früherer Jahre Bekanntschaft machte, stieß er zum ersten mal auf den Richtungskampf rund um die Frage des wirtschaftlichen Schicksals Rußlands. Die Kenntnis der Publizistik der sechziger und siebziger Jahre, die er auch später ununterbrochen ergänzte, kam ihm in der Folge bei den Debatten mit Volkstümlern und bei den ersten literarischen Arbeiten zustatten. Aber der ländliche Bücherschrank bot zuwenig, man mußte zu einer Kasaner Bibliothek Zuflucht nehmen. Gleichzeitig wurde eine Zeitung abonniert, höchstwahrscheinlich die Moskauer **Russkije Wjedomosti (Russische Nachrichten)**, die im Dämmer der achtziger Jahre als mattes liberales Flämmchen glommen. Offenbar hat Wladimir gerade in der Zeit seines zehnmonatigen Aufenthaltes in Kokuschkino zum ersten mal gelernt, eine Tageszeitung zu lesen – eine schwierige Kunst, die er später so virtuos beherrschte. Um Verbindung mit der Außenwelt aufzunehmen, mußte man auf glückliche Gelegenheiten warten. Die Ankunft eines geflochtenen Korbes mit Büchern, Zeitungen und Briefen war jedesmal ein Ereignis. Wladimir führte übrigens keine Korrespondenz. Nur einmal versuchte er, einen ehemaligen Gymnasialkollegen in seinen jüngsten Zusammenstoß mit den Universitätsbehörden einzuweihen, wobei er im Brief die Gegner mit gewichtigen Worten verprügelte; aber die zur Vorsicht neigende ältere Schwester wies nach, wie unvernünftig es sei, sich und den Adressaten einem Risiko auszusetzen, und obwohl Wladimir es absolut nicht liebte, sich fremden Argumenten zu beugen, verzichtete er doch darauf, den mit Genuß geschriebenen Brief abzusenden.

Zwischen dem Bücherschrank des Onkels und dem Flechtkorb mit der Kasaner Post floß das Leben unter Polizeiaufsicht dahin. Unmerklich vernarbten die Wunden der Familie, bei den Kindern schnell, bei der Mutter langsam. Wladimir lernte mit dem jüngeren Bruder Dmitrij, ging Schi laufen und verfolgte mit dem Gewehr in der Hand Hasen und anderes Wild – allerdings erfolglos. Über seine Mißerfolge als Jäger schreibt Anna: »*Jäger mit Leib und Seele, wie meine beiden anderen Brüder, ist er nie gewesen.*« Damit kann man sich schwerlich einverstanden erklären. Lenin war in Wirklichkeit ein leidenschaftlicher, aber allzu hitziger Jäger: auf diesem Gebiet stand es bei ihm schlecht mit der Disziplin. Die allzu große Hitzigkeit hinderte ihn auch später daran, ein guter Jäger zu werden, obwohl er in der Verbannung doch einigermaßen erfolgreich war.

Es kam der Frühling, der erste, den Wladimir im Dorf erlebte. Er war jetzt achtzehn Jahre alt, das Alter des Frühlings. Jetzt mußte er besser verstehen, warum Sascha die Natur so liebte und das Alleinsein mit ihr. Im Sommer kamen die Vettern und Basen; die Familie erholte sich von den Schicksalsschlägen. Es wurde wieder lebendig in Kokuschkino, es gab gemeinsame Spaziergänge, Schachspiele, es gab Gesang und Jagd.

Unter den sommerlichen Verwandten war niemand, mit dem ein Meinungsaustausch über die erregenden Themen dafürgestanden wäre; dafür konnte man die Vettern ungestraft necken, wenn sie auch älter waren, *»paßten sie doch entschieden vor der spitzen Zunge und dem boshaften Spott Wolodjas.«*

Im Mai, fünf Monate nach seinem Ausschluß, unternahm Wladimir einen Versuch, sich die Türe der Universität wieder zu öffnen. Der Kurator des Kasaner Lehrbezirkes übermittelte dem Ministerium eine Auskunft, aus der hervorging, daß der ehemalige Student Uljanow *»bei hervorragenden Fähigkeiten und sehr guten Kenntnissen einstweilen weder in moralischer noch in politischer Hinsicht als vertrauenswürdige Person anerkannt werden kann.«* Das Wörtchen »einstweilen« sprach dafür, daß der Kurator die Hoffnung nicht aufgegeben hatte. Der Direktor des Departements schrieb, bevor er den Bericht zu Ende gelesen hatte, an den Rand: *»Ist das vielleicht der Bruder jenes Uljanow? Er ist ja auch aus Simbirsk«*, dann, als er aus dem letzten Teil des Dokuments ersah, daß der *»Bittsteller der leibliche Bruder des hingerichteten Uljanow«* war, schrieb er auf der Stelle: *»Darf auf keinen Fall aufgenommen werden.«* Unterrichtsminister war Graf Deljanow. Witte charakterisierte ihn als *»lieben, guten Menschen«* und gleichzeitig als *»Schlaukopf«*, der nach allen Seiten lavierte. Bei Uljanow war es nicht nötig, zu lavieren: der Minister lehnte glattweg ab.

Zwei Monate später wandte sich Maria Alexandrowna schon im eigenen Namen an Deljanow. Noch bevor vom *»lieben, guten Menschen«* die im voraus sichere Absage kam, reichte Wladimir beim Innenminister ein Bittgesuch ein, ihm zur Fortsetzung der Studien eine Reise ins Ausland zu gestatten. Die Mitteilung über die Absage des Direktors des Polizeidepartements, einen Auslandspaß auszustellen, wurde schon durch die Kasaner Polizei zugestellt: Um diese Zeit hatten die Behörden Wladimir auf Betreiben der unermüdlichen Mutter gestattet, sich wieder in Kasan niederzulassen. Die Familie übersiedelte dorthin im Herbst 1888, mit Ausnahme von Anna, die Kokuschkino erst einige Zeit später verlassen durfte.

Seit dem Tod Ilja Nikolajewitschs lebten die Uljanows von der Pension. Die 1.200 Rubel im Jahr, die von der Staatskasse der Witwe und den Kindern ausbezahlt wurden, waren in der Provinz eine recht ansehnliche Summe; aber bei der zahlreichen Familie mußte man doch recht bescheiden leben. Das beim Verkauf des Simbirsker Hauses erhaltene Geld war die Reserve. Maria Alexandrowna mietete am Stadtrand ein Hinterhaus mit einem Balkon und einem Obstgarten auf einer Anhöhe. Im unteren Stockwerk gab es aus irgendeinem Grund zwei Küchen. Die eine von ihnen, die überflüssig war, nahm Wladimir in Beschlag; hier genoß er relative Einsamkeit und saß bei den Büchern. Für ihn begannen die Jahre der Vorbereitung. Sie dauerten, vom Ausschluß aus der Universität bis zur Abreise nach Petersburg zur revolutionären Arbeit gerechnet, fast sechs Jahre. Hier, an der Wolga, in Kokuschkino, in Kasan, dann im Gouvernement von Samara, formte sich der künftige Lenin. Für den Biographen sind diese kritischen Jahre, 1888 bis 1893, sehr interessant, gleichzeitig aber auch die schwierigsten.

Über jeden physischen Ortswechsel des jungen Uljanow gibt es geheime Rapporte der Polizeiinstanzen. Diese Meldungen kennzeichnen wie Fähnchen auf der biographischen Karte seinen äußeren Weg und erleichtern die Arbeit des Forschers. Aber für den inneren Weg Wladimirs in dieser Vorbereitungsperiode, als er noch nicht Schriftsteller war, gibt es keine solchen Fähnchen. Es gibt recht interessante unzusammenhängende Zeugenaussagen, aber sie sind allzu formlos, einige direkt apokryph. An seiner Seite gab es niemanden, der politisch reifer war, als Führer, es gab nicht einmal einen aufmerksamen Beobachter seines inneren Weges. Außer der älteren Schwester, die uns über die Entwicklung des Bruders alles, was sie wußte, mitgeteilt hat, kamen mit Wladimir nur Altersgenossen in Berührung, die im Grunde genommen Schüler waren; und auch von ihnen sind die meisten von der Bühne abgegangen, ohne Erinnerungen zu hinterlassen. Als Schriftsteller trat Wladimir nicht vor 1898 an die Öffentlichkeit; es haben sich überhaupt keine Dokumente seiner Entwicklung erhalten, weder seine so sorgfältigen Konspekte noch persönliche Briefe.

Gegen die sich oft wiederholenden Klagen über die Dürftigkeit der Materialien über die kritischen Jahre Lenins wendet Jelisarowa ein: *»Besonders viel kann man auch nicht sagen. Er las, lernte, debattierte.«* Der gereizte Ton dieser Worte unterstreicht nur noch klarer, daß Jelisarowa das geistige Leben Wladimirs nur rein äußerlich beobachtete. Sie stellt sich überhaupt nicht die Frage, was Wladimir las, was er lernte, worüber er debattierte, auch nicht darüber, wie seine Einstellung zu den »Narodniki« und der »Narodnaja Wolja« war, wie sich diese Einstellung unter dem Einfluß des Studiums von Marx, der Zusammenstöße mit der Wirklichkeit, der persönlichen Begegnungen und Einflüsse änderte: mit einem Wort, wie der noch uninteressierte Simbirsker Gymnasiast, der kaum erst mit der Orthodoxie gebrochen hatte, sich sorglos an Turgenjew berauschte, in der finsteren Wolgaprovinz zum vollendeten Marxisten, zum unbeugsamen Revolutionär, zum Führer von morgen wurde. *»An die Namen seiner Bekannten kann ich mich nicht erinnern«*, schreibt Anna, die in das innere Leben Wladimirs ebensowenig eindrang wie früher in den Kreis der Interessen Alexanders. Die Mitteilungen dieser nächsten Zeugin der kritischen Vorbereitungsperiode sind inhaltsarm und wenig zuverlässig, sofern es sich um die geistige Entwicklung Wladimirs handelt.

Die allgemeine Richtung der Entwicklung Wladimirs war freilich keine Ausnahme. Anfang der neunziger Jahre wendete sich die junge Generation der Intelligenz überhaupt entschieden dem Marxismus zu. Auch die historischen Gründe dieser Wendung sind kein Geheimnis: die kapitalistische Umgestaltung Rußlands; das Erwachen des Proletariats; die Sackgasse, in die der selbständige revolutionäre Weg der Intelligenz geraten war. Aber man darf die Biographie nicht in der Geschichte auflösen. Man muß zeigen, wie die allgemeinen historischen Kräfte und Tendenzen sich in der gegebenen Persönlichkeit mit allen ihren individuellen Zügen und Besonderheiten widerspiegelten. Nicht wenige russische junge Männer und Mädchen studierten in jenen Jahren Marx, darunter auch einige an den Wolgaufern. Aber nur einem von ihnen gelang es, die Doktrin so in sich aufzunehmen, daß sie in Fleisch und Blut überging, und ihr gleichermaßen das ganze Denken und Fühlen unterzuordnen und sich damit über sie zu erheben, sich als Meister, die Doktrin aber als Werkzeug zu empfinden. Und dieser eine war Wladimir Uljanow. Aber bei den wenigen Daten über den Gang seiner Entwicklung in den Vorbereitungsjahren ist die Lage des Biographen noch immer hoffnungslos. Einige wichtige Anhaltspunkte für die Benimmung seines geistigen Gesichtskreises gibt es. Für die Lücken muß man psychologische Hypothesen aufstellen.

Die Familie blieb auch in Kasan ziemlich isoliert, wenn wahrscheinlich doch nicht so wie in den letzten Monaten in Simbirsk. Maria Alexandrowna war aus dem einen Milieu herausgerissen und hatte vorläufig noch kein anderes gefunden. Anna war mit ihren Gedanken nicht bei der Familie: sie schickte sich an, Jelisarow zu heiraten. Wladimir war in Kasan kein Neuling. Er fand einige seiner alten Bekannten und gewann durch sie neue. Nach Hause brachte er offenbar niemanden: Er tat dies auch in den Gymnasialjahren nicht, aber vor allem nach seinem Ausschluß schützte er die Seinen vor verdächtigen Besuchen und möglichen Unannehmlichkeiten. Und auch die radikale Jugend mußte die Familie Alexander Uljanows meiden, um nicht überflüssig die Aufmerksamkeit der Polizei auf sich zu lenken.

Unter den neuen Bekannten Wladimirs wird die alte Narodowolzin Tschetwergowa genannt, der er, wie erzählt wird, »große Sympathie« entgegenbrachte. Jelisarowa erinnert bei dieser Gelegenheit daran, daß sich Lenin überhaupt nicht vom »Erbe« der alten Narodowolzen lossagte; aber hier verfällt sie sichtlich in einen der üblichen Anachronismen: Später, als Lenin die Elemente der revolutionären Vergangenheit kritisch prüfte, übernahm er tatsächlich einen gewissen Teil des Erbes der Narodowolzen: die Unerbittlichkeit im Kampf gegen den Zarismus, den Zentralismus, die Konspiration; aber wenn er sich 1888 vom Narodowolzentum »nicht lossagte«, dann nur deshalb, weil er es noch nicht kritisch unter die Lupe genommen hatte. Die Ideen und Richtungen waren in seinem Kopf noch nicht klar abgegrenzt. Für sich sowie für die anderen blieb er noch der jüngere Bruder Alexander Uljanows, des Helden und Märtyrers. Zur Tschetwergowa blickte er auf wie ein grüner Rekrut zu einem mit Narben bedeckten Veteranen.

Wie und wann stieß Wladimir zum erstenmal auf seinen künftigen Lehrer Marx? Alexander las das **Kapital** während seiner letzten Ferien. Im Zusammenhang mit dem Schicksal des Bruders konnte der Name Marx für Wladimir plötzlich aus jener Sphäre der Gleichgültigkeit heraustreten, in der so viele menschliche Namen begraben sind. Einer seiner Gymnasialkameraden schreibt, sie hätten in der letzten Gymnasialklasse, nach dem Tod Alexanders, versucht, zu zweit das **Kapital** aus dem Deutschen zu übersetzen. Wenn diese Erinnerung, die von der älteren Schwester bezweifelt wird, nicht ein einfacher Gedächtnisfehler ist, dann konnte der Versuch auf jeden Fall nur episodischen Charakters gewesen sein und ging nicht über die ersten

Seiten hinaus; »*Wie hätten schon die grünen Gymnasiasten ein solches Unternehmen durchführen können?*« bemerkt mit Recht Jelisarowa.

Ein anderes Zeugnis, das verläßlicher ist, obwohl es faktische Fehler enthält, datiert die erste Bekanntschaft mit Marx um ungefähr ein Jahr später. Auf Grund von Gesprächen mit Lenin in der Emigration, zur Zeit des imperialistischen Krieges, erzählt Radek: »*Schon als Gymnasiast [?] geriet Iljitsch in einen Narodowolzen-Zirkel. Dort hörte er zum erstenmal von Marx. Der Student Mandelstamm, ein künftiger Kadett, hielt eine Rede und entwickelte ... die Anschauungen der Gruppe ›Befreiung der Arbeit‹ ... Wie durch einen Nebel erblickte Iljitsch die gewaltige revolutionäre Theorie. Er erwarb den ersten Band des* ***Kapital****, der ihm die äußere Welt erschloß.*« Das ereignete sich nicht in Simbirsk, sondern in Kasan; Wladimir war nicht Gymnasiast, sondern relegierter Student. Im übrigen gibt die Erzählung, wenn sie auch stilisiert ist, keinen Anlaß zu besonderen Zweifeln. Auf den Namen Mandelstamms, des künftigen liberalen Advokaten, der in seiner Jugend tatsächlich vorübergehend an den Masern des Marxismus erkrankt war, stoßen wir in diesem Zusammenhang das erstemal: diese interessante Einzelheit konnte Radek nur von Lenin selbst erfahren haben. Die Erwähnung des Narodowolzen-Zirkels bestätigt, daß es den Bruder des Terroristen eben zu diesem Milieu hinzog.

Man darf sich jedoch diesen Kasaner Zirkel auf keinen Fall als eine Verschwörer- und schon gar nicht als eine Terroristen-Organisation vorstellen. Es gruppierten sich einfach einige junge Leute um irgendwen, der unter Polizeiaufsicht stand, vielleicht um die schon erwähnte Tschetwergowa. Wenn man die Worte Radeks, daß Lenin an jenem Abend zum erstenmal den Namen Marx hörte, wörtlich nimmt, dann muß man nicht nur die Erzählung über den Simbirsker Versuch, das erste Kapitel des **Kapital** aus dem Deutschen zu übersetzen, in das Reich der Fabel verweisen, sondern auch annehmen, daß sich Wladimir im Sommer 1886 absolut nicht für das dicke Buch interessierte, über dem Alexander die Abendstunden zubrachte. Das ist durchaus nicht unmöglich. Mit Turgenjew und dem Schachspiel beschäftigt, ließ der Gymnasiast vielleicht einen flüchtigen Blick über den Einband gleiten, ohne sich auch nur den Namen des Autors zu merken.

Von der ersten russischen Ausgabe des **Kapital** entfielen auf die Universitätsstadt Kasan wahrscheinlich etwa ein Dutzend Exemplare; die meisten davon wurden aus den öffentlichen Bibliotheken entfernt oder bei Hausdurchsuchungen konfisziert. Das Buch war schon längst eine Rarität geworden. Ob es Wladimir gelang, den Schatz mit Hilfe von verbannten Narodowolzen oder ansässigen Studenten aus dem Geheimschrank irgendeines gebildeten Liberalen aufzutreiben, wissen wir nicht. Es ist möglich, daß gerade die Suche nach dem **Kapital** ihn über Mandelstamm oder auf anderen Wegen mit den ersten marxistischen Zirkeln in Berührung brachte.

Wie dem auch sei: der aus der kaiserlichen Universität ausgeschlossene Student wurde Student an der geheimen Universität von Marx. Und was für ein Student! Der Biograph würde viel darum geben, wenn er durch einen Spalt den jungen Lenin in der Reserveküche des Kasaner Hinterhauses über dem ersten Kapitel des **Kapital** beobachten könnte. Wenn ihm Anna am Abend unter die Augen kam, erwählte er sie sofort zu seinem Auditorium. Wladimir konnte nicht wie Alexander seine Gedanken in sich verschließen. Sie beherrschten ihn, unterwarfen ihn sich und verlangten, daß er ihnen die anderen unterwarf. Auf der mit alten Zeitungen bedeckten Herdplatte sitzend und wild gestikulierend, entdeckte er seiner älteren Schwester die Geheimnisse des Mehrwerts und der Ausbeutung.

Über den Kasaner Zirkel, an dem Wladimir teilnahm, sind nur sehr spärliche Mitteilungen erhalten. Wohl auf Grund einer Vermutung schreibt Jelisarowa: *»Irgendeinen angesehenen Leiter gab es in diesem Zirkel nicht.«* Einige Studenten lasen gemeinsam gute Bücher und tauschten ihre Gedanken über das Gelesene aus. Im Frühling 1889 wurden diese Studien offenbar systematischer. Wladimir war an den Abenden häufiger nicht zu Hause. Er war in diesen Monaten beim Studium des **Kapital** weiter fortgeschritten und überhaupt reifer geworden; man kann mit Bestimmtheit annehmen, daß er im Zirkel zum Ersten unter Gleichen wurde und seine Verpflichtungen als inoffizieller Leiter sehr ernst nahm und sie gewissenhaft erfüllte. Aber einstweilen handelte es sich erst um die Suche nach dem Weg.

In der Universitätsstadt gab es einige Zirkel dieser Art. Ernster war der Zirkel Fedossejews, der eine zentrale Rolle spielte. Der Leiter des Zirkels, der 1869 geboren war und mit 29 Jahren sein Leben auf tragische Weise beendete, war eine wirklich bemerkenswerte Gestalt. Wegen revolutionärer Beeinflussung seiner Kameraden war er schon aus der achten Gymnasialklasse ausgeschlossen worden. Diese Lehre besserte ihn nicht im geringsten, im Gegenteil, sie regte ihn zu noch intensiverer Arbeit an. Im Bericht eines örtlichen Gendarmerieoffiziers heißt es: *»Fedossejew hatte trotz seiner Jugend bei der hiesigen studierenden Jugend in revolutionärer Hinsicht eine sehr beträchtliche Autorität ...«* Der Zirkel Fedossejews, der über eine kleine illegale Bibliothek verfügte, gründete einen eigenen illegalen Verlag. In diesen finsteren Zeiten war das ein großes und kühnes Unterfangen, dem allerdings eine breitere Entwicklung versagt blieb.

Wladimir, der dem zentralen Zirkel nicht angehörte, erfuhr von diesen Plänen, nahm aber nicht daran teil. Er wollte lernen. Das Schicksal Alexanders rief ihn nicht nur auf den Weg der Revolution, sondern warnte ihn auch vor den Gefahren. Sich Hals über Kopf hineinzustürzen, sich unüberlegt zum Opfer bringen – dieser Gedanke lag ihm schon in diesen jungen Jahren fern. Das Bewußtsein der eigenen Bedeutung war in ihm schon erwacht. Er bereitete sich vor, ohne Hast und ohne verkrampftes Hin und Her. Natürlich nicht deshalb, weil es ihm an Leidenschaft fehlte. Aber die Fähigkeit, die Leidenschaft zu disziplinieren, war eine seiner höchsten, und sie war es, die ihn zum Führer der anderen machte.

In den Winter 1888/89 verlegt Jelisarowa ohne irgendwelchen konkreten Hinweis *»den Beginn der Herausarbeitung sozialdemokratischer Überzeugungen bei Wladimir Iljitsch.«* Die vorsichtige Formulierung *»Beginn der Herausarbeitung«* sagt so gut wie nichts. Aber wir haben uns auf jeden Fall weit entfernt von der Behauptung der jüngeren Schwester, daß der sozialdemokratische Weg angeblich schon 1887 gewählt wurde. Doch auch die ältere Schwester eilt den Ereignissen voraus. Es handelte sich vorläufig nur um das Studium der Wirtschaftstheorie von Marx, die auf ihre Art auch die Narodniki anerkannten. Wladimir studierte sie ernster als die anderen, aber er war noch weit entfernt von den notwendigen politischen Schlußfolgerungen. Dafür spricht, wenn auch nur indirekt, seine Beziehung zu Fedossejew. Jelisarowa ist jedoch der Ansicht, daß man *»von einem Einfluß des einen auf den anderen nicht sprechen kann«*, da es »ungefähr gleichwertige Größen« waren.

Für die Frage, die uns beschäftigt, besteht keine Veranlassung, das spezifische Gewicht der Persönlichkeit von zwei jungen Männern zu vergleichen, von denen Fedossejew um ein Jahr älter war. Für uns handelt es sich um die Fristen der Entwicklung in der Richtung zur Sozialdemokratie. Aus allem, was über Fedossejew bekannt ist, geht hervor, daß er Uljanow beträchtlich voraus war. Wie Gorki mitteilt, der in diesen Jahren an der Wolga lebte und in radikalen Zirkeln verkehrte, erklärte sich Fedossejew schon 1887 mit **Unsere Meinungsverschiedenheiten** von Plechanow solidarisch. Wenn auch das Gedächtnis Gorkis, wo es sich um Ideen und Daten handelt, nicht allzu zuverlässig ist, so wird sein Zeugnis doch von anderen Zeitgenossen indirekt bestätigt. *»Fedossejew war schon damals (1888) ein sich formender Marxist«*, schreibt der ehemalige Kasaner Student Lalajanz. In Beantwortung einer ihm gestellten Frage schrieb Lenin selbst einige Jahre vor seinem Tod: *»N.J. Fedossejew war einer der ersten, die ihre Zugehörigkeit zur marxistischen Richtung verkündeten.«* Unter dem Einfluß des älteren Sozialdemokraten P. Skworzow lehnte Fedossejew außerdem den Terror der Narodowolzen ab, was in jenen Jahren unter Marxisten nicht üblich war. Gerade das mußte für Alexander Uljanows Bruder ein Stein des Anstoßes sein.

Es besteht alle Ursache, anzunehmen, daß Wladimir an der Peripherie der Propaganda Fedossejews in den marxistischen Interessenkreis geriet; höchstwahrscheinlich erhielt er auch aus diesen Kreisen den geheiligten Band des **Kapitals**. Wladimir machte jedoch nicht die Bekanntschaft Fedossejews und traf ihn bis zu seiner Abreise aus Kasan kein einziges Mal, obwohl er mit weniger scharf umrissenen Mitgliedern derselben Gruppe engen Kontakt hatte. Diese Tatsache, die von den Memoirenschreibern und Biographen unbeachtet geblieben ist, bedarf der Erklärung. Lenin selbst bemerkt in derselben Auskunft: *»Ich hörte von Fedossejew in der Zeit meines Aufenthaltes in Kasan, aber persönlich bin ich mit ihm nicht zusammengekommen.«* Wir werden später sehen, daß Lenin immer auf der Suche nach Bekanntschaften und Verbindungen mit Gleichgesinnten war. Nach einer kurzen Zeitspanne begann er mit demselben Fedossejew einen Briefwechsel über theoretische Fragen des Marxismus und unternahm speziell eine Reise, um zu versuchen, seine persönliche Bekanntschaft zu machen. Warum also suchte Uljanow in Kasan, wo es so einfach war, seine Bekanntschaft zu machen, Fedossejew nicht auf, man möchte fast sagen:

warum mied er ihn? Die Annahme, daß Fedossejew, der im damaligen marxistischen »Untergrund« eine zentrale Stellung einnahm, aus Erwägungen der Konspiration die Bekanntschaft ablehnte, erweist sich als absolut unwahrscheinlich: wie der Kasaner Grigorjew erzählt, wurde der Name Fedossejews unter der Jugend überall und *»nicht völlig konspirativ«* genannt; anderseits war Wladimir aus der Universität relegiert und der Bruder eines gehenkten Terroristen: die Rekommandation klang höchst eindrucksvoll. Viel wahrscheinlicher ist, daß Wladimir selbst die Bekanntschaft mied. Als er mit dem Studium des **Kapitals** begann, hatte er durchaus nicht die Absicht, sich von der Narodowolzen-Tradition loszulösen. Gleichzeitig konnte er sich keineswegs hinreichend beschlagen fühlen, um diese Tradition gegen die Kritik eines Sozialdemokraten zu verteidigen, der den Terror ablehnte. Wenn man dem noch hinzufügt, daß Wladimir es nicht liebte, sich durch fremde Argumente geschlagen zu geben, erst recht, wenn es sich um einen Altersgenossen handelte, dann wird es verständlich, warum er vielleicht vorgezogen hat, sich nicht vor der Zeit den Schlägen des Gegners auszusetzen. Durch andere Mitglieder des Zirkels war er hinreichend auf dem laufenden über die Ideen und Argumente Fedossejews, um sie bei seinem Studium ins Kalkül zu ziehen. Derartige Methoden vorsichtiger Erkundung, die vor allem von der gewaltigen Selbstbeherrschung sowie von jener Eigenschaft sprechen, die in den Worten *»auf der Hut sein«* zum Ausdruck kommt, wendete Lenin wiederholt auch in späteren Jahren an. Diese psychologischen Erwägungen sind so überzeugend, daß man die Hypothese aufstellen kann – wir werden für sie bald eine Reihe von Bestätigungen finden -, daß nicht weniger als vier Jahre (1887 bis 1891) die revolutionären Tendenzen Wladimirs keinen sozialdemokratischen Anstrich erhielten und das Studium des Marxismus für ihn nicht eine Trennung von der Fahne des älteren Bruders bedeutete.

Ohne Kenntnis der Werke Plechanows konnte sich Wladimir auch gar nicht ernstlich die Frage der Wahl zwischen der Sozialdemokratie und dem Narodowolzentum stellen. Gewiß, Kamenjew, der erste Redakteur der Werke Lenins, bringt seine Überzeugung zum Ausdruck, daß die Literatur der »Gruppe der Befreiung der Arbeit«, die damals in den radikalen Kreisen Kasans zirkulierte, *»zweifellos Wladimir Iljitsch bekannt wurde.«* Aber wir sind absolut nicht überzeugt davon. Wladimir hielt sich in Kasan alles in allem etwa sieben Monate auf. Der Name Plechanow sagte ihm noch nichts. Die Literatur der »Gruppe der Befreiung der Arbeit« ging zwar von Hand zu Hand, aber nur in einem Exemplar. Wladimir war hinreichend in Anspruch genommen vom **Kapital**. Und schließlich, wenn ihm auch **Unsere Meinungsverschiedenheiten** zu dieser Zeit in die Hände kamen, so hätte er ohne Kenntnis des Abc der politischen Ökonomie und der Geschichte der russischen revolutionären Bewegung mit dem polemischen Buch, das keineswegs für Anfänger gedacht war, kaum viel anfangen können.

Darüber, wann Wladimir sich mit der russischen sozialdemokratischen Literatur zu befassen begann, haben wir, wenn wir von den Mutmaßungen Kamenjews absehen, einzig und allein einen positiven Hinweis desselben Radek: Lenin erzählte ihm auf einem gemeinsamen Spaziergang, daß er nicht nur das **Kapital**, sondern auch den **Anti-Dühring** von Engels schon studiert hatte, bevor es ihm gelang, die von der »Gruppe der Befreiung der Arbeit« herausgegebenen Schriften in die Hand zu bekommen. Man kann als nachgewiesen betrachten, daß Wladimir den **Anti-Dühring** nicht früher als im Herbst 1890 in Petersburg zu lesen bekam; die Bekanntschaft mit den Werken Plechanows, ohne die man nicht zur Sozialdemokratie kommen konnte, fällt daher in das Jahr 1891. Wenn man nicht die begeisterten Anachronismen beiseite räumt, kann man die tatsächlichen Meilensteine der Entwicklung nicht feststellen und auch nicht annähernd zeigen, wie dieser junge Mann, der sich mit neunzehn Jahren an die Beschäftigung mit den Gesellschaftswissenschaften machte, binnen vier Jahren als von Kopf bis Fuß gerüsteter junger Kämpfer auf den Schauplatz trat. Die eben erwähnten Daten werden sich für uns im weiteren mit lebendigerem Inhalt füllen. Einstweilen wiederholen wir nur: bei Lenin gab es keinerlei Frühreife, sein Genie war organisch, hartnäckig, auf gewissen Etappen sogar langsam, weil es tief war. Wie soll man da nicht den Memoirenschreibern, Biographen, Verehrern und Schwestern aufs neue raten: treibt Lenin nicht mit Kinderpeitschen an, laßt ihn seinen eigenen Schritt gehen, er kommt schon auf den Weg, und, ihr könnt es glauben, zur richtigen Zeit!

Der in Kasan verbrachte Winter war eine Zeit hitziger Schachbegeisterung. Zwei Umstände begünstigten diese Fieberhitze: das jugendliche Alter, das nach Gymnastik aller Art verlangt, nach verschwenderischer Verausgabung der physischen und geistigen Kräfte, und die unklare Situation: Wladimir war ein relegierter Student und wußte nicht, wohin er sich wenden sollte. Für einen Amateur beträchtliche Erfolge hatte er schon im Gymnasium erzielt, wo er den Vater weit überholte. Als Alexander das letztemal auf Ferien kam, kämpften die Brüder an den Abenden – hartnäckig, schweigsam, konzentriert. Im Spiel mit Dmitrij, dem jüngeren Bruder, und überhaupt mit schwächeren Spielern, kannte Wladimir nicht jene zur Nachlässigkeit führende Großmut, die es dem Gegner gestattet, Züge zurückzunehmen, womit man ihn und sich selbst demoralisiert. Die Beachtung der Spielregeln gehörte für ihn zu den wesentlichen Elementen für den eigentlichen Genuß des Spieles. Mangel an Scharfblick und Schlamperei mußten bestraft und nicht prämiert werden. Das Spiel ist eine Repetition des Kampfes, und im Kampf gibt es kein Zurücknehmen von Zügen. Wladimir besuchte regelmäßig den Kasaner Schachklub und erprobte zu Hause seine Kräfte im Blindspiel. In diesem Winter vermittelte ihm Jelisarow eine Briefpartie mit dem Samarer Advokaten Chardin; einem hervorragenden Amateur. Das Duell, das auf Postkarten geführt wurde, kam zu einem kritischen Moment. Wladimir schien es, er habe mit seinem letzten Zug den Gegner in eine ausweglose Lage getrieben. Während er auf die Antwort wartete, stellte er immer wieder die Figuren auf und überzeugte sich aufs neue: für den Gegner gab es keine Rettung. Chardin antwortete mit einem so unerwarteten Zug, daß Wladimir zuerst völlig verblüfft war, dann aber nach sorgfältiger Analyse anerkennend ausrief: »*Ja, das ist ein Spieler, eine verfluchte Stärke!*« Fremde Stärke, selbst beim Gegner, bereitete ihm immer ein ästhetisches Vergnügen. Drei Jahre später sollte der Advokat Chardin Chef des vereidigten Rechtsanwaltsgehilfen Wladimir Uljanow werden.

In die Kasaner Periode fällt eine interessante Episode, die von der Schwester erzählt wird. Wladimir begann zu rauchen, wahrscheinlich unter dem Einfluß der Zirkelgenossen, die die nebelhaften Debatten über den Kapitalismus mit unvermeidlichen Rauchwolken umgaben. Die Mutter war beunruhigt wie jede Mutter; als die Argumente hinsichtlich Gesundheit nichts fruchteten, berief sich Maria Alexandrowna darauf, daß man der Familie keine unnützen Ausgaben verursachen dürfe, wenn man kein eigenes Einkommen hat. Wladimir empfand offenbar sehr scharf den in den Worten der Mutter versteckten Vorwurf wegen der enttäuschten Hoffnungen. Er hörte sofort auf zu rauchen, und zwar endgültig, fürs ganze Leben.

Die Angst, Wladimir könnte »*hineinsausen*«, veranlaßte die Mutter, wie Anna berichtete, ein »*kleines Gehöft im Samarer Gouvernement zu erwerben und die Bewilligung herauszuschlagen, im Sommer dorthin zu übersiedeln.*« Die Erzählung Annas leidet an Unvollständigkeit. Das »*kleine Gehöft*« verfügte – wie der Gouverneur Swerbejew sofort dem Polizeidepartement meldete – über ein Grundstück von neunzig Hektar und eine Mühle: bloß für einen Sommeraufenthalt war das etwas zuviel. Tatsächlich verfolgte Maria Alexandrowna wirtschaftliche Ziele: Man mußte doch an Mittel für den Unterhalt der Familie denken. Der Vater Maria Alexandrownas befaßte sich, wenn er auch seiner Ausbildung nach Arzt war, in Kokuschkino mit der Landwirtschaft, und ihre Mutter stammte offenbar von deutschen Kolonisten an der Wolga, die vorbildliche Landwirte waren. Seit jeher oblag Maria Alexandrowna in der Familie die Sorge um den Obst- und Gemüsegarten. Kein Wunder, daß sie auf den Gedanken kam, ein Grundstück zu kaufen und auf diesem dauernd seßhaft zu werden. Die Verwandlung Wladimirs in einen Grundbesitzer und Landwirt hätte noch den zusätzlichen Vorteil gehabt, daß sie ihn vor den politischen Leidenschaften und Gefahren bewahrt hätte.

Anna schickte sich um diese Zeit an, einen Universitätskollegen Alexanders, den ehemaligen Petersburger Studenten Jelisarow, zu heiraten. Ihm oblag es auch, ein Grundstück in seiner Heimat, dem Samarer Gouvernement, zu kaufen. Nicht ohne Hilfe seines Bruders, eines Kulaken, entledigte sich Jelisarow erfolgreich des Auftrages und erwarb durch einen Gelegenheitskauf vom Goldbergwerksbesitzer Sibirjakow ein Anwesen. Eine großzügige russische Natur, ein reicher Aufklärer und linker Liberaler, beabsichtigte Sibirjakow ursprünglich im Samarer Gouvernement vorbildliche Wirtschaften, Musterfarmen und Schulen zu gründen. Aus all diesen Plänen wurde nichts, und der gigantische Besitz mußte stückweise verkauft werden. Für das Grundstück von 90 Hektar, mit einer Mühle und einem Gehöft, fünfzig Kilometer von Samara entfernt, wurden 7.500 Rubel bezahlt. Für jene Zeit nicht wenig Geld: es setzte sich zusammen aus dem Erlös für das Simbirsker Haus und vielleicht auch dem Anteil Maria Alexandrownas am Gut in Kokuschkino. So wurden die Uljanows kleine Gutsbesitzer in der Steppe.

Wenn Jelisarowa die wirtschaftliche Seite der Operation verschweigt, so will sie damit offenbar die Gestalt Wladimirs vor der Berührung mit der Prosa des Alltags bewahren. Tatsächlich aber entfernt sie nur aus der Kette seines Lebens ein sehr interessantes Glied. Glücklicherweise übermittelt uns Krupskaja dazu eine flüchtige, aber äußerst wertvolle Bemerkung von Lenin selbst: *»Die Mutter wollte, daß ich mich auf dem Land mit der Wirtschaft beschäftige. Ich habe angefangen, aber ich habe gesehen, es geht nicht: die Beziehungen zu den Muschiks werden abnormal.«* Mehr wissen wir nicht über diese Episode. Nur aus späteren Briefen Wladimirs an die Mutter ist ersichtlich, daß die wirtschaftlichen Beziehungen und Schwierigkeiten von Alakajewka ihm nicht ganz fremd waren. Seien wir Krupskaja doppelt dankbar für die zwei knappen Zeilen: erfahren aus ihnen, daß Wladimir praktisch daranging, die wirtschaftlichen Pläne der Mutter durchzuführen, sich aber aus eigener Erfahrung überzeugen konnte, daß *»die Beziehungen zu den Muschiks abnormal wurden.«* Diese Episode ist weit wichtiger als das in Vers und Prosa besungene nächtliche Viehhüten mit den Bauernkindern und die Begegnungen des Gymnasiasten mit den Muschiks von Kokuschkino auf seinen Spaziergängen. Den Versuchen Wladimirs in der Landwirtschaft war offenbar nur der erste Sommer gewidmet, da er im Frühling 1890 schon die Erlaubnis zur Ablegung der Prüfungen erhielt und die wirtschaftlichen Pläne natürlich fallengelassen wurden. Aber sie gingen für die Formung der Persönlichkeit Wladimirs nicht spurlos vorüber. Eine – wenn auch nur kurze – Zeit beobachtete er nicht bloß die Bauern, sondern kam mit ihnen auf dem Boden von Arbeitsbeziehungen in Berührung. Und das ist durchaus nicht ein und dasselbe! Eigenes Inventar und ständige Arbeitskräfte gab es auf dem Anwesen nicht, die Bodenbearbeitung konnte nur auf Grund von Abmachungen mit Bauern des benachbarten Alakajewka, eines wahrhaft jämmerlichen und armen Dörfleins, durchgeführt werden. Von vierunddreißig Bauern hatten neun weder Pferde noch Kühe; vier hatten nicht einmal eine eigene Hütte, die Parzellen waren armselig; Schule gab es keine, nur eine Schenke; von der zweihundert Seelen zählenden Bevölkerung hatten nur vier Knaben irgendwo irgendwas gelernt, die übrige Bevölkerung konnte weder lesen noch schreiben. Über diese Armut erhoben sich einige reichlich dürftige Kulakenhöfe, die aber das Dorf in der Hand hatten. Eine Gewinn abwerfende Wirtschaft konnte man auf dem Anwesen nur im Bündnis mit den Kulaken betreiben: durch unbarmherzige Ausbeutung der Armbauern. Wenn Lenin in der Folge bei der Aufdeckung aller möglichen Formen von Abhängigkeit und Knechtung auf dem Gebiet der Agrarbeziehungen einen ganz ungewöhnlichen Scharfblick bewies, so spielte dabei, wie man wohl annehmen muß, seine eigene praktische Berührung mit den Bauern von Alakajewka keine unbedeutende Rolle.

Man mußte auf die eigene Wirtschaft verzichten, der Boden wurde verpachtet, und das Anwesen diente der Familie für vier bis fünf Sommermonate als Sommerhaus. Die Freiheit und Stille der Steppe, ein alter, verwahrloster Garten, der steil zu einem Bach abfiel, ein Teich, in dem man nach Herzenslust baden konnte, nicht weit ein Wald, wo man Himbeeren pflückte – ein prächtiges Sommerhaus! Im Garten hatte jeder seinen eigenen Lieblingswinkel für Lektüre und Studium. Die Familie lebte weniger isoliert als in Kokuschkino, die Angst vor einem Kontakt mit den Uljanows hatte schon ihre ursprüngliche Schärfe verloren; trotzdem waren in der ersten Zeit die Gäste nicht zahlreich. Maria erinnert sich an die Schüchternheit der Brüder und Schwestern, darunter auch Wladimirs, die beim Besuch von wenig bekannten Menschen durchs Fenster in den Garten flüchteten. Die Abneigung gegen unbekannte Menschen sowie die Vorliebe für das Manöver durchs Fenster gehören bekanntlich überhaupt zu den Eigenheiten der Jugend, vor allem auf dem Land, wo die neuen Menschen selten und die Fenster dem Boden nahe sind. Aber vielleicht hatte dieser selbstsichere junge Mann den Flaum der Schüchternheit noch nicht verloren; auf jeden Fall überwog bei dieser Schüchternheit immer mehr das Bestreben, sich nicht an Leute zu verausgaben, die das nicht wert sind.

Im Bezirk von Alakajewka hatten die Narodniki Ende der siebziger Jahre Propaganda zu betreiben versucht, in den achtziger Jahren aber gründeten sie auf Grundstücken, die sie von demselben Sibirjakow erworben hatten, landwirtschaftliche Kommunen: von der Sorge um die Rettung der Bauern durch die Revolution waren sie zur eigenen Rettung durch die Arbeit der Bauern übergegangen. Die Regierung beobachtete dieses Beginnen mit großem Mißtrauen; aber die Kommunen und Genossenschaften vegetierten so friedlich dahin, daß sie in den meisten Fällen der Polizei keinen Anlaß zum Einschreiten gaben. Einige wenige erfolgreiche Unternehmungen verwandelten sich im Lauf der Dinge in kapitalistische Betriebe, die meisten aber zerfielen schon nach den ersten Schritten. So war es auch bei der Alakajewka benachbarten Kommune: ihre Teilnehmer verliefen sich bald nach allen Windrichtungen, mit Ausnahme des hartnäckigen Organisators, Preobrashenskij. Wladimir knüpfte mit ihm eine Bekanntschaft an, und durch ihn mit einigen anderen Vertretern der Volkstümlerbewegung der Provinz. Mit Preobrashenskij hatte er lange Gespräche, oft bis spät in die Nacht, auf dem Weg zwischen dem Anwesen und der Kommune, hin und zurück, Wladimir hörte und schaute zu. Nein, diese friedlich gewordenen Leute, die schlecht den Boden umgruben, sei es im Namen des Kommunismus, sei es im Namen der Rettung der Seele, konnten ihn nicht auf ihre Seite bringen.

Alakajewka wurde selbstverständlich von den Polizeibehörden nicht aus dem Auge gelassen. Der Chef der Samarer Gendarmerieverwaltung meldete dem Polizeidepartement die Ankunft der Familie Uljanow, darunter der unter offener Polizeiaufsicht stehenden Anna und des unter nicht offener Polizeiaufsicht stehenden Wladimir sowie des ehemaligen Studenten Jelisarow, *»von zweifelhafter politischer Vertrauenswürdigkeit.«* Das Ministerium für Volksbildung erhielt in allen Fällen, wo es nötig war, vom Kurator des Lehrbezirkes, Maslennikow, ausführliche Meldungen über die Familie Uljanow. In die Beobachtungen einbezogen wurde auch der Gymnasiast Dmitrij, über den dem Kurator monatliche Rapporte geschickt wurden. Die Sache wurde noch dadurch kompliziert, daß Uljanows auf einer der ehemaligen Farmen Sibirjakows lebten, dieses Freundes der politischen Verbannten und Schutzherrn der landwirtschaftlichen Kommunen. *»Die Umstände wurden dadurch kompliziert«*, berichtete Maslennikow nach Petersburg, *»daß die Frage der Samarer Farmen und die Frage der Familie Uljanow in engen Zusammenhang gerieten.«* Mit einem Wort, es fehlte nicht an Beobachtern, und die Beobachtung blieb – um mit dem Kurator zu sprechen – *»für die zu Beobachtenden nicht unbemerkt.«* Die Ergebnisse waren jedoch bescheiden: *»Irgend etwas Ungebührliches«*, schrieb melancholisch die Samarer Gendarmerie, *»wurde nicht bemerkt.«* Es war auch schwer zu bemerken, da sich die ungebührlichen Prozesse vorläufig nur in den verborgensten Gehirnwindungen entwickelten. Aber dafür waren das sehr gefährliche Prozesse!

Die Übersiedlung nach Alakajewka machte Wladimir nicht zum Landwirt, aber sie bewahrte ihn vor der vorzeitigen Verhaftung, gemeinsam mit seinen Kasaner Freunden, als im Juli 1889 nicht nur der zentrale Zirkel Fedossejews aufflog, sondern auch die Mitglieder jenes Nebenzirkels, dem Wladimir angehört hatte. Er selbst schrieb einige Jahre später: *»Ich denke, ich hätte leicht auch verhaftet werden können, wenn ich diesen Sommer in Kasan geblieben wäre.«* In dieser Hinsicht wenigstens wurden die Überlegungen der Mutter bestätigt. Die Nachricht von den Kasaner Verhaftungen beeindruckten Wladimir tief. Sie mußten ihn in dem Gedanken bestätigen: man darf nicht sinnlos, wegen Kleinigkeiten, in die Hände des Feindes fallen; man mußte richtig arbeiten, um dem Feind möglichst großen Schaden zuzufügen; und dazu ist es notwendig, sich vorzubereiten.

Im Garten, im Schatten von Linden, hatte Wladimir seinen ständigen, durch das Grün vor der Sonne geschützten Winkel, mit Tisch und Bank, deren Beine in den Boden gerammt waren: hier verbrachte er die Stunden der Arbeit. *»Fünf Jahre lang, von 1889 bis 1893«*, schreibt Dmitrij Uljanow, *»war das das eigentliche Arbeitszimmer«* Wladimirs. In der Nähe war auf zwei Pfosten eine Querstange befestigt, ein sogenanntes Reck; dort machte er seine gymnastischen Übungen. Mit Verwunderung beobachtete der jüngere Bruder, wieviel Energie und Eifer Wladimir darauf verwendete, sich nicht mit der Brust, sondern mit dem Rücken zum Reck hochzustemmen. Lange gelang es ihm nicht. Endlich rief er Mitja als Zuschauer bei seinem Triumph: *»Ich habe es endlich ausbalanciert, schau!«* Und über das ganze Gesicht strahlend, saß er schon auf dem Reck. Schwierigkeiten überwinden, die eigenen Bemühungen disziplinieren, sich hochstemmen und aufs Reck setzen – »ausbalancieren«, es gibt nichts Schöneres als das! Mitja die neue gymnastische Fertigkeit zu zeigen ist ihm ebenso Bedürfnis, wie Anna die Geheimnisse des Mehrwertes auseinanderzusetzen.

Wladimir schwamm viel und geschickt im Teich von Alakajewka, ging auf die Jagd, besonders wenn sie mit einem schönen Ausflug verbunden war – zum Beispiel in die benachbarten Wälder auf Auerhähne –, aber er konnte es nicht leiden, unbeweglich mit der Angel zu sitzen. Der Sport stand damals bei der demokratischen Intelligenz durchaus nicht in Gunst. Aber Wladimir war beherrscht vom unermüdlichen Bemühen, die geistigen und körperlichen Kräfte in aktivem Gleichgewicht zu halten. Bei den Übungen auf dem Reck, beim Schwimmen, bei den Ausflügen, beim Singen – überall erwies er sich als unermüdlicher und gleichzeitig disziplinierter Draufgänger. So wie in früher Kindheit, faßte er das Leben vor allem als Bewegung auf, mit dem Unterschied, daß jetzt an erster Stelle die geistige Bewegung stand.

Wladimir half seiner jüngeren Schwester Maria beim Lernen, lehrte sie, ein Heft mit weißem Fäden zusammenzunähen – und nicht mit schwarzem, zeigte ihr, wie man ein Netz für eine geographische Karte zeichnet, wobei er auch diese kleinen Dinge mit jener Gewissenhaftigkeit tat, die ihn bei jeder Arbeit auszeichnete und die Maria ihr ganzes Leben lang in Erinnerung blieb. Nach dem Mittagessen befaßte sich Wladimir mit leichterer Lektüre, gelegentlich mit Belletristik; nicht selten gesellte sich Olga zu ihm, die sich anschickte, die Kurse in Petersburg zu besuchen, und sie lasen gemeinsam Gleb Uspenskij, einen Künstler der Volkstümlerbewegung.

Ein gedeckter Vorbau ersetzte eine Terrasse: hier trank man abends Tee und las, um nicht durch das Licht die Mücken ins Zimmer zu locken; hier nahm man auch mit fast biblischer Einfachheit das Abendessen ein: aus dem Keller wurde ein großer Krug Milch gebracht, und die Kinder aßen dazu graues Weizenbrot. An den Abenden wurde des öfteren gesungen und musiziert. Man sang im Chor, oder es sang, begleitet von Olga, Jelisarow, der Mann der älteren Schwester, allein. Auch Wladimir trat nicht selten als Solist auf. An bevorzugter Stelle stand in seinem Repertoire die Romanze *»Du hast bezaubernde Augen«*, und wenn es zur pathetischen Strophe kam: *»sie richten mich ganz zugrunde«, überschlug sich die Stimme des Sängers jedesmal bei einer hohen Note; Wladimir fuchtelte verzweifelt mit der Hand und rief unter Gelächter: »zugrunde, zugrunde... «*

Sofort nach der Übersiedlung nach Alakajewka hatte Wladimir neuerlich um die Erlaubnis angesucht, ins Ausland zu reisen, angeblich *»zur Kur«*, in Wirklichkeit, um eine der ausländischen Universitäten zu besuchen. Das Polizeidepartement fand jedoch, man könne auch in den Kaukasus zur Kur fahren, und gab ihm keinen Auslandspaß. Die Absage war natürlich betrüblich, aber das Unglück war trotzdem nicht allzu groß. Jene zweieinhalb Jahre, die Fedossejew in der Einzelhaft zubrachte, blieb Wladimir unter den Fittichen der Mutter, unter Bedingungen, die für die physische wie für die geistige Gesundheit gleich günstig waren. Das Schicksal nahm diesen jungen Mann ganz offenbar unter seinen Schutz, als ob es ihn im vorhinein für besondere Zwecke bestimmt hätte. Und der junge Mann verstand es, die Gunst des Schicksals zu nutzen. Sie hatten sichtlich einen geheimen Vertrag auf Gegenseitigkeit geschlossen.

Unter dem Deckmantel der Reaktion

Das Regime Alexanders III. hatte seinen Höhepunkt erreicht. Das 1889 erlassene Gesetz über die Landeshauptleute stellte die administrative Macht und Gerichtsbarkeit der örtlichen Adeligen über die Bauern wieder her. So wie die Gutsherren vor der Reform erhielten die neuen Hauptleute das Recht, nach eigenem Gutdünken einen Bauern nicht nur verhaften, sondern auch auspeitschen zu lassen. Die ländliche Gegenreform des Jahres 1890 gab endgültig die örtliche Selbstverwaltung in die Hände des Adels. Gewiß, schon die Landordnung von 1864 hatte durch den Boden-Zensus hinreichend die Herrschaft der Gutsherrn über die Selbstverwaltung gesichert. Aber da der Boden den Händen des Adelsstandes entglitten war, mußte der Besitz-Zensus durch einen Standes-Zensus ergänzt werden. Die Bürokratie gewann eine Macht, wie sie sie nur beim Väterchen Nikolaj Palkin (Prügel-Nikolaj) seligen Angedenkens gehabt hatte. Die immer seltener werdende revolutionäre Propaganda wurde jetzt allerdings weniger streng bestraft als unter dem »Befreier-Zaren«, gewöhnlich mit einigen Jahren Kerker oder Verbannung; Zwangsarbeit und Galgen blieben nur den Terroristen vorbehalten. Dafür wurden für die Verbannung besonders mörderische Gegenden ausgewählt. Die bestialischen Mißhandlungen gefangener Revolutionäre bei jeder Äußerung des Protestes fanden die persönliche Billigung des Zaren. Im März 1889 wurden fünfunddreißig Verbannte, die sich in Jakutsk in einem Haus eingeschlossen hatten, mit Gewehrsalven beschossen: sechs wurden getötet, neun verwundet, drei hingerichtet, die übrigen zur Zwangsarbeit geschickt. Im November desselben Jahres wurde die Zwangsarbeiterin Sigida wegen Beleidigung des Gefängniskommandanten zu hundert Stockschlägen verurteilt und starb einen Tag später; dreißig Zwangsarbeiter nahmen aus Protest Gift; fünf starben auf der Stelle. Aber die Isolierung der revolutionären Zirkel, die in einem Meer der Gleichgültigkeit untergingen, war so groß geworden, daß die blutigen Sanktionen nicht nur auf keine aktive Abwehr stießen, sondern auch lange Zeit unbekannt blieben. So drang die Kunde von den Tragödien in Jakutsk und an der Kara wohl kaum früher als nach einem Jahr zu Wladimir Uljanow, der damals in Samara lebte.

Nach der Zerschlagung der Universitäten erreichte die Stimmung der studierenden Jugend einen Tiefpunkt. Es gab keinen einzigen Versuch, die Vergewaltigung durch die Regierung mit Terror zu beantworten. Der Fall vom 1. März 1887 blieb die letzte Konvulsion der Narodowolzen-Periode. *»Der Mut von Menschen wie Uljanow und seinen Genossen«*, schrieb im Ausland Plechanow, *»erinnert mich an den Mut der alten Stoiker ... Ihr früher Tod war nur geeignet, die Kraftlosigkeit und Morschheit* *der sie umgebenden Gesellschaft ins rechte Licht zu rücken ... Ihr Mut ist der Mut der Verzweiflung.«* 1888 war das schwärzeste Jahr dieser düsteren Periode. »*Der Anschlag von 1887*«, schreibt der Petersburger Student Brussnjow, »*löschte alle Funken des studentischen Freiheitsstrebens. Sie alle fürchteten einer den anderen und jeder überhaupt alle.*« »*Die gesellschaftliche Reaktion erreichte ihren Höhepunkt*«, erinnerte sich der Moskauer Student Mitzkjewitsch, »*weder vorher noch nachher gab es ein so finsteres Jahr ... Ich habe in Moskau überhaupt kein illegales Material gesehen.*« Verrat, Treulosigkeit, Abfall lösten einander in häßlicher Folge ab. Der Führer und Theoretiker der »Narodnaja Wolja«, Lew Tichomirow, der vor fünf Jahren die Machtergreifung für die sofortige sozialistische Revolution verkündet hatte, erklärte sich 1888 als Anhänger der Selbstherrschaft des Zaren und gab in der Emigration ein Pamphlet heraus **Warum ich aufgehört habe, Revolutionär** zu sein. Die Hoffnungslosigkeit trieb Hunderte und Tausende ehemaliger Ketzer zur Vereinigung – diesmal schon nicht mehr mit dem Volk sondern mit den besitzenden Klassen und der Bürokratie. Die unmittelbar vor seinem Tod geschriebene Strophe Nadsons »*Nein. ich glaube nicht mehr an euer Ideal*«, klang als Bekenntnis der ganzen Generation. Weniger Elastische hängten sich auf oder erschossen sich. Tschechow schrieb an den Schriftsteller Grigorowitseh über die Selbstmorde junger Menschen:

> *»Einerseits ... der leidenschaftliche Hunger nach Leben und Wahrheit, der Traum eines Wirkens, weit wie die Steppe ...; anderseits die unermeßliche Ebene, das rauhe Klima das graue rauhe Volk mit seiner schweren kalten Geschichte, das Tatarentum, der Bürokratismus, die Armut, die Unbildung ... Das russische Leben schlägt den russischen Menschen ... wie ein tausend Pud schwerer Stein«*

Ganz zu Beginn dieses in Nebel der Reaktion gehüllten Jahrzehnts vollzog sich jedoch ein gewaltiges politisches Ereignis: die russische Sozialdemokratie wurde geboren. In den ersten Jahren vegetierte sie allerdings fast ausschließlich in Genf und Zürich und schien eine entwurzelte Sekte zu sein, deren Anhänger man an den Fingern beider Hände zählen konnte. Die Bekanntschaft mit ihrem Stammbaum wird uns jedoch zeigen, daß die Sozialdemokratie ein organisches Entwicklungsprodukt in Rußland war und daß Wladimir Uljanow nicht zufällig Anfang der neunziger Jahre sein Leben mit dem Leben dieser Partei verband.

Von Hippolyt Myschkin, dem Hauptangeklagten im »Prozeß der 193«, haben wir gehört, daß die revolutionären Aktionen der Intelligenz Ausdruck – richtiger wäre zu sagen: indirekte Widerspiegelung – der Unruhen der Bauernschaft waren. Tatsächlich – hätte es im alten Rußland keine revolutionären Probleme der Bauern gegeben, die periodisch bald zu Hungersnot und Epidemien, bald zu spontanen Meutereien führten – hätte auch keine revolutionäre Intelligenz mit ihrem Heroismus und ihren utopischen Programmen existiert. Das Land der Zaren ging mit der Revolution schwanger, deren soziale Basis der Widerspruch zwischen den Überresten des Feudalismus und den Erfordernissen der kapitalistischen Entwicklung war;

die Verschwörungen und Attentate der Intelligenz waren nur die ersten Geburtswehen der bürgerlichen Revolution. Doch wenn die Befreiung der Bauernschaft ihre nächste Aufgabe war, dann sollte das Proletariat ihre entscheidende Kraft werden. Und schon bei den ersten Schritten der revolutionären Geschichte Rußlands kann man die unmittelbare und offenkundige Abhängigkeit der revolutionären Aktionen der Intelligenz von den Bewegungen der Industriearbeiter feststellen.

Die durch die Bauernreform des Jahres 1861 im Lande hervorgerufene allgemeine Erregung äußerte sich in den Städten in Arbeiterstreiks, die die Unzufriedenheit des »Volkes« bestätigten und den ersten revolutionären Zirkeln Mut machten. Das Geburtsjahr Lenins zeichnete sich durch die ersten großen Streiks in Petersburg aus. Wir wollen diese Koinzidenz nicht als mystisches Vorzeichen betrachten. Aber welch eigenartigen Akzent erhalten in diesem Zusammenhang die Worte Marxens im Aufruf an die Mitglieder der russischen Sektion der Ersten Internationale im selben Jahr 1870: *»Euer Land beginnt ebenfalls teilzunehmen an der allgemeinen Bewegung unseres Jahrhunderts!«* In der zweiten Hälfte der siebziger Jahre nahmen schon Hunderte Arbeiter an der revolutionären Bewegung teil. Freilich suchten sie sich, entsprechend der herrschenden Theorie, selbst als zeitweilig von der Scholle gerissene Angehörige der Dorfgemeinschaft zu betrachten. Aber die fortschrittlichen Arbeiter, die auf die bauernfreundliche Propaganda, für die die Bauern selbst taub blieben, aktiv reagierten, gaben ihr eine Auslegung, die ihrer eigenen sozialen Lage entsprach und nicht selten die Vormünder aus den Reihen der Intelligenz erschreckte. Die verlorenen Söhne der Volkstümlerbewegung gründeten in den Städten, im Norden und im Süden, die ersten proletarischen Organisationen, erhoben die Forderung nach Streik-, Koalitions- und Versammlungsfreiheit und Einberufung einer Volksvertretung und gaben den spontanen Unruhen der Industriearbeiter den Stempel ihres Einflusses.

Die Petersburger Streiks der Jahre 1878/79, die nach dem Zeugnis Plechanows, der Augenzeuge dieser Ereignisse und an ihnen beteiligt war, *»zum Ereignis des Tages wurden – für sie interessierte sich so gut wie die ganze Intelligenz und das denkende Petersburg«*, erhitzten sehr die Gemüter der revolutionären Kreise und gingen unmittelbar dem Übergang der Narodniki zum terroristischen Kampf voraus. Die Narodowolzen ihrerseits beschäftigten sich inzwischen auf der Suche nach Kampfreserven mit der Propaganda unter den Arbeitern. Wenn sich die revolutionären Bewegungen auf den beiden sozialen Ebenen – Intelligenz und Proletariat – auch in engem Zusammenhang entwickelten, so hatte doch jede von ihnen ihre eigene besondere Logik. Als die »Narodnaja Wolja« selbst schon vollständig zerschlagen war, bestanden die von ihren Mitgliedern gegründeten Arbeiterzirkel weiter, vor allem in der Provinz. Aber die Volkstümlerideen, wenn auch von den Arbeitern auf ihre Weise modifiziert, hinderten diese noch lange daran, den richtigen Weg zu beschreiten.

Der marxistische Kampf mit diesen eigenartigen Anschauungen wurde vor allem dadurch erschwert, daß die Narodniki selbst Marx durchaus nicht feindlich gegenüberstanden. Infolge eines großen theoretischen Mißverständnisses, das seine historischen Wurzeln hatte, betrachteten sie ihn aufrichtig als einen ihrer Lehrer. Die von Bakunin begonnene und von Narodnik Danielson fortgesetzte russische Übersetzung des **Kapital** erschien 1872, wurde von den radikalen Kreisen mit Begeisterung begrüßt und sofort in 3.000 Exemplaren verbreitet. Eine zweite Auflage wurde von der Zensur nicht zugelassen. Der äußere Erfolg des Buches beruhte jedoch auf einem inneren Mißerfolg der Doktrin. Die wissenschaftliche Analyse des kapitalistischen Systems wurde von der Intelligenz – von den Bakunisten ebenso wie von den Lawristen –, als Entlarvung der Sünden Westeuropas und als Warnung vor einem falschen Weg aufgefaßt. Das Exekutivkomitee der »Narodnaja Wolja« schrieb 1880 an Marx: *»Bürger! Die intelligente und fortschrittliche Klasse in Rußland ... hat das Erscheinen Ihrer wissenschaftlichen Arbeiten mit Begeisterung aufgenommen. In ihnen werden kraft der Wissenschaft die besten Prinzipien des russischen Lebens anerkannt.«* Marx fiel es nicht schwer, das Quiproquo zu erraten: die russischen Revolutionäre betrachteten das **Kapital** nicht als das, was es war, nämlich als wissenschaftliche Analyse des kapitalistischen Systems, sondern als moralische Verurteilung der Ausbeutung und damit als wissenschaftliche Sanktionierung der *»besten Prinzipien des russischen Lebens«*: der Dorfgemeinschaften und Genossenschaften. Marx selbst betrachtete die Bodengemeinschaft nicht als sozialistisches »Prinzip«, sondern als historisches System der feudalen Unterjochung der Bauern und als materielle Grundlage des Zarismus. Er sparte nicht an Sarkasmen gegen Herzen, dem, ebenso wie vielen anderen, ein gewisser preußischer Reisender, der konservative Baron Haxthausen, die Augen für den *»russischen Kommunismus«* geöffnet hatte. Dessen Buch erschien in russischer Sprache zwei Jahre vor dem **Kapital**, und die *»intelligente und fortschrittliche Klasse in Rußland«* versuchte hartnäckig, Marx mit Haxthausen unter einen Hut zu bringen. Kein Wunder: Verbindung des sozialistischen Zieles mit der Idealisierung der Grundlagen der Leibeigenschaft war ja auch das theoretische der Narodniki-Bewegung.

1879 zerfiel »Semlja i Wolja«, wie wir uns erinnern, in zwei Organisationen: die »Narodnaja Wolja«, die Ausdruck der demokratisch-politischen Tendenz war und die kämpferischen Elemente der vorhergehenden Bewegung erfaßte, und den »Tschorny Peredjel«, der bestrebt war, die rein volkstümlerischen Prinzipien des bäuerlich sozialistischen Umsturzes zu bewahren. Da er sich dem politischen Kampf widersetzte, der sich durch den ganzen Verlauf der Bewegung aufdrängte, verlor der »Tschorny Peredjel« jede Anziehungskraft. *»Die Organisation hatte schon von den ersten Tagen ihrer Entstehung an kein Glück«*, beklagte sich Deutsch, einer ihrer Gründer, in seinen Erinnerungen. Die besten Arbeiter, wie Chalturin, gingen zu den Narodowolzen. Dorthin tendierte auch die studierende Jugend. Noch schlechter stand es bei der Bauernschaft: *»Dort hatten wir einfach nichts.«* Der »Tschorny Peredjel« spielte keine revolutionäre Rolle. Dafür war es ihm beschieden, zur Brücke zwischen der Volkstümlerbewegung und der Sozialdemokratie zu werden.

Die Führer der Organisation – Plechanow, Sassulitsch, Deutsch, Axelrod – waren in den Jahren 1880/81 nacheinander genötigt, ins Ausland zu emigrieren. Gerade diese verbissensten Narodniki, die nicht aufgeben wollten im Kampf um eine liberale Verfassung, mußten mit besonderer Intensität jenen Teil des Volkes suchen, an den man sich halten konnte. Ihre eigene Erfahrung zeigte ihnen, ihren Absichten zum Trotz, mit einer Klarheit, die keinen Zweifel zuließ, daß nur die Industriearbeiter für die Propaganda des Sozialismus empfänglich waren. Gleichzeitig gelang es der schönen und auch der wissenschaftlichen Literatur der Narodniki selbst, entgegen der eigenen Tendenz, die aprioristischen Vorstellungen über eine harmonische »Volks-Produktion«, die sich bei näherem Zusehen als ein barbarisches Stadium des Kapitalismus erwies, gründlich zu erschüttern. Es mußten »nur noch« die richtigen Schlußfolgerungen gezogen werden. Aber diese Arbeit bedeutete eine ganze ideologische Revolution. Die Ehre, die traditionellen Anschauungen revidiert und den neuen Weg gewiesen zu haben, gebührt unstreitig dem Führer der Tschornoperedjelzen, Georgij Walentinowitsch Plechanow. Wir werden noch oft mit ihm zusammentreffen, als Lehrer, dann als älterer Mitarbeiter und schließlich als unversöhnlicher Gegner Lenins.

Rußland hat schon den Weg zum Kapitalismus beschritten, und die Intelligenz kann es von diesem Weg nicht abbringen. Die bürgerlichen Beziehungen werden in immer größeren Widerspruch zur Selbstherrschaft geraten und gleichzeitig neue Kräfte wecken, die den Kampf mit ihr aufnehmen. Die Eroberung der politischen Freiheit ist die notwendige Voraussetzung des weiteren Kampfes des Proletariats für den Sozialismus. Die russischen Arbeiter müssen die liberale Gesellschaft und die Intelligenz bei ihren Bemühungen um die Verfassung, und die Bauernschaft bei ihren Aufständen gegen die Überreste der Leibeigenschaft unterstützen. Die revolutionäre Intelligenz hingegen muß, wenn sie einen machtvollen Verbündeten gewinnen will, sich theoretisch auf den Boden des Marxismus stellen und ihre Kräfte der Propaganda unter den Arbeitern widmen.

Das war in den wichtigsten Zügen die neue revolutionäre Konzeption. Heute scheint sie eine Kette von Gemeinplätzen zu sein. 1883 klang sie als kühne Herausforderung der heiligsten Vorurteile. Die Lage wurde für die Neuerer dadurch aufs äußerste kompliziert, daß sie, die als theoretische Verkünder des Proletariats auftraten, in der ersten Zeit genötigt waren, sich unmittelbar an jene soziale Schicht zu wenden, der sie selbst angehörten. Zwischen den Pionieren des Marxismus und den erwachenden Arbeitern stand die traditionelle Scheidewand der Intelligenz. Die alten Anschauungen waren bei ihr so fest verankert, daß Plechanow und seine Genossen beschlossen, selbst die Bezeichnung »Sozialdemokratie« zu vermeiden und sich »Gruppe der Befreiung der Arbeit« zu nennen.

So entstand in der kleinen Schweiz die Keimzelle einer künftigen großen Partei, der russischen Sozialdemokratie, aus deren Mitte in der Folge der Bolschewismus hervorging, der Begründer der Räterepublik. Die Welt ist mit so wenig Voraussicht begabt, daß bei der Geburt großer historischer Ereignisse keine Herolde die Posaunen blasen und die Himmelsleuchten keine wunderbaren Zeichen senden.. Die Entstehung des russischen Marxismus erschien in den ersten acht bis zehn Jahren als eine wenig bemerkenswerte Episode.

Da sie befürchtete, die wenig zahlreiche linke Intelligenz abzustoßen, rührte die »Gruppe der Befreiung der Arbeit« einige Jahre lang nicht an das Dogma des Terrors. Den Fehler der Narodowolzen erblickte sie nur darin, daß ihre terroristische Tätigkeit nicht ergänzt wurde durch die *»Schaffung von Elementen für die künftige sozialistische Arbeiterpartei Rußlands.«* Plechanow bemühte sich nicht ohne Grund, die Terroristen als Politiker der klassischen Volkstümlerbewegung gegenüberzustellen, die den politischen Kampf ablehnte. *»Die ›Narodnaja Wolja‹«*, so schrieb er 1883, *»kann für sich keine andere Rechtfertigung finden, und darf sie auch nicht suchen, als den modernen wissenschaftlichen Sozialismus.«* Aber die Zugeständnisse an den Terror blieben wirkungslos, und die theoretischen Mahnungen verklangen ungehört.

Der Niedergang der revolutionären Bewegung in der zweiten Hälfte der achtziger Jahre betraf alle Tendenzen, führte zu geistiger Stagnation und verhinderte dadurch jede einigermaßen nennenswerte Verbreitung der marxistischen Ideen. Je mehr die Intelligenz als Ganzes das Schlachtfeld verließ, desto verbissener hielten sich die einzelnen, die der Revolution die Treue bewahrten, an die durch die Vergangenheit geheiligten heroischen Traditionen. Ein revolutionärer Kampf des europäischen Proletariats hätte die Aufnahme der marxistischen Ideen erleichtern können. Aber die achtziger Jahre waren auch im Westen Jahre der Reaktion. In Frankreich waren die Wunden der Kommune noch nicht verheilt. Die deutschen Arbeiter hatte Bismarck in die Illegalität getrieben. Der britische Trade-Unionismus war ganz durchtränkt von konservativer Selbstzufriedenheit. Unter dem Einfluß zeitweiliger Ursachen, über die wir später noch sprechen werden, war die Streikbewegung in Rußland selbst abgeflaut. Kein Wunder, wenn die Gruppe Plechanows vollständig isoliert war. Man beschuldigte sie der künstlichen Aufputschung des Klassenhaders an Stelle des notwendigen Bündnisses aller »lebendigen Kräfte« gegen den Absolutismus.

Das von Alexander Uljanow in aller Eile zwischen der Erzeugung von Salpetersäure und der Präparierung von Kugeln mit Strychnin verfaßte Programm der Terroristischen Fraktion erklärte zwar, daß die Meinungsverschiedenheiten mit den Sozialdemokraten *»sehr unwesentlich seien«*, aber nur, um sofort seine Hoffnung auf einen *»unmittelbaren Übergang der Volkswirtschaft zu einer höheren Form«*, unter Vermeidung des kapitalistischen Stadiums der Entwicklung, zum Ausdruck zu bringen und die *»große selbständige Bedeutung der Intelligenz«*, ihre Fähigkeit zur *»sofortigen Führung des politischen Kampfes gegen die Regierung«* anzuerkennen. Praktisch stand die Gruppe Alexander Uljanows den Arbeitern ferner als die Terroristen der vorhergehenden Generation.

Die Verbindungen der »Gruppe der Befreiung der Arbeit« mit Rußland waren zufällig und unverläßlich. *»Über die Gründung der ›Gruppe der Befreiung der Arbeit‹ durch Plechanow im Jahre 1883«*, erinnert sich Mitzkjewitsch, *»drangen nur dunkle Gerüchte zu uns.«* In den feindlichen Kreisen der Emigration erzählte man mit Vergnügen, wie in Odessa eine Gruppe von Radikalen **Unsere Meinungsverschiedenheiten** von Plechanow feierlich verbrannte; und diese Gerüchte fanden Glauben, da sie gut der Stimmung, wenn nicht sogar den Tatsachen entsprachen. Die wenig zahlreichen Anhänger der Gruppe unter der russischen Jugend im Ausland hatten einen weit engeren Horizont und weit weniger persönlichen Mut als die Revolutionäre des vorhergehenden Jahrzehnts; manche nannten sich Marxisten, weil sie hofften, daß sie das der revolutionären Pflichten enthebe. Plechanow, der niemanden mit einer bissigen Bemerkung verschonte, nannte diese zweifelhaften Gesinnungsgenossen *»Invaliden, die noch nie auf einem Schlachtfeld waren.«* Anfang der neunziger Jahre war es so, daß die Führer der Gruppe endgültig an ihren Hoffnungen auf die Eroberung der Intelligenz verzweifelten. Axelrod erklärte ihre fehlende Aufnahmefähigkeit für die Ideen des Marxismus mit ihrer bürgerlichen Entartung. Diese im allgemeinen historisch richtige und durch den weiteren Verlauf der Ereignisse bestätigte Erklärung eilte diesen zu weit voraus: die russische Intelligenz sollte noch eine Periode allgemeiner Begeisterung für den Marxismus durchschreiten, und diese Zeit war schon ganz nahe.

Ohne seine theoretische Anerkennung abzuwarten, vollzog indessen der Kapitalismus unter dem Deckmantel der Reaktion seine revolutionierende Arbeit. Die Folgen der feudalistischen und der kapitalistischen Maßnahmen der Regierung wollten sich auf keine Weise in ein harmonisches System bringen lassen. Trotz freigiebiger finanzieller Unterstützung durch die Regierung kam der Landadel rasch herunter. In den drei Jahrzehnten nach der Reform gab der herrschende Stand mehr als 35 Prozent seines Bodens aus der Hand, wobei gerade die Regierungszeit Alexanders III., die Epoche der Adelsrestauration, zur wichtigsten Epoche des Adelsruins wurde. Vor allem war es natürlich der kleine und mittlere Adel, der den Boden verlor. Was die Industrie betrifft, deren Gewinne dank den hohen Schutzzöllen 60 Prozent erreichten, so ging es mit ihr ununterbrochen aufwärts, besonders zu Ende des Jahrzehnts. So vollzog sich trotz der adligen Gegenreformen die kapitalistische Umgestaltung der Volkswirtschaft. Während die Regierungspolitik die Knoten des Mittelalters, besonders im Dorf, immer fester und fester knüpfte, begünstigte sie anderseits das Anwachsen jener Kräfte der Stadt, die berufen waren, diese Knoten zu zerhauen. Die reaktionäre Regierung Alexanders III. wurde zum Treibhaus der russischen Revolution.

An dem allgemeinen Bild der achtziger Jahre, das wir in einem der vorhergehenden Kapitel entworfen haben, müssen wir jetzt eine sehr wesentliche Korrektur vornehmen.: die verschiedenen Schichten der gebildeten Gesellschaft – die liberalen Semstwo-Leute, die radikale Intelligenz, die revolutionären Zirkel – verfielen in Apathie; aber gleichzeitig vollzog sich unter dem Deckmantel der Reaktion in den Tiefen der Nation das Erwachen der Industriearbeiter, kam es zu stürmischen Streiks, manchmal zur Zerstörung von Fabriken und Werken und Zusammenstößen mit der Polizei, noch ohne klar revolutionäre Intentionen, aber schon mit revolutionären Opfern. Gleichzeitig mit den Ansprüchen und Forderungen entflammte die Solidarität, in der Masse erwachte die Persönlichkeit, da und dort traten örtliche Führer hervor. In der Geschichte des russischen Proletariats sind die achtziger Jahre verzeichnet als Beginn des Aufstiegs.

Die Streikbewegung, die schon in den letzten Jahren der Regierung Alexanders II. begonnen hatte, aber in den Jahren 1884 bis 1886 ihren Höhepunkt erreichte, nötigte die Presse der verschiedenen Schattierungen, alarmiert festzustellen, daß in Rußland eine besondere »Arbeiterfrage« entstanden war. Die zaristische Verwaltung - man muß ihr Gerechtigkeit widerfahren lassen – begriff beträchtlich früher als die linke Intelligenz die revolutionäre Bedeutung des Proletariats. Schon Ende der sechziger Jahre beginnen die Geheimdokumente die Industriearbeiter als höchst unzuverlässige Klasse zu klassifizieren, während die Publizistik der Volkstümler nach wie vor fortfährt, das Proletariat als Teil der Bauernschaft zu betrachten.

Gleichzeitig mit den grausamen Repressalien gegen die Streikenden beginnt sich seit 1882 rasch die Fabrikgesetzgebung zu entwickeln: Verbot der Kinderarbeit, Schaffung der Fabrikinspektion, Ansätze zur Regelung der Arbeit von Frauen und Jugendlichen. Das Gesetz vom 3. Juni 1886, das unmittelbar nach großen Streiks der Textilarbeiter erlassen wurde, legte die Verpflichtung der Fabrikanten fest, zu bestimmten Fristen bar zu bezahlen, und schlug überhaupt die erste Bresche in die Mauer der patriarchalischen Willkür. So war die Regierung des Zaren, die selbstzufrieden die Kapitulation aller oppositionellen Gruppierungen der gebildeten Gesellschaft registrierte, genötigt, selbst vor der erwachenden Arbeiterklasse die erste Kapitulation zu vollziehen. Ohne richtige Wertung dieser Tatsachen kann man die ganze weitere Geschichte Rußlands einschließlich der Oktoberrevolution nicht verstehen.

Trotz Fortdauer und sogar Verschärfung der Agrarkrise weicht, allen Theorien der Narodniki zum Trotz, die industrielle Depression Ende der achtziger Jahre einem Aufschwung. Die Zahl der Arbeiter nimmt rasch zu. Die neuen Fabrikgesetze und vor allem die niedrigen Preise für Gebrauchsgüter verbessern die Lage der Arbeiter, die an das Elend im Dorf gewöhnt sind. Die Streiks flauen vorübergehend ab. In dieser Zeitspanne erreicht die revolutionäre Bewegung den Tiefpunkt der letzten dreißig Jahre. So wird das konkrete Studium des politischen Zickzacks der russischen Intelligenz zu einem höchst lehrreichen Kapitel der Soziologie: der freie »kritische Gedanke« erweist sich bei jedem Schritt als abhängig von materiellen Ursachen, die er nicht erkennt. Wenn eine Flaumfeder, die jeder Hauch davonträgt, Bewußtsein besäße, betrachtete sie sich als das freieste Wesen der Welt!

In der Streikbewegung anfangs der achtziger Jahre spielten die von der revolutionären Bewegung des vorhergehenden Jahrzehnts erzogenen Arbeiter die führende Rolle. Die Streiks wieder gaben den empfänglichsten Arbeitern der neuen Generation einen Anstoß. Gewiß, mystische Grübeleien drangen in diesen Tagen auch in die Arbeiterkreise. Aber wenn für die Intelligenz die Tolstojanerei Ablassen vom aktiven Kampf bedeutete, so war es für die Arbeiter nicht selten die erste, noch unklare Form des Protestes gegen die soziale Ungerechtigkeit. So erfüllen ein und dieselben Ideen nicht selten bei den verschiedenen sozialen Schichten entgegengesetzte Funktionen. Die Nachklänge des Bakunismus, die Narodowolzen-Traditionen und die ersten marxistischen Losungen verschmelzen bei den fortschrittlichen Arbeitern mit der eigenen Streikerfahrung und gewinnen unvermeidlich die Farbe des Klassenkampfes. Gerade im Jahre 1887 gab sich Lew Tolstoi bekümmerten Erwägungen über die Ergebnisse des revolutionären Kampfes in den letzten zwanzig Jahren hin. »*Wieviel aufrichtig gute Bestrebungen; wieviel Opferbereitschaft hat unsere junge Intelligenz darauf verwendet, um die Wahrheit aufzurichten ... Und was ist das Ergebnis? Nichts. Schlimmer als nichts.*« Der große Künstler hat sich in der Politik auch diesmal geirrt. Die zugrundegerichteten geistigen Kräfte der Intelligenz drangen tiefer in das Erdreich, um bald als erste Keimlinge des Massenbewußtseins zu sprießen.

Die von ihren gestrigen Führern im Stich gelassenen Arbeiterzirkel setzten selbständig die Suche nach ihrem Weg fort. Sie lasen viel, stöberten in alten und neuen Zeitschriften Artikel über das Leben der westeuropäischen Arbeiter auf, wandten das Gelesene auf sich selbst an. Einer der ersten marxistischen Arbeiter, Schelgunow, erinnert sich, daß in den Jahren 1887/88, das heißt in der allerverfluchtesten Zeit, die »*Arbeiterzirkel sich mehr und mehr entwickelten ... Fortschrittliche Arbeiter ... suchten bei den Trödlern Bücher aus und kauften sie.*« Zu den Trödlern kamen diese Bücher zweifellos von der enttäuschten Intelligenz. Ein Band des **Kapital** wurde von den Altwarenhändlern auf vierzig bis fünfzig Rubel geschätzt. Dennoch gelang es den Petersburger Arbeitern, dieses geheiligte Buch zu erstehen. »*Ich selbst*«, schreibt Schelgunow, »*mußte das **Kapital** kapitelweise in Stücke zerreißen, daß es gleichzeitig in vier, fünf Zirkeln gelesen werden konnte.*« Der Arbeiter Moissejenko, Organisator des größten Textilarbeiterstreiks, studierte mit seinen Genossen in der Verbannung das Kapital und die Werke von Lassalle. Der Samen ist nicht auf Stein gefallen.

In einer Adresse, die dem alten Publizisten Schelgunow (man darf ihn natürlich nicht mit dem oben genannten namensgleichen Arbeiter verwechseln) kurz vor seinem Tod im Jahre 1891 überbracht wurde, dankte ihm eine Gruppe von Petersburger Arbeitern besonders dafür, daß er den russischen Arbeitern mit seinen Artikeln über den Kampf des Proletariats in Frankreich und England den richtigen Weg zeigte. Die Artikel Schelgunows waren für die Intelligenz geschrieben. In den Händen der Arbeiter dienten sie als Quelle für Schlußfolgerungen, die weiter gingen als die Absichten des Autors. Erschüttert vom Besuch der Arbeiterdelegation, nahm der alte Mann das Bild einer erwachenden Kraft mit ins Grab. Der bedeutendste Literat der Narodniki, G.I. Uspenskij, erfuhr noch, bevor er wahnsinnig wurde, daß die fortschrittlichen Arbeiter ihn schätzten und liebten, und er beglückwünschte öffentlich die russischen Schriftsteller zum *»neuen Leser der Zukunft.«* Die Arbeiterredner auf der heimlichen Petersburger Maifeier 1891 erinnerten dankbar an den vorhergegangenen Kampf der Intelligenz und brachten gleichzeitig unzweideutig ihre Absicht zum Ausdruck, an ihre Stelle zu treten. *»Die heutige Jugend«*;, sagte einer von ihnen, *»denkt nicht ans Volk. Diese Jugend ist nichts anderes als ein parasitäres Element der Gesellschaft.«* Das Volk wird die Arbeiterpropagandisten besser verstehen, *»denn sie stehen ihm näher als die Intelligenz.«*

Jedoch an der Wende der zwei Jahrzehnte begannen sich die neuen Tendenzen auch im Kreise der Intellektuellen Bahn zu brechen, wenn auch sehr langsam. Die Studenten kamen in Berührung mit den Arbeitern und wurden von ihrer Zuversicht angesteckt. Junge Sozialdemokraten tauchten auf, bei denen gleichzeitig mit dem Stimmbruch auch die Hochachtung für die alten Autoritäten zerbrach. Einer der damaligen jungen Kasaner, Grigorjew, erinnert sich: *»1888 begann sich unter der Jugend in Kasan immer nachdrücklicher das Interesse für den Namen Marx zu äußern.«* Im Mittelpunkt der ersten marxistischen Zirkel in Kasan stand der hervorragende junge Revolutionär Fedossejew. Mit dem Winter 1888/89 nahm, wie Brussnjow berichtet, in Petersburg *»das Interesse für Bücher über gesellschaftliche und politische Fragen merklich zu. Es zeigte sich Nachfrage nach illegaler Literatur.«* Die Zeitungen wurden auf neue Art gelesen. Die **Russkije Wjedomosti (Russische Nachrichten)**, das Leiborgan des Semstwo-Liberalismus, brachte in diesen Jahren ausführliche Korrespondentenberichte aus Berlin mit großen Auszügen aus den Reden Bebels und anderer sozialdemokratischer Führer. Die liberale Zeitung wollte damit dem Zaren und seinen Ratgebern sagen, daß die Freiheit nicht gefährlich sei: der deutsche Kaiser sitze nach wie vor fest auf seinem Thron, Eigentum und Ordnung seien zuverlässig geschützt. Aber die revolutionären Studenten lasen aus diesen Reden etwas anderes heraus. Die Propagandisten träumten davon, aus den Reihen der Arbeiter russische Bebels zu erziehen. Die polnischen Studenten brachten neue Ideen: die Arbeiterbewegung entwickelte sich in Polen früher als in Rußland. Nach dem Bericht Brussnjows, der in den folgenden Monaten an die Spitze der sozialdemokratischen Gruppierungen in Petersburg treten sollte, überwog in den Zirkeln der Technologiestudenten schon 1889 die marxistische Richtung: den künftigen Ingenieuren, die sich für den Dienst am Kapitalismus ausbildeten, fiel es besonders schwer, den Glauben an eigenständige Wege Rußlands aufrechtzuerhalten. Die Technologen betrieben in den Arbeiterzirkeln eine höchst aktive Propaganda. Die Belebung griff gleichzeitig auf die alten, fast abgestorbenen Gruppierungen über. Die aus der Verbannung zurückgekehrten Narodowolzen versuchten, zunächst noch ergebnislos, wieder eine terroristische Partei auf die Beine zu stellen.

Leonid Krassin, der um diese Zeit gemeinsam mit seinem Bruder Hermann aus dem fernen Sibirien nach Petersburg gekommen war, schilderte später nicht ohne

Humor seine marxistischen Debüts. *»Das mangelnde Wissen wurde ergänzt durch jugendlichen Eifer und gesunde Stimmen ... Ende 1889 konnte man die Kampffähigkeit unseres Zirkels als zuverlässig betrachten.«* Leonid war damals 19 Jahre alt! Mitzkjewitsch beobachtete einen Stimmungsumschwung unter den Moskauer Studenten: es gab nicht mehr die frühere Hoffnungslosigkeit, es entstanden mehr Selbstbildungszirkel, es wuchs das Interesse für das Studium von Marx. Im Frühling 1890 brachen nach einer Unterbrechung von drei Jahren große Studentenunruhen aus. Sie führten dazu, daß die Brüder Krassin, beide Technologiestudenten, aus Petersburg nach Nishnij-Nowgorod verbannt wurden. Aus ihrem Mund hörte Mitzkjewitsch, der ebenfalls dorthin geraten war, zum erstenmal eine lebendige Verkündigung des Marxismus und stürzte sich auf **Unsere Meinungsverschiedenheiten** von Plechanow. *»Eine neue Welt erschloß sich mir: der Schlüssel zur umgebenden Wirklichkeit war gefunden.«* Das **Manifest der Kommunistischen Partei**, das er anschließend las, machte auf Mitzkjewitsch einen gewaltigen Eindruck: *»Ich begriff nun die Grundlagen der großen geschichtsphilosophischen Theorie von Marx. Ich wurde Marxist, und zwar schon fürs ganze Leben.«* Inzwischen hatte Leonid Krassin das Recht erhalten, in die Hauptstadt zurückzukehren, und betrieb dort Propaganda unter den Webern. Newsorowa, die Anfang der neunziger Jahre Kursistin war, erzählt, welche Offenbarung seinerzeit die ersten Publikationen der »Gruppe der Befreiung der Arbeit« für die Jugend waren. *»Heute noch erinnere ich mich an den erschütternden Eindruck, den das* ***Kommunistische Manifest*** *von Marx und Engels machte.«* Krassin, Mitzkjewitsch, Newsorowa und ihre Freunde gehörten alle zu den heranwachsenden Kadern des künftigen Bolschewismus.

Die neue Stimmung in der russischen Intelligenz wurde auch durch die Ereignisse im Westen genährt, wo die Arbeiterbewegung die Depression überwand. Der berühmte Streik der englischen Docker unter der Führung des späteren Renegaten John Burns brach einem neuen, kämpferischen Trade-Unionismus Bahn. In Frankreich erholten sich die Arbeiter von der Katastrophe, Guesde und Lafargue betrieben marxistische Propaganda. Im Herbst 1889 fand in Paris der Gründungskongreß der neuen Internationale statt. Plechanow gab auf dem Kongreß seine prophetische Erklärung ab: *»Die russische Revolution wird nur als Arbeiterrevolution siegen, einen anderen Ausweg gibt es nicht und kann es nicht geben.«* Diese Worte, die im Kongreßsaal fast ungehört verklangen, fanden in Rußland Widerhall in den Herzen mehrerer Generationen von Revolutionären. Schließlich erhielt die illegale Sozialdemokratie in Deutschland 1890 bei den Wahlen fast anderthalb Millionen Stimmen: das Ausnahmegesetz gegen die Sozialisten, das zwölf Jahre lang bestanden hatte, brach schmählich zusammen.

Wie naiv ist der Glaube an die spontane Entstehung von Ideen! Es bedurfte einer ganzen Reihe von objektiven, materiellen Bedingungen, außerdem in einer gewissen Aufeinanderfolge, in einem bestimmten Zusammenhang, damit der Marxismus Einlaß erhielt in die Köpfe der russischen Revolutionäre. Der Kapitalismus mußte ernstliche Erfolge erzielen; die Intelligenz mußte alle anderen Wege bis zum Ende gehen – den Bakunismus, den Lawrismus, die Propaganda unter der Bauernschaft, die Ansiedlung im Dorf, den Terror, die friedliche Kulturarbeit, das Tolstoijanertum; die Arbeiter mußten Streiks durchführen; die sozialdemokratische Bewegung im Westen mußte aktivere Formen annehmen; schließlich mußte die furchtbare Hungerkatastrophe des Jahres 1891 alle Geschwüre der russischen Volkswirtschaft bloßlegen -, dann, und erst dann begannen die Ideen des Marxismus, der seine theoretische Formulierung fast fünfzig Jahre früher erhalten hatte und der von Plechanow für Rußland seit 1883 verkündet wurde, endlich auf russischem Boden Anerkennung zu finden. Aber auch das ist noch nicht alles. Sie erhielten im Milieu der Intelligenz zwar Massenverbreitung, wurden aber sogleich, entsprechend der sozialen Natur dieser Schicht, deformiert. Erst mit dem Auftreten einer bewußten proletarischen Avantgarde stand der Marxismus endlich fest auf den Füßen. Heißt das, daß die Ideen unwesentlich oder machtlos sind? Nein, das heißt nur, daß die Ideen sozial bedingt sind; bevor sie Ursache von Tatsachen und Ereignissen werden, müssen sie deren Folge sein. Noch genauer: die Idee steht nicht über der Tatsache als höhere Instanz, dann die Idee selbst ist eine Tatsache, die sich als unentbehrliches Glied in die Kette der anderen Tatsachen fügt.

Die persönliche Entwicklung Wladimir Uljanows vollzog sich in engem Zusammenhang mit der Evolution der russischen Intelligenz und der Herausbildung einer dünnen Schicht von fortschrittlichen Arbeitern. Die Biographie verschmilzt hier organisch mit der Geschichte. Die subjektive Folgerichtigkeit der geistigen Entwicklung fällt zusammen mit der objektiven Folgerichtigkeit des Heranreifens der revolutionären Krise des Landes. Gleichzeitig mit dem Auftauchen der ersten marxistischen Kader und der ersten sozialdemokratischen Zirkel wächst und reift unter dem Deckmantel der Reaktion der künftige Führer des revolutionären Volkes.

Die »Samarer Periode«

Im Herbst übersiedelte die Familie in die Stadt, wo sie, gemeinsam mit den Jelisarows, die aus sechs bis sieben Zimmern bestehende obere Etage eines einstöckigen Holzhauses bewohnte. So wurde Samara für fast viereinhalb Jahre zum Hauptwohnsitz der Uljanows. Im Leben Lenins gibt es daher eine besondere Samarer Periode. Später, um die Mitte der neunziger Jahre, wurde Samara, nicht ohne Einfluß Lenins, gewissermaßen zur marxistischen Hauptstadt des Wolgalandes. Es ist notwendig, daß wir uns zumindest oberflächlich die Physiognomie dieser Stadt anschauen.

Die administrative Geschichte Samaras unterscheidet sich wenig von der Geschichte von Simbirsk: derselbe Kampf mit den Nomaden, dieselbe Epoche der Errichtung der »Stadt«, das heißt von hölzernen Befestigungsanlagen, derselbe Kampf mit Rasin und Pugatschow. Aber die soziale Physiognomie Samaras ist wesentlich anders. Simbirsk wurde zu einem soliden Adelsnest. Das weiter draußen in der Steppe liegende Samara begann wesentlich später, schon nach der Aufhebung der Leibeigenschaft, als Zentrum des Getreidehandels zu wachsen. Die Hauptstraße der Stadt trug wohl den Namen »Dworjanskaja« (Adelsstraße), war aber nur anderen nachgeahmt. Tatsächlich hatte die Leibeigenschaft in der Samarer Steppe fast gar nicht Fuß fassen können, die Stadt kannte keine Ahnen und keine Tradition. Sie hatte auch keine Universität wie Kasan, daher auch keinen Gelehrtenstand und keine Studentenschaft. Um so selbstbewußter wirtschafteten hier die Viehzüchter, die Landwirte, Getreidehändler und Müller, kräftige Pioniere des Agrarkapitalismus. Ganz ohne Interesse für Ästhetik und persönlichen Komfort, errichteten sie kleine Herrschaftshäuser mit Säulen, Parks und Gipsnymphen. Sie brauchten Landebrücken, Speicher, Mühlen, Mehlläden, schmiedeeiserne Tore, schwere Schlösser. Sie hatten nichts übrig für Jagdhunde, sondern nur für Wachhunde. Erst wenn sie reich genug geworden waren, bauten sie sich große, gemauerte Häuser.

Rund um die Getreidebourgeoisie des Wolgalandes mit ihren Landebrücken und Warenlagern nistete sich fahrendes und halbfahrendes Volk ein. Die ursprünglichen Bewohner der Samarer Vorstadtsiedlungen versuchten einmal, nach dem Beispiel der deutschen Mennoniten in Sarepta, den gewinnbringenden Anbau von Senf; aber dem russischen Menschen fehlte es dazu an Erfahrung und Geduld. Von den mißlungenen Senfpflanzungen blieben den Samarer Kleinbürgern nur die Bitternis der Enttäuschung und der ironische Spitzname »Gortschitschniki« (Senflinge). Wenn sie der Zorn packte, verursachten die Bewohner der Samarer Vororte gemeinsam mit den Wolgaschleppern, vor allem wenn sie betrunken waren, der Obrigkeit nicht wenige Sorgen. Aber ihre Meutereien waren sinn- und zwecklos wie ihr ganzes verpfuschtes Leben.

Der alte Schelgunow, derselbe, dem die Petersburger Arbeiter später die Adresse überreichten, gab 1887 eine interessante Schilderung von Samara, der Stadt der Pioniere:

> *»Neben den Palazzi erstrecken sich entweder Wüsteneien oder Zäune, oder ragen die Kamine von vor fünfzehn Jahren abgebrannten Häusern, die schon niemand mehr wieder aufbauen wird, so wie ein Pionier, der sich übernommen und Bankrott gemacht hat, niemals mehr hochkommt. Noch weiter draußen, jenseits der Zähne und Wüsteneien und der verstreuten Häuser am Stadtrand, liegen die Vorstadtsiedlungen, wo sich elende Hütten mit zwei oder drei Fenstern dicht zusammendrängen. Das sind die Dorfbewohner, die die Steppe verlassen und sich in der Stadt angesiedelt haben, um für die Pioniere zu arbeiten ...«*

In Samara gab es fast keine Industrie und daher auch keine Industriearbeiter. Und da es in Samara auch nicht den Infektionsherd einer Universität gab, schien es in der Liste jener Städte auf, in denen nichts zu befürchten ist und wo die Behörden den Revolutionären, wenn die Frist ihrer Verbannung nach Sibirien abgelaufen war, den Aufenthalt gestatteten und wohin man gelegentlich ein unzuverlässiges Element aus der Hauptstadt und den Universitätsstädten unter Polizeiaufsicht aussiedelte. Um diese nomadisierende Sippschaft, die bis zum Beginn der neunziger Jahre durchwegs im Lager der Volkstümler stand, gruppierte sich die örtliche linke Jugend. Nicht nur Landwirte und Kaufleute, sondern gelegentlich auch Beamte erlaubten sich in dem Gouvernement, in dem es weder Adelswillkür noch Studenten- und Arbeiterunruhen gab, ungestraft als Liberale aufzutreten. Die dumpfen Meutereien der Hafenarbeiter hatten keinen Platz im Buch der Politik. Unter den unter Polizeiaufsicht Stehenden konnte man immer vernünftige und anständige Gutsangestellte, Verwalter, Sekretäre und Repetitoren finden, wenn auch dem Gesetz nach viele dieser Beschäftigungen offizielle Zuverlässigkeit erforderten. Nach den Angaben der Samarer Polizei gab auch Wladimir Uljanow 1889 Privatstunden. Bei kleinen Begünstigungen des unzuverlässigen Elements schauten die Behörden von Samara durch die Finger.

Die ehemaligen Verbannten und die unter Polizeiaufsicht Stehenden, die zu ihnen hingezogenen Zirkel der Gymnasiasten, Seminaristen, Schülerinnen der Feldscherschule des Semstwo und schließlich die zu den Sommerferien kommenden Studenten bildeten sozusagen die Avantgarde des Gouvernements. Von dieser kleinen Welt gingen Fäden zu den Liberalen aus dem Kreis der Landwirte, Advokaten, Kaufleute und Beamten. Beide Gruppen bezogen ihre Nahrung aus den liberal-volkstümlerischen **Russkije Wjedomosti (Russische Nachrichten)**; der solide Flügel interessierte sich hauptsächlich für die sich gemäßigt anbiedernden Leitartikel und den landwirtschaftlichen Teil; die radikale Intelligenz vertiefte sich in die ausländischen Korrespondenzen. Von den Monatsschriften verschlang der linke Flügel gierig jede neue Nummer des **Russkoje Bogatstwo (Russischer Reichtum)**, besonders die Artikel des begabten volkstümlerischen Publizisten Michailowskij, eines unermüdlichen Verkünders der »subjektiven Soziologie.« Das solidere Publikum bevorzugte den **Wjestnik Jewropy (Europabote)** oder **Russkaja Mysl (Russisches Denken)**, Organe des heimlichen Konstitutionalismus. Über den Rahmen der Intelligenz ging die Propaganda in Samara absolut nicht hinaus. Das kulturelle Niveau der wenigen Arbeiter war äußerst niedrig. Einige Eisenbahner kamen allerdings in die Volkstümlerzirkel, aber nicht um in Arbeiterkreisen Propaganda zu betreiben, sondern um das eigene Bildungsniveau zu heben.

Die unter Polizeiaufsicht Stehenden besuchten ohne Bedenken die Familie Uljanow, bei der ihrerseits nach und nach jeder Grund wegfiel, die Gesellschaft von Feinden des Zaren und des Vaterlandes zu meiden. Die Witwe des Wirklichen Staatsrates kam in Berührung mit jener Welt, über die sie sich zu Lebzeiten ihres Mannes kaum jemals Gedanken gemacht hatte. Ihre Gesellschaft bestand jetzt nicht aus Gouvernementsbeamten mit ihren Frauen, sondern aus alten russischen Radikalen, Sektierern, Menschen, die Jahre im Gefängnis und in der Verbannung verbracht hatten und die sich ihrer Freunde erinnerten, die bei Terrorakten, bei bewaffneten Zusammenstößen oder im Zwangsarbeitslager zugrunde gegangen waren; mit einem Wort: mit Menschen jener Welt, in die Sascha fortgegangen war, um nicht wiederzukehren. Sie hatten über vieles ungewöhnliche Ansichten, ihre Manieren waren nicht immer auf der Höhe, einige von ihnen waren in den langen Jahren erzwungener Einsamkeit Sonderlinge geworden, aber es waren keine schlechten Menschen, im Gegenteil, Maria Alexandrowna mußte sich überzeugen, daß es gute Menschen waren: uneigennützig, treu in der Freundschaft, kühn. Man mußte ihnen wohlgesinnt sein; gleichzeitig mußte man sie aber auch fürchten: werden sie nicht auch den zweiten Sohn auf einen verhängnisvollen Weg locken?

Unter den Revolutionären, die unter Polizeiaufsicht in Samara lebten, waren Dolgow, der am berühmten Fall Netschajew beteiligt war, und das Ehepaar Liwanow: der Mann stand im »Prozeß der 193« vor Gericht, die Frau im Odessaer Prozeß Kowalskijs, der bei seiner Verhaftung bewaffneten Widerstand zu leisten versuchte. Die Gespräche mit diesen Menschen, vor allem mit den Liwanows, die Jelisarowa als *»typische Narodowolzen, sehr laut und gedankenreich«*, bezeichnete, wurden für Wladimir zu einer wirklichen praktischen Akademie der Revolution. Gierig folgte er ihren Erzählungen, stellte eine Frage nach der andern, wollte immer neue Einzelheiten wissen, um eine möglichst lebendige Vorstellung vom Verlauf des einstigen Kampfes zu bekommen. Eine große revolutionäre Epoche, die damals noch nicht erforscht und über die fast nichts geschrieben war und die außerdem von der neuen Generation durch eine Periode der Reaktion geschieden war, erstand vor Wladimir in lebenden menschlichen Gestalten. Dieser junge Mann hatte eine äußerst seltene Gabe: er verstand es, zuzuhören. Alles, was den revolutionären Kampf betraf, interessierte ihn: die Ideen, die Menschen, die Methoden der Konspiration, die Technik der Illegalität, die gefälschten Pässe, die Gerichtsprozesse, die Bedingungen der Verbannung und der Flucht.

Eine der Heimstätten der radikalen ländlichen Intelligenz in Samara war das Haus des Friedensrichters Samoilow. Jelisarow pflegte des öfteren hierherzukommen, und einmal kam ihm der glückliche Gedanke, seinen Schwager zu den Samoilows zu bringen. Dieser Besuch ermöglichte es dem Sohn Samoilows, viele Jahre später mit einigen sehr bezeichnenden Strichen das Bild des jungen Uljanow wieder lebendig zu machen: *»Als ich hinausging, um die Gäste zu begrüßen«*, erzählte Samoilow, *»lenkte plötzlich eine neue Gestalt meine Aufmerksamkeit auf sich: am Tisch saß in freier Pose ein sehr magerer junger Mensch mit stark geröteten Backenknochen im etwas kalmückischen Gesicht, mit spärlichem, leicht kupferfarbigem Bart, der offenbar noch keine Schere gesehen hatte, und lachlustigem Blick der lebendigen dunklen Augen. Er sprach wenig, aber das rührte offenbar durchaus nicht daher, daß er sich in der unbekannten Umgebung unbehaglich fühlte: nein, es war ganz klar, daß ihn diese Umgebung absolut nicht bedrückte. Im Gegenteil, es kam mir sofort irgendwie deutlich zum Bewußtsein, daß M.T. Jelisarow, der sich bei uns gewöhnlich ganz wie zu Hause benahm, diesmal sich zwar nicht gerade vor dem neuen Gast genierte, aber doch in seiner Gegenwart irgendwie ein wenig befangen war. Die Unterhaltung war ganz unbedeutend und betraf, wie ich mich erinnere, die Studentenbewegung in Kasan, die zur Folge hatte, daß Wladimir Iljitsch [das war er] genötigt war, die Kasaner Universität zu verlassen ... Er war offenbar nicht geneigt, sein Schicksal tragisch zu nehmen ... Mitten im Gespräch, mit der Formulierung einer Bemerkung beschäftigt, die ihm offenbar treffend erschien, brach er unvermittelt in ein kurzes, ganz und gar russisches Lachen aus. Und es war klar, daß ein kraftvoller, scharfsinniger Gedanke das Licht der Welt erblickt hatte, den er zuvor gesucht hatte. Dieses Lachen, gesund und nicht ohne Verschmitztheit, unterstrichen durch die verschmitzten Fältchen in den Augenwinkeln, ist mir im Gedächtnis geblieben. Alle lachten, aber er saß schon wieder ruhig da und hörte der allgemeinen Unterhaltung zu, wobei er die Gesprächspartner mit aufmerksamem und ein wenig spöttischem Blick fixierte.«* Als der Gast gegangen war, resümierte der von Natur aus zu lauten Gefühlsäußerungen neigende Hausherr den Eindruck mit den bewegten Worten: *»Was für ein kluger Kopf!«* Und der Ausruf des Vaters verschmolz in der Erinnerung des Sohnes für immer mit dem Bild des jungen Lenin, mit dem ironischen Spiel der Augen, mit seinem kurzen, »russischen« Lachen. *»Was für ein kluger Kopf!«* Diese von einem scharfen Beobachter erhaschte Skizze entschädigt uns für tausend Seiten pathetischer Hilflosigkeit, in der die meisten Erinnerungen untergehen.

Es überraschen etwa die Worte: *»Ein sehr magerer junger Mensch.«* Auch ein anderer Samarer, Semjonow, nennt Wladimir *»schmächtig.«* In der Kindheit nannte man Wladimir »Kubyschka« (Fäßchen). Auf den Gymnasialphotos schaut er gesund und kräftig aus. Der Samarer Klemenz schreibt über ihn: *»Das war ein junger Mensch von nicht hohem Wuchs, aber kräftiger Statur, mit frischem, rotem Gesicht.«* Ebenso zeichnet ihn, allerdings drei Jahre später, der Wladimir nahestehende Lalajanz: *»Von nicht hohem Wuchs, aber sehr kräftig und solid gebaut.«* Diese Beschreibung entspricht weit mehr dem, was wir über Wladimir in diesen Jahren wissen: ein großer Wanderer, ein Jäger, ein Meister im Schwimmen und Eislaufen, Turner auf dem Reck und, außer dem allem, ein Liebhaber davon, den Gesang auf hohen Noten abzubrechen. Möglich ist auch, daß er als abgemagerter Halbwüchsiger nach Samara kam und sich dann in der freien Steppe kräftigte.

Es besteht überhaupt kein Zweifel, daß Wladimir in der Samarer Periode Marxist und Sozialdemokrat wurde. Aber die Samarer Periode dauerte fast viereinhalb Jahre. Wie vollzieht sich in diesem weiten Rahmen die Entwicklung des jungen Mannes? Die offiziellen Biographien sind dieser Schwierigkeit ein für allemal enthoben durch die rettende Theorie, daß Lenin Revolutionär aus Vererbung und Marxist von Geburt war. Aber trotzdem ist das nicht so. Wir verfügen freilich über keine Dokumente, die beweisen würden, daß Wladimir in den ersten Samarer Jahren narodowolzische Anschauungen hatte; aber die Daten der späteren Jahre lassen in dieser Hinsicht kaum einen Zweifel. Wir werden später unwiderlegliche Zeugnisse von Lalajanz, Krshishanowski und anderen hören, daß Wladimir in den Jahren 1893 bis 1895, also als er schon vollendeter Marxist war, in der Frage des Terrors Anschauungen hatte, die im sozialdemokratischen Milieu ungewöhnlich waren und von allen als Überbleibsel der vorhergehenden Periode in seiner Entwicklung betrachtet wurden. Aber selbst wenn diese eindeutige Bestätigung a posteriori nicht vorläge, müßten wir auf jeden Fall fragen: Ist es nicht möglich, daß es eine solche Periode gab?

Der politische Schatten Alexanders folgte Wladimir jahrelang ständig auf den Fersen. *»Ist das nicht der Bruder von jenem Uljanow?«* schrieb ein hoher Bürokrat an den Rand eines offiziellen Dokuments. Mit denselben Augen sah ihn auch seine Umgebung. *»Der Bruder des gehenkten Uljanow«*, sagte von ihm mit Hochachtung die radikale Jugend. Le mort saisit le vif! Wladimir selbst erwähnte seinen Bruder nie, wenn er nicht durch direkte Fragen dazu genötigt war; und kein einziges Mal nannte er später in der Presse seinen Namen, obwohl es genügend Anlässe dazu gab. Aber gerade diese Zurückhaltung zeugt zuverlässiger als alles andere davon, welche tiefe Wunde der Tod Alexanders in seinem Bewußtsein hinterlassen hat. Um mit der Narodowolzentradition zu brechen, bedurfte es für Wladimir unvergleichlich überzeugenderer und gewichtigerer Motive als für jeden anderen.

Das hartnäckige Festhalten an seinen terroristischen Sympathien, das retrospektiv ein Licht auf seine vom Narodowolzentum beeinflußte Entwicklungsperiode wirft, hatte jedoch nicht nur persönliche Wurzeln. Wladimir entwickelte sich mit der ganzen Generation, mit der ganze Epoche. Selbst die ersten Arbeiten der »Gruppe der Befreiung der Arbeit« stellten ihn – wenn man annimmt, daß Wladimir schon Gelegenheit gehabt hatte, sie kennenzulernen – nicht auf Biegen und Brechen vor die Entscheidung, nicht weiter der Fahne seines älteren Bruders zu folgen. Plechanow entwickelte die Perspektive der kapitalistischen Entwicklung Rußlands, stellte aber die künftige Sozialdemokratie noch nicht der »Narodnaja Wolja« entgegen, sondern verlangte von den Narodowolzen nur, daß sie sich den Marxismus aneignen. Kurz vorher hatte die »Gruppe der Befreiung der Arbeit« in der Praxis den Versuch unternommen, sich mit der Auslandsvertretung der »Narodnaja Wolja« zusammenzuschließen. Wenn es – freilich nur zu Beginn des Jahrzehnts – in der Emigration so war, wo die streitbaren Theoretiker beider Richtungen wirkten, so mußte in Rußland selbst die Scheidung zwischen den Narodowolzen und den Sozialdemokraten auch noch Ende der achtziger Jahre sehr verschwommen und unklar gewesen sein. Axelrod bemerkt in seinen Erinnerungen sehr richtig, daß *»die wesentliche Scheidelinie zwischen den Narodowolzen und den Sozialdemokraten Ende der achtziger Jahre nicht auf der Linie Marxismus-Volkstümlerbewegung verlief, sondern auf der Linie unmittelbarer politischer Kampf, was damals gleichbedeutend mit Terror war, oder Propaganda.«* In den Fällen, wo die Marxisten den Terror anerkannten, verschwand die Scheidelinie überhaupt. So war Alexander, der bereits **Unsere Meinungsverschiedenheiten** gelesen hatte, der Ansicht, daß es zwischen den Narodowolzen und den Sozialdemokraten praktisch keine Meinungsverschiedenheiten gebe und daß Plechanow seiner Arbeit gegen Tichomirow ganz überflüssigerweise polemischen Charakter verliehen habe. In der Verschwörung des 1. März 1887 handelten Vertreter beider Schattierungen unter der Fahne der Narodowolzen.

Die Annäherung der beiden Tendenzen, die sich später unversöhnlich trennten, hatte in Wahrheit illusorischen Charakter und fand ihre Erklärung in ihrer Schwäche und im politischen Dämmerlicht der Epoche. Aber eben in diesem Dämmerlicht begann Wladimir das theoretische Studium des Marxismus. Gleichzeitig lernte er durch die Erzählungen der »Alten« die Praxis des Kampfes der letzten Zeit kennen, deren abschließendes Glied der Kette der Fall Alexander war. In Samara, wo es nicht einmal die ersten Anfänge einer Arbeiterbewegung gab, entstanden die Gruppierungen unter der Intelligenz mit Verspätung und entwickelten sich in verlangsamtem Tempo. Sozialdemokraten gab es überhaupt noch nicht. Unter diesen Bedingungen konnte Wladimir im Studium der marxistischen Klassiker weit fortschreiten, ohne zur endgültigen Wahl zwischen Sozialdemokratie und Narodowolzentum genötigt zu sein. Das Streben nach Klarheit und Vollendung war zweifellos die wichtigste Triebfeder seines Willens wie auch seines Intellekts. Aber ein nicht minder wichtiger Zug war bei ihm das Verantwortungsbewußtsein. Das Schicksal Alexanders hatte mit einem Schlag den Gedanken des Kampfes für die Freiheit aus der Sphäre der rosaroten Jugendträume ins Reich der harten Wirklichkeit verlegt. Die Wahl treffen bedeutete unter diesen Umständen: lernen, verstehen, überprüfen, sich überzeugen. Das erforderte Zeit.

Einer der ersten Freunde Wladimirs auf Samarer Boden war sein Altersgenosse Skljarenko. 1887 aus der sechsten Gymnasialklasse ausgeschlossen und verhaftet, saß er ein Jahr in den Petersburger »Kreuzen« (Festungen) und nahm nach der Rückkehr nach Samara die Propaganda unter der Jugend wieder auf. Vor allem seinen Bemühungen war die Gründung einer halb legalen, halb illegalen Selbstbildungsbibliothek zu danken. Aus alten Monatsschriften wurden nach einem speziellen Propagandakatalog die lehrreichsten Artikel herausgeschnitten, wobei nicht selten die erste und die letzte Seite mit der Hand abgeschrieben werden mußte. Die Sammelbände dieser Artikel wurden gebunden und bildeten zusammen mit etwa zweihundert ausgewählten Büchern die BSG (Bibliothek der Samarer Gymnasiasten), zu der Wladimir in den Samarer Jahren wiederholt Zuflucht nehmen mußte. Gemeinsam mit seinem Freund Semjonow verbreitete Skljarenko hektographierte Literatur von narodowolzischer Tendenz, die in ihrer Umgebung überhaupt dominierte. Wenn sich Uljanow schon in den ersten zwei Jahren seines Aufenthaltes in Samara als Sozialdemokraten betrachtet hätte, hätte es zwischen ihm und Skljarenko, Semjonow und ihren Freunden erbitterte Diskussionen gegeben, die bei entsprechender Hartnäckigkeit der Gegner unweigerlich und sehr bald zum Bruch geführt hätten. Aber nichts dergleichen geschah, die persönlichen Beziehungen blieben ungestört. Anderseits führten die freundschaftlichen Bindungen mit den jungen Narodowolzen nicht zur Beteiligung Wladimirs an ihrer illegalen Arbeit. Die revolutionären Pläne der grünen Jungen konnten ihm nach der Geschichte mit Alexander nicht imponieren. Er wollte vor allem lernen und brachte bald auch Skljarenko und Semjonow auf diesen Weg.

Vier Winter sollte Wladimir in Samara zubringen. Er wuchs und änderte sich in diesen Jahren und wechselte nach und nach auf das sozialdemokratische Geleise hinüber. Aber auch die änderten sich, die ihn beobachteten und unter seinem Einfluß standen. Die Grenzen zwischen den einzelnen Etappen verwischten sich in der Erinnerung. Die Ergebnisse der Evolution, wie sie sich 1892 zeigten, werden jetzt gewöhnlich auf die ganze Samarer Periode übertragen. Besonders klar zu erkennen ist das in den Erinnerungen der älteren Schwester. Wladimir stritt ihren Worten nach »**immer erbitterter**« mit den alten Narodowolzen über ihre grundlegenden Anschauungen. Zweifellos war es auch so. Aber in welchem Augenblick begannen die Streite, und wann nahmen sie erbitterten Charakter an? Anna, die sich damals in den prinzipiellen Fragen überhaupt wenig auskannte, heiratete gerade zur Zeit der Übersiedlung nach Samara Jelisarow, und obwohl beide Familien im selben Haus wohnten, sonderte sich das junge Paar natürlich von den anderen ab. An die ersten zwei Samarer Jahre im Leben Wladimirs kann sich die ältere Schwester fast überhaupt nicht erinnern.

Es fällt nicht schwer, zu glauben, daß die archaischen Anschauungen der »Alten« nicht geeignet waren, den tiefschürfenden jungen Verstand zu befriedigen. Wladimir kann und muß wohl schon in den ersten Jahren mit den Alten gestritten haben, nicht deshalb, weil er die Wahrheit gefunden hatte, sondern weil er sie suchte. Aber erst wesentlich später, gegen Ende der Samarer Periode, verwandelte sich dieser Streit in den Konflikt zweier Richtungen. Bemerkenswert ist, daß Jelisarowa selbst, auf der Suche nach lebendiger Illustration der Dispute, als Gegner den unter Aufsicht stehenden Wodowosow nennt. Aber die Streitgespräche mit diesem hoffnungslosen Eklektiker, der sich weder als Narodnik noch als Marxist betrachtete, fallen schon in den Winter 1891/92, also in das Ende des dritten Jahres von Wladimirs Aufenthalt in Samara.

Ein Samarer erzählt allerdings, wie Uljanow bei einer Bootsfahrt der radikalen Jugend, offenbar im Sommer oder Herbst 1890, die von einem gewissen Buchholz entwickelte idealistische Moraltheorie zerpflückte und zerfetzte und ihr die Klassenkonzeption entgegenstellte. Diese Episode läßt den Rhythmus der Entwicklung Wladimirs etwas rascher erscheinen, als auf Grund zuverlässiger Angaben angenommen werden kann. Aber bemerkenswert ist, daß Buchholz selbst, ein in Rußland geborener deutscher Sozialdemokrat, in dem uns interessierenden Punkt die eben angeführte Erzählung widerlegt. *»In den Versammlungen, die wir gemeinsam besuchten«*, schreibt er, *»zeigte W.I. Uljanow, soweit ich mich erinnern kann, keinerlei besondere Aktivität, und auf jeden Fall hat er keine marxistischen Anschauungen entwickelt.«* Der Wert dieses Zeugnisses ist unbestreitbar. Kann man daran zweifeln, daß Uljanow sein Licht nicht unter den Scheffel gestellt hätte, wenn das Licht schon geleuchtet hätte? Wenn er keine marxistischen Anschauungen entwickelte, so deshalb, weil er sie noch nicht herausgearbeitet hatte ...

Im Oktober 1889, schon nach der Übersiedlung nach Samara, schickt Wladimir »Seiner Exzellenz dem Herrn Minister für Volksbildung« ein neues, in seinem Ton höchst eindrucksvolles Gesuch. Im Laufe der zwei Jahre nach Abschluß des Gymnasiums hatte er, Wladimir Uljanow, *»reichlich Gelegenheit, sich von der ungeheuren Schwierigkeit, wenn nicht Unmöglichkeit zu überzeugen, für einen Menschen, der keine Spezialausbildung erhalten hat, eine Beschäftigung zu finden.«* Indessen benötigte der Unterzeichnete dringend eine Beschäftigung, um *»durch seine Arbeit die Familie zu unterstützen, bestehend aus der sehr alten Mutter und einem minderjährigen Bruder und einer Schwester.«* Er bittet diesmal nicht um Zulassung an die Universität, sondern um das Recht, das Schlußexamen als Externist abzulegen. Deljanow schrieb mit Bleistift auf das Gesuch: *»Über ihn beim Kurator und beim Polizeidepartement nachfragen, er ist ein übler Mensch.«* Klarerweise konnte das Polizeidepartement keine günstigere Meinung über den Bittsteller haben als der Unterrichtsminister. So erhielt der *»üble Mensch«* vom *»guten, lieben Menschen«* eine neuerliche Ablehnung.

Damit war, wie es schien, die Tür zur offiziellen Wissenschaft vor Wladimir für immer zugeschlagen. Letzten Endes hätte das wahrscheinlich nicht viel an seinem künftigen Schicksal geändert. Aber in jenen Tagen erschien Wladimir selbst und besonders der Mutter die Frage des Universitätsdiploms wesentlich bedeutsamer. Maria Alexandrowna reiste im Mai 1890 nach Petersburg, um dort für die Zukunft Wolodjas alles in Bewegung zu setzen, wie sie vor drei Jahren für das Leben Saschas alles in Bewegung gesetzt hatte. *»Es quält und schmerzt«*, schrieb sie, *»wenn man sieht, wie die besten Jahre des Sohnes nutzlos vorübergehen ...«* Und um das Herz des Ministers noch eher zu erweichen, suchte die Mutter ihn damit zu schrecken, daß die sinnlose Existenz des Sohnes *»ihn fast unabwendbar sogar auf den Gedanken des Selbstmordes bringen muß.«* Ehrlich gesagt, glich Wladimir sehr wenig einem Selbstmordkandidaten. Doch im Krieg, und die Mutter führte Krieg für den Sohn, geht es nicht ohne Kriegslist. Deljanow war offenbar etwas sentimental besaitet: wenn er den *»üblen Menschen«* auch nicht auf die Universität zurückkehren ließ, erlaubte er ihm diesmal doch, an einer der kaiserlichen Universitäten die Abschlußprüfungen in den Fächern der juridischen Fakultät abzulegen. Die Samarer Polizeiverwaltung verständigte die Witwe des Wirklichen Staatsrates, Maria Uljanowa, offiziell von der Gnade. Auf die Bitte Wladimirs, die Prüfungen an der Petersburger Universität ablegen zu dürfen, erfolgte wieder eine positive Antwort. Außer Bemühungen der Mutter half dabei zweifellos auch der Umstand, daß in den zweieinhalb Jahren seit seinem Ausschluß bei Wladimir nichts Verdächtiges beobachtet werden konnte. Die Familie war sichtlich nicht mehr in Ungnade.

Ende August vermerken die Federn der Polizei von Samara und Kasan in einer Reihe von Rapporten die Reise Wladimir Uljanows über Kasan nach Petersburg, um Auskünfte über den Vorgang bei der Ablegung der Prüfungen einzuholen. Sechs Tage verbrachte Wladimir in Kasan. Wen von seinen ehemaligen Freunden suchte er dort auf? Der Rapport des Kasaner Polizeimeisters enthält darüber keinerlei Hinweis. Fast zwei Monate verbrachte Wladimir in Petersburg: die Daten sind in den Rapporten des Samarer Polizeichefs festgehalten. Aber sonst wissen wir darüber fast nichts. Indessen hat Wladimir seine Zeit bestimmt nicht nutzlos vergeudet. Sein wichtiges Anliegen war, seine Vorbereitung für die Prüfungen in jeder Hinsicht sicherzustellen. Er hatte nicht die Absicht, die Prüfungen auf gut Glück zu machen, durchzufallen und seinen Zug zurückzunehmen. Er mußte alle Elemente der bevorstehenden Aufgabe im vorhinein klarstellen: den Umfang jedes Faches, die Lehrbücher, die Anforderungen der Professoren. Einen beträchtlichen Teil der in Petersburg verbrachten Zeit beanspruchten zweifellos die Studien in der Petersburger Bibliothek. Auszüge mußten gemacht, Konspekte zusammengestellt werden, um nicht allzu viele teure Bücher kaufen zu müssen. Durch seine Schwester Olga, die in Petersburg studierte, lernte Wladimir seinen künftigen Antagonisten Wodowosow kennen, einen Universitätskollegen Alexanders, der aus der Verbannung gekommen war, um die Staatsprüfungen abzulegen, und mit dessen Hilfe er Einlaß in das Gebäude fand, wo etwa vierhundert Studenten geprüft wurden. Wladimir mischte sich unter diese Menge und *»saß«*, wie Wodowosow berichtet, *»dort einige Stunden, um zuzuhören und zuzuschauen.«* Diese vorbereitende Erkundung des Schauplatzes und der Bedingungen des künftigen Prüfungskampfes ist für den jungen Lenin höchst bezeichnend. Er liebte es nicht, irgend etwas der Willkür des Schicksals zu überlassen, das man nur irgendwie voraussehen und vorbereiten konnte.

Wladimir hatte noch eine nicht unwichtige Sache in Petersburg zu erledigen. Auf dieser seiner Reise beschaffte er sich endlich durch Beziehungen beim Lehrer des Technologischen Instituts, Jawein, Engels' Buch **Herrn Eugen Dührings Umwälzung der Wissenschaft**. Wenn sich der glückliche Eigentümer, wie man sich denken kann, nicht entschließen konnte, das verbotene Buch in die ferne Provinz ziehen zu lassen, dann blieb Wladimir nichts anderes übrig, als die hervorragende wissenschaftlich-philosophische Streitschrift während seines kurzen Aufenthaltes in der Hauptstadt zu studieren. Es ist jedoch nicht ausgeschlossen, daß der junge Professor nach einem Gespräch mit dem hartnäckigen jungen Mann kapitulierte und der **Anti-Dühring** von der Newa an die Wolga übersiedelte. Auf jeden Fall hat Wladimir dieses Buch nicht vor dem Herbst 1890 in die Hand bekommen. Radek, der diese Episode unter Berufung auf Lenin selbst erzählt, fügt hinzu: »*Lange noch gelang es ihm nicht, sich die im Ausland erschienenen Werke Plechanows zu beschaffen.*« Wenn das Wort »lange« hier auch nur einige Monate bedeutet, so zeigt sich auch dann, daß Wladimir die Werke der »Gruppe der Befreiung der Arbeit« frühestens Anfang 1891 kennengelernt hat. Merken wir uns diese Daten. Wenn auch die Zeugnisse Radeks im allgemeinen keinen Anspruch auf Genauigkeit erheben können, so finden sie doch in diesem Fall – ganz abgesehen von den überzeugenden äußeren Zügen der Erzählung – eine Stütze in der allgemeinen Evolution Wladimirs, wie sie sich nach den übrigen Umständen abzeichnet.

Anfang November meldet der Samarer Polizeichef bereits dem Polizeimeister die Rückkehr Wladimir Uljanows von der Reise. Der Polizeichef bemerkte auch diesmal offenbar »nichts Verdächtiges.« Indessen brachte der aus Petersburg zurückkehrende Verbrecherkandidat, wenn nicht unter dem Schädeldach, so im Koffer die Sprengstoffladung der materialistischen Dialektik. Aber es gab keinen Grund, in nächster Zeit Explosionen zu erwarten. Im Vordergrund standen derzeit weder Marxismus noch Revolution. Es galt, der kaiserlichen Universität das Diplom zu entreißen. Ein gigantisches Büffeln stand bevor.

Die Befürchtung Ilja Nikolajewitschs, daß Wladimir keinen Arbeitseifer entwickeln werde, erwies sich als wirklich unbegründet. Eine der unter Aufsicht Stehenden, die »Jakobinerin« Jassnewa, die im Frühling 1891 nach Samara kam, erinnert sich: »*Eine solche Ausdauer und Hartnäckigkeit, wie sie Wladimir Iljitsch schon damals hatte, habe ich sonst niemals bei irgendwem gesehen.*« Wladimir kam nur zum Tee und zum Nachtmahl und sprach sehr wenig. Selten kam jemand von den Hausgenossen in sein Zimmer. In seiner Lebensführung mußte er jetzt an Alexander erinnern. Sein Arbeitsplatz auf dem Land war nach wie vor im Garten, im Schatten einer Lindenallee. Jeden Tag ging er um ein und dieselbe Morgenstunde mit seinen juridischen Büchern dorthin und kam nicht vor drei Uhr nach Hause. »*Du gehst, um ihn zum Mittagessen zu rufen*«, sagte eine ehemalige Dienerin, »*aber er ist bei seinen Büchern.*« Daß er keine Zeit verlor, davon zeugte der festgestampfte Fußweg bei seiner Bank, auf dem er hin und her lief, wenn er das Gelesene oder Gelernte wiederholte. Nach dem Essen las er zur Erholung in deutscher Sprache **Die Lage der arbeitenden Klasse in England** von Engels oder andere marxistische Literatur. Deutsch hatte er so nebenbei gelernt, nicht der Sprache wegen, sondern des Marxismus wegen, und daher mit desto größerem Erfolg. Nach einem Spaziergang, dem Bad und dem Abendtee folgte der letzte Teil des Arbeitstages, schon unter der

Lampe im Vorbau. Wladimir arbeitete zu intensiv, als daß es irgendwem von den Älteren oder Jüngeren einfallen konnte, ihn während seines Studiums zu stören. Und er hätte sich auch jetzt natürlich nicht geniert, wie in den Gymnasiastenjahren jedem beliebigen zu sagen: *»Beglücken Sie uns mit Ihrer Abwesenheit.«* Dafür war er in den Stunden der Entspannung, am Mittagstisch, beim Baden, lärmend, gesprächig, lachlustig und von ansteckender Fröhlichkeit. Jede Fiber seines Hirns und seines Körpers nahm Revanche für die langen Stunden des römischen Rechts oder des Kirchenrechts. Dieser junge Mann erholte sich ebenso intensiv und leidenschaftlich, wie er lernte.

Wie lange brauchte er für die Vorbereitung? Anderthalb Jahre, sagte Jelisarowa. Von ihr wissen wir auch, daß Wladimir sich erst »zum Büffeln setzte«, als ihm erlaubt wurde, als Externist die Prüfung abzulegen. Man kann auch kaum annehmen, daß er zum Privatvergnügen oder aufs Geratewohl angefangen hätte, Polizei-, Kirchen- oder auch nur römisches Recht zu studieren. Dann aber hat die Vorbereitung nicht einmal anderthalb Jahre in Anspruch genommen. Von der ministeriellen »Amnestie« bis zum Beginn der Prüfungen vergingen keine elf Monate, bis zum Abschluß der Prüfungen anderthalb Jahre. Jelisarowa selbst spricht in einem anderen Artikel von einem Jahr. Die Studenten der Universität brauchten für die gleiche Arbeit vier Jahre!

Die Prüfungen mußten in zwei Etappen abgelegt werden: im Frühling, im April und Mai, und im Herbst, im September und November. Wladimir kam im März nach Petersburg, eine Woche vor den Prüfungen, gerüstet mit einer schriftlichen Arbeit über das Strafrecht. Höchstwahrscheinlich war die zusätzliche Woche für die Durchsicht der von den Studenten herausgegebenen Vorlesungsskripten bestimmt. Bei der Planung der eigenen Arbeit war Uljanow schon vor Taylor Taylorist. Der Prüfungskommission, deren Vorsitzender der damals populäre Professor für die Geschichte des russischen Rechts Sergejewitsch war, gehörten die Leuchten der juridischen Fakultät an. Der Auswärtige, den die Examinatoren zum erstenmal sahen, wurde besonders gründlich ins Verhör genommen. Aber bald mußte das Mißtrauen der Anerkennung weichen. Der Externist Uljanow erwies sich als ausgezeichnet vorbereitet.

Die Aufzählung der Prüfungsthemen klingt wie eine ironische Introduktion zur ganzen späteren Tätigkeit des Anwalts der Unterdrückten, des Anklägers der Unterdrücker. In Geschichte des russischen Rechts bekam Wladimir Uljanow die Frage der »Unfreien«, der Leibeigenen aller Kategorien; in Staatsrecht die Frage nach den Standesinstitutionen, wozu die Geschichte der Adelseinrichtungen und der Organisation der bäuerlichen Selbstverwaltung gehörten. Dadurch, daß die kaiserliche Universität dem Prüfling in diesen Fächern die beste Note gab, bestätigte sie, daß Wladimir Uljanow, bevor er sich an die Liquidierung der »unfreien« Zustände, der Leibeigenschaft und der Standesbarbarei machte, sich auf seinen Beruf genau vorbereitet hatte.

In politischer Ökonomie mußte er, ebenfalls noch im Frühling, über den Arbeitslohn und seine Formen Auskunft geben; in Enzyklopädie und Geschichte der Rechtsphilosophie – über die Ansichten Platons über die Gesetze. Ob Uljanow seinen Examinatoren als Gegengewicht gegen den Ausbeuterplatonismus aller Art die Arbeitswerttheorie und die materialistische Rechtskonzeption dargelegt hat, wissen wir leider nicht. Aber selbst wenn seine Antworten der offiziellen Wissenschaft gegen den Strich gingen, so mit aller nötigen Vorsicht. Die Kommission vermerkte: »Höchst befriedigend«, was die beste Note war. Der größte Teil der Prüfungen fiel jedoch in den Herbst.

Am ersten Sonntag im Mai feierte eine kleine Gruppe Petersburger Arbeiter, siebzig Mann stark, zum erstenmal den proletarischen Festtag mit einer Versammlung außerhalb der Stadt und mit Reden, die bald darauf hektographiert und später im Ausland veröffentlicht wurden. Die sozialdemokratische Propaganda, bei der der junge Technologe Brussnjow die entscheidende Rolle spielte, hatte schon beträchtliche Ergebnisse gezeigt. Wladimir, der sich zur Zeit der Maifeier in Petersburg aufhielt, wußte offenbar nichts von diesem bemerkenswerten Ereignis. Er hatte keine revolutionären Verbindungen und suchte sie wohl kaum. In den nächsten Jahren stand ihm noch bevor, die Petersburger Marxisten einzuholen, um ihnen dann sofort vorauszueilen.

Als die Frühlingsprüfungen voll im Gange waren, traf die Familie ein neuer Schlag. Sein Opfer wurde Olga, jene Schwester, die gemeinsam mit Wladimir aufgewachsen war, die sich mit ihm entwickelt und die ihn am Flügel begleitet hatte, wenn er von den »bezaubernden Augen« sang. Seit Herbst des vorigen Jahres lernte Olga mit großem Erfolg an den Hochschulkursen für Frauen in Petersburg. Alle, die sich ihrer erinnern, schildern dieses Mädchen als ungewöhnlich anziehend. Nachdem sie mit fünfzehneinhalb Jahren das Gymnasium absolviert hatte – ebenso wie die Brüder mit der goldenen Medaille -, beschäftigte sie sich mit Musik, Englisch und Schwedisch und las viel. Olgas Freundin in den Kursen, S. Newsorowa, die spätere Frau des Ingenieurs Krshishanowski, des sowjetischen Elektrifikators, schreibt in ihren Erinnerungen: *»Olga Uljanowa war nicht der gewöhnliche Typ einer Kursistin jener Zeit: ein, kleiner schwarzer Käfer, bescheiden und auf den ersten Blick unauffällig; aber ein gescheiter Kopf, begabt, mit einer gewissen stillen, konzentrierten Willenskraft und Energie bei der Verfolgung ihrer Absichten. Trotz ihrer neunzehn Jahre tief und ernst, ein wunderbarer Kamerad.« »Das in ihrem Charakter vorherrschende Gefühl«*; schreibt Jelisarowa, *»war wie bei Sascha das Pflichtgefühl.«* Olga hatte Sascha mehr als die übrigen Brüder und Schwestern geliebt. Wladimir stand sie, trotz des geringen Altersunterschiedes und der Ähnlichkeit der Entwicklungsbedingungen, charakterlich nicht nahe. Aber Olga hörte sehr auf ihn und schätzte seine Meinung.

Während Wladimirs Petersburger Aufenthalt im Frühling erkrankte Olga an Bauchtyphus. Zwischen zwei Prüfungen mußte Wladimir die Schwester in ein Spital bringen, und zwar, wie sich später herausstellte, in ein sehr schlechtes. Vom Sohn telegraphisch gerufen, eilte Maria Alexandrowna sofort nach Petersburg, aber nur, um hier das zweite Kind zu verlieren. Olga starb am 8. Mai, an dem gleichen Tag, an dem vier Jahre früher Alexander gehenkt wurde: Und so wie damals, in Kasan, als Wladimir die Reifeprüfung unmittelbar nach der Hinrichtung des älteren Bruders ablegen mußte, so mußte er jetzt die Universitätsprüfungen in den Tagen ablegen, als seine Schwester todkrank war. Offenbar unmittelbar nach ihrem Begräbnis besuchte er einen Universitätskollegen von Alexander, Sergej Oldenburg, der später als Orientalist Akademiemitglied wurde; zum Unterschied von allen anderen erinnert sich dieser an seinen Gesprächspartner als düster und schweigsam, ohne ein einziges Lächeln. Die ersten und schwersten Tage blieb Wladimir mit der Mutter in Petersburg; gemeinsam traten sie dann den traurigen Weg nach Samara an. Und wieder wunderten sich alle über die Tapferkeit der Mutter, die Selbstbeherrschung, ihre unermüdliche Sorge für die übrigen Kinder.

Mehr als drei Sommermonate lang stapfte Wladimir auf seinem Fußweg im Schatten der Lindenallee. Im September kam er wohlgerüstet in die Hauptstadt. Im Strafrecht beantwortete er einwandfrei die Fragen über die Verteidigung im Strafprozeß und über den Dokumentendiebstahl. Im römischen Recht wurde er über die unerlaubten Handlungen und über den Einfluß der Zeit auf die Entstehung und die Erlöschung von Rechtsverhältnissen befragt: zwei recht interessante Themen für einen Menschen, der später einmal unerlaubte Handlungen in reichlich großem Maßstab vollbringen und nicht unwichtige Rechtsverhältnisse zur Erlöschung bringen sollte. Mit vollem Erfolg beantwortete Uljanow die Frage nach der »Polizeiwissenschaft«, die »der Sicherung der Voraussetzungen für das moralische und materielle Wohlergehen des Volkes« dient. Nicht minder beneidenswerte Kenntnisse zeigte der Prüfling auf dem Gebiet der Organisation der orthodoxen Kirche und der Geschichte ihrer Gesetzgebung. In Völkerrecht kam auf ihn die Frage der Neutralität und der Blockade. Ob ihm diese Kenntnisse 28 Jahre später zustatten kamen, als Clemenceau und Lloyd George den Versuch der Sowjets, sich aus dem Krieg herauszulösen, mit der Blockade beantworteten, diese Frage kann man offenlassen. Für das Diplom ersten Grades mußte man in mehr als der Hälfte der Fächer die beste Note (»höchst befriedigend«) haben; Wladimir hatte in allen dreizehn Fächern die beste Note. Er konnte im geheimen sich selbst loben und für sich in ein kurzes »russisches« Lachen ausbrechen.

Einen Monat vor Beendigung der Prüfungen, im Oktober 1891, wurde ein drittes Gesuch Wladimir Uljanows um Ausstellung eines Passes zur Reise ins Ausland abgelehnt. Welchen Zweck konnte diese Reise haben? Wladimir stöberte alle grundlegenden Werke der marxistischen Literatur auf und studierte sie. Vieles fehlte ihm zweifellos, besonders auf dem Gebiet der periodischen sozialdemokratischen Presse. Der Gedanke daran, nach Ablegung der Prüfungen in der Freiheit, in den großen öffentlichen Bibliotheken Berlins zu arbeiten, mußte für ihn verlockend sein. Von Berlin konnte man unschwer nach Zürich und Genf fahren, die »Gruppe der Befreiung der Arbeit« kennenlernen, alle ihre Schriften studieren und strittige Fragen klären. Motive, die mehr als hinreichend waren. Aber das Polizeidepartement urteilte anders. Und nachdem sich Wladimir über die hohe Obrigkeit entsprechend kräftig geäußert hatte, wartete er nicht in der Hauptstadt auf die Entscheidung der Prüfungskommission: es gab keinen Grund, an ihrem Ergebnis zu zweifeln. Und tatsächlich: am 15. November, an demselben Tag, an dem der Samarer Polizeichef dem Polizeimeister geheim über die Rückkehr des unter geheimer Überwachung stehenden Wladimir Uljanow berichtete, wurde derselben Person von der juridischen Prüfungskommission der Sankt-Petersburger kaiserlichen Universität das Diplom ersten Grades zuerkannt. In einem oder anderthalb Jahren hatte Wladimir im hinterwäldlerischen Samara ohne jede Hilfe durch Professoren oder ältere Kameraden eine Arbeit geleistet, für die andere vier Jahre ihres Lebens aufwandten, und zwar besser als die anderen: unter 134 Studenten und Externisten war er der Beste. Über dieses Ergebnis »*wunderten sich viele*«, wie die Schwester bemerkt. Kein Wunder: an dieser glänzenden Leistung besticht unter anderem das Element des geistigen Athletismus. Gut »ausbalanciert«: besser geht es nicht!

Das Hungerjahr – Die Advokatur

Der Sommer 1891 war heiß und trocken, die Sonne verbrannte in dreizehn Gouvernements mit dreißig Millionen Einwohnern die Saaten und die Wiesen. Als Wladimir von den Herbstprüfungen zurückkam, wand sich das Samarer Gouvernement, das mehr als die anderen gelitten hatte, in Hungerqualen. Gewiß, die ganze Geschichte des bäuerlichen Rußland ist eine Geschichte von periodischen Mißernten und Massenepidemien. Aber der Hunger des Jahres 1891 bis 1892 übertraf bei weitem alles Gewohnte, und zwar nicht nur in seinen Ausmaßen, sondern auch durch seinen Einfluß auf die politische Entwicklung der Gesellschaft. Später erinnerten sich die Reaktionäre rückblickend gerührt, wie unerschütterlich die Grundfesten der Ordnung unter Alexander III. waren, dessen schwere Hand Hufeisen zerbrach, und schrieben die Schuld an den folgenden Erschütterungen dem schwachen Nikolaj II. zu. Tatsächlich leiteten die letzten drei Regierungsjahre des »unvergeßlichen Vaters« schon die neue Epoche ein, die unmittelbar die Revolution des Jahres 1905 vorbereitete.

Die Gefahr schlich von dort heran, wo die Quellen der Kraft waren: vom Dorf. Die Lage der großen Masse der Bauern hatte sich in den dreißig Jahren seit der Aufhebung der Leibeigenschaft sehr verschlechtert. Im bodenreichen Samarer Gouvernement hatten mehr als vierzig Prozent der Bauern Hungerparzellen. Der erschöpfte und schlecht bearbeitete Boden stand der Einwirkung aller feindlichen Elemente offen. Die forcierte Entwicklung der Industrie bei Wiederherstellung eines halbfeudalen Regimes im Dorf führte, im Zusammenwirken mit der raschen Zunahme der Kulaken, zu einer erschreckenden Verarmung der Bauernmassen. Es wurden Fabriken und Eisenbahnen gebaut, das Budgetgleichgewicht wurde hergestellt, in den Kellern der Staatsbank häufte sich der Goldschatz, nach außen hin schien die Macht unerschütterlich. Bis plötzlich, unmittelbar nach diesen Erfolgen, der Muschik elend zusammenbrach und aufheulte mit der Stimme der Hungeragonie.

Die darauf in keiner Weise vorbereitete Regierung versuchte zuerst, den Hunger zu leugnen, und sprach von einer Mißernte; dann verlor sie den Kopf und ließ zum erstenmal seit 1881 die Zügel etwas locker. Die düstere Aureole der Unerschütterlichkeit, die das Regime Alexanders III. umgeben hatte, begann sich aufzulösen. Das Elend rüttelte das eingeschlafene gesellschaftliche Bewußtsein wach. Ein frischer Wind begann im Lande zu wehen. Ein gewisser Teil der besitzenden Klassen und breite Kreise der Intelligenz gerieten in Bewegung: Man muß dem Dorf zu Hilfe kommen, den Hungernden Brot, den Typhuskranken Medikamente geben. Die

Semstwos und die liberale Presse schlugen Alarm. Überall wurden Spenden gesammelt. Lew Tolstoi eröffnete Ausspeisungen. Hunderte Intellektuelle gingen wieder ins Volk, diesmal mit bescheideneren Zielen als in den siebziger Jahren. Die Behörden waren jedoch nicht ohne Grund der Meinung, daß sich hinter der philanthropischen Bewegung eine unliebsame Tendenz verberge: die friedliche Form der Hilfe war für jene oppositionellen Stimmungen, die sich in den Jahren der neuen Zarenherrschaft aufgestaut hatten, der Weg des geringsten Widerstandes.

Die Revolutionäre konnten nicht diesen Weg beschreiten. Für sie bestand die Aufgabe nicht darin, nur die Folgen des sozialen Elends zu lindern, sondern seine Ursachen zu beseitigen. Vor zehn, fünfzehn Jahren hatte die Volkstümlerintelligenz ebenfalls den Kern der Sache gesehen, im Gegensatz zu den Liberalen und Philanthropen. Aber der revolutionäre Geist hatte die Narodniki verlassen; aus ihrer lang dauernden Lethargie erwachend, waren sie jetzt froh, zum gemeinsamen »Dienst am Volk« mit den Liberalen zu verschmelzen. Noch bevor unter dem Einfluß der Katastrophe in den Reihen der Intelligenz ein heißer Streit über die Perspektiven der weiteren Entwicklung des Landes entbrannte, standen die wenig zahlreichen Marxisten in der brennenden Frage »Was jetzt tun?« breiten Kreisen der gebildeten »Gesellschaft« gegenüber. Dreißig und etliche Jahre später erzählte der uns schon bekannte Wodowosow in der Emigrantenpresse: *»Die größte und tiefgehendste Meinungsverschiedenheit hatten wir mit Wladimir Uljanow in der Frage des Verhaltens zum Hunger in den Jahren 1891 bis 1892.«* Während die Samarer Gesellschaft einmütig auf den Aufruf zur Hilfe reagierte, *»nahmen nur Wladimir Uljanow mit seiner Familie und sein Kreis, der ihm sekundierte, eine andere Stellung ein.«* Uljanow freute sich, wie wir erfahren, über den Hunger als progressiven Faktor: *»Indem er die Bauernwirtschaft zerstört ... schafft der Hunger ein Proletariat und fördert die Industrialisierung des Landesteiles.«* Die Erinnerungen Wodowosows geben in diesem Teil nicht so sehr die Anschauungen Uljanows, als vielmehr ihre verzerrte Widerspiegelung im Bewußtsein der Liberalen und der Narodniki wieder. Der Gedanke, daß die Ruinierung und das Aussterben der Bauern geeignet sind, die Industrialisierung des Landes zu fördern, ist an und für sich schon reichlich unsinnig. Die Ruinierten wurden zur Paupers und nicht zu Proletariern; der Hunger förderte parasitäre und nicht fortschrittliche Tendenzen der Wirtschaft. Aber gerade durch ihre tendenziöse Einstellung spiegelt die Erzählung Wodowosows die hitzige Atmosphäre der alten Streitigkeiten nicht übel wider.

Die damals übliche Beschuldigung der Marxisten, sie betrachteten die Nöte des Volkes durch die Brille der Doktrin, ist nur bezeichnend für das niedrige theoretische Niveau der Debatten. In Wirklichkeit nahmen alle Kräfte und Gruppierungen politische Positionen ein: die Regierung, die im Interesse ihres Prestiges den Hunger leugnete oder verniedlichte; die Liberalen, die den Hunger aufdeckten und sich gleichzeitig bemühten, durch ihre »positive Arbeit« zu beweisen, daß sie für den Zaren die besten Mitarbeiter wären, wenn er ihnen nur einen Zipfel Macht gäbe;

die Narodniki, die sich auf die Ausspeisungen und Typhusbaracken stürzten und hofften, so einen friedlichen und legalen Weg zur Eroberung der Sympathien des Volkes zu finden. Die Marxisten wandten sich natürlich nicht gegen die Hilfe für die Hungernden, sondern gegen die Illusion, man könne mit dem Löffel der Philanthropie das Meer der Not ausschöpfen. Wenn der Revolutionär in den legalen Komitees und bei den Ausspeisungen den Platz einnimmt, der zu Recht dem Vertreter der Semstwo oder dem Beamten zukommt, wer nimmt dann den Platz des Revolutionärs in der Illegalität ein? Aus den später veröffentlichten ministeriellen Zirkulaten und Anweisungen geht hervor, daß die Regierung die Zuweisungen für die Hungernden nur aus Angst vor einem revolutionären Erwachen erhöhte: so daß auch vom Standpunkt der unmittelbaren Hilfe die revolutionäre Politik sich als weit wirksamer erwies als die neutrale Philanthropie.

In der Emigration lehrte damals nicht nur der Marxist Axelrod, daß *»für den Sozialisten ... ein wirksamer Kampf gegen den Hunger nur auf dem Boden des Kampfes gegen die Selbstherrschaft möglich ist«*, sondern auch der alte Moralist der Revolution Lawrow verkündete in der Presse: *»Ja, die einzige ›gute Sache‹, die für uns möglich ist, ist nicht die Sache der Philanthrophie, sondern die Revolution.«* Aber im Zentrum eines hungernden Gouvernements, in der Atmosphäre der allgemeinen Begeisterung für die Ausspeisungen, war es wesentlich schwerer, revolutionäre Unversöhnlichkeit zu beweisen, als in der Emigration, die in diesen Jahren von Rußland isoliert war. Uljanow mußte zum erstenmal, und zudem absolut selbständig, in einer brennenden politischen Frage Stellung beziehen. Dem örtlichen Hilfskomitee trat er nicht bei. Mehr noch: *»In Versammlungen und Zusammenkünften ... führte er einen systematischen und entschiedenen Kampf gegen das Komitee.«* Man muß hinzufügen: nicht gegen seine praktische Tätigkeit, sondern gegen seine Illusionen. Wodowosow trat als Opponent auf. Hinter Uljanow stand *»eine verschwindende Minderheit, aber diese Minderheit vertrat entschieden ihre Positionen.«* Wodowosow konnte keinen einzigen von ihnen für sich gewinnen; dagegen kam es vor, daß es Uljanow gelang, Gegner auf seine Seite zu ziehen: *»Nicht sehr oft, aber doch.«*

Die Scharmützel mit den Volkstümlern mußten gerade in dieser Periode den Charakter eines Kampfes von zwei differenten Richtungen annehmen. Nicht zufällig taucht die Gestalt Wodowosows in der Erinnerung Jelisarowas auf, wenn sie, ohne Angabe von Daten, über die Samarer Dispute spricht: *»Sie begannen Ende 1891.«* Die Hungerkatastrophe wurde somit zu einem wichtigen Meilenstein in der politischen Entwicklung Wladimirs. Um diese Zeit hatte er zweifellos schon die Arbeiten Plechanows kennengelernt: Ende dieses Jahres oder Anfang des nächsten äußerte er sich, wie Wodowosow bezeugt, mit großer Hochachtung über **Unsere Meinungsverschiedenheiten**. Wenn es bei ihm noch irgendwelche Zweifel über die wirtschaftliche Entwicklung Rußlands und den revolutionären Weg gegeben haben sollte, dann mußten sie durch die Katastrophe zerstreut werden. Mit anderen Worten: aus dem theoretischen Marxisten Wladimir Uljanow wurde endgültig ein revolutionärer Sozialdemokrat.

Nach Wodowosow vertrat die ganze Familie hinsichtlich der Hilfe für die Hungernden den Standpunkt Wladimirs. Indessen erfahren wir von der jüngeren Schwester, daß Anna im Jahre 1892, als der Hunger von der Cholera gefolgt war, »*nicht wenig Mühe aufwandte, um den Kranken mit Medikamenten und Anweisungen zu helfen.*« Und Wladimir stand ihr dabei natürlich nicht im Weg. Auch die Erzählung Jassnewas deckt sich nicht ganz mit der Erzählung Wodowosows. »*Von allen nach Samara Verbannten*«, schreibt sie, »*nahmen nur Wladimir Iljitsch und ich an den Arbeiten für diese Ausspeisungen nicht teil.*« Es erweist sich, daß damals Wladimir noch keinerlei Kreis von Gleichgesinnten hatte. Das ist nicht schwer zu glauben. Die sozialdemokratische Propaganda hatte für ihn noch nicht begonnen. Man konnte sie nur aufnehmen, wenn man sich abgrenzte gegenüber den Vertretern des alten Glaubens und den schwankenden Elementen. »*Unsere anfangs friedlichen Auseinandersetzungen*«, sagt Wodowosow, »*nahmen nach und nach sehr scharfe Formen an.*«

Die politische Überprüfung der Meinungsverschiedenheiten ließ nicht auf sich warten. Den Liberalen war es doch nicht gelungen, sich das Vertrauen der Regierung zu erschleichen: Im Gegenteil, diese beschuldigte bald, und nicht ganz ohne Grund, den Samarer Semstwo, daß er für die Hungernden minderwertiges Getreide aufgekauft habe. Die Narodniki kamen dem Volk nicht näher. Die Bauern vertrauten den Städtern nicht. Von den Gebildeten hatten sie bisher nichts als Schlechtes gesehen. Wenn sie den Hungernden zu essen gaben, so hat es der Zar befohlen, und wahrscheinlich stehlen die Herren. Als eine Choleraepidemie dem Hunger auf den Fersen folgte und die Kranken massenweise in den Baracken starben, wo sie von den Ärzten und Studenten aufopfernd gepflegt wurden, kamen die Bauern zu dem Schluß, daß die Herren das Volk vergiften, um mehr Boden für sich frei zu bekommen. Es kam zu einer ganzen Reihe von Choleraaufständen, bei denen Ärzte, Studenten und Heilgehilfinnen umgebracht wurden. Da »beschützten« die Behörden die Intelligenz mit bewaffneter Hand. Das Hungerjahr zog so auch die Bilanz der Kulturarbeit im Dorf. Im Simbirsker Gouvernement, in dem Ilja Nikolajewitsch Uljanow sechzehn Jahre lang unermüdlich Bildungsarbeit geleistet hatte, gab es besonders ausgedehnte Choleraaufstände. In vielen Dörfern wurde danach jeder Zehnte der Prügelstrafe unterzogen, und es gab welche, die unter den Rutenhieben starben. Der russische Bauer begann erst dann mit mehr Vertrauen die Sozialisten anzuhören, als aus der Stadt sein Bruder, der Arbeiter, zu ihm kam, der im Dorf eine Parzelle besaß und ihm erklärte, auf wessen Seite die Wahrheit ist. Aber dazu mußte erst der städtische Arbeiter für den Sozialismus gewonnen werden.

Im Jahr des Hungers und der Cholera begünstigte noch ein prinzipieller Konflikt die Scheidung der politischen Gruppierungen. Wodowosow schlug vor, einem wegen »Liberalismus« entlassenen Gouverneur eines der Wolgagouvernements, einem gewissen Kossitsch, eine Sympathieadresse zu schicken. Wladimir wandte sich energisch gegen die Kleinbürgersentimentalität, die jederzeit bereit war, über jeden

Schimmer von »Menschlichkeit« bei einem Vertreter der herrschenden Klassen Tränen zu vergießen. Diese Episode zeigt übrigens wieder einmal, wie unsinnig die Versuche sind, vom Direktor der Volksschulen Ilja Nikolajewitsch Uljanow, der zum Unterschied von Kossitsch selbst wegen Liberalismus niemals entlassen wurde, eine Linie der politischen Erbfolge zu seinem durch und durch unversöhnlichen Sohn zu ziehen, den auch der allerhumanste Gouverneur nicht rühren konnte. Wodowosow erlitt offenbar eine Niederlage, und die Adresse wurde nicht abgeschickt.

Wodowosow begann, wie er selbst erzählt, seinen jungen Antagonisten Marat zu nennen – natürlich hinter seinem Rücken. Der Spitzname ist recht treffend, wenn er nur nicht im nachhinein erfunden wurde. Die gestrigen Freunde und heutigen Gegner betrachteten Wladimir, wie die ältere Schwester berichtete, *»als fähigen, aber allzu selbstbewußten jungen Mann.«* Gestern noch nur *»der Bruder Alexander Uljanows«*, wurde er heute er selbst und zeigte die Krallen. Wladimir verschmähte es nicht nur, seine Position dem politischen Denken der Gegner anzupassen, sondern verlieh ihr im Gegenteil einen möglichst extremen, unversöhnlichen, schneidenden, beißenden Charakter. Das machte ihm doppeltes Vergnügen: Vergnügen an seiner inneren Selbstsicherheit und am Ausdruck des Ärgers im Gesicht des Opponenten. *»Die feste Überzeugung, daß er recht habe, zog sich nach der Aussage Wodowosows durch all seine Reden.«* Und das machte ihn doppelt unerträglich. *»Dieses ganze solidere Publikum war«*, nach Jelisarowa, *»nicht wenig schockiert von der großen Anmaßung, die dieser junge Mann im Streit zeigte, kapitulierte aber häufig vor ihm.«* Besonders unverzeihlich fand man den herabsetzenden Ton, in dem er sich über die höchsten Autoritäten der Volkstümlerbewegung zu äußern begann. Aber das war nur der Anfang; das dicke Ende wird erst nachkommen.

»Auf wessen Seite der Sieg war«, resümiert Wodowosow bescheiden seine Auseinandersetzungen mit Uljanow, *»ist schwer zu sagen.«* Tatsächlich mußte man nicht erst auf die Oktoberrevolution warten, um dieses Rätsel zu lösen. Als sich die Hungersnot nach sieben Jahren wiederholte, gab es schon unvergleichlich weniger Illusionen, und die Intelligenz, die einen anderen Weg gefunden hatte, ging nicht ins Dorf. Die sehr gemäßigte liberale Zeitschrift **Russkaja Mysl** schrieb damals, daß alle, die aus den Hungergebieten zurückkamen, mit der eigenen Arbeit höchst unzufrieden waren, weil sie in ihr nur ein *»armseliges Palliativ«* sahen, während *»allgemeine Maßnahmen«* notwendig seien. Es bedurfte nur ein wenig politischer Erfahrung, und selbst die friedlichen Konstitutionalisten waren genötigt, Bruchstücke jener Gedanken, die vor einigen Jahren wie eine Blasphemie geklungen hatten, in eine liberale Sprache zu übersetzen.

Aber Wladimir mußte an sein eigenes Schicksal denken, an den sogenannten morgigen Tag. Das Diplom war errungen. Es mußte ausgenützt werden. Wladimir entschloß sich, den Beruf eines Rechtsanwalts zu ergreifen: *»Denn außer der Pension der Mutter und den beinahe aufgebrauchten Einkünften aus dem Gut in Alakajewka hatte Wladimir Iljitsch«*, wie Jelisarowa in ihren Erinnerungen schreibt, *»keinerlei Mittel.«*

Als Chef wählte er sich denselben Advokaten, mit dem er, als er noch in Kasan lebte, briefliche Schachkämpfe geführt hatte. Chardin war eine außergewöhnliche Erscheinung – nicht nur als Advokat und Schachstratege, über den sich der damalige russische Schachkönig Tschigorin mit Hochachtung äußerte, sondern auch als Provinzpolitiker. Nachdem er mit 28 Jahren Vorsitzender der landständischen Gerichtsverwaltung des Gouvernements geworden war, wurde er bald als unzuverlässiges Element *»auf allerhöchsten Befehl«* binnen vierundzwanzig Stunden abgesetzt. Nur wenige wurden einer solchen Ehre würdig befunden: Samoilow, dem wir eine so eindrucksvolle Schilderung seiner ersten Bekanntschaft mit Wladimir verdanken, erzählt, daß Chardin auch in reifen Jahren noch mit den Radikalen sympathisierte und es verstand, sich der marxistischen Ideologie nicht feindselig fernzuhalten. Wladimir schätzte, wie Jelisarowa berichtet, Chardin als sehr gescheiten Menschen. Als Schachspieler hatte er ihn schon in Kasan als *»verfluchte Stärke«* bezeichnet, und er wurde ein ständiger Teilnehmer an den wöchentlichen Turnieren im Hause seines Chefs.

Die Eintragung als Rechtsanwaltsanwärter verlief übrigens nicht reibungslos. Das Samarer Kreisgericht brauchte ein politisches Leumundszeugnis Uljanows; die Petersburger Universität, die das Diplom ausgestellt hatte, konnte das benötigte Zeugnis nicht ausstellen, da sie Uljanow als Studenten nicht kannte. Letzten Endes wandte sich das Gericht auf Wladimirs eigenes Drängen an das Polizeidepartement, das großmütig mitteilte, daß es *»keine Einwände«* habe. Nachdem sich die Sache fünf Monate hingezogen hatte, erhielt Wladimir endlich im Juli 1892 die Bescheinigung über seine Vertretungsbefugnis vor Gericht.

Als Verteidiger trat er alles in allem in zehn Strafprozessen auf, in sieben Fällen als Ex-officio-Verteidiger, in drei Fällen als gewählter Verteidiger. Alles kleine Fälle kleiner Leute, aussichtslose Fälle, und alle Prozesse verlor er. Zu verteidigen hatte er Bauern, Landarbeiter, mittellose Kleinbürger, vor allem wegen kleiner Diebstähle in äußerster Not. Angeklagt waren: Einige kleine Bäuerlein, die gemeinsam bei einem reichen Dorfgenossen dreihundert Rubel gestohlen hatten; einige Landarbeiter, die versucht hatten, Getreide aus einem Speicher fortzuschleppen, aber am Tatort überrascht wurden; ein vollständig ruinierter Bauer, der vier kleine Diebstähle verübt hatte; noch ein Angeklagter derselben Art, und noch einige Landarbeiter, die bei einem Einbruchsdiebstahl Sachen im Wert von hundertsechzig Rubel gestohlen hatten. Alle diese Verbrechen waren so unkompliziert, daß das Verfahren in jedem Fall anderthalb bis zwei Stunden dauerte und der Schriftführer sich nicht bemüßigt sah, ein Protokoll zu verfassen, sondern sich mit der stereotypen Notiz begnügte: nach der Anklagerede des stellvertretenden Staatsanwaltes sprach der Verteidiger Uljanow. Nur zwei dreizehnjährige Knaben, die sich an den Diebstählen der Erwachsenen beteiligt hatten, wurden freigesprochen, mit Rücksicht auf ihr Alter und nicht auf Grund der Argumente der Verteidigung; alle anderen Angeklagten wurden schuldig befunden und verurteilt. Außerdem hatte Uljanow noch den Fall des Samarer Kleinbürgers Gussew, der seine Frau ausgepeitscht hatte. Nach einem kurzen Beweisverfahren vor Gericht, bei dem die Geschädigte aussagte, lehnte es der Verteidiger Uljanow ab, um ein mildes Urteil für den Angeklagten zu bitten. In diesem Fall, wie in allen derartigen Fällen, fühlte er sich sein ganzes Leben lang als unerbittlicher Ankläger.

In drei ebenfalls ganz alltäglichen Strafsachen schritt Uljanow als gewählter Verteidiger ein. Eine Gruppe von Bauern und Kleinbürgern hatte sich am Diebstahl von Schienen und einem gußeisernen Rad bei einer Samarer Kaufmannsfrau beteiligt. Alle wurden schuldig gesprochen. Ein junger Bauer war angeklagt wegen Widersetzlichkeit gegen seinen Vater und Beleidigung desselben. Der Prozeß wurde auf Ersuchen der Verteidigung vertagt, und es kam nicht zur Verhandlung: der Sohn verpflichtete sich dem Vater gegenüber schriftlich zu unbedingtem Gehorsam, und damit versöhnten sich die beiden. Zum letztenmal trat Uljanow schließlich als Verteidiger eines Stationsvorstandes auf, der angeklagt war, fahrlässigerweise den Zusammenstoß leerer Güterwaggons verschuldet zu haben. Die Verteidigung hatte auch hier keinen Erfolg, der Angeklagte wurde schuldig gesprochen. Das waren die Gerichtsprozesse des Rechtsanwaltsanwärters Uljanow. Graue und hoffnungslose Fälle, grau und hoffnungslos wie das Leben jener Klassen, denen die Angeklagten angehörten. Der junge Verteidiger – kann man daran zweifeln? – sah sich die Fälle und jeden Angeklagten genau an. Aber en détail war ihnen nicht zu helfen. Sie brauchten Hilfe en gros. Aber dazu bedurfte es einer anderen Tribüne, nicht der Tribüne des Samarer Kreisgerichtes.

Einen einzigen Prozeß gewann Uljanow; aber – wahrlich ein Fingerzeig des Schicksals! – er trat in diesem Fall nicht als Verteidiger auf, sondern als Ankläger. Im Sommer 1892 wollte Wladimir gemeinsam mit Jelisarow von Sysran auf das linke Wolgaufer zum Dorf Bestushowka, wo der Bruder Jelisarows eine Wirtschaft hatte. Der Kaufmann Arefjew, der die Fähre über die Wolga gepachtet hatte, betrachtete den Strom als sein Lehensgut: jedesmal wenn ein Bootsbesitzer Passagiere aufnahm, erjagte ihn Arefjews Dampferchen und holte gewaltsam alle zurück. So geschah es auch dieses Mal. Die Drohungen, ihn wegen Eigenmächtigkeit gerichtlich zur Verantwortung zu ziehen, waren erfolglos. Man mußte der Gewalt weichen. Wladimir notierte die Vor- und Familiennamen der Beteiligten und der Zeugen. Der Fall kam beim Landeshauptmann von Sysran, etwa hundert Kilometer westlich von Samara, zur Austragung. Auf Antrag Arefjews vertagte der Landeshauptmann die Verhandlung. Dasselbe wiederholte sich beim nächstenmal. Der Kaufmann hatte offenbar beschlossen, den Kläger hinzuhalten. Der dritte Termin fiel schon in den Winter. Wladimir standen eine schlaflose Nacht im Eisenbahnwaggon und erschöpfendes Warten auf den Bahnhöfen und in der Kanzlei des Landeshauptmanns bevor. Maria Alexandrowna redete dem Sohn zu, nicht zu fahren. Aber Wladimir war unerbittlich: die Sache ist eingeleitet, sie muß auch zu Ende geführt werden. Ein drittes Mal konnte sich der Landeshauptmann nicht drücken: auf Betreiben des jungen Juristen war er genötigt, den angesehenen Kaufmann zu einem Monat Gefängnis zu verurteilen. Man kann sich leicht vorstellen, wie der Sieger triumphierte, als er nach Samara zurückkehrte!

Zu Erfahrung in der Advokatur kam es nicht – ebensowenig wie früher in der Landwirtschaft. Durchaus nicht deshalb, weil Wladimir die für diese Berufe notwendigen Eigenschaften fehlten. Er besaß Ausdauer, einen praktischen Blick, Aufmerksamkeit für Kleinigkeiten, die Fähigkeit, Menschen zu beurteilen und sie auf den richtigen Platz zu stellen, schließlich Liebe zur Natur – aus ihm wäre ein erstklassiger Landwirt geworden. Seine Fähigkeit, sich unter wirren Verhältnissen zurechtzufinden, die entscheidenden Fäden zu finden, die starken und die schwachen Seiten des Gegners abzuschätzen, zur Verteidigung seiner These die besten Argumente ins Treffen zu führen, hatte er schon in jungen Jahren bewiesen. Chardin zweifelte nicht daran, daß sein Konzipient ein »hervorragender Zivilrechtler« werden konnte. Aber gerade im Laufe des Jahres 1892, als Wladimir die Advokatenlaufbahn begann, wurden seine theoretischen und revolutionären Interessen, angeheizt durch die Hungerkatastrophe und die politische Belebung im Land, von Tag zu Tag intensiver und anspruchsvoller.

Gewiß, die Vorbereitung für die kleinen Prozesse störte den jungen Advokaten, bei aller Gewissenhaftigkeit, nicht beim Studium des Marxismus. Aber schließlich konnte seine Rechtsanwaltskarriere nicht auch in Zukunft beschränkt bleiben auf Fälle von Diebstahl eines gußeisernen Rades durch eine verbrecherische Genossenschaft von drei Kleinbürgern und zwei Bauern. Im Buch des Schicksals stand geschrieben, daß Wladimir Uljanow nicht zwei Göttern gleichzeitig dienen konnte. Man mußte wählen. Und die Wahl fiel ihm nicht schwer. Die kurze Serie seiner Plädoyers vor Gericht, die im März kaum erst begonnen hatte, brach im Dezember ab. Gewiß, er holt sich auch für das Jahr 1893 beim Gericht die Bestätigung, daß er zur Ausübung des Anwaltsberufes berechtigt ist; aber dieses Dokument braucht er schon nur mehr als legale Tarnung einer Tätigkeit, die gegen die Grundgesetze des russischen Imperiums gerichtet ist.

Der junge Lenin

Das verletzende Ungemach, das den Gegnern und später ganzen Klassen zugefügt wurde, hat eine Reihe von Publizisten und Literaten veranlaßt, Lenin schon in seiner Jugend als rothaariges Ungeheuer darzustellen, voll von Grausamkeit, Ehrgeiz und Rachsucht. Jewgenij Tschirikow, der gleichzeitig mit Uljanow von der Kasaner Universität relegiert wurde, schilderte in seinem schon nach dem Oktoberumsturz in der weißen Emigration geschriebenen Roman den jungen Wladimir als *»krankhaft eitel und leicht beleidigt.«* Wodowosow erzählt: *»Die groben Ausfälle und Gesten Wladimirs, seine groben und scharfen Bemerkungen usw. – sie waren bei ihm nicht selten – schockierten Maria Alexandrowna schrecklich. Häufig entfuhr es ihr: ›Ach, Wolodja, Wolodja, wie kann man nur …!‹«* In Wirklichkeit war sich Wladimir seiner Bedeutung allzu klar bewußt, um in krankhafte Eitelkeit zu verfallen. Beleidigt zu sein hatte er schon aus Mangel an Beleidigerkandidaten keinen Anlaß. Aber zweifellos verschonte die recht grobe Unbarmherzigkeit Wladimirs nicht immer die Eigenliebe der anderen. Einige Gegner standen ihm, wie Jassnewa berichtet, *»schon vom erstenmal an feindselig gegenüber«*, und zwar so, daß ihre Feindseligkeit für ihr ganzes weiteres Leben nicht erkaltete.

Zu diesen für immer Beleidigten gehörte auch der verstorbene Wodowosow. Bei seinem Auftauchen in Samara empfing ihn Wladimir herzlich, half ihm, sich einzurichten, durchschaute aber sehr bald diesen unfruchtbaren Eklektiker, den man weder als Anhänger gewinnen noch als Gegner ernst nehmen konnte. Die Zusammenstöße wegen der Hilfe für die Hungernden und der Adresse an den Gouverneur blieben nicht ohne Folgen: der Erbitterung Wodowosows gegen den jungen Uljanow verdanken wir einige Seiten seiner Erinnerungen, auf denen der Autor, zum Vorteil für den Leser, mehr sagt, als er sagen wollte.

»Sein ganzes Gesicht«, schreibt Wodowosow über das Aussehen Wladimirs, *»überraschte durch eine gewisse Mischung Verstand und Grobheit, ich möchte sagen, eine gewisse Tierhaftigkeit. Ins Aug' sprang die Stirn: gescheit, aber dachförmig. Die fleischige Nase … Irgend etwas Verbissenes, Grausames in diesen Zügen verband sich mit zweifellosem Verstand.«* In seinem pamphletischen Roman läßt Tschirikow die Simbirsker Jugend über Wladimir Uljanow erzählen: *»Er hat immer feuchte Hände! Und gestern erschoß er mit dem Gewehr eine junge Katze … Dann packte er sie beim Schwanz und warf sie über den Zaun …«* Kuprin, ein anderer, ebenfalls ziemlich bekannter russischer Literat, entdeckte bei Lenin, allerdings in späteren Jahren, die grünen Augen eines Affen. So wird gar das Aussehen, wie man meinen sollte das am wenigsten problematische Element am Menschen, durch Erinnerung und Phantasie einer tendenziösen Bearbeitung unterzogen.

Ein Photo aus dem Jahre 1890 zeigt ein frisches Jungengesicht, hinter dessen Ruhe man irgend etwas Verborgenes fühlt. Die eigenwillige Stirn wird noch nicht von einer Glatze fortgesetzt. Die kleinen Augen blicken hell aus den asiatischen Schlitzen. Ein wenig an Asien erinnern auch die Backenknochen. Die vollen Lippen unter der breiten Nase und das starke Kinn sind von spärlichem Flaum umgeben, der weder Schere noch Messer kennengelernt hat. Das Gesicht ist zweifellos unhübsch. Aber aus diesen simplen, ungeformten Zügen leuchtet eine viel zu hohe Disziplin des Geistes, als daß man an Tierhaftigkeit auch nur denken könnte. Die Hände Wladimirs waren trocken, von plebejischer Form; warme, tapfere Hände. Junge Katzen liebte er, wie überhaupt alles Schwache und Schutzlose, mit der herablassenden Liebe eines starken Menschen. Die Herren Literaten haben ihn Verleumdet!

»In moralischer Hinsicht«, fährt Wodowosow fort, *»sprang bei Wladimir Iljitsch ein gewisser Amoralismus ins Auge, der meiner Meinung nach seiner Natur organisch eigen war.«* Der Amoralismus bestand, Wodowosow zufolge, darin, daß er jedes Mittel als zulässig betrachtete, wenn es nur zum Ziel führte. Ja, Uljanow war nicht Anhänger einer pfäffischen oder kantianischen Moral, die angeblich berufen ist, unser Leben aus Sternenhöhen zu regulieren. Seine Ziele waren so groß und überpersönlich, daß er ihnen offen seine moralischen Kriterien unterordnete. Mit ironischer Gleichgültigkeit, wenn nicht mit Ekel, behandelte er jene Feiglinge und Heuchler, die ihre winzigen Ziele oder ihre kläglichen Methoden mit den höchsten Normen rechtfertigten, die dem Namen nach absolut, in Wahrheit aber sehr anpassungsfähig sind.

»Konkrete Tatsachen, die den Amoralismus Lenins beweisen«, macht Wodowosow ganz unerwartet einen Vorbehalt, *»kenne ich nicht.«* Aber er stöbert in seinem Gedächtnis herum und kann sich dann doch erinnern, wie es sein zartes Gewissen *»verletzte, daß Lenin geneigt war, Klatschereien zu begünstigen.«* Wir wollen uns dazu herablassen, den Ankläger anzuhören. Irgendwie sagte Wodowosow einmal in einer kleinen Gruppe, daß Uljanow sich nicht scheut, zu wissentlich lügenhaften Argumenten zu greifen, *»wenn sie nur ... bei Zuhörern, die sich schlecht auskennen, zum Erfolg führen.«* Wodowosow selbst maß, wie aus seinen Ausführungen hervorgeht, der eigenen Verleumdung *»keinerlei Bedeutung«* bei und ging bald darauf zu Uljanow, als ob nichts gewesen wäre. Doch Wladimir, dem einer seiner Freunde die beleidigende Äußerung mitgeteilt hatte, verlangte vom Gast eine Erklärung. Wodowosow *»versuchte seine Ausdrücke abzuschwächen.«* Das Gespräch führte formell zu einer Versöhnung. Aber im Frühjahr 1892 verschlechterten sich die Beziehungen derart, daß man sich fast nicht mehr traf.

Bei aller Banalität ist die Episode wirklich bemerkenswert. Der Moralist beschuldigt den Amoralisten hinter seinem Rücken, daß er wissentlich verlogene Argumente benütze. Dann kommt er, der der eigenen Insinuation *»keine Bedeutung beimißt«*, als Freund zum Verleumdeten auf Besuch. Der Amoralist, der gewohnt ist, seinen Worten Bedeutung beizumessen, fordert offen eine Erklärung. Der in die Enge getriebene Moralist windet sich, weicht zurück, verleugnet seine eigenen Worte. Auf Grund von Wodowosows Bericht kann man nur zu dem Schluß kommen, daß der Moralist einem nicht sehr tapferen Schwätzer gleicht, während das Verhalten des Amoralisten zeigt, daß ihm gerade die Neigung fehlte, »*Klatschereien zu begünstigen.*« Fügen wir noch hinzu, daß Wodowosow selbst den Inhalt seiner Beschuldigung widerlegt, Uljanow benütze wissentlich erlogene Argumente, wenn er in anderem Zusammenhang über ihn schreibt: »*Die tiefe Überzeugung, daß er im Recht war, durchdrang alles, was er sagte.*« Merken wir uns diese ganze Episode: sie wird uns immer wieder bei vielen Konflikten als Schlüssel dienen, wo Heuchler den Revolutionär beschuldigten, er sei in Fragen der Moral nicht wählerisch.

Aus der Samarer Periode sind keine Briefe Wladimirs oder über Wladimir, überhaupt keine menschlichen Dokumente erhalten geblieben. Alle Äußerungen von Freunden wie von Gegnern sind durch die Bank rückblickend und unter dem mächtigen Einfluß der Sowjetperiode unvermeidlich gefärbt. Aber wenn man sie kombiniert und einander gegenüberstellt, gestatten sie immerhin, wenigstens teilweise die Gestalt Lenins im Morgengrauen seiner revolutionären Arbeit wiederherzustellen.

Vor allem muß man bemerken, daß Wladimir Uljanow absolut nicht dem klassischen Typ des russischen Nihilisten glich, der uns nicht nur in reaktionären Romanen, sondern manchmal auch im Leben begegnete: ein wildes Büschel ungekämmter Haare auf dem Kopf, unordentliche Kleidung und Knotenstock. »*Über der Stirn begann sich schon damals sein Haar beträchtlich zu lichten*«, erinnert sich Semjonow. Weder in der Kleidung noch in den Manieren gab es irgend etwas, das in die Augen sprang oder herausforderte. Sergijewskij, der ungefähr zur selben Generation von Marxisten gehörte, gibt eine nicht uninteressante Schilderung Lenins am Ende der Samarer Periode ... »*Ein bescheiden, akkurat, und, wie man so sagt, tadellos, aber ohne Prätentionen gekleideter Mensch, der in keiner Weise unter den Durchschnittsbürgern auffiel. Diese Schutzfarbe gefiel mir ... Jenen verschmitzten Gesichtsausdruck, der später, nach der Verbannung, meine Aufmerksamkeit erregte, habe ich damals nicht bemerkt ... Vorsichtig, forschend um sich blickend, beobachtend, ruhig, beherrscht bei all seinem mir schon aus Briefen bekannten Temperament ...*«

Semjonow gibt dabei auch ein Bild der Sitten der Samarer radikalen Jugend. Wenn er zu Skljarenko kam, legte Uljanow sich rücklings auf dessen Bett, »*nachdem er vorher unter die Füße eine Zeitung gebreitet hatte*«, und begann, den Gesprächen rund um den Samowar zuzuhören. Irgendein geäußertes Urteil veranlaßte ihn, seine Stimme laut werden zu lassen. »*Unsinn ...*«, hörte man vom Bett her, und dann begann eine systematische Auseinandersetzung. Die unlöbliche Manier, sich auf ein fremdes Bett zu setzen oder zu legen, war in den Kreisen der Jugend gang und gäbe als Folge der ungezwungenen Sitten und des Mangels an Sitzgelegenheiten. Wenn sich Wladimir durch etwas von den anderen unterschied, dann war es die Gewohnheit, sich eine Zeitung unter die Füße zu breiten. Die Schärfe seiner Repliken brachte die Unversöhnlichkeit der Ablehnung zum Ausdruck und zwang den Gegner, sein wahres Gesicht zu zeigen.

In den Gesprächen rund um den Samowar oder im Boot auf der Wolga fegte Uljanow, nachdem er den **Anti-Dühring**, diese polemische Enzyklopädie des Marxismus, studiert hatte, die metaphysischen Werte aus den jungen Köpfen. Gerechtigkeit? Ein Mythos, der das Recht des Stärkeren bemäntelt. Absolute Normen? Moral als Dienerin materieller Interessen. Staatsmacht? Exekutivkomitee der Ausbeuter. Revolution? Befleißigt euch hinzuzufügen: bürgerliche. In diesen und anderen Aussprüchen, die das Porzellan des Idealismus in Scherben schlugen, muß man offenbar den Schlüssel zu der frühen Reputation als »Amoralist« suchen: Die nach den Schulvorschriften erzogenen Zuhörer waren bestürzt, versuchten zu protestieren. Das hatte der junge Athlet nur noch gebraucht. »Sophismen?«, »Paradoxa?« Nach links und nach rechts sausten die freundschaftlichen Hiebe. Der überrumpelte Opponent verstummte und vergaß manchmal sogar, den Mund zuzumachen; dann begann er die Bücher aufzustöbern, auf die sich Uljanow berief, und so mancher erklärte sich in der Folge selbst als Marxist.

In den Debatten mit den Narodowolzen und Jakobinern wandte Wladimir, die Koryphäe des wachsenden marxistischen Glans, die sokratische Methode an. – Nun, ihr ergreift die Macht, und was dann? – fragte er den Gegner. – Dekrete! – Aber auf wen werdet ihr euch stützen? – Auf das Volk! – Aber wer ist »das Volk«? – Dann folgte die Analyse der Klassengegensätze. Am Ende der Samarer Periode ging ein Manuskript Uljanows bei der Jugend von Hand zu Hand: **Streit zwischen einem Sozialdemokraten und einem Volkstümler**, eine leider verlorengegangene Arbeit, die vermutlich die Samarer Dispute in Form eines Dialogs resümierte.

Wladimir stritt leidenschaftlich – er tat alles leidenschaftlich –, aber nicht einfach wild drauflos. Er stürzte sich nicht Hals über Kopf ins Gedränge, unterbrach nicht, versuchte nicht, die anderen zu überschreien, ließ den Gegner ausreden, selbst wenn die Empörung ihn würgte, suchte aufmerksam die schwachen Stellen, und dann ging er mit großartiger Wucht zum Angriff über. Aber selbst an den wütendsten Schlägen des jungen Polemikers war nichts Persönliches. Er griff Ideen an oder ein gewissenloses Verhalten, das aus ihnen sprach; der Mensch bekam nur nebenbei etwas ab. Jetzt war die Reihe zu schweigen an den Gegnern. Wladimir unterbrach nicht die anderen, aber er ließ auch sich nicht von den anderen unterbrechen. So wie beim Schachspiel nahm er selbst niemals einen Zug zurück, gestattete es aber auch den anderen nicht.

Merkwürdig berührt die Behauptung Maria Uljanowas von der Schüchternheit Wladimirs als Familieneigentümlichkeit. Der Mangel an psychologischem Scharfblick, der sich bei vielen Aussagen der jüngeren Schwester zeigt, zwingt um so mehr zur Vorsicht, je natürlicher in diesem Fall das Bedürfnis ist, bei Lenin möglichst viele »Familieneigentümlichkeiten« zu finden. Allerdings, das uns bereits bekannte Photo aus dem Jahre 1890 weist scheinbar wirklich auf einen Kampf zwischen Schüchternheit und noch nicht voll entwickeltem Selbstbewußtsein hin. Es sieht so aus, als genierte sich der junge Mann vor dem Photographen oder machte ihm wider

Willen ein Zugeständnis, so wie sich Lenin dreißig Jahre später genieren wird, der Stenographin seine Briefe und Artikel zu diktieren. Wenn das »Schüchternheit« ist, dann bedeutet sie auf keinen Fall ein Gefühl der Schwäche oder allzu große Empfindsamkeit: sie ist ein Schutzschirm der Stärke. Ihre Aufgabe ist es, die innere Welt vor allzu nahen Berührungen, vor unerwünschter Familiarität zu schützen.

Bei verschiedenen Mitgliedern einer Familie kann eine dem Namen nach gleiche Eigentümlichkeit nicht nur stark variieren, sondern auch in ihr Gegenteil übergehen. Die Schüchternheit Alexanders, die alle, die ihm nahestanden, feststellten, fügt sich sehr gut in das Bild seines zurückhaltenden und verschlossenen Wesens. Alexander schämte sich bekanntlich seiner Überlegenheit, wenn er sich ihrer bewußt wurde. Aber gerade dieser Zug unterschied ihn vom jüngeren Bruder, der bedenkenlos seine Überlegenheit über die anderen zur Schau stellte. Man kann sogar sagen, daß die aggressive Natur Wladimirs, bei voller Unterordnung unter die Idee und beim Fehlen von persönlichem Ehrgeiz, gewissermaßen von den Hemmungen der Schüchternheit befreite; auf jeden Fall, wenn ihn mitunter, besonders in jungen Jahren, ein peinliches Gefühl des Unbehagens überkam, dann nicht seinetwegen, sondern wegen der anderen, wegen der Banalität ihrer Interessen, der Vulgarität ihrer Scherze – oder ganz einfach wegen fremder Dummheit. Samoilow hat uns Wladimir in einem für ihn neuen Kreis gezeigt: *»Er sprach wenig, aber das geschah sichtlich durchaus nicht deshalb, weil er sich im unbekannten Milieu unbehaglich fühlte.«* Im Gegenteil, seine Anwesenheit zwang die anderen, auf der Hut zu sein; Leute, die gewöhnlich sehr ungezwungen waren, begannen vorsichtig, beinahe schüchtern zu werden.

Die ältere Schwester hat uns seinerzeit erzählt, wie zurückhaltend die Kameraden in Anwesenheit Alexanders waren, wie sie *»sich schämten, in seiner Gegenwart dummes Zeug zu schwätzen, wie sie zu ihm aufblickten und auf seine Meinung warteten.«* So sehr die Naturen der Brüder auch kontrastierten, wirkte Wladimir in dieser Hinsicht auf die anderen wie sein Bruder, *»wie Sascha«*: er zwang sie, sich über sich selbst zu erheben. Semjonow schreibt: *»Wladimir Iljitsch war schon in der Jugend jegliche Boheme fremd ... und in seiner Gegenwart rissen wir uns alle, die zum Zirkel Skljarenko gehörten, irgendwie zusammen ... Frivole Gespräche, grobe Scherze waren in seiner Gegenwart unmöglich.«* Welch unschätzbares Zeugnis! Wladimir konnte in hitzigen Diskussionen oder bei der Einschätzung des Feindes plebejische Ausdrücke gebrauchen, aber er erlaubte sich keine schmutzigen Anspielungen, keinen trivialen Scherz, keinen pornographischen Witz, wie sie in den Kreisen der männlichen Jugend üblich sind. Nicht deshalb, weil er sich in dieser Hinsicht irgendwelche asketischen Regeln aufzwang: dieser »Amoralist« brauchte keine transzendentale Knute; und erst recht nicht deshalb, weil er von Natur aus allen anderen Seiten des Lebens außer der Politik teilnahmslos gegenübergestanden wäre. Nein, nichts Menschliches war ihm fremd. Es gibt allerdings keine Erzählungen über Beziehungen des jungen Uljanow zu Frauen. Es hat wahrscheinlich Flirt und Verliebtheit gegeben: nicht zufällig sang er wohl von den bezaubernden Augen und tarnte das Gefühl durch Ironie. Aber auch wenn man keine Einzelheiten weiß, kann man mit Überzeugung sagen, daß Wladimirs Beziehung zu Frauen von Jugend an und sein ganzes Leben lang rein war. Der fast spartanische Zug in seinem Charakterbild beruhte nicht auf einem kalten Temperament. Im Gegenteil, Leidenschaftlichkeit war das Grundelement seiner Natur. Aber sie wurde ergänzt – es läßt sich schwer ein anderes Wort finden – durch Keuschheit. Die organische Kombination dieser beiden Elemente, Leidenschaftlichkeit und Keuschheit, macht Zynismus ganz undenkbar. Um über den anderen zu stehen, dazu benötigte Wladimir keinerlei Ketten der Moral: er besaß genügend organischen Abscheu vor allem Ordinären und Trivialen.

Derselbe Wodowosow bestätigt, daß Wladimir im marxistischen Zirkel von Samara eine *»unbestrittene Autorität war, er wurde dort fast ebenso vergöttert wie in der Familie«*, obwohl manche älter waren als er. *»Seine Autorität war im Zirkel unbestritten«*, versichert auch Semjonow. Lalajanz schreibt, daß Uljanow, den er ein Jahr nach der Geschichte mit Wodowosow traf, ihn sofort bezwang. *»Bei diesem dreiundzwanzigjährigen Menschen vereinten sich auf wunderbarste Weise Einfachheit, Feingefühl, Lebensfreude und Leidenschaftlichkeit einerseits mit gediegenem und gründlichem Wissen und unerbittlicher logischer Konsequenz ... anderseits.«* Schon nach der ersten Begegnung freute sich Lalajanz, daß er Samara als Wohnort unter Polizeiaufsicht gewählt hatte.

Einander so widersprechende Urteile hervorzurufen ist das Privileg von Auserwählten. Uljanow war auch in jungen Jahren wohl kaum bereit, um die Zuneigung anderer zu betteln. Denn die Gefühle, die er bei den anderen für sich auslöste, glichen allzu sehr Induktionsströmen, die durch seine eigene Zuneigung hervorgerufen wurden. Der Mensch war für ihn nicht Selbstzweck, sondern Werkzeug. *»Bei seinem Umgang mit Menschen«*, schreibt Semjonow, *»traten deutlich große Unterschiede zutage. Mit Kameraden, die er als Gesinnungsgenossen betrachtete, stritt er freundschaftlich und machte sich gutmütig lustig ... Aber wenn er seinen Opponenten als Vertreter einer anderen Tendenz betrachtete ..., war sein polemisches Feuer unerbittlich. Er traf den Gegner an seinen empfindlichsten Stellen und war wenig wählerisch in seinen Ausdrücken.«* Für das Verständnis Lenins hat diese Beobachtung eines Gefährten in jungen Jahren erstrangige Bedeutung.

»Parteilich«, denn das utilitaristische Herangehen an die Menschen entsprang den tiefsten Gründen seiner Natur, die restlos auf die Umgestaltung der äußeren Welt gerichtet war. Wenn da auch Berechnung dabei war – und sie war natürlich dabei, im weiteren Verlauf sogar immer weitblickender und raffinierter -, so war sie doch nicht zu trennen von echtem Empfinden. Lenin *»verliebte sich«* sehr leicht in Menschen, wenn ihre Sympathie für ihn wertvoll und nützlich war. Aber keinerlei persönliche Qualitäten konnten ihn bestechen, wenn es sich um einen Gegner handelte. Sein Verhalten zu ein und denselben Menschen änderte sich radikal, je nachdem, ob sie im gegebenen Augenblick für oder gegen ihn waren. Bei diesem

»sich verlieben« war ebenso wie bei den es ablösenden Perioden der Feindseligkeit keine Spur von Impressionismus, Launenhaftigkeit oder Eitelkeit im Spiel. Kodex der Gerechtigkeit waren für ihn die Gesetze des Kampfes. Daher rühren die nicht selten überraschenden Widersprüche, die selbst in seinen gedruckten Äußerungen über verschiedene Leute zu finden sind, und daher rührt es auch, daß Lenin bei allen diesen Widersprüchen sich selbst treu blieb.

Die Herren Individualisten erklären die Persönlichkeit als Selbstzweck, um sich dann in der Praxis in ihrer Beziehung zu Menschen von ihren Geschmäckern oder auch vom Zustand ihrer Leber leiten zu lassen. Die große historische Aufgabe, in deren Dienst sich unser »Amoralist« stellte, adelte seine Beziehung zu den Menschen; in der Praxis maß er sie mit demselben Maß wie sich selbst. Die vom Interesse der Sache diktierte Parteilichkeit wurde letzten Endes zur höchsten Unparteilichkeit, und diese seltene Eigenschaft – wahrhaft die Gabe eines Führers – verschaffte dem jungen Lenin größte Autorität.

Semjonow, der um drei Jahre älter war als Wladimir, bemerkte einmal in einem allgemeinen Gespräch über sich und seine Freunde, daß sie mit dem Marxismus schlecht zurechtkommen, weil sie die Geschichte und die bürgerliche Ökonomie schlecht kennen. Wladimir antwortete kurz und hart: *»Wenn es damit schlecht steht, dann steht es überhaupt schlecht – da heißt es lernen ...«* Wenn es sich um große Fragen handelte, sprach dieser einfache und fröhliche junge Mann wie ein Machthaber. Und die übrigen verstummten und versanken erregt in stilles Nachdenken.

Derselbe Semjonow erzählt, wie überzeugt und fest Wladimir nicht treffende Argumente seines Schwagers Jelisarow zurückwies, der ihn in seinem Streit mit Wodowosow zu unterstützen suchte. Nein, er war nicht schüchtern! Man muß sich außerdem daran erinnern, daß sowohl Jelisarow, der Wladimir verehrte, wie auch Wodowosow, der ihn nicht leiden konnte, beide mindestens sechs Jahre älter waren als er. Wenn es sich um die Ideen der Revolution handelte, kannte Wladimir weder Freundschaft noch Verwandtschaft – und schon gar nicht Achtung vor dem Alter.

Der zweiundzwanzigjährige Uljanow machte, wie Wodowosow sagt, *»den Eindruck eines politisch absolut vollendeten und gefestigten Menschen.« »Wladimir Iljitsch war schon damals«*, schreibt Semjonow, *»ein in seinen Ansichten absolut gefestigter Mensch, dessen Haltung in den Zirkelversammlungen ... sicher und absolut unabhängig war.«* Der Student P.P. Masslow, später Volkswirtschaftler der menschewistischen Partei, hörte von seinen Gästen in einem Dorf des Gouvernements Ufa, wo er unter Polizeiaufsicht stand, daß in Samara ein gewisser Wladimir Uljanow lebt, der sich *»ebenfalls interessiert«* für ökonomische Fragen und außerdem *»ein durch Verstand und Bildung hervorragender Mensch«* ist. Als er ein ihm von Uljanow zugesandtes Manuskript las – der russische Marxismus hatte in diesen Jahren noch keinen Zutritt zur Druckerpresse –, überraschte Masslow an dem Autor vor allem *»die Schärfe und Exaktheit der Formulierungen seiner wesentlichen Ideen, die ihn als Menschen mit absolut gefestigten Anschauungen erscheinen ließen.«*

Schon in der Samarer Periode beginnt das Wort »Alter«, das später Lenins Spitzname werden sollte, sonderbarerweise an der Gestalt des jungen Lenin zu haften. Und dabei war nicht nur damals, sondern auch bis zum Ende seines Lebens an ihm nichts Greisenhaftes, außer vielleicht die Glatze. An dem jungen Mann überraschten die Reife des Denkens, das Gleichgewicht der geistigen Kräfte, die Treffsicherheit. »*Natürlich*«, schreibt Wodowosow, »*habe ich nicht die Rolle vorausgesehen, die er einst spielen sollte, aber schon damals war ich überzeugt und habe oft darüber gesprochen, daß die Rolle Uljanows groß sein wird.*«

Die häretische Lehre hatte sich damals schon in den Zirkeln der Samarer Jugend Anhänger erobert und im radikalen Milieu eine Art Anerkennung erworben. Die Richtung der Volkstümler, die noch immer vorherrschte, wurde ein wenig beiseite gedrängt. Die sozialdemokratische Propaganda unter den Studierenden betrieb vor allem Skljarenko ein begabter, aber nicht sehr ausdauernder junger Mann. Im März 1893 taucht in Samara der unter Polizeiaufsicht ausgesiedelte Kasaner Student Lalajanz auf, ein ehemaliger Gefährte Fedossejews, und tritt sofort in engen freundschaftlichen Kontakt mit Uljanow und Skljareriko. Diese drei waren auch, allerdings nur für einige Monate, der marxistische Stab von Samara. An der propagandistischen Arbeit beteiligte sich Wladimir nicht. Lalajanz sagt direkt: »*In Samara nahm er, zumindest zu meiner Zeit, an keinen Zirkeln teil und führte auch keinerlei Unterricht in ihnen durch.*« Dafür lag die allgemeine Leitung unbestreitbar in seinen Händen. Die »Troika« (Dreigespann) kam oft zusammen: bald in der Wohnung von Skljarenko, bald in einer der Samarer Bierstuben, für die Skljarenko allzu große Vorliebe an den Tag legte. Uljanow machte die Freunde mit seinen Arbeiten bekannt und erfuhr von ihnen die letzten Ereignisse in den Samarer Zirkeln. Oft entbrannte ein theoretischer Streit, aber es war schon so, daß Uljanow immer das letzte Wort hatte. Im Sommer fuhr Skljarenko öfter nach Alakajewka, wo ihn wegen seiner Geselligkeit und seinem fröhlichen Gemüt alle gern hatten und wo er für die Seminaristen und Schülerinnen der Feldscherschule einen Vorrat neuer Ideen mitbrachte. Sowohl Skljarenko wie auch Lalajanz wurden später hervorragende Bolschewiken.

Um diese Zeit gelang es Wladimir, auch den ehemaligen Organisator der landwirtschaftlichen Kommune, Preobrashenskij, mit dem er oft in hitzigen Debatten die anderthalb Kilometer zwischen den beiden Anwesen zurücklegte, endgültig zu gewinnen. Später beteiligte sich Preobrashenskij an der sozialdemokratischen Organisation von Samara, und nach vielen Jahren unter dem Sowjetregime verwaltete er das Gut Gorki, wo der Führer Sowjetrußlands sich erholte, krank lag und starb. Die Gefährten seiner jungen Jahre nahmen im Leben Lenins überhaupt einen beträchtlichen Platz ein.

Aus der Wolgaprovinz hatte Wladimir alles herausgeholt, was sich herausholen ließ. Ende des Winters 1892/93 »*langweilte er sich*«, wie Jelisarowa berichtet, »*manchmal schon ganz gehörig und sehnte sich nach einem belebteren Zentrum...*« Aber da es keinen Sinn hatte, Alakajewka im Sommer zu verlassen, wurde die Abreise auf den Herbst verschoben. Der jüngere Bruder beendete inzwischen das Gymnasium und wollte die Moskauer Universität besuchen. Maria Alexandrowna beabsichtigte, Dmitrij zu folgen und nach Moskau zu übersiedeln, so wie sie Wladimir vor sechs Jahren gefolgt und nach Kasan übersiedelt war. Es war Zeit, sich von der Familie zu trennen. Petersburg, die europäischste russische Stadt, lockte Wladimir weit mehr als das damalige Moskau, dieses *»große Dorf.«* Außerdem riskierte er, wenn er getrennt von den Seinen lebte, weniger, durch seine revolutionäre Arbeit einen Schatten auf Bruder oder Schwester zu werfen.

Die letzten Monate in Samara und Alakajewka waren schon der unmittelbaren Vorbereitung für die Abreise gewidmet. Wladimir verfaßte Verzeichnisse und Inhaltsangaben von Büchern und Artikeln, ordnete die wichtigsten Schlußfolgerungen und verfaßte polemische Untersuchungen. Er prüfte, reinigte und schärfte das Werkzeug, das er bald in Aktion treten lassen sollte. Die kritische Bewegung in den Gehirnen der Intelligenz, aber auch eine tiefergehende Bewegung in den Industriebezirken verlangt eine Doktrin, ein Programm, einen Instruktor. Das Rad der russischen Geschichte beginnt seinen Lauf zu beschleunigen. Es ist Zeit, Abschied zu nehmen von Samara, von Alakajewka und der Lindenallee: Wladimir Uljanow verläßt einen weltfernen Unterschlupf, um – kaum erst auf dem Kampfplatz der Hauptstadt aufgetaucht – sofort seine Generation um Haupteslänge zu überragen.

So hatte sich zwischen der Hinrichtung des Bruders und der Übersiedlung nach Petersburg, in diesen kurzen und langen sechs Jahren unermüdlicher Arbeit, der künftige Lenin geformt. Er wird noch manchen Aufbruch zu vollziehen haben, nicht nur äußerlich, sondern auch innerlich; in seiner weiteren Entwicklung kann man einige scharf umrissene Etappen unterscheiden. Aber alle Grundzüge des Charakters, der Weltanschauung und Handlungsweise hatten sich schon in der Zeitspanne zwischen seinem siebzehnten und dreiundzwanzigsten Lebensjahr herausgebildet.

Meilensteine der Entwicklung

Rekonstruieren wir die wichtigsten Meilensteine der Biographie des jungen Lenin vor dem Hintergrund der politischen Entwicklung des Landes. Das finstere Wolgaland. Noch lebt die Generation der Sklavenhalter und der Sklaven von gestern. Die Offensive der »Narodnaja Wolja« ist abgewehrt. Die politische Sackgasse der achtziger Jahre. In einer patriarchalischen und harmonischen Beamtenfamilie wächst Wladimir auf, lernt, entwickelt seine Intelligenz ohne Sorgen und Erschütterungen. Die Stimme der Kritik erwacht in ihm erst am Ende der Gymnasialzeit, nach dem Tod des Vaters, und richtet sich zunächst gegen die Schulleitung und die Kirche. Das unerwartete Ende des älteren Bruders öffnet Wladimir die Augen für die Fragen der Politik. Die Teilnahme an einer Studentenkundgebung ist die erste Replik auf die Hinrichtung Alexanders. Die Versuchung, den Bruder mit dessen eigenen Methoden zu rächen, muß in diesen Tagen besonders akut gewesen sein. Aber es kommt die finsterste Zeit, das Jahr 1888, und an Terror war nicht einmal zu denken. Die Reaktion rettet Wladimir nicht nur physisch, sondern drängt ihn auf den Weg gründlicher theoretischer Arbeit.

Die revolutionären Lehrjahre. Wladimir beginnt in Kasan die Lektüre des **Kapital**. Die Aneignung der Mehrwertlehre bedeutet für ihn nicht den Bruch mit der Narodowolzentradition: Sascha war ebenfalls Anhänger von Marx. Zum erstenmal in Kasan, und dann in Samara, kommt Wladimir in Berührung mit Revolutionären der älteren Generation, vor allem mit Narodowolzen, und zwar als aufmerksamer Schüler, der gewiß zu kritischer Prüfung entschlossen ist, aber nicht als Gegner. Wenn er trotz seiner revolutionären Einstellung, die in der Wahl der Bekanntschaften und in der Richtung seiner geistigen Interessen sehr deutlich zum Ausdruck kam, sich in diesen Jahren keiner politischen Gruppe anschloß, so zeigt das mit absoluter Sicherheit, daß er noch kein politisches Kredo hatte, und sei es auch nur ein jugendliches; er suchte erst danach. Aber diese Suche ging nichtsdestoweniger von der Narodowolzentradition aus, die auch in seiner weiteren Entwicklung merkliche Spuren hinterließ. Noch als marxistischer Kämpfer bewahrte sich Wladimir für einige Jahre seine Sympathie für den individuellen Terror, was ihn sehr von den anderen jungen Sozialdemokraten unterschied und zweifellos ein Rudiment jener Periode war, als in seinem Bewußtsein die marxistischen Ideen noch amalgamiert waren mit Sympathien für die »Narodnaja Wolja.«

Vom Frühling 1890 bis zum Herbst 1891 ist Wladimir fast ganz von den Prüfungsvorbereitungen in Anspruch genommen. Die intensive Beschäftigung mit den juridischen Wissenschaften drängte sich gewissermaßen von außen her als Keil in den Prozeß der Herausarbeitung seiner Weltanschauung. Selbstverständlich war es keine vollständige Unterbrechung. In den Stunden der Rast las Wladimir die marxistischen Klassiker, kam mit Freunden zusammen und pflegte einen Meinungsaustausch. Und auch an der juridischen Scholastik überprüfte und festigte er nach der Methode des Gegensatzes seine materialistischen Anschauungen. Aber diese kritische Arbeit wurde doch nur so nebenbei geleistet. Die ungelösten Fragen und Zweifel mußten für freie Stunden aufgeschoben werden. Wladimir beeilte sich nicht, sich festzulegen. Eine indirekte, aber interessante Bestätigung dafür: Anfang 1891 hatten zwei Samarer »Jakobinerinnen« noch nicht die Hoffnung aufgegeben, Uljanow auf ihre Seite zu bringen; folglich betrachteten sie ihn noch nicht als politisch endgültig bestimmte Gestalt.

Das Ende des Jahres 1891 bringt Wladimir das Diplom und stellt ihn damit vor die Entscheidung. Die Tribüne des Gerichts mußte ihn locken. Nach dem Bericht der Schwester dachte er damals ernstlich an den Beruf des Advokaten, *»der in der Zukunft die Mittel für die Existenz beschaffen konnte«*, Doch die politische Belebung im Land konfrontierte ihn ebenso wie der Gang der eigenen Entwicklung mit anderen Aufgaben, die seinen vollen Einsatz verlangten. Das Schwanken dauerte nicht lange. Der Advokat mußte vor der Politik zurücktreten und ihr nur zur zeitweisen Tarnung dienen.

Die anderthalb Jahre des juridischen Studiums ließen die erst Etappe der revolutionären Lehrzeit weit zurückliegen und machten das Denken unabhängiger vom gestrigen Tag, der in Zeichen Saschas stand: so entstanden die Voraussetzungen für die kühne Liquidierung der Übergangsperiode. Der Winter des Hungerjahres muß die Zeit gewesen sein, da die endgültige Bilanz gezogen wurde. Das stufenweise Fortschreiten der geistigen Entwicklung schließt Sprünge nicht aus, wenn sie durch vorhergehende Akkumulation des Bewußtseins vorbereitet sind.

Die Formung der revolutionären Persönlichkeit Wladimir, spiegelte teils den Umschwung in den theoretischen Sympathien der linken Provinzintelligenz wider, teils eilte sie ihn voraus. Für die marxistische Lehre begann man sich in den Zirkeln der Samarer Jugend seit dem Jahr 1891 stärker zu interessieren, das heißt: seit der Hungerkatastrophe. Es gab damals nicht wenige, die gern den ersten Band des Kapital bewältigt hätten, aber die meisten *»bissen sich«*, wie Semjonow erzählt, am ersten Kapitel *»die Zähne aus.«* Es gab Gespräche über die Geheimnisse der Dialektik. Im Stadtgarten am Ufer der Wolga, auf einer speziellen »Marxistenbank«, wurde hitzig über die Hegelsche Triade diskutiert.

Die ältere Generation der Samarer Intelligenz begann zu erwachen. Ihre beiden Gruppen, die Gemäßigten und die Radikalen, die im Kreis der gewohnten Ideen friedlich zusammengefunden hatten und Marx, den sie übrigens nicht kannten, die gebührende Hochachtung zollten, betrachteten die ersten russischen Sozialdemokraten als unglückseliges Mißverständnis. Am aufrichtigsten empört waren die ehemaligen Verbannten, die die im rauhen Klima Sibiriens wohlkonservierten traditionellen Anschauungen an die Wolga mitgebracht hatten.

Ein politischer Sprung wird leicht zum nicht wiedergutzumachenden Riß. Wladimir sparte schon nicht mehr mit Sarkasmus über die Klagen der Narodniki: diese Marxisten *»lieben den Muschik nicht«*, *»freuen sich über den Ruin des Dorfes«* usw. Bald lernte er die Moralpredigten und Salbadereien verachten, die die Analyse der Wirklichkeit ersetzen sollten. Die literarischen Tränen, die dem Muschik nichts nützen, trübten die Augen der Intelligenz und hinderten sie daran, den Weg zu sehen, der sich vor ihnen auftat. Die immer unversöhnlicheren Zusammenstöße mit den Volkstümlern und Kulturbringern spalteten allmählich die Intelligenz von Samara in zwei sich bekämpfende Lager und färbten stark auf die persönlichen Beziehungen ab. Kein Wunder, wenn die letzten anderthalb Jahre, als Wladimir aus dem Schatten ins Licht trat, auf die Erinnerungen der Zeitgenossen an die Samarer Periode als Ganzes abfärbten. Sie stellen den jungen Lenin, der im Mai 1889 als künftiger Landwirt nach Alakajewka kam, und den, der Samara im Herbst 1893 verließ, als denselben revolutionären Marxisten hin und eliminieren damit aus seinem Leben das, was sein entscheidendes Element war: die Bewegung.

P. Lepeschinskij, der diesmal der Wirklichkeit nahekommt, schreibt über die Samarer Vorbereitung Lenins: *»Es besteht Grund zur Annahme, daß er schon 1891 seine marxistische Weltanschauung in großen Zügen herausbildete.«* *»In Fragen der politischen Ökonomie und der Geschichte«*, bestätigt Wodowosow, *»überraschten seine Kenntnisse durch Solidität und Vielseitigkeit, vor allem bei einem Menschen seines Alters. Er las fließend Deutsch, Französisch und Englisch und kannte schon damals gut das* ***Kapital*** *und die umfangreiche marxistische Literatur (die deutsche) ... Er bezeichnete sich als überzeugten Marxisten ...«* Dieses Gepäck hätte für ein Dutzend andere vielleicht gereicht; aber der gegen sich selbst sehr strenge junge Mann betrachtete sich als nicht genügend vorbereitet für die revolutionäre Arbeit, und das nicht ohne Grund: in der Kette, die die Doktrin mit der Wirklichkeit verbindet, fehlten ihm noch wichtige Bindeglieder. Die Tatsachen sprechen auch hier für sich selbst: hätte sich Wladimir schon 1891 als mit allem Rüstzeug versehen betrachtet, hätte er nicht noch ganze zwei Jahre in Samara bleiben können.

Die ältere Schwester versichert allerdings, daß die Sorge um die Mutter, die nach Olgas Tod das Herz ihrer Kinder gewissermaßen aufs neue durch ihren mit Zärtlichkeit gepaarten Mut eroberte, Wladimir zurückhielt. Aber diese Erklärung ist eindeutig unzureichend. Olga starb im Mai 1891, und Wladimir trennte sich von der Familie erst im August 1893, mehr als zwei Jahre später. Aus Rücksicht auf die Mutter konnte er die revolutionären Pflichten um Wochen oder Monate hinausschieben, solange die neue Wunde noch allzu frisch war, aber nicht um Jahre. In seinen Beziehungen zu den Menschen, die Mutter nicht ausgeschlossen, war nichts von passiver Sentimentalität. Sein Leben in Samara gab der Familie praktisch nichts. Wenn Wladimir genug Geduld aufbrachte, so lange dem großen Kampfplatz fernzubleiben, so nur deshalb, weil seine Lehrjahre noch nicht zu Ende waren.

Neben den grundlegenden Werken von Marx und Engels und den Schriften der deutschen Sozialdemokratie nahmen auf seinem Arbeitstisch die statistischen Jahrbücher einen immer größeren Raum ein. Es beginnen die ersten selbständigen Arbeiten zur Aufhellung der russischen Wirklichkeit. Aus Studienobjekten werden jetzt der historische Materialismus und die Arbeitswerttheorie für Wladimir zu Werkzeugen der politischen Orientierung. Er studiert Rußlands Kampfstatt und die Dislozierung der wichtigsten Streitkräfte auf dieser Kampfstatt.

Zur Bestimmung des wichtigsten Meilensteins in der Entwicklung Wladimir Uljanows besitzen wir eine absolut unschätzbare Aussage, vor der jedoch die offiziellen Biographen gewöhnlich die Augen verschließen, weil sie mit der Legende im Widerspruch steht. In einem Fragebogen der Partei aus dem Jahre 1921 vermerkt Lenin selbst als Beginn seiner revolutionären Arbeit: *»1892 bis 1893. Samara. Illegale Zirkel der Sozialdemokratie.«* Aus dieser Angabe eines untadelig exakten Zeugen ergeben sich zwei Schlußfolgerungen: Wladimir hat an der politischen Arbeit der Narodowolzenzirkel nicht teilgenommen, sonst hätte er diese Periode in seinem Fragebogen erwähnt; Wladimir wurde erst 1892 endgültig Sozialdemokrat, sonst hätte er die sozialdemokratische Propaganda früher aufgenommen. Alle Streitigkeiten und Zweifel werden damit endgültig erledigt. Der Unparteilichkeit halber wollen wir darauf hinweisen, daß einer der sowjetischen Forscher, der seiner Stellung nach an der Spitze der Mausoleumsgeschichtsschreibung steht – wir meinen Adoradskij, den derzeitigen Direktor des Marx-Engels-Lenin-Instituts –, in der uns interessierenden Frage ungefähr zu demselben Schluß kommt wie wir. »Die letzten Jahre in Samara, 1892 bis 1893«, schreibt er mit aller notwendigen Vorsicht, *»war Lenin schon Marxist, obwohl gewisse Überreste des Narodowolzentums noch erhalten blieben (die besondere Einstellung zum Terror).«* Nun können wir endgültig Abschied nehmen von der ergötzlichen Legende, wonach Wladimir sich im Mai 1887, an dem Tag, als er die Nachricht von der Hinrichtung Alexanders erhielt, *»die Stirn rieb«* und den Terror verurteilte.

Die oben vermerkten Etappen der politischen Formierung des jungen Lenin finden eine vielleicht unerwartete, aber sehr lebendige Bestätigung in seiner Schachbiographie. Im Winter 1889/90 widmete sich Wladimir nach der Erzählung des jüngeren Bruders *»mehr als irgendwann dem Schach.«* Als relegierter Student, der an keiner einzigen Universität zugelassen war, als potentieller Revolutionär ohne Programm und ohne Anleitung, suchte er im Schach ein Ventil für den rastlosen Ansturm der inneren Kräfte. Die folgende anderthalbjährige Periode war angefüllt mit der Vorbereitung für die Prüfungen – das Schachspiel trat in den Hintergrund. Es nahm wieder einen bedeutenden Platz ein, als Wladimir nach Empfang des Diploms noch nicht recht wußte, welches Betätigungsfeld er wählen sollte, sich wenig mit den Gerichtsfällen beschäftigte, dafür aber in seinem Chef einen erstklassigen Partner gefunden hatte. Noch ein bis anderthalb Jahre der Vorbereitung – und der junge Marxist fühlt sich für den Kampf gerüstet. *»Seit 1893 spielt Wladimir Iljitsch immer* *seltener und seltener Schach.«* Den Angaben Dmitrijs kann man in dieser Frage bedenkenlos Glauben schenken: selbst leidenschaftlicher Schachspieler, verfolgte er die wechselnde Schachbegeisterung des älteren Bruders mit aufmerksamen Augen. In Kasan versuchte Wladimir, auf der Suche nach einem Auditorium, der älteren Schwester die ersten bei Marx gelesenen Gedanken mitzuteilen. Der Versuch erfuhr keine Weiterentwicklung, und Anna verlor bald die Spur der wissenschaftlichen Studien des Bruders. Wir wissen nicht, wann er den ersten Band des **Kapital** bewältigte. Auf jeden Fall nicht während des kurzen Aufenthaltes in Kasan. Lenin überraschte später durch seine Fähigkeit, rasch zu lesen und das Wesentliche gewissermaßen im Fluge zu erfassen. Aber diese Eigenschaft hatte er sich durch die Fähigkeit erworben, wenn nötig sehr langsam zu lesen. Er arbeitete wie ein gewissenhafter Maurer und begann auf jedem Gebiet damit, daß er ein solides Fundament legte. Sein ganzes Leben lang bewahrte er sich die Fähigkeit, ein wichtiges und wesentliches Buch oder Kapitel mehrere Male zu lesen. Wirklich schätzte er nur die Bücher, die man mehr als einmal lesen muß.

Leider hat niemand erzählt, wie Lenin die Schule Marxens absolvierte. Nur einzelne äußerliche Eindrücke haben sich erhalten, und auch die sind sehr dürftig. *»Ganze Tage«*, schreibt Jassnewa, *»saß er über Marx, machte Konspekte, Auszüge, Notizen. Dann konnte man ihn nur schwer von der Arbeit losreißen.«* Seine Konspekte des **Kapital** sind uns nicht erhalten geblieben. Nur gestützt auf seine Arbeitshefte späterer Jahre kann man die Arbeit des jungen Athleten an Marx rekonstruieren. Schon seine Gymnasialaufsätze begann Wladimir unweigerlich mit einem durchgearbeiteten Plan, um ihn dann nach und nach mit Argumenten und Zitaten auszustatten. In dieser Arbeitsmethode kam jene Eigenschaft zum Ausdruck, die Ferdinand Lassalle treffend *»physische Kraft des Denkens«* nannte. Auch das Studium beinhaltet, wenn es nicht mechanisches Büffeln ist, einen schöpferischen Akt, aber umgekehrter Art. Das Konspektieren des Buches eines anderen ist die Bloßlegung seines logischen Skeletts, das der Argumente, Illustrationen und Abschweifungen entkleidet wird. Wladimir bewegte sich auf seinem schweren Weg mit freudiger Intensität vorwärts, konspektierte jedes gelesene Kapitel, manchmal jede Seite, und überdachte und überprüfte dabei die logische Struktur, die dialektischen Übergänge, die Termini. Während er sich das Resultat aneignete, assimilierte er die Methode. Er schritt die Stufen eines fremden Systems empor, als errichtete er sie von neuem. Alles wurde fest und sicher gelagert in diesem wunderbar organisierten Kopf mit der mächtigen Kuppel des Schädels. An der russischen politökonomischen Terminologie, die er sich in der Samarer Periode angeeignet oder ausgearbeitet hatte, hielt Lenin sein ganzes übriges Leben lang fest. Und nicht nur aus Hartnäckigkeit – obwohl ihm intellektuelle Hartnäckigkeit im höchsten Maße eigen war –, sondern deshalb, weil er schon in frühen Jahren seine Wahl nach reiflicher Überlegung traf, nachdem er jeden Terminus von allen Seiten besehen und in seinem Bewußtsein mit einem ganzen Zyklus von Begriffen verbunden hatte. Der erste und der zweite Band des **Kapi-**

tal waren in Alakajewka und Samara die wesentlichsten Lehrbücher Wladimirs; der dritte Band war damals noch nicht herausgekommen: der alte Engels war eben erst dabei, die nachgelassenen Manuskripte von Marx zu ordnen. Wladimir studierte das **Kapital** so gründlich, daß er jedesmal, wenn er dieses Buch wieder zur Hand nahm, in ihm neue Gedanken entdeckte. Schon in der Samarer Periode hatte er, wie er sich später ausdrückte, gelernt, sich mit Marx zu »beraten.«

Angesichts der Bücher des Lehrers wichen Frechheit und Spottlust ganz von selbst aus diesem unersättlichen Geist, der zu höchstem Pathos der Anerkennung fähig war. Die Entwicklung der Marxschen Gedanken zu verfolgen, an sich selbst ihren unwiderstehlichen Ansturm zu erleben, in den eingeschalteten Sätzen oder Bemerkungen ganze Serien von zusätzlichen Schlußfolgerungen zu entdecken, sich jedesmal von der Treffsicherheit und Tiefe eines Sarkasmus zu überzeugen und sich vor dem gegen sich selbst rücksichtslosen Genius dankbar zu verneigen, das war für ihn nicht nur ein Bedürfnis, sondern ein Genuß. Marx hatte keinen besseren Leser, keinen, der aufmerksamer miterlebte, keinen besseren, keinen scharfsinnigeren, dankbareren Schüler.

»Der Marxismus war bei ihm nicht Überzeugung, sondern Religion«, schreibt Wodowosow, *»bei ihm ... fühlte man einen Grad von Überzeugtheit, der ... mit wirklichem wissenschaftlichem Wissen unvereinbar ist.«* Wissenschaftlich ist nur die Soziologie, die das Recht des Philisters, zu schwanken, unangetastet läßt. Gewiß, Wodowosow gibt zu: Uljanow *»interessierte sich sehr für Einwände gegen den Marxismus, studierte sie und dachte darüber nach«*, aber das alles *»nicht, um die Wahrheit zu suchen«*, sondern nur, um in den Einwänden den Fehler zu entdecken, von dessen Vorhandensein er von vornherein überzeugt war. An dieser Charakteristik ist eines richtig: Uljanow hatte sich den Marxismus als Ergebnis der vorhergehenden Entwicklung des menschlichen Denkens zu eigen gemacht; er wollte von der erreichten höchsten Stufe nicht auf eine niedrigere herabsteigen; er verteidigte mit unbändiger Energie, was er durchdacht und täglich überprüft hatte; und er war mißtrauisch gegen die Versuche selbstzufriedener Hohlköpfe und belesener Mittelmäßigkeiten, den Marxismus durch eine andere, handlichere Theorie zu ersetzen.

Auf dem Gebiet der Technik oder der Medizin werden Rückständigkeiten, Dilettantismus und Hokuspokus mit Recht verachtet. Auf dem Gebiet der Soziologie geben sie sich durch die Bank als Freiheit des wissenschaftlichen Geistes. Für wen eine Theorie nur eine Spielerei des Verstandes ist, der kommt leicht von einer Offenbarung zur anderen, und noch öfter gibt er sich mit einem Potpourri aus allen Offenbarungen zufrieden. Unvergleichlich anspruchsvoller, strenger und solider ist der, für den die Theorie eine Anleitung zum Handeln ist. Ein Salonskeptiker kann sich über die Medizin ungestraft lustig machen. Der Chirurg kann in einer Atmosphäre wissenschaftlicher Ungewißheit nicht leben. Je notwendiger für den Revolutionär eine Theorie ist, auf die er sich bei seinem Handeln stützen kann, desto unversöhnlicher beschützt er sie. Wladimir Uljanow verachtete Dilettantismus und haßte Hokuspokus. Am höchsten schätzte er am Marxismus die disziplinierende Macht der Methode.

1893 erschienen die letzten Bücher von W. Woronzow (W.W.) und N. Danielson (Nikolaj-on). Beide Narodniki-Ökonomisten bewiesen mit beneidenswerter Hartnäckigkeit, daß eine bürgerliche Entwicklung in Rußland unmöglich sei, und das zur selben Zeit, da der russische Kapitalismus sich zu einem besonders stürmischen Aufschwung anschickte. Die damaligen, farblos gewordenen Narodniki haben die verspäteten Offenbarungen ihrer Theoretiker wohl kaum mit solcher Aufmerksamkeit gelesen wie der junge Samarer Marxist. Die Kenntnis der Gegner war für Uljanow nicht nur für die literarische Widerlegung notwendig. Er suchte vor allem die innere Überzeugung für den Kampf. Gewiß, er studierte die Wirklichkeit polemisch und richtete nunmehr alle Beweise gegen die überlebte Volkstümelei; aber niemandem lag reine Polemik so fern wie dem künftigen Verfasser von 27 Bänden polemischer Werke. Er hatte das Bedürfnis, das Leben zu kennen, wie es wirklich ist.

Je näher Wladimir an die Probleme der russischen Revolution heranging, desto mehr lernte er bei Plechanow und desto größer wurde seine Hochachtung für die von ihm geleistete kritische Arbeit. Die neuesten Fälscher der Geschichte des Bolschewismus sprechen von einer *»Urzeugung des Marxismus auf russischem Boden, ohne direkten Einfluß einer ausländischen Gruppe und Plechanows«* (Pressnjakow) – man müßte hinzufügen: auch von Marx selbst, diesem Emigranten par excellence – und machen Lenin zum Begründer dieses daheim geborenen, wahrhaft russischen »Marxismus«, aus dem sich später die Theorie und Praxis des »Sozialismus in einem einzelnen Land« entwickeln soll.

Die Lehre von einer Urzeugung des Marxismus als unmittelbare »Widerspiegelung« der kapitalistischen Entwicklung Rußlands ist schon an und für sich die übelste Karikatur des Marxismus. Die wirtschaftlichen Prozesse spiegeln sich nicht im »reinen« Bewußtsein in all seiner naturbelassenen Unwissenheit, sondern in einem historischen Bewußtsein, das bereichert ist durch alle Errungenschaften der menschlichen Vergangenheit. Der Klassenkampf der kapitalistischen Gesellschaft konnte Mitte des 19. Jahrhunderts nur deshalb zum Marxismus führen, weil er die dialektische Methode als Krönung der klassischen Philosophie in Deutschland, die politische Ökonomie von Adam Smith und David Ricardo in England, die revolutionäre und sozialistische Doktrin in Frankreich, die in der großen Revolution entstanden waren, bereits fertig vorfand. Der internationale Charakter des Marxismus ist somit schon in den Quellen seines Ursprunges begründet. Die Entwicklung des Kulakentums an der Wolga und der Metallurgie im Ural waren absolut unzureichend, um selbständig zum gleichen wissenschaftlichen Ergebnis zu kommen. Die »Gruppe der Befreiung der Arbeit« ist nicht zufällig im Ausland entstanden: der russische Marxismus erblickte das Licht der Welt nicht als automatisches Produkt des russischen Kapitalismus wie der Rübenzucker und das gebleichte Baumwollzeug (wofür man übrigens ebenfalls die Maschinen einführen mußte), sondern in kompliziertem Zusammenspiel aller bisherigen Erfahrungen des russischen revolutionären Kampfes und der im Westen entstandenen Theorie des wissenschaftlichen Sozialismus. Die marxistische Generation der neunziger Jahre stand auf dem von Plechanow gelegten Fundament.

Um den historischen Beitrag Lenins richtig zu schätzen, ist es wirklich nicht notwendig, die Sache so darzustellen, als hätte er schon in jungen Jahren mit seinem Pflug jungfräuliches Neuland umackern müssen. *»Verallgemeinernde Arbeiten«*, schreibt nach Kamenjew und anderen auch Jelisarowa, *»gab es fast nicht: Man mußte die ursprünglichen Quellen studieren und auf sie gestützt seine Schlußfolgerungen aufbauen. Diese große und noch nicht in Angriff genommene Arbeit nahm in Samara Wladimir Iljitsch auf sich.«* Nichts ist beleidigender für die wissenschaftliche Gewissenhaftigkeit Lenins als die Ignorierung der Arbeit seiner Vorgänger und Lehrer. Es ist nicht wahr, daß Anfang der neunziger Jahre der russische Marxismus keine verallgemeinernden Arbeiten besaß. Die Publikationen der »Gruppe der Befreiung der Arbeit« waren schon eine gedrängte Enzyklopädie der neuen Richtung. Nach sechs Jahren eines glänzenden und heroischen Kampfes gegen die Vorurteile der russischen Intelligenz verkündete Plechanow auf dem internationalen Sozialistenkongreß in Paris: *»Die revolutionäre Bewegung in Rußland kann nur als revolutionäre Bewegung der Arbeiter triumphieren. Einen anderen Ausweg gibt es bei uns nicht und kann es nicht geben.«* Diese Worte enthielten die wichtigste Verallgemeinerung der ganzen vorhergehenden Epoche, und aus dieser »Emigranten«-Verallgemeinerung lernte Wladimir Uljanow an der Wolga.

Wodowosow erinnert sich: *»Über Plechanow sprach Lenin mit tiefer Sympathie, vor allem über **Unsere Meinangsverschiedenheiten**.«* Diese Sympathie mußte sehr deutlich zum Ausdruck gekommen sein, wenn Wodowosow sie mehr als dreißig Jahre im Gedächtnis bewahren konnte. Die größte Stärke von **Unsere Meinungsverschiedenheiten** besteht darin, daß die Fragen der revolutionären Politik in diesem Buch in untrennbarem Zusammenhang mit der materialistischen Geschichtsauffassung und mit der Analyse der wirtschaftlichen Entwicklung Rußlands behandelt werden. Die ersten Stellungnahmen Uljanows in Samara gegen die Narodniki stehen somit in inniger Verbindung mit seiner begeisterten Äußerung über die Arbeit des Begründers der russischen Sozialdemokratie. Nach Marx und Engels war Wladimir mehr als allen anderen Plechanow verpflichtet.

Ende 1922 schrieb Lenin nebenbei über den Beginn der neunziger Jahre: *»Der Marxismus begann sich als Richtung auszubreiten, indem er der beträchtlich früher in Westeuropa von der ›Gruppe der Befreiung der Arbeit‹ verkündeten sozialdemokratischen Richtung entgegenkam.«* Diese Zeilen, die die Entwicklungsgeschichte einer ganzen Generation resümieren, enthalten ein Stückchen Autobiographie von Lenin selbst: nachdem er mit der marxistischen Richtung als ökonomische und historische Doktrin begonnen hatte, wurde er unter dem Einfluß der Ideen der »Gruppe der Befreiung der Arbeit«, die in hohem Maße die Entwicklung der russischen Intelligenz bestimmte, Sozialdemokrat. Nur Arme im Geiste können sich einbilden, daß sie Lenin dadurch ehren, daß sie seinem leiblichen Vater, dem Wirklichen Staatsrat Uljanow, revolutionäre Anschauungen zuschreiben, die er niemals hegte, und gleichzeitig die revolutionäre Rolle des Emigranten Plechanow verschweigen, den Lenin selbst als seinen geistigen Vater betrachtete.

In Kasan, in Samara, in Alakajewka fühlte sich Wladimir vor allem als Schüler. Aber ebenso wie der Pinsel großer Künstler schon in deren Jugend die eigene Handschrift erkennen läßt, selbst wenn sie die Bilder alter Meister kopieren, so entfaltete Wladimir Uljanow als Schüler eine solche Kraft des Forschens und der Initiative, daß es schwerfällt, den Grenzstrich zu ziehen zwischen der Bewältigung des Fremden und dem, was er selbständig erarbeitete. Im letzten Jahr seiner Vorbereitung in Samara verschwindet diese Grenze endgültig: der Schüler wird zum Forscher.

Der Streit mit den Narodniki erstreckte sich natürlich auch auf die Einschätzung der konkreten Prozesse: entwickelt sich der Kapitalismus in Rußland weiter oder nicht? Die Tabellen der Fabrikschornsteine und der Industriearbeiter erhielten eine tendenziöse Bedeutung, ebenso wie die Tabellen der Klassenscheidung innerhalb der Bauernschaft. So wurde die Wirtschaftsstatistik zur Wissenschaft der Wissenschaften. Die Zahlenkolonnen bargen den Schlüssel zur Enträtselung des Schicksals Rußlands, seiner Intelligenz und seiner Revolution. Die von den Militärbehörden periodisch durchgeführten Pferdezählungen waren dazu berufen, Antwort zu geben auf die Frage, wer stärker ist: Marx oder die russische Dorfgemeinschaft.

Das statistische Material der ersten Arbeiten Plechanows konnte nicht sehr reichlich sein: die Semstwo-Statistik, die einzige, die für das Studium der Ökonomie des Dorfes von Wert war, entwickelte sich erst im Laufe der achtziger Jahre; überdies waren ihre Publikationen für einen in diesen Jahren fast restlos von Rußland abgeschnittenen Emigranten schwer zugänglich. Dennoch wurde die allgemeine Richtung der wissenschaftlichen Bearbeitung der statistischen Daten von Plechanow vollkommen richtig gewiesen. Die ersten Statistiker der neuen Schule beschritten seinen Weg. Der amerikanische Professor I.A. Gurwitsch, der aus Rußland stammte, veröffentlichte 1888 und 1892 zwei Untersuchungen über das russische Dorf, die Wladimir Uljanow sehr schätzte und von denen er lernte. Er selbst ließ niemals eine Gelegenheit vorübergehen, um seiner Dankbarkeit für die Arbeit seiner Vorgänger Ausdruck zu verleihen.

In den letzten ein bis anderthalb Jahren seines Lebens in Samara hatten die statistischen Jahrbücher einen Ehrenplatz auf seinem Arbeitstisch. Seine große Arbeit über die Entwicklung des russischen Kapitalismus erschien erst 1899. Aber es ging ihr eine beträchtliche Anzahl von vorbereitenden theoretischen und statistischen Studien voraus, an denen er schon in Samara zu arbeiten begonnen hatte. Schon allein aus den Eintragungen der Samarer Bibliothek aus dem Jahr 1893, die zufällig erhalten geblieben sind, kann man ersehen, daß Wladimir keine einzige für sein Thema einschlägige Arbeit außer acht ließ, seien es nun die offiziellen statistischen

Jahrbücher oder die ökonomischen Untersuchungen der Narodniki. Die meisten Bücher und Artikel konspektierte er, über die wichtigsten referiert er seinen Genossen.

Die erste uns erhalten gebliebene literarische Arbeit Wladimir Uljanows, die er in den letzten Monaten seines Aufenthalts in Samara schrieb, resümiert das kurz vorher erschienene Buch des ehemaligen Staatsbeamten Postnikow über die Bauernwirtschaft in Südrußland. Der der statistischen Illustration der Klassenscheidung innerhalb der Bauernschaft und der Proletarisierung ihrer schwächsten Schichten gewidmete Artikel – dieser Prozeß war im Süden Rußlands besonders weit fortgeschritten –, zeigt die glänzende Fähigkeit des jungen Autors, mit statistischen Daten umzugehen und hinter den Details das Bild des Ganzen zu sehen. Die legale Zeitschrift, für die die vorsichtige und trocken geschriebene Arbeit bestimmt war, lehnte sie – vermutlich wegen ihrer marxistischen Tendenz – ab, obwohl sich der Autor jeder offenen Polemik gegen die Narodniki enthielt. Eine Kopie des Artikels, die Wladimir dem Studenten Mitzkjewitsch gegeben hatte, wurde diesem bei einer Haussuchung weggenommen und in den Archiven der Gendarmerie aufbewahrt, wo sie 1923 entdeckt und dreißig Jahre nach ihrer Niederschrift gedruckt wurde. Diese Arbeit steht jetzt auch am Anfang der gesammelten Werke Lenins.

Schickte er sich nunmehr an, Schriftsteller zu werden und die Advokatur aufzugeben? Die Schriftstellerei erschien ihm wohl kaum als selbständiges Lebensziel. Gewiß, er war ein überzeugter »Doktrinär«, das heißt, er verstand schon in jungen Jahren, daß man – ebenso wie man die Gestirne nicht ohne Teleskop beobachten kann und die Bakterien nicht ohne Mikroskop – das gesellschaftliche Leben durch das Glas der Doktrin zu betrachten verstehen muß. Aber anderseits verstand er es auch, die Doktrin durch die Splitter der Wirklichkeit zu betrachten. Er verstand es, zu beobachten, auszufragen, zuzuhören, sich das Leben und die lebenden Menschen anzusehen. Und er vollbrachte diese komplizierte Arbeit ebenso natürlich, wie er atmete. Vielleicht geschah es noch nicht ganz bewußt – aber er bildete sich nicht zum Theoretiker aus, nicht zum Schriftsteller, sondern zum Führer.

Angefangen mit Kasan ging er in die Schule von Revolutionären der älteren Generation, die unter Polizeiaufsicht standen oder aus der Verbannung zurückgekehrt waren. Unter ihnen gab es nicht wenige beschränkte Leute, die in ihrer Entwicklung steckengeblieben waren und nicht allzu tiefgründig philosophierten. Aber sie hatten das gesehen, gehört, erlebt, was die junge Generation nicht kannte, und das machte sie auf ihre Art bemerkenswert. Die Jakobinerin Jassnewa, die um neun Jahre älter war als Wladimir, schreibt: *»Ich weiß noch, ich wunderte mich, mit welcher Aufmerksamkeit und wie ernst Wladimir Iljitsch den anspruchslosen und manchmal auch absonderlichen Erinnerungen von W.J. Witten lauschte«*, einer alten Narodowolzin, der Frau Liwanows. Andere, die an der Oberfläche blieben, bemerkten nur das Absonderliche, aber Wladimir holte sich unter der Schale den Kern. Er führte gewissermaßen gleichzeitig zwei Gespräche: ein offenes, das nicht nur von ihm abhing, sondern auch vom Gesprächspartner, und das notwendigerweise auch viel Überflüssiges enthielt; und ein anderes, geheimes, das viel bemerkenswerter war und das er allein beherrschte. Die Pupillen in den schräggestellten Augen funkelten und spiegelten das eine wie das andere wider.

Gewissermaßen das Gegenteil von Jassnewa erzählt Semjonow: »*Wladimir Iljitsch war mit den Liwanows bekannt, aber er ging nicht zu ihren Versammlungen und hörte sich mit großer Aufmerksamkeit unsere Erzählungen über das Gequatsch der Alten an.*« Der scheinbare Widerspruch rührt daher, daß die Erzählung Semjonows sich auf eine ungefähr um ein Jahr spätere Zeit bezieht. Wladimir besuchte die Alten, solange man bei ihnen etwas lernen konnte. Endlose Streitereien, bei denen man immer wieder dieselben Argumente wiederholt und sich ärgert, entsprachen nicht seinem Charakter. Wenn er spürte, daß das Kapitel der persönlichen Beziehungen zu Ende war, machte er entschlossen einen Punkt. Ein solches Vorgehen erforderte Selbstbeherrschung, viel Selbstbeherrschung; Wladimir mangelte es nicht daran. Aber wenn er auch aufhörte, Liwanow zu besuchen, so hörte er doch nicht auf, sich dafür zu interessieren, was sich im gegnerischen Lager tut: der Krieg verlangt Erkundung, und Wladimir führte bereits Krieg mit den Volkstümlern. Mit großem Interesse hörte er sich die Erzählungen oder, richtiger, die Rapporte seiner Gesinnungsgenossen an, die mit der eigenen Zeit weniger sparsam umgingen. Der Zweiundzwanzigjährige offenbart uns hier, auf dem Gebiet der persönlichen Beziehungen, bereits jene Züge seiner geschmeidigen Manövrierfähigkeit, die wir später in seinem ganzen politischen Leben beobachten können.

Nicht minder bemerkenswert für das geistige Bild des jungen Lenin ist das weite Gesichtsfeld seiner Beobachtungen. Die radikalen Intellektuellen lebten in ihrer überwältigenden Mehrheit ein Zirkelleben, und jenseits des Zirkels begann für sie eine fremde Welt. Wladimir hatte keine Scheuklappen. Seine Interessen waren äußerst extensiv; gleichzeitig bewahrte er sich die Fähigkeit höchster Konzentration. Er studierte die Wirklichkeit überall, wo er sie antraf. Jetzt wendete er seine Aufmerksamkeit von den Volkstümlern ab und dem Volke zu. Das Samarer Gouvernement war durchwegs bäuerlich. Fünfmal verbrachte Uljanow die Sommersaison in Alakajewka. Die Propaganda unter den Bauern hätte Wladimir nicht aufgenommen, auch dann nicht, wenn ihn die Lage eines unter Polizeiaufsicht Stehenden in weltferner Steppe nicht paralysiert hätte. Um so aufmerksamer sah er sich das Dorf an, um die theoretischen Ergebnisse am lebendigen Material zu überprüfen.

Seine persönlichen Beziehungen zu den Armbauern waren – nach dem kurzen landwirtschaftlichen Experiment – allerdings episodisch und unzureichend; aber er verstand es, die Aufmerksamkeit der Freunde in die nötige Richtung zu lenken und die fremden Beobachtungen auszuwerten. Der ihm nahestehende Skljarenko war Schriftführer beim Friedensrichter Samoilow, der bis zum Auftauchen der Landeshauptleute ganz und gar aufging in den Rechtsstreitigkeiten der Armbauern. Jelisarow stammte von Samarer Bauern ab und hielt die Verbindung mit den Dorfgenossen aufrecht. Skljarenko einem Verhör unterziehen, den Friedensrichter selbst aushorchen, mit dem Schwager in sein Heimatdorf Bestushewka fahren, stundenlang mit dem älteren Bruder Jelisarows, einem listigen und selbstzufriedenen Kulaken, sprechen – welch unerschöpfliches Lehrbuch der politischen Ökonomie und der Sozialpsychologie! Wladimir erhaschte flugs ein fallengelassenes Wörtchen, verstand es listig, den Erzähler zum Weitersprechen zu animieren, hörte ihm aufmerksam zu, durchbohrte ihn mit den Blicken, lächelte, lachte manchmal wie der Vater kurz und stoßweise, mit zurückgeworfenem Kopf. Dem Kulaken schmeichelte es, sich mit einer gebildeten Persönlichkeit, einem jungen Advokaten, mit dem Sohn einer Exzellenz, über seine Angelegenheiten zu unterhalten, wenn ihm vielleicht auch nicht immer klar war, worüber dieser fröhliche Gesprächspartner lachte.

Wladimir hatte offenbar vom Vater die Fähigkeit geerbt, sich leicht mit Menschen verschiedener sozialer Kategorien und mit verschiedenem Niveau zu unterhalten. Ohne daß er sich langweilte oder sich Gewalt antun mußte und oft ohne vorgefaßtes Ziel, mit unbezähmbarer Neugier und einem fast untrüglichen Instinkt, verstand er es, aus jedem zufälligen Gesprächspartner das herauszuholen, was er selbst brauchte. Daher hörte er so fröhlich zu, wo die anderen sich langweilten, und keiner in seiner Umgebung erriet, daß hinter dem schnarrenden Geplauder eine große unterbewußte Arbeit steckte. Eindrücke wurden gesammelt und sortiert, die Speicher des Gedächtnisses füllten sich mit unschätzbarem Material, die kleinen Tatsachen dienten zur Überprüfung großer Verallgemeinerungen. So verschwanden die Schranken zwischen dem Buch und dem Leben, und Wladimir begann schon damals, den Marxismus zu verwenden, wie der Zimmermann Säge und Axt.

Zeittafel

	1667	Aufstand Stepan (Stjenka) Rasins
	1671	Rasin in Moskau hingerichtet
1725 -	1727	Katharina I., Zarin von Rußland
1762 -	1796	Katharina II., die Große, Zarin von Rußland
	1773	Kosakenaufstand unter Jemeljan Pugatschow
1801 -	1825	Alexander I., Zar von Rußland
	1812	Iwan Alexandrowitsch Gontscharow (Dichter des Oblomow) geboren
	1814	Michail Alexandrowitsch Bakunin (russ. Revolutionär und »Vater des Anarchismus«) geboren
	1825	Dekabristenaufstand
1825 -	1855	Nikolaus I., Zar von Rußland
	1838	Ernst Mach (»Wiener Positivismus«) geboren
	1843	Ilja Nikolajewitsch Uljanow, Lenins Vater, tritt ins Gymnasium von Astrachan ein
	1844	Nikolaj F. Danielson geboren
	1847	Sergej Netschajew (Anarchist) geboren
	1850	Ilja Uljanow inskribiert an der Universität Kasan; Pawel Axelrod geboren
1853 -	1856	Krimkrieg, Friede von Paris
	1853	Ilja Uljanow wird Gymnasiallehrer in Pensa
1855 -	1881	Alexander II., Zar von Rußland
	1857	Georgij W. Plechanow geboren
	1860	Bauernunruhen; Gründung der Organisation »Junges Rußland«
	1861	Aufhebung der Leibeigenschaft
	1863	Ilja N. Uljanow und Maria Alexandrowna Blank heiraten in Pensa. Er wird Gymnasiallehrer in Nishnij-Nowgorod

1864	Brandkatastrophe in Simbirsk; Anna, Schwester Lenins, geboren
1864 - 1873	Erste Internationale
1866	Attentatsversuch Karakosows auf Alexander II.; Alexander (Sascha), Bruder Lenins, geboren
1869	Ilja Uljanow wird Inspektor der Volksschulen im Simbirsker Gouvernement; Nadjeshda Konstantinowna Krupskaja geboren; Ermordung des Studenten Iwanow durch Anarchisten
1870	10. April (neuer Stil: 22. April); Wladimir Iljitsch Uljanow, der spätere Lenin, geboren (Simbirsk)
1871	Olga, Schwester Lenins, geboren
1872	Das Kapital von Karl Marx von Bakunin und Danielson ins Russische übersetzt
1873	Nikolaj, Bruder Lenins, geboren
1874	»Sache der 50«; »Sache der 193«; Dmitrij, Bruder Lenins, geboren; Ilja Uljanow Direktor der Volksschulen im Simbirsker Gouvernement
1875	Inés Elisabeth Armand, Freundin Lenins, geboren (»Genossin Inés«); erster südrussischer Arbeiterbund gegründet
1876	Michail Bakunin gestorben
1878	Wjera I. Sassulitsch schießt auf Treptow, den Stadtkommandanten von Petersburg; Maria, Schwester Lenins, geboren; Mirskijs Attentatsversuch auf den Gendarmeriechef Drentlen; Solowjows Attentatsversuch auf Zar Alexander II.
1878 - 1879	Streiks in Petersburg
1879	Aus »Semlja i Wolja« gehen »Narodnaja Wolja« und »Tschorny Peredjel« hervor; Stalin (Josef Wissarionowitsch Dshugaschwili) geboren; Trotzki (Lew Dawidowitsch Bronstein) geboren
1881	Alexander II. von Anarchisten ermordet
1881 - 1894	Alexander III., Zar von Rußland
1882	Gründung der Bauernbank; Sergej Netschajew gestorben; Alexander Kerenskij geboren

1883	Alexander Uljanow inskribiert an der Petersburger Universität; Grigorij Sinowjew geboren; Kamenjew geboren; Gründung der ersten russischen Emigrantenorganisation »Befreiung der Arbeit« durch Plechanow, Axelrod und Sassulitsch; erstes Fabrikarbeitergesetz
1884	Studentenorganisationen werden verboten
1885	Gründung der Adelsbank; Radek geboren
1886	Ilja Uljanow gestorben
1887	Alexander Uljanow wegen Beteiligung an Vorbereitungen für ein Attentat auf Alexander III. in Petersburg hingerichtet. Herbst: Relegation Wladimir Uljanows (Lenins) von der Kasaner Universität, Verbannung auf das Gut seiner Großeltern mütterlicherseits, Kokuschkino
1888	Rückübersiedlung der Familie Uljanow von Kokuschkino nach Kasan; Antrag Wladimirs auf Wiederaufnahme des Studiums (wird abgelehnt)
1889	Aufenthalt Wladimir Uljanows in Samara (Winter) und Alakajewka (Sommer); anarchistischer Zirkel Fedossejews aufgedeckt; Zweite Internationale
1890	Lenin darf sein Studium beenden
1891	Hungerkatastrophe in Rußland; Olga, Schwester Lenins, an Bauchtyphus gestorben; Iwan Gontscharow gestorben
1892	Lenin als Rechtsanwalt in Samara zugelassen
1893	Lenin übersiedelt nach Petersburg, erste marxistische Arbeiten, Kontakte mit Arbeitergruppen. Er lernt Nadjeshda Konstantinowna Krupskaja kennen
1894	Lenins *Was sind die ›Volksfreunde‹ und Wie kämpfen sie gegen die Sozialdemokraten?* erscheint
1894 - 1917	Nikolaus II., Zar von Rußland
1895	Erste Auslandsreise Lenins nach Genf, Paris, Berlin, Kontakte mit Plechanows Gruppe »Befreiung der Arbeit«; Herbst: Lenin gründet in Petersburg den »Kampfbund zur Befreiung der Arbeiterklasse«; Verhaftung Lenins
1896	Verhaftung der Krupskaja
1897	Lenin wird nach Schuschenskoje (Sibirien) verbannt; Arbeit an *Die Entwicklung des Kapitalismus in Rußland*

1898 Gründungsparteitag der Sozialdemokratischen Arbeiterpartei Rußlands in Minsk; Juli: Lenin und die Krupskaja heiraten in Schuschenskoje

1899 Versammlung verbannter russischer Sozialdemokraten unter Lenins Führung in Jermakowskoje

1900 Februar: Ende der Verbannung Lenins; Boxeraufstand in China; Juli: Reise in die Schweiz; Dezember: Erste Nummer der Iskra erscheint in München

1901 Die Krupskaja folgt Lenin ins Exil; Partei der Sozialrevolutionäre gegründet

1902 Lenins Was tun? erscheint in Stuttgart

1903 II. Parteitag der Sozialdemokratischen Partei Rußlands, erst in Brüssel, dann in London; Spaltung der Partei in Bolschewiki und Menschewiki; Lenin tritt aus der Redaktion der Iskra aus.

1904 Lenin veröffentlicht Ein Schritt vorwärts, zwei Schritte zurück (in Genf); Ausbruch des Russisch-Japanischen Krieges

1905 Erste russische Revolution, Meuterei auf dem Panzerkreuzer Potemkin; III. Parteitag der russischen Sozialdemokraten (ohne Menschewiki); Lenin schreibt Zwei Taktiken der Sozialdemokratie in der demokratischen Revolution; Friedensvertrag von Portsmouth beendet den Russisch-Japanischen Krieg; Parteikonferenz in Tammerfors

1906 Parteikonferenz in Petersburg; IV. Parteitag der Sozialdemokratischen Arbeiterpartei Rußlands in Stockholm (»Vereinigungsparteitag«)

1907 V. Parteitag in London; Lenin Vertreter der russischen Sozialdemokraten im Büro der Sozialistischen Internationale

1908 Lenin in Genf; Materialismus und Empiriokritizismus erscheint; Lenin bei Gorki auf Capri

1909 Tagung des Zentralkomitees in Paris; Lenin übersiedelt nach Paris

1910 Kopenhagener Kongreß der Sozialistischen Internationale; Lenin begegnet erstmals Inés Armand

1911 Lenin organisiert die Parteischule in Longjumeau bei Paris

1912 Die Bolschewiki konstituieren sich in Prag als eigene Partei; Lenin übersiedelt nach Krakau, redigiert die neue Parteizeitung Prawda (Die Wahrheit)

1914 Beginn des Ersten Weltkrieges; Lenin geht in die neutrale Schweiz (Bern); zahlreiche Arbeiten über den Krieg und über die Internationale

1915 Über die Lösung der Vereinigten Staaten von Europa; Zimmerwalder Konferenz gegen den Krieg

1916 Das Militärprogramm der proletarischen Revolution; Mutter Lenins gestorben

1917 (Daten im alten Stil)

23.02.: Generalstreik in Petrograd

26.02.: Auflösung der Reichs-Duma durch den Zaren

27.02.: Provisorisches Regierungskomitee

02.03.: Zar Nikolaus II. dankt ab

03.04.: Lenin kehrt nach Rußland zurück

04.04.: Aprilthesen Lenins

24.04.: Allrussische Parteikonferenz in Petrograd

04.07.: Die Massen von Petrograd revoltieren; Lenin flieht

08.07.: Kerenskij Regierungschef

24.08.: Ausbruch der Kornilow-Revolte

07.10.: Lenin kehrt nach Petrograd zurück

10.10.: Revolutionskomitee unter Trotzkis Führung gegründet

24.10.: Beginn der Oktoberrevolution

25.10.: Sturz und Flucht Kerenskijs

26.10.: Bildung der neuen Regierung als Rat der Volkskommissare; Vorsitz Lenin

02.11.: Selbstbestimmungsrecht für alle Völker Rußlands

1918 (Daten im neuen Stil)

06.01.: Auflösung der Konstituante durch den Rat der Volkskommissare

03.03.: Frieden von Brest-Litowsk unterzeichnet

08.03.: Bolschewiki nennen sich Kommunistische Partei

	10.03.:	Die Sowjetregierung übersiedelt nach Moskau
	15.03.:	Alleinregierung der Bolschewiki
	06.07.:	Der deutsche Botschafter in Rußland, Graf Mirbach, wird von Sozialrevolutionären ermordet
	30.08.:	Attentat der Sozialrevolutionärin Fanja Kaplan auf Lenin, Lenin schwer verletzt
1918 –	1921	Russischer Bürgerkrieg
	1919	Gründungskongreß der Dritten Internationale in Moskau (Komintern)
	1920	Inés Armand gestorben; Lenin trifft mit H.G. Wells und Bertrand Russell zusammen
	1921	März: Streiks in Petrograd; Aufstand der Kronstädter Matrosen; X. Parteitag der Kommunistischen Partei Rußlands (Bolschewiki); Einführung der Neuen ökonomischen Politik (NÖP); Broschüre Über die Naturatsteuer
	1922	Prozeß gegen die Sozialrevolutionäre; neue Verfassung: Rußland als Union der Sozialistischen Sowjetrepubliken (UdSSR) konstituiert; zwei Schlaganfälle Lenins; Aufenthalt in Gorki; Notizen eines Publizisten; Über das Besteigen hoher Berge
	1923	Lenin diktiert sein politisches Testament; Aufsätze: Über das Genossenschaftswesen; Über unsere Revolution; Lieber weniger, aber besser; dritter Schlaganfall. Oktober: Kurzbesuch in Moskau
	1924	21. Januar. Lenin stirbt
	1939	Krupskaja stirbt

Über Lenin. Material für einen Biographen.

Vorwort

Dieses Buch ist nicht abgeschlossen – und das in zweifachem Sinne. Vor allen Dingen darf man hier keinesfalls eine Biographie Lenins, seine Charakteristik oder eine abgeschlossene Darlegung seiner Anschauungen und Methoden des Handelns suchen. Diese Arbeit liefert nur einiges Rohmaterial, einige Entwürfe und Skizzen für Arbeiten eines zukünftigen Autors, vielleicht auch für Arbeiten des Verfassers dieser Zeilen. Diese »skizzenhafte« Behandlung ist aber unvermeidlich und notwendig. Neben den populären Biographien und allgemeinen Charakteristiken ist jetzt schon eine eingehende und sorgfältige Arbeit der Fixierung von einzelnen Episoden, einzelnen Zügen des Lebens und der Persönlichkeit Lenins, wie sie sich vor unseren Augen zugetragen haben, notwendig. Den wesentlichsten Teil dieses Buches füllen die Erinnerungen des Verfassers über zwei Perioden aus, die durch einen fünfzehnjährigen Zwischenraum getrennt sind: das letzte Halbjahr der alten »Iskra« und das entscheidende Jahr, in dessen Mittelpunkt die Oktoberumwälzung steht, das heißt: die Zeit ungefähr von Mitte 1917 bis zum Herbst 1918.

Dieses Buch ist auch in einem anderen, engeren Sinne nicht beendet worden; ich hoffe, dass die Umstände es mir gestatten werden, daran weiter zu arbeiten, es zu korrigieren, zu verbessern, präziser zu gestalten und durch neue Episoden und Kapitel zu ergänzen. Krankheit und die dadurch hervorgerufene zeitweilige Zurückgezogenheit von der praktischen Arbeit haben mir die Möglichkeit gegeben, im Gedächtnis vieles von dem, was hier in diesem Buch erzählt ist, wiederherzustellen. Als ich die ersten Entwürfe las, habe ich das Knäuel des Gedächtnisses weiter aufgewickelt und neue Episoden wiederhergestellt, die schon allein dadurch von Bedeutung sind, dass sie sich auf Lenins Leben beziehen oder damit im Zusammenhang stehen. Diese Arbeitsmethode birgt aber das Unbequeme in sich, dass das Produkt der Arbeit niemals vollendet wird. Deshalb eben habe ich mich entschlossen, in einem gewissen Moment das Manuskript mechanisch abzuschneiden und es in dieser Gestalt zu veröffentlichen. Gleichzeitig behalte ich mir, wie bereits gesagt, vor, an diesem Buch noch weiter zu arbeiten. Es erübrigt sich, zu bemerken, dass ich all denen, die an den Ereignissen und Episoden des von mir behandelten Zeitabschnittes beteiligt waren, sehr verbunden sein werde, wenn sie ihre Korrekturen, beziehungsweise die einen oder die anderen Erinnerungen beitragen würden.

Nicht überflüssig ist es, gleich von vornherein zu bemerken, dass eine Reihe von Umständen von mir bewusst fortgelassen wurde, weil diese mit den aktuellen Tagesfragen zu eng verknüpft sind.

Den beiden Hauptteilen des Buches, die den Charakter von Erinnerungen tragen, habe ich die Artikel und Reden, beziehungsweise Teilstücke der Reden, angefügt, in denen ich Lenin charakterisieren konnte.

Für meine Arbeit an den Erinnerungen habe ich fast keinerlei Material über die von mir behandelte Epoche benutzt. Das schien mir insofern besser zu sein, als ich mir nicht zur Aufgabe stelle, eine abgeschlossene historische Schilderung einer bestimmten Periode aus dem Leben Lenins zu liefern. Nur manches Material aus der Urquelle, die in diesem Fall der Verfasser dieser Arbeit ist, will ich vorlegen, wenn ich mich nur auf die Quelle meines eigenen Gedächtnisses stütze.

Nachdem die Arbeit im wesentlichen fertig war, habe ich den XIV. Band der Werke Lenins und das Büchlein des Genossen Owsjannikow über Brest-Litowsk nachgelesen und einige Ergänzungen in die Arbeit aufgenommen. Es haben sich nur sehr wenige Ergänzungen ergeben.

Leo Trotzki

P. S. Beim Durchlesen des Geschriebenen habe ich gemerkt, dass ich bisweilen in den Erinnerungen Leningrad als Petrograd und Petersburg[1] bezeichne. Andere Genossen dagegen bezeichnen das Petrograd der alten Zeit zurückdatierend als Leningrad. Das scheint mir unrichtig.

Kann man denn z. B. sagen: Lenin war in Leningrad verhaftet worden? Es ist klar, dass man in Leningrad Lenin nicht verhaften konnte. Noch weniger kann man sagen: Peter I. hat Leningrad gegründet. Nach Jahren oder Jahrzehnten vielleicht wird die neue Bezeichnung der Stadt, wie überhaupt alle Eigennamen, ihren lebendigen historischen Inhalt verlieren. Jetzt aber empfinden wir es zu klar und lebhaft, dass Petersburg erst nach dem 21. Januar 1924 in Leningrad umgetauft worden ist und vorher nicht so bezeichnet werden konnte. Das ist der Grund, weshalb ich in den Erinnerungen Leningrad mit dem Namen bezeichne, den es in der Zeit der beschriebenen Ereignisse geführt hat.

21. April 1924.
L. T.

1 Die Stadt Petersburg wurde im Jahre 1914 zu Beginn des Krieges aus chauvinistischen Gründen in Petrograd umgetauft. Nach Beendigung des Krieges wurde die Stadt wieder Petersburg genannt, bis sie nach Lenins Tod den Namen Leningrad erhielt.

Lenin und die alte »Iskra«

»Die Spaltung von 1903 war sozusagen eine Vorwegnahme...« (Lenin, in einem Gespräch, 1910.)

Zweifellos wird für den zukünftigen Biographen, der sich eine Lebensbeschreibung Lenins in großem Stil zur Aufgabe stellt, die Periode der alten »Iskra« (»Der Funke«) (1900-1903) von außerordentlichem Interesse sein; gleichzeitig aber auch große Schwierigkeiten bieten: weil Lenin gerade während jener wenigen Jahre Lenin wurde. Das heißt nicht, dass er danach nicht mehr gewachsen sei. Im Gegenteil, er ist gewachsen – und in welchem Ausmaße! – sowohl vor als nach dem Oktober. Dabei handelt es sich aber schon um ein mehr organisches Wachsen. Der Sprung aus der Illegalität zur Machtergreifung am 25. Oktober 1917 war groß. Das war aber ein äußerlicher, sozusagen der materielle Sprung eines Menschen, der alles, was man wägen und messen kann, gewogen und gemessen hatte. In jenem Wachstum dagegen, das der Spaltung auf dem zweiten Parteitag voranging, lag eine von außen unerkennbare, aber um so entschiedenere innere Wandlung.

Diese Erinnerungen haben den Zweck, dem zukünftigen Biographen einiges Material zu liefern, das sich auf jene äußerst bedeutsame und wesentliche Periode in der geistigen Entwicklung von Wladimir Iljitsch bezieht.

Jetzt, wo diese Zeilen geschrieben werden, sind bereits mehr als zwei Jahrzehnte verstrichen, und zwar Jahrzehnte, die für das menschliche Gedächtnis eine starke Belastung darstellen. Dieser Umstand könnte den begreiflichen Argwohn hervorrufen: in welchem Maße gibt das hier Erzählte die Ereignisse richtig wieder? Ich muss sagen, dass mir selber diese Befürchtung nicht fremd war und mich auch während der ganzen Arbeit verfolgte: Erinnerungen und Bekundungen, die man leichtfertig aus dem Ärmel schüttelt, gibt es ohnehin reichlich genug. Als ich diese Schilderungen niederschrieb, hatte ich keinerlei Dokumente oder sonstiges Material zur Hand, auf das ich hätte zurückgreifen können. Ich glaube indessen, dass es so besser ist. Ich war auf diese Weise gezwungen, mich ganz auf mein Gedächtnis zu stützen, und ich hoffe, dass das freie Schöpfen aus dem Gedächtnis eine bessere Gewähr liefert gegen das unwillkürliche Retuschieren, dem man bei einem Rückblick sonst, selbst bei strengster Selbstkontrolle, schwer entgehen kann. Obendrein wird auf diese Weise dem zukünftigen Forscher die Nachprüfung der Ereignisse auf Grund des urkundlichen und sonstigen Materials, das sich auf jene Zeit bezieht, erleichtert.

Stellenweise werde ich die damaligen Gespräche und Auseinandersetzungen in der Form des Dialogs wiedergeben. Es ist selbstverständlich, dass man die wortgetreue Wiedergabe eines Dialogs nach zwei und mehr Jahrzehnten kaum erwarten kann. Das Wesentliche ist hier aber, wie ich glaube, durchaus genau wiedergegeben, manche Ausdrücke – und zwar die markantesten – wörtlich.

Da es sich hier um Material für eine Biographie Lenins, also um eine sehr wichtige Sache handelt, möchte ich einiges sagen über gewisse Eigenschaften meines Gedächtnisses: Ich hatte ein sehr schlechtes Gedächtnis für Städte und Wohnungen. In London zum Beispiel habe ich mehrmals Lenins Wohnung mit meiner eigenen, die nicht weit entfernt war, verwechselt. Längere Zeit hindurch war mein Personengedächtnis sehr schlecht; in dieser Hinsicht habe ich aber wesentliche Fortschritte gemacht. Dagegen hatte ich und habe ich noch jetzt ein sehr gutes Gedächtnis für Gedankengänge, Gedankenverbindungen und Gespräche über gedankliche Themen. Ich hatte mehrfach Gelegenheit, festzustellen, dass diese Bewertung nicht subjektiv ist: Leute, die mit mir an derselben Unterhaltung teilgenommen hatten, übermittelten nicht selten den Inhalt weniger genau als ich und nahmen nachträglich meine Richtigstellungen an. Hinzu kommt, dass ich nach London als junger Provinzler kam und darauf erpicht war, möglichst schnell alles zu erfahren und zu begreifen. Es ist daher verständlich, dass die Gespräche mit Lenin und anderen Redaktionsmitgliedern der »Iskra« sich meinem Gedächtnis scharf einprägten. All diese Erwägungen kann der Biograph bei der Bewertung der Zuverlässigkeit der folgenden Erinnerungen kaum unberücksichtigt lassen.

Die erste Begegnung mit Lenin

In London kam ich im Herbst 1902, wahrscheinlich im Oktober, an einem frühen Morgen an. Der Droschkenkutscher, mit dem ich mich durch Gebärden verständigte, orientierte sich an der Adresse, die auf meinem Zettel stand. Es war die Wohnung von Wladimir Iljitsch. Man hatte mir schon vorher Anweisung gegeben (wahrscheinlich in Zürich), wie viel Mal ich mit dem Ring an der Tür zu klopfen hatte. Die Tür wurde mir, soweit ich mich entsinnen kann, von Nadeschda Konstantinowna geöffnet, die ich, wie mir schien, durch das Klopfen aus dem Bett geholt hatte. Es war noch sehr früh am Tag, und jeder erfahrenere und sozusagen an die Regeln des zivilisierten Umgangs mehr gewöhnte Mensch wäre ruhig eine Stunde oder zwei auf dem Bahnhof geblieben, anstatt zu so früher Tageszeit in ein fremdes Haus einzudringen. Aber ich war damals noch voll der Spannung, die seit meiner Flucht aus Wercholensk in mir steckte. In ähnlicher Weise drang ich in Zürich in die Wohnung von Axelrod ein, allerdings nicht bei Tagesanbruch, sondern tief in der Nacht.

Wladimir Iljitsch war noch im Bett; sein Gesicht zeigte eine Freundlichkeit, in die sich begreifliches Befremden mischte. So fand unsere erste Begegnung und unsere erste Unterhaltung statt. Sowohl Wladimir Iljitsch als auch Nadeschda Konstantinowna kannten mich bereits – Clair (M. G. Krschischanowski), von dem ich in Samara unter dem Spitznamen die »Feder« sozusagen offiziell in die Organisation der »Iskra« eingeführt worden war, hatte ihnen von mir geschrieben. So wurde ich auch empfangen: die »Feder« sei da …

Ich wurde mit Tee bewirtet, ich glaube in der Küche, die auch als Esszimmer diente. Lenin zog sich inzwischen an. Ich erzählte von meiner Flucht und beschwerte mich über das schlechte Funktionieren des Grenzdienstes der »Iskra.« Wie es sich herausgestellt hatte, lag er in den Händen eines sozialrevolutionären Gymnasiasten, der bei der damals entbrannten, heftigen Parteipolemik keine besondere Sympathie für unsere Richtung übrig hatte. Im Übrigen hatten mich die Schmuggler brutal ausgeplündert, über alle geltenden Tarife und Normen hinaus.

Während der Unterhaltung übergab ich Nadeschda Konstantinowna mein bescheidenes »Gepäck« an Adressen und Treffpunkten. Richtiger gesagt, ich setzte sie über die Notwendigkeit ins Klare, gewisse unbrauchbare Adressen zu liquidieren. Im Auftrag der Samaraer Gruppe (Clair und Genossen) hatte ich Charkow, Poltawa und Kiew besucht, und fast überall, jedenfalls in Charkow und Poltawa, musste ich feststellen, dass die Verbindungen, über die die Organisation damals verfügte, äußerst unzulänglich waren.

Lenin als Examinator

Ich kann mich nicht mehr entsinnen, ob es der gleiche Morgen oder erst der folgende Tag war, an dem ich mit Wladimir Iljitsch einen größeren Spaziergang durch London machte. Er zeigte mir Westminster (von außen) und andere sehenswerte Gebäude. Ich weiß nicht mehr, *wie* er es sagte, aber im Ton lag: Das ist *ihr* berühmtes Westminster. Dieses »*ihr*« bezog sich natürlich nicht auf die Engländer, sondern auf die Klassenfeinde. Diese keineswegs gewollte, sondern ihm zutiefst eigene Art, die sich mehr in der veränderten Klangfarbe seiner Stimme als in der Betonung äußerte, klang immer bei Lenin hindurch, wenn er auf Kulturwerte oder neue Errungenschaften zu sprechen kam; sei es der vielseitige Nachrichtendienst der »Times« oder – viele Jahre später – die deutsche Artillerie oder die französische Luftflotte: *sie* haben, *sie* taten dies, *sie* haben's geschafft, – *das sind aber Feinde!* Es war, als ob er den unsichtbaren Schatten der Ausbeuterklasse über der gesamten menschlichen Kultur spürte; und diesen Schatten empfand er mit der gleichen Selbstverständlichkeit wie das Licht des Tages.

Soweit ich mich entsinnen kann, schenkte ich der Londoner Architektur bei jener Gelegenheit wenig Beachtung. Unvermittelt aus Wercholensk ins Ausland gekommen, das ich überhaupt zum ersten Mal zu Gesicht bekam, konnte ich Wien, Paris und London zunächst nur in großen Umrissen wahrnehmen; auf »Einzelheiten«, wie Westminster, konnte ich mich damals nicht konzentrieren.

Übrigens hatte Wladimir Iljitsch mich natürlich nicht dazu zum Spaziergang eingeladen. Der Zweck war, mich kennen zu lernen und zu prüfen. Ich musste mir tatsächlich eine Prüfung auf Herz und Nieren gefallen lassen. Auf seine Fragen berichtete ich über die damalige Zusammensetzung der Verbanntenkreise im Lena-Gebiet und ihre internen Gruppierungen. Die bemerkenswerteste Trennungslinie wurde damals durch die Stellung zum aktiven politischen Kampf, zum Prinzip der zentralistischen Organisation und zum Terror geschaffen.

»Schön, und theoretische Meinungsverschiedenheiten über die Bernstein-Richtung hat es gar nicht gegeben?« erkundigte sich Wladimir Iljitsch.

Ich erzählte darauf, wie wir das Buch von Bernstein und Kautskys Antwort im Gefängnis in Moskau und später in der Verbannung gelesen hatten. Keiner von den Marxisten unter uns trat für Bernstein ein. Es galt als selbstverständlich, dass Kautsky recht hatte.

Eine Verbindung zwischen dem theoretischen Kampf, der damals im internationalen Maßstabe entbrannte, und unseren eigenen organisatorischen Auseinandersetzungen hatten wir allerdings, so erzählte ich, nicht gesehen. Über einen solchen Zusammenhang hatten wir überhaupt nicht nachgedacht, jedenfalls nicht eher, als die ersten Nummern der »Iskra« und Lenins Buch »Was tun?« an der Lena auftauchten.

Ich erzählte ferner, dass wir die ersten philosophischen Schriften von Bogdanow mit großem Interesse gelesen hatten. Ich entsinne mich noch sehr genau einer Bemerkung Wladimir Iljitschs, deren Sinn etwa war: die Broschüre über die historische Naturbetrachtung sei ihm auch sehr wertvoll erschienen, aber Plechanow habe sie nicht gut geheißen, er habe behauptet, das habe mit Materialismus nichts zu tun. Wladimir Iljitsch hatte damals noch keine eigene Ansicht über diese Frage und begnügte sich damit, die Meinung Plechanows wiederzugeben, mit Hochachtung vor Plechanows philosophischer Autorität, aber auch mit einem Kopfschütteln. Ich war damals über Plechanows Stellungnahme ebenfalls sehr erstaunt.

Wladimir Iljitsch richtete auch einige volkswirtschaftliche Fragen an mich. Ich erzählte, dass wir im Moskauer Transport-Gefängnis sein Buch »Die Entwicklung des Kapitalismus in Russland« kollektiv studiert und uns in der Verbannung mit dem »Kapital« befasst hatten, aber bei dem zweiten Band stehen geblieben waren. Ich erwähnte dabei die riesige Menge statistischer Angaben, die in dem Buch »Die Entwicklung des Kapitalismus« verarbeitet sind.

»In dem Moskauer Transport-Gefängnis haben wir mehr als einmal mit Bewunderung von dieser gigantischen Arbeit gesprochen.«

»So etwas wird nicht mit einem Mal zustande gebracht.«

Es war ihm aber offensichtlich angenehm, dass die jungen Genossen seine wichtigste volkswirtschaftliche Arbeit aufmerksam studierten.

Dann kam die Rede auf die Machajew-Bewegung.[2] Wir sprachen über den Eindruck, den diese Bewegung auf die Verbannten gemacht hatte, und darüber, ob sich viele ihr angeschlossen hätten.

Ich erzählte, dass das erste hektographierte Heft von Machaiski, das uns oben an der Lena erreichte, auf die meisten von uns eine starke Wirkung ausübte wegen

2 Eine ehemalige Richtung der russischen Arbeiterbewegung, die mit dem Syndikalismus verwandt war, aber in Russland wenig Anklang fand.

der scharfen Kritik an dem Opportunismus der Sozialdemokratie. Darin stimmte es überein mit unseren Gedankengängen, die durch die Polemik zwischen Kautsky und Bernstein angeregt worden waren.

Das zweite Heft, in dem Machaiski den Marxschen Formeln über die Reproduktion »die Maske herunterreißt« (weil er in ihnen die theoretische Rechtfertigung der Ausbeutung des Proletariats durch die Intelligenz erblickt), hatte bei uns, von unserem theoretischen Standpunkt aus, Entrüstung hervorgerufen. In dem dritten Heft, das wir später erhielten, entwickelte er ein positives Programm, in dem die Überbleibsel des Ökonomismus mit den Anfangselementen des Syndikalismus verbunden waren. Dieses Heft machte auf uns den Eindruck der vollständigen Sinnlosigkeit.

Beginn der Londoner Tätigkeit

In jener Unterhaltung wurde die Frage meiner weiteren Arbeit nur ganz allgemein gestreift. Ich wollte mich erst einmal mit der erschienenen Literatur vertraut machen und gedachte, dann illegal nach Russland zurückzukehren. Es wurde entschieden, dass ich mich zunächst »umsehen« sollte.

Nun musste ich aber eine Bleibe haben. Nadeschda Konstantinowna führte mich in das einige Straßenviertel weiter gelegene Haus, wo Sassulitsch, Martow und Blumenfeld, der Leiter der Druckerei der »Iskra«, wohnten. Dort fand sich auch für mich ein freies Zimmer. Dem üblichen englischen Häusertyp entsprechend, war die Wohnung nicht waagerecht, sondern senkrecht aufgeteilt: im untersten Stockwerk wohnte die Wirtin, in den oberen Stockwerken übereinander die Mieter. Es gab noch ein freies gemeinsames Wohnzimmer, das von Plechanow nach seinem ersten Besuch »Spelunke« getauft wurde. In dem Raum herrschte, nicht ohne Verschulden von Wera Iwanowna Sassulitsch, aber auch nicht ohne Zutun Martows, eine große Unordnung. Dort wurde Kaffee getrunken, debattiert, geraucht usw. Daher die Bezeichnung: Spelunke.

So begann die kurze Londoner Periode meines Lebens. Ich machte mich an die Lektüre der erschienenen Nummern der »Iskra« und der Hefte der »Sarja« (»Morgenröte«), die ich gierig verschlang. Zu jener Zeit begann auch meine Mitarbeit an der »Iskra.«

Zum zweihundertjährigen Jubiläum der Schlüsselburger Festung verfasste ich einen kleinen Artikel. Ich glaube, es war meine erste Arbeit für die »Iskra.« Am Schluss der Notiz brachte ich ein Zitat von Homer. Richtiger gesagt, ich zitierte die Worte des homerischen Übersetzers Gneditsch über die »unüberwindlichen Hände« der Revolution, die dem Zarismus den Garaus machen würden. (Auf dem Wege aus Sibirien hatte ich mich im Zug mit der Lektüre der »Ilias« befasst.) Der Artikel gefiel Lenin. Wegen der »unüberwindlichen Hände« hatte er indessen berechtigte Bedenken und brachte mir dies auch mit einem gutmütigen Lächeln zum Ausdruck.

»Das ist aber ein homerischer Vers«, versuchte ich mich zu rechtfertigen, gab aber gern zu, dass das klassische Zitat nicht unbedingt erforderlich sei. Der Artikel ist in der »Iskra« zu finden, jedoch ohne die »unüberwindlichen Hände.«

Zu jener Zeit trat ich auch mit meinen ersten Vorträgen in Whitechapel[3] auf, wo ich mit dem »Alten« Tschaikowski (er war damals schon ein alter Mann) und mit dem Anarchisten Tschebkesow, der gleichfalls nicht mehr jung war, heiße Debatten führte. Bei diesen Wortgefechten war ich aufrichtig erstaunt darüber, dass die berühmten graubärtigen Emigranten derartige Ungereimtheiten vorbringen konnten. Als Verbindungsmann mit Whitechapel fungierte der in London »alt eingesessene« Alexejew, ein marxistischer Emigrant, der der Schriftleitung der »Iskra« nahestand.

Er führte mich in das englische Leben ein und war überhaupt für mich eine Fundgrube jeglichen Wissens. Ich kann mich noch entsinnen, dass ich, nach einer längeren Unterhaltung mit Alexejew, während der Fahrt nach Whitechapel und zurück, Wladimir Iljitsch zwei Ansichten Alexejews mitteilte, und zwar über die Aussichten eines Regimewechsels in Russland und über das gerade erschienene Buch von Kautsky.

»Bei uns wird die Änderung des Regimes nicht allmählich, sondern wegen der Rigidität der Alleinherrschaft äußerst schroff vor sich gehen.« Das Wort »Rigidität« (Starrheit, Festigkeit, Unbeugsamkeit) habe ich gut behalten. *»Was meinen Sie, er hat vielleicht recht?«* sagte Lenin. Das zweite Urteil Alexejews betraf das Buch von Kautsky: »Am Tage nach der sozialen Revolution.« Ich wusste, dass Lenin sich für dieses Buch sehr interessierte und dass er es, wie er mir selber sagte, zweimal gelesen hatte und sogar dabei war, es ein drittes Mal zu lesen. Ich glaube, er hat auch die russische Übersetzung redigiert. Ich hatte das Büchlein auf Anraten Wladimir Iljitschs soeben eifrig durch studiert. Alexejew aber bezeichnete das Buch von Kautsky als opportunistisch. *»Der Trottel …«*, quittierte Lenin unerwarteterweise und spitzte ärgerlich die Lippen, wie er es immer tat, wenn er unzufrieden war. Alexejew selber hegte für Lenin die größte Hochachtung. *»Ich bin der Ansicht, dass er für die Revolution wichtiger ist als Plechanow«*, meinte er. Lenin habe ich davon natürlich nichts gesagt, wohl aber Martow. Martow erwiderte darauf nichts.

Die Redaktion der »Iskra«

Die Schriftleitung der »Iskra« und der »Sarja« bestand bekanntlich aus sechs Personen: den drei »Alten«: Plechanow, Sassulitsch, Axelrod und den drei Jüngeren: Lenin, Martow und Potressow.

Plechanow und Axelrod lebten in der Schweiz, Sassulitsch mit den Jüngeren in London. Potressow befand sich zu dieser Zeit irgendwo auf dem Kontinent. Diese Trennung war technisch unbequem, wurde aber von Lenin keineswegs als lästig empfunden, eher im Gegenteil.

3 Im Osten Londons, wo die russischen Einwanderer leben.

Als Lenin mich vor meiner Abreise nach dem Kontinent behutsam in die internen Angelegenheiten der Redaktion einweihte, sprach er davon, dass Plechanow die Überführung der gesamten Redaktion nach der Schweiz wünsche, dass aber er, Lenin, dagegen sei, weil dies die Arbeit erschweren würde. Hier ging mir zum ersten Mal, zuerst noch ganz leise, die Ahnung auf, dass sich die Redaktion in London nicht nur aus Rücksichten polizeilicher Natur befand, sondern auch aus Gründen organisatorischer und persönlicher Art.

In seiner laufenden, organisatorisch-politischen Arbeit wollte Lenin möglichst unabhängig von den Alten sein, in erster Linie von Plechanow, mit dem er bereits scharfe Konflikte gehabt hatte, namentlich bei dem Entwurf des Parteiprogramms. Als Vermittler pflegten in solchen Fällen Sassulitsch und Martow aufzutreten: Sassulitsch als Sekundantin Plechanows, Martow in der gleichen Eigenschaft auf Lenins Seite. Beide Vermittler waren sehr versöhnlich gestimmt und standen außerdem in sehr freundschaftlichen Beziehungen zueinander.

Von den scharfen Zusammenstößen zwischen Lenin und Plechanow beim Ausarbeiten des theoretischen Teils des Programms erfuhr ich erst nach und nach. Ich erinnere mich, dass Wladimir Iljitsch mich fragte, wie ich das soeben veröffentlichte Programm (ich glaube, in Nummer 25 der »Iskra«) gefunden hätte. Ich hatte das Programm indessen zu sehr in allgemeinen Zügen aufgenommen, um auf die internen Fragen antworten zu können, die Lenin interessierten. Die Meinungsverschiedenheiten drehten sich darum, dass Lenin die Charakteristik der Grundtendenzen des Kapitalismus, der Konzentrierung der Produktion, des Zerfalls der Mittelschichten, der Klassendifferenzierung usw. härter und kategorischer unterstrichen haben wollte, während Plechanow diese Fragen bedingter und vorsichtiger behandelte. Im Programm findet man bekanntlich sehr häufig den Ausdruck »mehr oder weniger.« Diese Worte stammen von Plechanow. Ich kann mich entsinnen, wie mir Martow und Sassulitsch erzählten, dass das ursprüngliche Konzept Lenins, das er dem Entwurf Plechanows entgegensetzte, der scharfen Kritik Plechanows begegnete, in jenem hochmütig-spöttischen Ton, der Georgij Walentinowitsch in derartigen Fällen eigen war. Lenin ließ sich aber natürlich dadurch weder aus dem Konzept bringen noch ins Bockshorn jagen.

Der Kampf nahm einen sehr dramatischen Charakter an. Wie Wera Iwanowna selber erzählte, sagte sie zu Lenin: *»George (Plechanow) ist ein Barsoi (ein russischer Windhund), er zupft und zupft und lässt dann los. Sie aber sind eine Bulldogge: Sie haben einen tödlichen Griff.«* Ich erinnere mich sehr gut dieses Satzes sowie der abschließenden Bemerkung der Sassulitsch: *»Ihm (Lenin) gefiel dieser Vergleich sehr; ›einen tödlichen Griff?‹ wiederholte er mit Behagen.«* Und Wera Iwanowna parodierte gutmütig den Tonfall seiner Frage.

Begegnung mit Plechanow

Während meines Londoner Aufenthalts kam Plechanow für kurze Zeit nach London. Ich begegnete ihm damals zum ersten Mal. Er kam in unsere gemeinschaftliche Wohnung und hielt sich in der »Spelunke« auf; ich war aber nicht zu Hause.

»*George ist eingetroffen,*« sagte mir Wera Iwanowna, »*er möchte Sie sehen, gehen Sie zu ihm.*« »*Welcher George?*« fragte ich verständnislos, in der Annahme, dass es noch einen großen Namen gäbe, den ich noch nicht kannte.

»*Na, Plechanow . … Wir nennen ihn George.*«

Abends besuchte ich ihn. In dem kleinen Zimmer saßen außer Plechanow der ziemlich bekannte deutsche Schriftsteller und Sozialdemokrat Bär[4] und der Engländer Askew. Plechanow wusste nicht, wo er mich unterbringen sollte, da sämtliche Stühle besetzt waren, und so forderte er mich schließlich auf – nicht ohne Zögern –, mich aufs Bett zu setzen. Mir schien das ganz in der Ordnung – ich ahnte nicht, dass Plechanow, als Europäer vom Scheitel bis zur Sohle, sich nur angesichts der ungewöhnlichen Umstände zu diesem außerordentlichen Schritt hatte entschließen können.

Die Unterhaltung wurde in deutscher Sprache geführt, die Plechanow nur mangelhaft beherrschte.

Er beschränkte sich deshalb auf einsilbige Bemerkungen. Bär sprach davon, wie geschickt die englische Bourgeoisie es verstehe, um die fortschrittlichen Arbeiter zu werben; dann wandte sich die Unterhaltung den englischen Vorläufern des französischen Materialismus zu. Bär und Askew verabschiedeten sich bald. Georgij Walentinowitsch erwartete mit gutem Recht, dass ich ihnen folgen würde, da wir bei der vorgerückten Stunde durch eine Unterhaltung die Wirtsleute gestört hätten. Ich glaubte dagegen, dass es nun erst richtig losgehen würde.

»*Sehr interessante Sachen hat Bär gesagt*«, meinte ich.

»*Ja, sein Urteil über die englische Politik war interessant, was er aber über die Philosophie sagte, war belanglos*«, erwiderte Plechanow.

Als er sah, dass ich mich nicht zum Gehen anschickte, lud er mich ein, mit ihm in der Nachbarschaft ein Glas Bier zu trinken. Er richtete einige flüchtige Fragen an mich und war sehr liebenswürdig, aber seine Liebenswürdigkeit trug einen Schimmer von verborgener Ungeduld. Ich fühlte, dass er mir nur zerstreut folgte. Es ist möglich, dass er einfach vom Tage müde war. Ich ging aber mit dem Gefühl des Unbefriedigtseins und voll Verdruss nach Hause.

4 Ist hier Max Beer gemeint?

Wera Sassulitsch

In der Londoner, ebenso wie später in der Genfer Periode, kam ich viel häufiger mit Sassulitsch und Martow als mit Lenin zusammen. Da wir in London in einer Wohnung hausten und in Genf gewöhnlich in den gleichen Restaurants zu Mittag und zu Abend aßen, traf ich Martow und Sassulitsch einige Male täglich, während jede Begegnung mit Lenin außerhalb der offiziellen Sitzungen beinahe ein kleines Ereignis darstellte; Lenin führte nämlich einen eigenen Haushalt.

Sassulitsch war ein eigenartiger Mensch und wirkte auf eigene Art anziehend. – »*Wera Iwanowna schreibt nicht, sondern setzt ein Mosaik zusammen*«, sagte mir Lenin einmal zu jener Zeit. Sie pflegte in der Tat jeden Satz einzeln aufs Papier zu bringen. Sie wanderte dabei, mit den Pantoffeln schlurfend und stampfend, emsig im Zimmer umher; rauchte unaufhörlich ihre selbstgedrehten Zigaretten; warf die Stummel oder nicht zu Ende gerauchten Zigaretten in alle Ecken, auf alle Fensterbretter und Tische; überschüttete ihre Jacke, Hände, Manuskripte, den Tee im Glas und gelegentlich auch ihr Gegenüber mit Asche.

Sassulitsch war und blieb ihr Lebtag lang die alte radikale Intellektuelle, der, so hatte es das Schicksal gewollt, der Marxismus eingeimpft worden war. Ihre Artikel legen davon Zeugnis ab, dass sie die Theorie des Marxismus ausgezeichnet aufgenommen hatte. Dennoch wurde in ihrem Wesen die sittlich-politische Grundlage einer russischen Radikalen der siebziger Jahre nicht endgültig zersetzt. In intimen Unterhaltungen erlaubte sie sich bisweilen, gegen gewisse Methoden oder Schlussfolgerungen des Marxismus Front zu machen. Der Begriff des Revolutionärs hatte für sie, unabhängig vom Klasseninhalt, eine selbständige Bedeutung.

Ich erinnere mich an eine Unterhaltung mit Sassulitsch über ihr Thema »Revolutionäre aus dem Bourgeoisie-Milieu.« Ich gebrauchte dabei den Ausdruck »*bürgerlich-demokratische Revolutionäre.*« »*Aber nein doch*«, erwiderte Wera Iwanowna in einem etwas ärgerlichen, oder vielleicht richtiger, betrübten Ton: »*Nicht bürgerliche und nicht proletarische, sondern einfach Revolutionäre . ... Man könnte allerdings sagen:* kleinbürgerliche *Revolutionäre*« fügte sie hinzu, »*wenn man zum Kleinbürgertum all das zählen will, was man sonst nirgends unterzubringen weiß.*«

Deutschland bildete damals den ideologischen Mittelpunkt der Sozialdemokratie; und wir verfolgten gespannt den Kampf der Orthodoxen mit den Revisionisten innerhalb der deutschen Sozialdemokratie. Da passierte es, dass Wera Iwanowna unvermutet sagte:

> *»Das ist alles richtig. Sie werden mit dem Revisionismus fertig werden, Marx rehabilitieren, es bis zur Majorität bringen, und trotzdem werden sie mit dem Kaiser leben.«*

> *»Wer ist das, sie? Wera Iwanowna?«*

»Natürlich die deutschen Sozialdemokraten.«

In dieser Hinsicht übrigens ging Wera Iwanowna nicht so sehr fehl, wie es uns damals schien, obwohl alles anders verlief und aus anderen Gründen, als sie gedacht hatte.

Zum Landaufteilungs-Programm verhielt sich Sassulitsch skeptisch; – nicht gerade ablehnend, aber gutmütig spöttelnd. Ich entsinne mich folgender Episode: Kurz vor dem Parteitag traf Konstantin Konstantinowitsch Bauer in Genf ein, einer der alten Marxisten, aber ein sehr unausgeglichener Mensch, der eine Zeit lang mit Struwe befreundet war, in jener Periode aber zwischen der »Iskra« und der »Oswoboschdenije« (»Befreiung«) schwankte. In Genf neigte er zur »Iskra« hin, verhielt sich aber der Landaufteilung gegenüber ablehnend. Er besuchte Lenin, den er vielleicht von früher her kannte. Er kam indessen von ihm zurück, ohne überzeugt worden zu sein, wahrscheinlich deshalb, weil Wladimir Iljitsch es nicht der Mühe für wert hielt, ihn zu überzeugen, da er ihn als eine Hamlet-Natur kannte. Ich hatte mit Bauer, den ich von der Verbannung her kannte, eine sehr lange Unterhaltung über die unglückselige Landaufteilungsgeschichte. Im Schweiße meines Angesichts entwickelte ich ihm alle die Argumente, die ich während meines halbjährigen, nicht enden wollenden Streites mit den Sozialrevolutionären und überhaupt mit allen Gegnern des Agrarprogramms der »Iskra« geführt hatte. Und nun teilte Martow (ich glaube, er war es) am selben Abend in der Redaktionssitzung in meiner Anwesenheit mit, dass Bauer ihn aufgesucht und sich endgültig zur »Iskra« bekannt hätte: Trotzki, hieß es, hätte alle seine Zweifel zerstreut.

»Wie, auch hinsichtlich der Landaufteilung hat er sich überzeugen lassen?« fragte Sassulitsch fast erschrocken.

»Hinsichtlich der Landaufteilung ganz besonders.«

»Der A-a-arme!« meinte Wera Iwanowna in so unnachahmbarem Tonfall, dass wir alle mit einmütigem Gelächter antworteten.

»Bei Wera Iwanowna basiert vieles auf dem Sittlichen, auf einer gefühlsmäßigen Grundlage«, sagte Lenin einmal zu mir und erzählte dabei, wie Sassulitsch und Martow beinahe zum individuellen Terror hinüber geschwenkt wären, als Wal, der Gouverneur von Wilna, demonstrierende Arbeiter mit Ruten züchtigen ließ. Die Spuren dieser zeitweiligen »Abweichung«, wie man heute sagen würde, sind in einer der Nummern der »Iskra« zu finden.

Wie ich glaube, hatte sich die Sache folgendermaßen zugetragen:

Martow und Sassulitsch ließen die betreffende Nummer ohne Lenin, der aufs Festland gereist war, erscheinen. Da kam die Mitteilung der Telegraphenagentur von der Wilnaer Züchtigung. In Wera Iwanowna erwachte die heroische Radikale, die seinerzeit wegen der Züchtigung politischer Gefangener auf Trepow geschossen hatte. Martow unterstützte sie .... Lenin war, als er die neueste Nummer der »Iskra« zu Gesicht bekam, empört: *»Der erste Schritt zur Kapitulation vor dem Sozialrevolutionärentum.«* Gleichzeitig traf auch ein Protestschreiben von Plechanow ein.

Diese Episode lag vor meiner Ankunft in London, und es mag daher sein, dass die Tatsachen hier vielleicht nicht ganz genau wiedergegeben sind. Den Kern des Vorfalles habe ich aber gut behalten. *»Es versteht sich,«* meinte Wera Iwanowna in einem Gespräch zu mir, *»dass es sich hier gar nicht um den Terror als System handelt. Es will mir aber scheinen, als ob man mit Hilfe des Terrors den Herren das Prügeln sehr gut abgewöhnen könnte.«*

Sassulitsch war nie ein Meister der Debatte gewesen, und das öffentliche Auftreten lag ihr schon ganz und gar nicht. Auf die Argumente des Unterhaltungspartners antwortete sie niemals direkt, sondern sie pflegte zunächst für eine Weile in sich zu gehen und dann, plötzlich auflodernd, eine Reihe von Sätzen hastig und sich verschluckend auszustoßen. Sie pflegte dabei nicht denjenigen anzureden, der mit ihr nicht einverstanden war, sondern einen der Anwesenden, von dem sie hoffte, dass er sie besser verstehen würde.

Wo es sich um eine formelle Diskussion mit einem Vorsitzenden handelte, pflegte Wera Iwanowna sich niemals zum Wort zu melden, weil sie entflammen musste, um etwas sagen zu können.

Sobald dies aber geschah, redete sie darauflos, ohne jede Rücksichtnahme auf die sogenannte Rednerliste, die sie mit der größten Geringschätzung völlig ignorierte. Sie unterbrach in solchen Fällen immer, sowohl den Redner als auch den Vorsitzenden, und führte bis zum Ende aus, was sie zu sagen hatte.

Um sie zu verstehen, musste man sich genau in ihren Gedankengang hineinversetzen. Ihre Gedanken aber – einerlei, ob richtig oder fehlerhaft – waren stets interessant und eigenartig. Es ist nicht schwer, sich vorzustellen, welchen Gegensatz Wera Iwanowna mit ihrem verschwommenen Radikalismus und ihrer subjektiven und saloppen Art zu Lenin darstellen musste. Ihre Beziehungen zu einander waren nicht so sehr gekennzeichnet durch Mangel an Sympathie, als durch das Gefühl einer tiefen organischen Wesensverschiedenheit. Lenins Kraft aber fühlte Sassulitsch als feinfühlige Psychologin schon damals. In diesem Empfinden lag allerdings ein Schatten von Feindseligkeit, und sie brachte dies auch mit ihrem Wort vom »tödlichen Griff« zum Ausdruck.

Lenin und Martow

Die komplizierten Beziehungen zwischen den Mitgliedern der Redaktion konnte ich erst allmählich und nicht ohne Mühe begreifen. Ich kam nach London, wie schon gesagt, als echter Provinzler, und zwar in jeder Beziehung. Nicht nur im Auslande, sondern auch in Petersburg war ich bis dahin niemals gewesen. In Moskau und in Kiew lebte ich nur im Transportgefängnis. Die marxistischen Schriftsteller waren mir nur aus ihren Aufsätzen bekannt. In Sibirien hatte ich einige Nummern der »Iskra« und Lenins Schrift »Was tun?« durchgelesen. Von Iljin, dem Verfasser des

Buches »Entwicklung des Kapitalismus« hörte ich im Moskauer Transportgefängnis (ich glaube, Wanowski war es, der mir von ihm erzählte) ganz nebelhaft, dass er ein aufgehendes Gestirn am sozialdemokratischen Firmament sei. Von Martow wusste ich wenig, von Potressow überhaupt nichts. In London stürzte ich mich mit Begierde auf das Studium der »Iskra«, der »Sarja« und überhaupt der im Auslande erscheinenden Veröffentlichungen. In einer der Nummern der »Sarja« stieß ich dabei auf einen glänzenden, gegen Prokopowitsch gerichteten Artikel über die Rolle und die Bedeutung der Gewerkschaften. Der Aufsatz war von Molotow unterzeichnet.

»Wer ist dieser Molotow?« fragte ich Martow.

»Das ist Parvus.«

Ich wusste aber nichts von Parvus. Ich nahm die »Iskra« als Ganzes auf. In jenen Monaten war mir der Gedanke fremd, ich möchte fast sagen, innerlich zuwider, dass man in der »Iskra«, beziehungsweise in ihrer Redaktion, verschiedenartige Tendenzen, Schattierungen, Einflüsse usw. suchen könnte.

Ich kann mich entsinnen, dass es mir aufgefallen war, dass manche Leitartikel und Feuilletons in der »Iskra«, obwohl sie anonym erschienen, häufig das Fürwort »ich« enthielten. *»In Nummer so und so habe ich gesagt«*, *»darüber habe ich bereits dann und dann geschrieben«* usw. Ich erkundigte mich, wessen Artikel es waren, und erfuhr, dass sie sämtlich Lenin zum Verfasser hatten. In einer gelegentlichen Unterhaltung mit ihm ließ ich dann die Bemerkung fallen, dass es meiner Ansicht nach nicht den literarischen Gepflogenheiten entspreche, in anonymen Leitartikeln das Fürwort »ich« zu gebrauchen.

»Warum nicht?« fragte er interessiert, vermutlich in der Annahme, dass ich hier nicht eine zufällige und nicht nur meine persönliche Ansicht zum Ausdruck gebracht hatte.

»Ja, es ist nun mal so«, antwortete ich etwas unbestimmt, da ich mir gar keine bestimmten Gedanken über diese Sache gemacht hatte.

»Ich bin nicht der Ansicht«, sagte Lenin mit einem Lächeln, das mir irgendwie rätselhaft erschien.

Damals konnte man in dieser Ausdrucksweise vielleicht einen Zug von »Egozentrismus« wittern.

In der Tat aber war die Hervorhebung seiner Artikel, trotz ihrer Anonymität, eine Sicherstellung seiner Linie, als Folge des fehlenden Vertrauens zu der Linie seiner nächsten Mitarbeiter. Hier liegt vor uns im Kleinen jene hartnäckige, beharrliche, alles Konventionelle verachtende, vor keinen formalen Hindernissen Halt machende Zielstrebigkeit, die den Grundzug des Führers Lenin bildete.

Der politische Leiter der »Iskra« war Lenin, aber ihre publizistische Hauptkraft war Martow. Er schrieb leicht und ohne Ende – ganz so, wie er zu reden pflegte. Lenin brachte viel Zeit in der Bibliothek des Britischen Museums zu, wo er sich mit theoretischen Studien beschäftigte.

Ich kann mich erinnern, wie Lenin im Lesesaal der Bibliothek einen Artikel gegen Nadjeschdin schrieb, der zu jener Zeit einen eigenen kleinen Verlag in der Schweiz hatte und irgendwo zwischen den Sozialdemokraten und den Sozialrevolutionären hin und her schwankte. Martow hatte indessen bereits in der vorhergehenden Nacht (er arbeitete meistens nachts) einen längeren Aufsatz über Nadjeschdin geschrieben und ihn Lenin übergeben.

»Haben Sie Julius' Artikel gelesen?« fragte mich Wladimir Iljitsch im Museum.

»Ich habe ihn gelesen.«

»Wie finden Sie ihn?«

»Ich glaube, gut.«

»Gut, allerdings gut, aber zu wenig entschieden. Ohne Schlussfolgerungen. Ich habe hier etwas zu Papier gebracht, aber ich weiß nun nicht, wie man es machen soll: vielleicht etwa als zusätzliche Bemerkung zum Artikel von Julius?«

Er übergab mir einen mit Bleistift beschriebenen Viertelbogen. Der Artikel von Martow erschien in der nächsten Nummer der »Iskra« mit Lenins Fußnote. Der Artikel und die Anmerkung waren beide ohne Unterschrift. Ich weiß nicht, ob die Anmerkung sich in Lenins gesammelten Werken befindet.

Dass sie von ihm stammt, dafür kann ich bürgen.

Einige Monate später, es war schon in den letzten Wochen vor dem Parteitag, stellte sich in der Redaktion eine neue, wie es schien, mehr zufällige Meinungsverschiedenheit ein zwischen Lenin und Martow. Es handelte sich um die Frage der Taktik bei Straßendemonstrationen, genauer gesagt: um den bewaffneten Kampf mit der Polizei. Lenin meinte, man müsse kleine bewaffnete Gruppen bilden, man müsse die Arbeiter der Kampfgruppen anlernen, mit der Polizei zu kämpfen.

Martow war dagegen. Der Streit musste nun in der Redaktion ausgetragen werden.

»Wird sich nicht hieraus eine Art von Gruppenterror entwickeln?« fragte ich zu Lenins Vorschlag.

(Ich erinnere daran, dass der Kampf mit der terroristischen Taktik der Sozialrevolutionäre zu jener Zeit in unserer Arbeit eine große Rolle spielte.) Martow griff diese Erwägung auf und begann den Gedanken zu entwickeln, dass man zwar lernen müsse, die Massendemonstrationen gegen die Polizei zu verteidigen, doch dürfe man nicht besondere Gruppen für den Kampf mit der Polizei bilden. Plechanow, auf den ich (und wahrscheinlich auch die anderen) mit Erwartung blickte, wich der Antwort aus; er schlug Martow vor, einen Resolutionsentwurf fertigzustellen, damit man an Hand des Textes die strittige Frage erörtern könnte. Die Episode ging indessen unter in den mit dem Parteitag verbundenen Ereignissen.

In privater Unterhaltung, außerhalb der Versammlungen und Beratungen, hatte ich sehr wenig Gelegenheit, Lenin und Martow zu beobachten. Lange Auseinandersetzungen und ungeordnete Gespräche, die sehr häufig in Emigrantentratsch und

-rabulistik ausarteten, wozu Martow sehr neigte, liebte Lenin schon damals nicht. Dieser größte Maschinist der Revolution war nicht nur in der Politik, sondern auch bei seinen theoretischen Arbeiten, beim Studium der Philosophie, beim Erlernen fremder Sprachen, in der Unterhaltung mit den Menschen immer beherrscht von ein und derselben Idee – dem Ziel. Er war wohl der angespannteste Utilitarist, den das Laboratorium der Weltgeschichte jemals zu Tage gefördert hat. Da sein Utilitarismus jedoch von weitestem historischen Ausmaße war, so wurde hierdurch seine Persönlichkeit nicht etwa verflacht oder verarmt, sondern umgekehrt: in dem Maße, wie sich seine Lebenserfahrung und seine Tätigkeitssphäre erweiterten, entwickelte und bereicherte sich unausgesetzt Lenins Persönlichkeit… .

An Lenins Seite fühlte sich Martow, sein nächster Mitkämpfer, schon damals unbehaglich. Sie sagten noch »du« zueinander, aber in ihren Beziehungen machte sich schon eine gewisse Abkühlung bemerkbar. Martow lebte mehr dem heutigen Tag und dessen aktuellen Fragen, der laufenden literarischen Arbeit, der Publizistik, der Polemik, den Neuigkeiten und Unterhaltungen.

Lenin ging über den heutigen Tag hinaus und bohrte sich mit seinen Gedanken in den morgigen hinein. Martow hatte zahllose, oft glänzende Einfälle, Hypothesen und Vorschläge, die er selber bald zu vergessen pflegte. Lenin aber nahm das, was er brauchte, und wann er es brauchte.

Die durchsichtige Zerbrechlichkeit der Martowschen Gedanken veranlasste Lenin mehr als einmal, besorgt mit dem Kopfe zu schütteln. Unterschiede in der politischen Linie hatten damals noch keine Form gewonnen und waren überhaupt noch nicht zum Vorschein gelangt; man kann sie nur rückblickend durchfühlen. Später, bei der Spaltung auf dem zweiten Parteitag, trennten sich die »Iskra«-Leute in *harte* und *weiche*. Diese Bezeichnung, die in der ersten Zeit bekanntlich sehr häufig gebraucht wurde, ist kennzeichnend: Wenn auch eine klare Trennungslinie noch nicht vorlag, so gab es schon einen Unterschied in der Haltung, in der Entschlossenheit, in der Bereitschaft, bis zum Ende zu gehen.

Wenn man die Beziehungen zwischen Lenin und Martow betrachtet, kann man sagen, dass bereits vor der Spaltung und vor dem Parteitag Lenin der »harte« und Martow der »weiche« war. Und beide wussten es.

Lenin pflegte auf Martow, den er sehr schätzte, kritisch und ein wenig misstrauisch zu blicken.

Martow aber, der diesen Blick spürte, fühlte sich belästigt und zuckte nervös die mageren Schultern. Wenn sie sich trafen und miteinander sprachen, fehlte schon der freundschaftliche oder scherzende Ton; wenigstens war es so, soweit ich es miterlebte. Lenin sprach, an Martow vorbei sehend, und Martows Augen wurden gläsern unter dem herabhängenden und niemals gereinigten Kneifer.

Auch wenn Wladimir Iljitsch mit mir auf Martow zu sprechen kam, pflegte in seiner Stimme ein eigener Klang zu liegen: *»Hat das etwa Julius gesagt?«* Der Name

Julius wurde dabei auf eine besondere Art ausgesprochen, ein wenig unterstrichen; es war, als ob man die Warnung heraushörte: *»Er ist schon ein guter Kerl, gar kein Zweifel, sogar ein bemerkenswerter Mensch, aber viel zu weich.«*

Zweifellos wirkte auch Wera Iwanowna auf Martow ein; sie trug nicht politisch, aber psychologisch bei zur Entfremdung zwischen ihm und Lenin.

Es versteht sich, dass all dies mehr als eine verallgemeinerte psychologische Charakteristik aufzunehmen ist, denn als Tatsachenmaterial. Eine Charakteristik obendrein, die nach 22 Jahren rückschauend gegeben wird. In der Zwischenzeit ist das Gedächtnis mit vielen Dingen überschichtet worden, und Ungenauigkeiten oder eine Verschiebung der Perspektive sind sehr wohl möglich bei dieser Schilderung der imponderabilsten (unwägbarsten) Momente aus dem Gebiete der persönlichen Beziehungen. Was ist hier Erinnerung, und was ist unbewusst nachträglich rekonstruiert? Ich glaube indessen, dass das Gedächtnis im Wesentlichen das wiederherstellt, was gewesen ist, und so, wie es gewesen ist.

Lenin über die englische Arbeiterbewegung

Nach meinem sozusagen »Probeauftreten« in Whitechapel (über das Alexejew einen »Bericht« an die Mitglieder der Redaktion lieferte) wurde ich mit einem Vortrag auf den Kontinent geschickt, nach Brüssel, Lüttich, Paris. Das Thema meines Vortrages lautete: *»Was ist historischer Materialismus, und wie verstehen ihn die Sozialrevolutionäre?«* Wladimir Iljitsch hatte für das Thema großes Interesse. Ich gab ihm ein ausführliches Exposé mit dem Zitatenmaterial usw. zur Durchsicht. Er legte mir nahe, den Vortrag zu einem Aufsatz für die nächste Nummer der »Sarja« zu verarbeiten, was ich indessen nicht wagte.

Aus Paris wurde ich alsbald durch ein Telegramm nach London zurück befohlen Es handelte sich darum, dass ich, auf eine Anregung von Wladimir Iljitsch hin, illegal nach Russland befördert werden sollte; man klagte von dort aus über »Durchfälle«[5], den Mangel an Leuten, und ich glaube, Clair forderte meine Rückkehr. Ich war indessen kaum in London angekommen, als der Plan bereits abgeändert wurde.

L. G. Deutsch, der damals in London lebte und sehr gut mit mir stand, erzählte mir nachträglich, wie er für mich *»eine Lanze gebrochen«* hatte, indem er dafür plädierte, dass der »Jüngling« (anders pflegte er mich nicht zu nennen) noch eine Zeitlang im Auslande bleiben und lernen müsste, womit Lenin nach einiger Widerrede sich einverstanden erklärte. Es war zwar sehr verlockend, in der russischen Organisation der »Iskra« zu arbeiten; ich blieb aber trotzdem gern noch für einige Zeit im Auslande.

---

5 Ein technischer Ausdruck aus der unterirdischen Praxis der Revolution. Bedeutet, dass die Polizei einem konspirativen Kreis auf die Spur gekommen ist und Verhaftungen vorgenommen hat.

An einem Sonntag ging ich mit Wladimir Iljitsch und Nadeschda Konstantinowna in eine sozialistische Londoner Kirche, wo ein sozialdemokratisches Meeting mit dem Absingen revolutionär-gottesfürchtiger Psalmen abwechselte. Als Redner trat ein Setzer auf, der – glaube ich – aus Australien heimgekehrt war. Wladimir Iljitsch übersetzte uns flüsternd seine Rede, die, für die damalige Zeit wenigstens, ziemlich revolutionär klang. Daraufhin standen alle auf und sangen: »Allmächtiger Herr, richte es so ein, dass es keine Könige und keine Reichen geben möchte …«, oder so etwas Ähnliches.

»Im englischen Proletariat sind eine Menge revolutionärer und sozialistischer Eigenschaften vorhanden,« meinte Wladimir Iljitsch, als wir die Kirche verlassen hatten, *»aber alles ist verkoppelt mit Konservativismus, Religion, Aberglauben, so dass jene Eigenschaften nicht an die Oberfläche kommen und zu einer Synthese gelangen können.«* … Bei dieser Gelegenheit ist es nicht ohne Interesse, zu erfahren, dass Sassulitsch und Martow ganz abseits von der englischen Arbeiterbewegung lebten; sie waren vollauf von der »Iskra« und allem, was die »Iskra« umgab, in Anspruch genommen. Lenin aber pflegte von Zeit zu Zeit selbständige Erkundungsstreifen ins Gebiet der englischen Arbeiterbewegung zu unternehmen.

Es erübrigt sich zu sagen, dass Lenin mit Nadeschda Konstantinowna und deren Mutter in mehr als bescheidenen Verhältnissen lebte. Aus der Kirche zurückgekehrt, aßen wir zu Mittag in der kleinen Wohnküche, die zu der Zweizimmerwohnung gehörte. Ich erinnere mich noch genau der kleinen gebratenen Fleischschnitten, die in der Bratpfanne serviert wurden. Wir tranken Tee. Man scherzte wie immer darüber, ob ich allein nach Hause finden werde: ich fand mich sehr schlecht in den Straßen zurecht und pflegte diese Eigenschaft – aus dem Hang zur Systematisierung – als topographischen Kretinismus zu bezeichnen.

Pariser Vorträge

Der für den Parteitag festgesetzte Termin rückte heran, und man entschied sich schließlich dafür, die Zentrale der »Iskra« nach der Schweiz (nach Genf) zu verlegen; dort war das Leben unvergleichlich billiger, und auch die Verbindung mit Russland war von der Schweiz aus leichter.

Lenin willigte mit einer gewissen Selbstüberwindung ein. Ich wurde nach Paris geschickt mit der Maßgabe, von dort aus zusammen mit Martow nach Genf zu kommen. Eine verstärkte Vorbereitung zum Parteitag begann.

Nach einiger Zeit traf auch Lenin in Paris ein. Er sollte in der sogenannten russischen Hochschule, die in Paris von vertriebenen russischen Universitätsprofessoren gegründet worden war, drei Vorlesungen über die Agrarfrage halten. Der marxistische Teil der Zuhörerschaft hatte auf der Einladung Lenins bestanden, nachdem vorher Tschernow [ein Führer der Sozialrevolutionären Partei] in der Hochschule aufgetreten war.

Die Professoren waren unruhig und baten den stacheligen Lektor, von einer Polemik möglichst abzusehen. Lenin ging jedoch auf keinerlei diesbezügliche Bindungen ein. Er fing seinen ersten Vortrag mit der Einleitung an, dass der Marxismus eine revolutionäre Theorie, folglich seinem eigensten Wesen nach polemisch sei, was indessen seiner wissenschaftlichen Fundierung in keinem Falle Abbruch tue.

Ich entsinne mich, dass Wladimir Iljitsch vor der ersten Vorlesung sehr aufgeregt war. Am Rednerpult hatte er aber seine Selbstbeherrschung sofort wiedergewonnen, wenigstens äußerlich.

Professor Gambarow, der unter den Zuhörern erschienen war, formulierte Deutsch gegenüber seinen Eindruck folgendermaßen: *»Ein richtiger Professor!«* Womit der gute Mann glaubte, das höchste Lob ausgesprochen zu haben.

Obwohl die Vorlesungen durch und durch polemisch waren – gegen die Volkstümler und den agrarischen Sozialreformer David, die Lenin miteinander verglich und in Verbindung brachte –, blieben sie dennoch im Rahmen der ökonomischen Theorie, ohne den aktuellen politischen Kampf, die Agrarprogramme der Sozialdemokratie, der Sozialrevolutionäre usw. zu berühren. Der Vortragende legte sich diese Beschränkung auf, um dem akademischen Charakter des Katheders, von dem er sprach, gerecht zu werden.

Nach der dritten Vorlesung hielt Lenin jedoch noch einen Vortrag über die Agrarfrage (ich glaube auf der Rue Choisy 110), der diesmal nicht von der Hochschule, sondern von der Pariser Gruppe der »Iskra« veranstaltet wurde. Der Saal war überfüllt. Die gesamte Zuhörerschaft der Hochschule war erschienen, um die praktischen Schlussfolgerungen der theoretischen Vorlesungen zu hören.

Es handelte sich um das damalige Agrarprogramm der »Iskra« und im Besonderen um die Frage der Rückgabe der Landparzellen. Ich kann mich nicht mehr erinnern, wer als Opponent in der nachfolgenden Diskussion auftrat. Ich erinnere mich nur, dass Wladimir Iljitsch in seinem Schlusswort prachtvoll war. Einer der Pariser »Iskra«-Anhänger sagte mir beim Fortgehen: *»Lenin hat sich heute selber übertroffen.«*

Nach dem Vortrag begab sich der »Iskra«-Kreis gemeinschaftlich mit dem Vortragenden, wie es sich gehörte, ins Café. Alle waren sehr zufrieden und der Redner selber in fröhlicher Erregung. Der Kassenführer der »Iskra« teilte mit Befriedigung die Einnahmeziffer mit, die der Vortrag der »Iskra«-Kasse eingebracht hatte: es waren wohl 75 bis 100 Francs, ein nicht zu missachtender Betrag! Das war Anfang 1903. Genauer kann ich die Zeit jetzt nicht mehr angeben, ich glaube aber, dass dies nicht schwer festzustellen wäre, was vielleicht auch schon geschehen ist.

Bei diesem Besuch Lenins wurde beschlossen, ihm die Oper zu zeigen. Mit der Ausführung dieses Beschlusses wurde das Mitglied der »Iskra«-Gruppe N. I. Sedowa beauftragt. Wladimir Iljitsch ging zum Theater (zur Opera Comique) und zurück mit der gleichen Aktenmappe, die ihn zu den Vorlesungen in die Hochschule begleitet hatte. Es wurde die Oper von Massenet(?) »Luise« gegeben, ein dem Inhalt nach sehr demokratisches Stück. Wir saßen als Gruppe auf der Galerie.

Außer Lenin, Sedowa und mir war auch – wie ich glaube – Martow dabei. Der übrigen entsinne ich mich nicht mehr.

Mit diesem Opernbesuch war ein kleines, ganz unmusikalisches Ereignis verbunden, das sich meinem Gedächtnis indessen fest eingeprägt hat. Lenin hatte sich in Paris Stiefel gekauft. Es stellte sich heraus, dass sie ihm zu eng waren. Nachdem er sich einige Stunden mit ihnen abgequält hatte, beschloss er, sie loszuwerden.

Der böse Zufall wollte es, dass mein eigenes Schuhwerk gerade sehr erneuerungsbedürftig war.

Ich bekam die Stiefel, und in der ersten Freude schien es mir, als ob sie ausgezeichnet passten.

Im Theater aber fühlte ich bereits, dass es mit der Sache nicht gut stand. Vielleicht war dies auch der Grund, weshalb ich mich nicht mehr des Eindruckes entsinnen kann, den das Stück auf Lenin und auch auf mich selber gemacht hat. Ich kann mich nur erinnern, dass Lenin sehr gut aufgelegt war, scherzte und lachte. Auf dem Rückwege hatte ich bereits heftige Schmerzen, Lenin aber machte sich während des ganzen Weges unbarmherzig über mich lustig. Hinter seinen Neckereien steckte indessen ein sachverständiges Mitempfinden; er hatte sich ja selber, wie gesagt, einige Stunden in den Stiefeln quälen müssen.

An einer anderen Stelle erwähnte ich die Aufregung Wladimir Iljitschs vor seinen Pariser Vorträgen. In diesem Zusammenhang muss noch einiges gesagt werden. Eine derartige Aufregung beim öffentlichen Auftreten pflegte sich auch noch in späteren Zeiten bei Lenin einzustellen, und zwar umso stärker, je weniger es »seine« Zuhörerschaft war, und je förmlicher der Anlass der Rede war.

Rein äußerlich pflegte Lenin stets sicher, draufgängerisch und schnell zu sprechen, sodass seine Reden eine schwere Prüfung für die Stenographen darstellten. Wenn er sich aber nicht in seinem Element fühlte, dann klang seine Stimme nicht in der ihr eigenen Art, sondern sie wirkte reflektiert und unpersönlich wie ein Echo. Wenn Lenin dagegen das Gefühl hatte, dass gerade diese Zuhörerschaft für das, was er zu sagen hatte, besonders stark empfänglich sein müsste, dann erhielt seine Stimme eine außerordentliche Lebendigkeit und geschmeidige Überzeugungskraft, die nicht im eigentlichen Sinne »rednerisch« war, sondern mehr dem Gespräch glich, nur der Rednertribüne entsprechend verstärkt. Das war nicht rednerische Kunst, sondern etwas weit Größeres

Man könnte freilich entgegnen, dass jeder Redner vor »seinem« Publikum besser spricht. So ganz allgemein genommen würde das natürlich stimmen. Die Frage ist nur: Welches Publikum empfindet der Redner als das seinige und unter welchen Umständen? Europäische Redner vom Schlage eines Vandervelde, die nach parlamentarischem Muster erzogen sind, bedürfen gerade einer feierlichen Umgebung und eines förmlichen Anlasses für ihren rednerischen Schwung. Wo es gilt, ein Jubiläum oder eine Persönlichkeit zu feiern, da fühlen sie sich am wohlsten. Für Lenin war aber jede derartige Versammlung ein persönliches Missgeschick. Am stärksten und überzeugendsten wirkte er, wo es sich um eine Analyse aktueller politischer Tagesfragen handelte. Seine besten Reden waren vielleicht seine Reden im Zentralkomitee vor dem Oktober.

Vor den Pariser Vorträgen hatte ich Lenin, soweit ich mich erinnere, nur ein einziges Mal in London gehört. Das war Ende Dezember 1902. Sonderbarerweise habe ich weder an den Charakter seines damaligen Auftretens noch an das Thema irgendeine Erinnerung behalten. Ich wäre jetzt beinahe bereit, zu bezweifeln, ob er wirklich dort gesprochen hat. Doch war es anscheinend der Fall. Es war eine für Londoner Verhältnisse große russische Versammlung, auf der Lenin zugegen war; hätte er nicht das Referat gehabt, wäre er schwerlich überhaupt dabei gewesen.

Die Lücke in meinem Gedächtnis erkläre ich folgendermaßen: Der Vortrag war wahrscheinlich, wie gewöhnlich, dem gleichen Thema gewidmet wie die fällige neue Nummer der »Iskra.« Den entsprechenden Aufsatz Lenins hatte ich folglich bereits gelesen, sodass der Vortrag für mich nichts Neues enthielt. Eine Debatte blieb aus: Die schwachen Londoner Opponenten wagten nicht, gegen Lenin aufzutreten. Das Publikum, das zum Teil aus Bundisten, zum Teil aus Anarchisten bestand, verhielt sich nicht sonderlich anerkennend. Aus all diesen Gründen verlief der Vortrag für mich farblos.

Ich erinnere mich nur, dass am Schluss der Versammlung die Eheleute B. von der ehemaligen Petersburger Gruppe der »Rabotschaja Mysl« (»Arbeitergedanke«), die bereits recht lange in London lebten, auf mich zukamen und mich einluden: *»Kommen Sie zu uns zum Silvesterabend.«* – *»Wozu?«* fragte ich mit barbarischem Unverständnis. – *»Wir werden in kameradschaftlichem Kreise die Zeit verbringen. Uljanow wird da sein und Krupskaja.«*

Erinnerlich ist mir, dass sie Uljanow und nicht Lenin sagten. Ich konnte nicht einmal gleich begreifen, von wem die Rede war. Es stellte sich heraus, dass Sassulitsch und Martow ebenfalls eingeladen waren. Am folgenden Tag wurde in der »Spelunke« beraten, wie man sich verhalten solle; man erkundigte sich bei Lenin, ob er gehen werde. Ich glaube, es ging keiner. Eigentlich schade; es wäre eine einzigartige Gelegenheit gewesen, Lenin zusammen mit Sassulitsch und Martow im Rahmen eines Silvesterabends zu beobachten.

Die Ankunft in Genf

Als wir aus Paris nach Genf kamen, wurde ich gemeinsam mit Sassulitsch und Martow zu Plechanow eingeladen; ich glaube, auch Wladimir Iljitsch war da. Der Abend hinterließ bei mir indessen nur eine sehr verworrene Erinnerung. Er trug jedenfalls keinen politischen, sondern »weltlichen« – um nicht zu sagen: philisterhaften – Charakter.

Ich entsinne mich, dass ich ziemlich hilflos und verdrossen auf dem Stuhl saß, die Aufmerksamkeiten des Hausherrn und der Hausfrau über mich ergehen ließ und mir zwischendurch bewusst war, dass ich absolut nichts mit mir anzufangen wusste. Plechanows Töchter reichten Tee und Biskuits herum. Über allem lag eine gewisse Gezwungenheit, bei der vermutlich nicht nur mir unbehaglich zumute war. Vielleicht empfand ich wegen meiner Jugend die kühle Luft stärker als die anderen. Das war mein erster und letzter Besuch bei Plechanow.

Es versteht sich, dass meine Eindrücke von dieser »Visite« sehr flüchtig und vielleicht rein zufälliger Art waren, wie alle meine Begegnungen mit Plechanow. Die glänzende Figur des ersten Lehrers des Marxismus in Russland habe ich an anderer Stelle kurz zu charakterisieren versucht. Hier beschränke ich mich auf vereinzelte Eindrücke aus den ersten Begegnungen, bei denen ich – leider – offenbar Pech hatte. Sassulitsch, die über all dies sehr betrübt war, sagte mir: *»Ich weiß, George ist bisweilen unerträglich, aber im Grunde ist er ein furchtbar nettes Tier.«* (Das war ein beliebtes Lob von ihr.)

Ich kann nicht umhin, hier gleich zu bemerken, dass im Hause Axelrods die schlichte Atmosphäre aufrichtiger kameradschaftlicher Anteilnahme herrschte. Ich erinnere mich noch jetzt mit Dankbarkeit jener Stunden, die ich während meiner recht häufigen Besuche in Zürich in dem gastlichen Hause der Axelrods zuzubringen pflegte. Dort war auch Wladimir Iljitsch mehr als einmal und, soweit mir aus den Erzählungen der Familie Axelrod bekannt ist, fühlte er sich in ihrer Mitte wohl und angeregt. Ihn bei Axelrods zu treffen, hatte ich keine Gelegenheit.

Was Sassulitsch betrifft, so waren ihre Schlichtheit und Herzlichkeit in den Beziehungen zu jüngeren Genossen wahrlich unvergleichlich. Wenn man nicht in direktem Sinne des Wortes von ihrer Gastlichkeit reden kann, so nur deshalb, weil sie eine solche eher nötig hatte, als dass sie sie selber erweisen konnte. Sie lebte, kleidete und ernährte sich wie die bescheidenste Studentin. Auf dem Gebiete der materiellen Werte waren Tabak und Senf ihre größten Freuden. Beides konsumierte sie in großen Mengen. Wenn sie die allerdünnste Schinkenschnitte mit einer dicken Schicht Senf belegte, pflegten wir zu sagen: *»Wera Iwanowna schweift aus ...«* Sehr gut und aufmerksam verhielt sich zur Jugend das vierte Mitglied der »Gruppe der Befreiung der Arbeit« L. G. Deutsch. Ich habe bisher nicht erwähnt, dass er, als Geschäftsführer der »Iskra«, den Redaktionssitzungen mit beratender Stimme beiwohnte.

Deutsch hielt gewöhnlich zu Plechanow und hatte in den Fragen der revolutionären Taktik mehr als gemäßigte Anschauungen. Einmal erklärte er mir zu meinem größten Erstaunen:

> *»Es wird keinen bewaffneten Aufstand geben, und man hat ihn auch nicht nötig. Im Zuchthaus gab es bei uns Hähne, die sich aus dem geringsten Anlass in eine Rauferei verwickelten und dabei zugrunde gingen. Ich nahm aber folgende Stel-*

lung ein: fest sein, der Leitung zu verstehen geben, dass es zu einer großen Rauferei kommen könnte, ohne es indessen dazu kommen zu lassen. Auf diese Weise erreichte ich sowohl die Achtung der Leitung als auch eine Milderung des Regimes. Dieselbe Taktik müssen wir auch dem Zarismus gegenüber befolgen, sonst wird man uns zerschlagen und vernichten, ohne jeglichen Nutzen für die Sache.«

Ich war von dieser Predigt taktischer Leitsätze so verblüfft, dass ich davon der Reihe nach sowohl Martow als auch Sassulitsch und Lenin erzählte. Ich weiß nicht mehr, wie Martow darauf reagierte.

Wera Iwanowna sagte: »*Eugen (der alte Parteiname von Deutsch) war immer so: persönlich außerordentlich waghalsig, politisch aber sehr vorsichtig und gemäßigt.*« Lenin gab, als er mich anhörte, so etwas wie: »*Hm, hm, ... Ja, ja!*« von sich. Wir lachten darauf beide – ohne weiteren Kommentar.

Die Debatte um die »Iskra«

Die ersten Delegierten zum bevorstehenden zweiten Parteitag trafen allmählich in Genf ein, und es wurden ununterbrochen Beratungen mit ihnen abgehalten. In dieser vorbereitenden Arbeit lag die unbestrittene, wenn auch nicht immer merkbare Leitung in den Händen Lenins. Sitzungen der »Iskra«-Redaktion, Sitzungen der »Iskra«-Organisation, einzelne Beratungen mit den Delegierten, gruppenweise und gemeinsame, folgten aufeinander. Ein Teil der Delegierten kam mit Zweifeln, Einwänden und Gruppenansprüchen. Die vorbereitende Bearbeitung kostete viel Zeit.

Zum Parteitag kamen insgesamt drei Arbeiter. Lenin unterhielt sich sehr ausführlich mit jedem Einzelnen von ihnen und eroberte sie alle drei. Einer von ihnen war Schottmann aus Petersburg.

Er war noch sehr jung, aber vorsichtig und nachdenklich. Ich erinnere mich, wie er von einer Unterhaltung mit Lenin zurück kam (wir lebten mit ihm in einer Wohnung) und andauernd wiederholte: »*Wie bei ihm die Äuglein leuchten, als ob er durch und durch sähe ... .*« Aus Nikolajew war Kalafati delegiert. Wladimir Iljitsch fragte mich ausführlich über ihn aus (ich kannte ihn von Nikolajew her) und fügte dann mit einem schelmischen Lächeln hinzu: »*Er sagt, er kannte Sie als eine Art Tolstoianer.*«

»*Es ist Unsinn, was er redet*«, meinte ich fast empört.

»*Was ist denn dabei?*« erwiderte Lenin, halb beruhigend, halb neckend. »*Sie waren damals, wie ich glaube, 18 Jahre alt, und niemand kommt als Marxist zur Welt.*«

»*Das ist zwar so, aber mit dem Tolstoianertum hatte ich nicht das Geringste gemein*«, war meine Antwort.

In den Beratungen wurde der Erörterung des Statuts sehr viel Platz eingeräumt. Eines der allerwichtigsten Momente in den Organisationsentwürfen und Diskussionen war die Frage der Wechselbeziehungen zwischen dem Zentralorgan und dem Zentralkomitee. Ich kam ins Ausland mit der Idee, dass das Zentralorgan dem Zentralkomitee »gehorchen« müsse. So war auch die Stimmung der meisten »russischen« [zum Unterschied von den in der Emigration lebenden] »Iskra«- Mitglieder, eine Stimmung, die allerdings nicht beharrlich und ausgesprochen war.

»Das wird nicht gehen«, erwiderte mir Wladimir Iljitsch. *»Das Kräfteverhältnis ist nicht dazu angetan. Wie werden sie uns von Russland aus dirigieren wollen? [Das ZK befand sich in Russland.] Das wird nicht gehen. Wir sind eine stabile Zentrale, und wir werden von hier aus dirigieren.«* In einem der Entwürfe hieß es, dass das Zentralorgan verpflichtet sei, die Artikel der Mitglieder des Zentralkomitees aufzunehmen.

»Selbst wenn sie gegen das Zentralorgan Stellung nehmen?« erkundigte sich Wladimir Iljitsch.

»Natürlich.«

»Wozu? Das wäre zu nichts gut. Eine Polemik zwischen zwei Mitgliedern des Zentralorgans könnte noch unter gewissen Umständen nützlich sein, aber eine Polemik der ›russischen‹ ZK-Mitglieder gegen das Zentralorgan ist unzulässig.«

»Das würde ja auf eine vollständige Diktatur des Zentralorgans hinauslaufen?« fragte ich.

»Wäre das denn schlimm?« erwiderte Lenin. *»So muss es doch bei der gegenwärtigen Lage sein.«*

In jener Periode gab es viel Getue um das sogenannte Kooptierungsrecht. Auf einer der Beratungen haben wir, die Jungen, über die positive und negative Kooptierung diskutiert. *»Aber eine negative Kooptierung – das hieße doch auf russisch ›hinaus schmeißen‹«* , lachte Wladimir Iljitsch, als er sich am nächsten Morgen mit mir unterhielt. *»Das ist nicht so einfach. Versuchen Sie mal – ha-ha-ha! – eine negative Kooptierung in der Redaktion der ›Iskra‹ vorzunehmen.«* Für Lenin war am brennendsten die Frage, wie das Zentralorgan, das im Grunde ja gleichzeitig die Rolle des Zentralkomitees spielen sollte, weiterhin organisiert werden sollte. Lenin hielt es für unmöglich, das alte Sechserkollegium fortbestehen zu lassen. Sassulitsch und Axelrod pflegten fast in jeder strittigen Frage regelmäßig für Plechanow Partei zu ergreifen, sodass im besten Falle dann drei gegen drei standen. Aber weder das eine noch das andere Triumvirat wäre darauf eingegangen, irgendein Mitglied des Kollegiums zu entfernen. Es blieb also nur der entgegengesetzte Weg übrig, die Erweiterung des Kollegiums.

Lenin wollte mich als siebentes Mitglied hinzuziehen, um alsdann innerhalb des Siebenmännerkollegiums, als der erweiterten Redaktion, eine engere Redaktionsgruppe, bestehend aus Lenin, Plechanow und Martow, auszusondern.

In diesen Plan hatte mich Wladimir Iljitsch nach und nach eingeweiht, ohne übrigens mit einem Wort etwas davon zu erwähnen, dass er eben mich als siebentes Mitglied der Redaktion in Vorschlag gebracht hatte und dass dieser Vorschlag von allen, außer Plechanow, der dem ganzen Plan entschiedenen Widerstand entgegensetzte, angenommen worden war. Die Angliederung eines Siebenten bedeutete für Plechanow schon an und für sich eine Majorisierung der Gruppe »Befreiung der Arbeit«: vier »Junge« gegen drei »Alte«!

Plechanows Missstimmung

Ich glaube, dass dieser Plan der Hauptgrund für die äußerst missgünstige Beziehung Georgij Walentinowitschs zu mir war. Dazu kamen unglücklicherweise noch kleine offene Geplänkel vor den Delegierten. Den ersten Anlass gab, wie ich glaube, die Frage einer volkstümlichen Zeitung.

Manche Delegierten bestanden darauf, dass es dringlich sei, neben der »Iskra« ein populäres Organ möglichst in Russland herauszugeben. Das war im besonderen die Idee der Gruppe »Juschnij Rabotschij« (der »Südliche Arbeiter«).

Lenin war entschieden dagegen. Er wurde zu dieser Stellungnahme von verschiedenen Erwägungen bestimmt. Die Hauptrolle spielte aber die Befürchtung, dass auf dem Boden einer »populären« Vereinfachung der sozialdemokratischen Idee eine besondere Gruppierung entstehen könnte, bevor noch der Hauptkern der Partei Zeit hätte, in gehörigem Maße zu erstarken.

Plechanow trat entschieden für die Gründung eines populären Organs ein. Er stellte sich auf diese Weise in Gegensatz zu Lenin und warb offensichtlich um die Unterstützung der Ortsdelegierten.

Ich unterstütze Lenin. Auf einer der Beratungen entwickelte ich den Gedanken – ob mit Recht oder Unrecht, ist jetzt einerlei – dass wir kein populäres Organ brauchten, sondern eine Reihe propagandistischer Broschüren und Flugblätter, die den fortgeschrittenen Arbeitern helfen würden, sich zum Niveau der »Iskra« zu erheben; dass ein populäres Organ die »Iskra« verdrängen und das politische Gesicht der Partei verwischen würde, sodass sie zum Ökonomismus[6] und zum Sozialrevolutionärtum hinab gleiten könnte.

Plechanow opponierte. »*Warum würde es verwischen?*« sagte er. »*Es versteht sich, dass wir in einem populären Organ nicht alles sagen können. Wir werden darin Forderungen und Parolen aufstellen, uns aber nicht mit Fragen der Taktik befassen. Wir werden dem Arbeiter sagen, dass man den Kapitalismus bekämpfen müsse, wir werden uns aber selbstredend nicht in theoretische Erörterungen darüber einlassen, wie der Kapitalismus zu bekämpfen ist.*« Diese Argumentierung griff ich auf. »*Aber die Ökonomisten und die Sozialrevolutionäre behaupten ja ebenfalls, dass man den Kapitalismus bekämpfen müsse. Die Wege gehen ja gerade erst in der Frage auseinander, wie gekämpft werden soll. Wenn wir in dem populären Organ diese Frage unbeantwortet*

6 Richtung der älteren russischen Sozialdemokraten, die für den wirtschaftlichen, d. h. den gewerkschaftlichen, aber nicht für den politischen Kampf der Arbeiter eintrat.

lassen, dann verwischen wir eben dadurch den Unterschied zwischen uns und den Sozialrevolutionären.« … Diese Erwiderung klang sehr siegesgewiss. Plechanow fand keine Antwort. Es ist klar, dass diese Episode nicht dazu angetan war, seine Beziehung zu mir zu verbessern.

Ein weiterer Konflikt stellte sich alsbald ein. Das war in einer Sitzung der Redaktion, die den Beschluss gefasst hatte, bis zur Entscheidung durch den Parteitag über die Zusammensetzung der Redaktion mich mit einer beratenden Stimme zur Sitzung heranzuziehen. Plechanow war kategorisch dagegen. Wera Iwanowna erklärte ihm aber: »*Und ich werde ihn bringen!*« Und sie »brachte« mich tatsächlich zur Sitzung mit.

Ich selber erfuhr von diesem Sachverhalt, der sich hinter den Kulissen abspielte, erst bedeutend später; zur Sitzung kam ich aber, ohne etwas zu wissen oder zu ahnen. Georgij Walentinowitsch grüßte mich mit ausgesuchter Kühle, in der er ein großer Meister war. Die Redaktion hatte in dieser Sitzung gerade eine Streitfrage zwischen Deutsch und dem bereits früher erwähnten Blumenfeld zu schlichten. Deutsch war der Geschäftsführer der »Iskra.« Blumenfeld verwaltete die Druckerei. Auf diesem Boden ergaben sich Kompetenzstreitigkeiten. Blumenfeld beschwerte sich über das Eingreifen von Deutsch in die internen Angelegenheiten der Druckerei

Plechanow unterstützte aus alter Freundschaft Deutsch und schlug vor, Blumenfeld auf die technische Arbeit der Druckerei zu beschränken. Ich widersprach: man könne nicht eine Druckerei nur auf dem Gebiet der Technik leiten, es gäbe noch organisatorische und administrative Aufgaben und Blumenfeld müsse in all diesen Fragen autonom sein.

Ich entsinne mich der giftigen Erwiderung Plechanows: »*Wenn auch Genosse Trotzki recht hat, dass die Technik einen Überbau administrativer und sonstiger Art erhalten kann, wie die Theorie des historischen Materialismus es lehrt, so ist doch …*« usw.

Lenin und Martow jedoch unterstützten mich vorsichtig und führten einen entsprechenden Beschluss durch. Das machte das Maß voll. In diesen beiden Fällen war die Sympathie Wladimir Iljitschs, wie wir sahen, auf meiner Seite. Zur gleichen Zeit aber beobachtete er mit Sorge, wie meine Beziehungen zu Plechanow immer schlechter wurden, was den von ihm in Aussicht genommenen Plan in Bezug auf die Reorganisierung der Redaktion endgültig zu vernichten drohte. In einer der nächsten Beratungen mit den neu hinzugekommenen Delegierten sagte Lenin, mich zur Seite ziehend, zu mir: »*In der Frage des populären Organs ist es besser, wenn Martow auf Plechanow erwidert. Martow wird schmieren, und Sie werden zuschlagen. Möge er lieber schmieren.*«

Dieser Ausdrücke: *schmieren und zuschlagen* entsinne ich mich genau.

Lenin und die Liberalen

Nach einer der Redaktionssitzungen im Café »Landolt«, vielleicht nach derselben Sitzung, von der soeben die Rede war, fing Sassulitsch an, mit der besonderen, ihr in solchen Fällen eigenen, schüchtern-beharrlichen Stimme sich zu beklagen, dass wir *»die Liberalen zu sehr angriffen.«* Das war bei ihr der wundeste Punkt.

»Sehen Sie doch, wie sie sich Mühe geben«, sagte sie, an Lenin vorbei sehend, aber gerade auf ihn abzielend.

»In der letzten Nummer der ›Oswoboschdenije‹ setzt Struwe unseren Liberalen Jaurès zum Vorbild und fordert, dass die russischen Liberalen nicht mit dem Sozialismus brechen sollten, da ihnen sonst das klägliche Schicksal des deutschen Liberalismus drohen würde; sie sollten sich vielmehr an das Beispiel der französischen Radikalsozialisten halten.«

Lenin stand am Tisch, den Panama-ähnlichen Strohhut tief in die Stirn gedrückt (die Sitzung war bereits zu Ende; er war im Begriff fortzugehen):

»Umso mehr muss man sie schlagen«, sagte er fröhlich lächelnd, als ob er Wera Iwanowna necken wollte.

»Das ist eine schöne Sache,« rief sie voll Verzweiflung, *»sie kommen uns entgegen, und wir sollen sie schlagen!«*

»Gerade deswegen. Struwe sagt seinen Liberalen: man müsse gegen unseren Sozialismus nicht die groben deutschen Maßnahmen ergreifen, sondern die feineren französischen; man müsse locken, umschmeicheln, betrügen, verführen, nach Art der linken französischen Radikalen, die mit dem Jaurèsismus tändeln.«

Ich gebe hier diese bemerkenswerte Unterhaltung selbstverständlich nicht wörtlich wieder. Aber ihr Sinn und ihr Geist haben sich meinem Gedächtnis äußerst klar eingeprägt. Ich habe jetzt kein Material zur Nachprüfung bei der Hand. Es wäre aber nicht schwer, nachzuprüfen; man braucht nur die Nummern des »Oswoboschdenije« vom Frühjahr 1903 durchzusehen und den Artikel Struwes zu suchen, der der Frage über die Beziehung der Liberalen zum demokratischen Sozialismus im allgemeinen und dem Jaurèsismus im besonderen gewidmet ist. An diesen Artikel erinnere ich mich nach dem, was Wera Iwanowna in der soeben geschilderten Szene gesagt hatte.

Wenn man zu dem Datum der betreffenden Nummer der »Oswoboschdenije« die Zeit hinzurechnet, die dazu nötig war, damit die »Oswoboschdenije« Genf erreichen, in die Hände von Wera Iwanowna gelangen und durchgelesen werden konnte, also drei bis vier Tage, so hätte man das ziemlich genaue Datum des vorhin geschilderten Disputs im Café »Landolt« festgestellt. Ich entsinne mich, es war ein Frühlingstag (vielleicht aber auch im Frühsommer?), die Sonne lachte fröhlich, und fröhlich war das Lachen Lenins. Ich kann mich seines ganzen, ruhig-spöttischen, selbstbewussten und »stabilen« Aussehens entsinnen, – stabil, obwohl Wladimir Iljitsch damals bedeutend magerer war als in der letzten Periode seines Lebens. Wera

Iwanowna sprang auf, wie immer sich von einem zum andern wendend; aber niemand, glaube ich, griff in die Diskussion ein, die übrigens auch nicht lange, sondern nur während des Anziehens dauerte.

Wir gingen mit ihr zusammen nach Hause. Sassulitsch war deprimiert. Sie fühlte, dass Struwes Karte geschlagen war. Ich konnte ihr keinerlei Trost spenden, niemand von uns aber ahnte damals, wie weitgehend, in welch höchstem Grade die Karte des russischen Liberalismus geschlagen worden war in jenem kleinen Dialog an der Tür des Café »Landolt.«

Lenins Wandlung

Ich sehe die ganze Unzulänglichkeit der von mir hier wiedergegebenen Episoden. Das Ganze ist armseliger geworden, als es mir bei Beginn der Arbeit vorschwebte. Ich habe jedoch alles sorgsam zusammengetragen, was das Gedächtnis noch bewahrt hat, selbst das weniger Bedeutsame, weil es schon jetzt fast niemanden mehr gibt, der über jene Periode ausführlich erzählen könnte. Es ist kaum anzunehmen, dass jemand von ihnen Memoiren hinterlassen hat. Vielleicht könnte das bei Wera Iwanowna der Fall gewesen sein? Man hat indessen nichts davon gehört.

Aus der damaligen Redaktion sind nur noch Axelrod und Potressow am Leben. Sie beide haben aber, von allen anderen Erwägungen abgesehen, an der Arbeit der Redaktion nur wenig teilgenommen, und zu den Redaktionssitzungen pflegten sie nur als seltene Gäste zu erscheinen.

Einiges könnte L. G. Deutsch erzählen. Aber auch er kam gegen Ende der hier geschilderten Periode ins Ausland, kurz vor mir, und er war überdies an der Redaktionsarbeit nicht unmittelbar beteiligt. Unschätzbare Auskunft kann und wird auch hoffentlich Nadeschda Konstantinowna geben.

Sie stand damals im Mittelpunkt der ganzen organisatorischen Arbeit, empfing die eintreffenden Genossen, instruierte sie und fertigte sie ab, wenn sie fortfuhren, stellte die Verbindungen her, gab konspirative Adressen mit, schrieb Briefe, chiffrierte und dechiffrierte. In ihrem Zimmer spürte man immer den Geruch von angewärmtem Papier. Und sie beklagte sich häufig mit ihrer sanften Beharrlichkeit darüber, dass man wenig schreibe oder den Chiffre-Schlüssel verwechselt habe, oder mit chemischer Tinte so geschrieben habe, dass eine Zeile auf die andere geraten sei usw.

Noch wichtiger natürlich ist, dass Nadeschda Konstantinowna bei dieser organisatorischen Arbeit, die sie Hand in Hand mit Lenin leistete, tagaus tagein alles beobachten konnte, was in ihm und um ihn herum vorging.

Trotzdem aber hoffe ich, dass auch diese Zeilen nicht überflüssig sein werden, – namentlich auch deswegen, weil Nadeschda Konstantinowna in den Redaktionssitzungen, wenigstens zu meiner Zeit, selten anwesend war. Hauptsächlich aber aus dem Grunde, weil bisweilen das frische Auge des Außenstehenden das bemerkt, was dem gewohnten Auge verborgen bleibt. So oder anders, das, was ich zu erzählen in der Lage war, ist hier erzählt. Und nun möchte ich noch einige allgemeine Erwägungen darüber zum Ausdruck bringen, weshalb meiner Ansicht nach während der Zeit der alten »Iskra« eine entschiedene Wandlung in dem politischen Selbstempfinden Lenins, sozusagen in einer Selbstbewertung, vor sich gehen musste, – weshalb diese Wandlung unvermeidlich und notwendig war.

Lenin als Schüler

Lenin kam ins Ausland als dreißigjähriger Mensch, dessen geistige Persönlichkeit bereits feste Formen gewonnen hatte. In Russland, in den Studentenkreisen, in den ersten sozialdemokratischen Gruppen, in den Verbannten-Siedlungen nahm er den ersten Platz ein. Er konnte schon aus dem Grunde sich seiner Kraft nicht unbewusst bleiben, weil alle, mit denen er zusammen kam, und mit denen er arbeitete, sie anerkannten. Er reiste ins Ausland bereits mit einem großen theoretischen Gepäck, mit einer umfassenden politischen Erfahrung und ganz durchdrungen von jener Zielstrebigkeit, die seine geistige Natur bildete.

Im Ausland erwartete ihn die Mitarbeit in der Gruppe »Oswoboschdenije Truda« (»Befreiung der Arbeit«) und vor allem mit Plechanow, dem tiefen und glänzenden Kommentator von Marx, dem Lehrer einiger Generationen, dem Theoretiker, Politiker, Publizisten, Redner von europäischem Ruf und mit europäischen Verbindungen. Neben Plechanow standen zwei der größten Autoritäten: Sassulitsch und Axelrod. Nicht nur die heroische Vergangenheit stellte Wera Iwanowna in die erste Reihe. Nein, es war ihr durchdringender Verstand, gepaart mit einer umfassenden, vorzugsweise historischen Bildung und einer seltenen psychologischen Intuition. Über Sassulitsch lief seiner Zeit die Verbindung der »Gruppe« mit dem alten Engels. Zum Unterschied von Plechanow und Sassulitsch, die am engsten mit dem romanischen Sozialismus verbunden waren, repräsentierte Axelrod in der »Gruppe« die Ideen und die Erfahrungen der deutschen Sozialdemokratie. Dieser Unterschied der »Wirkungssphären« spiegelte sich auch in ihren Wohnorten wider. Plechanow und Sassulitsch lebten vorzugsweise in Genf, Axelrod in Zürich.

Axelrod konzentrierte sich auf Fragen der Taktik; er hat bekanntlich keine einzige theoretische oder historische Arbeit geschrieben. Er schrieb überhaupt wenig. Das aber, was er schrieb, hatte fast immer die taktischen Fragen des Sozialismus zum Thema. Auf diesem Gebiet zeigte Axelrod sowohl Selbständigkeit als auch Scharfsinn. Aus zahlreichen Unterhaltungen mit ihm (eine Zeit lang war ich mit ihm sehr befreundet, wie auch mit Sassulitsch) ist mir klar geworden, dass vieles von dem, was Plechanow über Fragen der Taktik geschrieben hat, das Ergebnis einer kollektiven Arbeit ist und dass in dieser Arbeit der Anteil Axelrods erheblich bedeutender ist, als es den gedruckten Dokumenten nach den Anschein hat.

Axelrod selber sagte mehr als einmal zu Plechanow, dem unbestrittenen und geliebten Führer der »Gruppe« (bis zum Bruch 1903): *»Du, George, hast einen langen*

Rüssel. Du wirst überall das holen, was Du brauchst.« … Axelrod hatte bekanntlich das Vorwort zu dem aus Russland eingesandten Manuskript Lenins »Die Aufgaben der russischen Sozialdemokraten« geschrieben.

Es war, als ob dadurch die »Gruppe« den jungen begabten russischen Mitarbeiter adoptierte, aber auch zu gleicher Zeit bescheinigte, dass es sich um einen Schüler handelte.

In eben dieser Eigenschaft kam Lenin ins Ausland, gemeinsam mit zwei anderen Schülern. Ich wohnte den ersten Begegnungen der Schüler mit den Lehrern nicht bei, jenen Unterhaltungen, in denen die Grundlinien der »Iskra« ausgearbeitet wurden. Im Lichte der Beobachtungen des geschilderten Halbjahres und insbesondere im Lichte des zweiten Parteitags ist es indessen nicht schwer zu begreifen, dass die Schärfe des Konfliktes an und für sich, abgesehen von der erst kaum andeutungsweise sichtbar werdenden prinzipiellen Seite, das unrichtige Augenmaß der Alten bei der Bewertung des Wachstums und der Bedeutung Lenins zum Grunde hatte.

Die Alten gegen Lenin

Im Laufe des zweiten Parteitages und unmittelbar danach verband sich die Empörung Axelrods und der anderen Redaktionsmitglieder gegen das Benehmen Lenins mit dem Erstaunen: Wie konnte er es wagen! Das Erstaunen wurde noch größer, als Lenin nach dem Bruch mit Plechanow, der sich schon bald nach dem Parteitag ereignete, den Kampf trotzdem weiterführte. Die Stimmung Axelrods und der anderen könnte man vielleicht am Richtigsten so ausdrücken: *»Welche Mücke hat ihn gestochen?« »Es ist ja noch gar nicht so lange her, dass er ins Ausland gekommen ist«*, meinten die Älteren. *»Er ist als Schüler gekommen und hat sich auch als Schüler benommen.«* (Das hat besonders Axelrod in seinen Berichten über die ersten Monate der »Iskra« nachdrücklichst betont.) *»Woher plötzlich dieses Selbstbewusstsein? Wie konnte er es wagen?«* usw. Dann erriet man es: Er hatte sich den Boden bereits in Russland vorbereitet, nicht umsonst lagen alle Verbindungen in den Händen von Nadeschda Konstantinowna; dort war es wohl auch, wo die Beeinflussung der russischen Genossen gegen die Gruppe »Oswoboschdenije Truda« im Stillen vor sich ging.

Nicht weniger empört als die anderen, aber doch verständnisvoller war Sassulitsch. Nicht umsonst hatte sie Lenin noch lange vor der Spaltung gesagt, dass er, zum Unterschied von Plechanow, einen *»tödlichen Griff«* besäße. Und wer weiß, welchen Eindruck diese Worte seiner Zeit auf Lenin gemacht hatten? Ob Lenin sich selber nicht wiederholt hatte: *»Ja, das ist richtig: Wer sollte, wenn nicht Sassulitsch, den Plechanow kennen? Er wird zupfen, zupfen und loslassen. Die Aufgabe liegt aber gar nicht darin, zu zupfen und los zu lassen …, hier ist ein tödlicher Griff nötig.«* In welchem Maße und in welchem Sinne die Worte von der vorausgehenden »Beeinflussung« der *russischen* Genossen richtig sind, darüber könnte natürlich besser als sonst jemand Nadeschda Konstantinowna berichten. Im weiteren Sinne des Wortes aber kann man auch ohne Anführung von Tatsachen behaupten, dass eine derartige Beeinflussung stattgefunden hatte. Lenin bereitete immer den morgigen Tag vor, während er den heutigen befestigte und stützte. Sein schöpferischer Gedanke stand niemals still, seine Wachsamkeit ließ niemals nach. Und als er sich überzeugt hatte, dass die Gruppe »Oswoboschdenije Truda« in der Situation der herannahenden Revolution nicht fähig war, die unmittelbare Leitung der Kampforganisation der proletarischen Avantgarde in ihre Hände zu nehmen, da zog er für sich alle praktischen Schlussfolgerungen daraus. Die Alten hatten sich geirrt, und nicht nur die Alten. Das war nicht mehr der junge hervorragende Mitarbeiter, den Axelrod durch ein wohlwollend patronisierendes Vorwort ausgezeichnet hatte; das war ein *Führer*, überragend zielsicher, und ich denke, einer, der sich endgültig als Führer fühlte, nachdem er in der Arbeit Seite an Seite mit den Älteren, den Lehrern, zu der Überzeugung kam, dass er stärker und nötiger war als sie.

Freilich war Lenin schon in Russland, wie Martow sich ausdrückte, der Erste unter Gleichen. Dort aber handelte es sich immerhin nur um die ersten sozialdemokratischen Kreise, um junge Organisationen. Die russischen Prominenten trugen noch den Stempel des Provinzialismus: wie viel russische Lassalles und russische Bebels gab es nicht damals! Anders die Gruppe »Oswoboschdenije Truda«: Plechanow, Axelrod und Sassulitsch gehörten in die gleiche Rangordnung wie Kautsky, Lafargue, Guesde und Bebel, – der echte deutsche Bebel! Als Lenin bei der Arbeit an ihrer Seite seine Kräfte gemessen hatte, begann er, sich am großen europäischen Maßstab zu messen. Gerade in den Zusammenstößen mit Plechanow, als die Redaktion sich um die beiden Mittelpunkte gruppierte, musste Lenin jene Stählung des Selbstbewusstseins gewinnen, ohne die er später nicht Lenin gewesen wäre.

Der Grund des Konfliktes

Die Zusammenstöße mit den Alten waren unvermeidlich. Nicht deswegen, weil zwei verschiedene Konzeptionen der revolutionären Bewegung von vornherein gegeben waren, nein, das war in jener Periode noch nicht der Fall. Aber schon die bloße Einstellung zu den politischen Ereignissen, zu den organisatorischen und überhaupt zu den praktischen Aufgaben, folglich auch zu der ganzen herannahenden Revolution, war grundverschieden. Die Alten hatten zu jener Zeit bereits 20 Jahre Emigration hinter sich. Für sie waren die »Iskra« und die »Sarja« in erster Linie literarische Unternehmungen. Für Lenin aber waren sie ein unmittelbares Werkzeug des revolutionären Handelns.

In Plechanow war, wie sich einige Jahre später (1904 bis 1906) und noch tragischer in der Epoche des imperialistischen Krieges herausstellte, der revolutionäre Skeptiker tief verwurzelt; er blickte auf Lenins Zielstrebigkeit von oben herab und hatte dafür mehr als *eine* herablassende, giftige Satire bereit. Axelrod stand, wie bereits gesagt, den Fragen der Taktik näher, aber seine Gedanken verharrten in dem Rahmen der Fragen, die sich in der Vorbereitung der Vorbereitung erschöpften.

Axelrod analysierte häufig mit der größten Kunstfertigkeit die Tendenzen und Schattierungen innerhalb der verschiedenen Gruppierungen der revolutionären Intelligenz. Er war ein Homöopath der vorrevolutionären Politik. Seine Methoden und seine Handlungsweise trugen einen Charakter, der an die Apotheke und an das Laboratorium erinnerte. Die Größen, mit denen er operierte, waren immer sehr minimalen Umfanges. Es waren die kleinsten Münzen, die kleinsten Gewichte, die er auf die Wage zu legen hatte. Nicht von ungefähr wurde Axelrod von L. G. Deutsch als ein Spinoza-Typ bezeichnet, und nicht umsonst war Spinoza ein Diamantenschleifer: diese Arbeit erfordert ja bekanntlich ein Vergrößerungsglas. Lenin aber nahm die Ereignisse und die Beziehungen im Großen, er lernte es, mit Gedanken soziale Felsblöcke zu umspannen und wurde so zum Echo der herannahenden Revolution, die sowohl Plechanow als auch Axelrod völlig überrumpelte.

Von den Alten fühlte vielleicht Wera Iwanowna Sassulitsch das Herannahen der Revolution am unmittelbarsten. Ihre lebendige, jeglicher Pedanterie fremde, intuitionsgesättigte historische Bildung half ihr in dieser Hinsicht. Sie fühlte aber die Revolution wie eine alte Radikale. Sie war bis zum Innersten ihrer Seele überzeugt, dass sämtliche Elemente der Revolution bereits vorhanden seien, außer dem »echten«, selbstsicheren Liberalismus, der die Führung in seine Hand nehmen müsste, und sie meinte, dass wir Marxisten durch unsere voreilige Kritik und »Hetze« nur die Liberalen einschüchterten und so im Grunde genommen eine konterrevolutionäre Rolle spielten.

In der Presse hat Wera Iwanowna das freilich nicht gesagt. Auch in persönlichen Unterhaltungen sagte sie nicht immer alles. Das war nichtsdestoweniger ihre innerste Überzeugung. Darin lag die Quelle ihrer Gegensätzlichkeit zu Paul (Axelrod), den sie als Doktrinär betrachtete. In der Tat vertrat Axelrod im Rahmen der taktischen Homöopathie unweigerlich die revolutionäre Hegemonie der Sozialdemokratie. Er lehnte es nur ab, diesen Gesichtspunkt aus der Sprache der Gruppen und Kreise in die Sprache der Klassen zu übertragen, als die Klassen in Bewegung gerieten. Das war der Punkt, wo sich der Abgrund zwischen ihm und Lenin auftat.

Lenins Sendung

Lenin kam ins Ausland nicht als Marxist »an und für sich«, nicht zum Zwecke der literarischrevolutionären Tätigkeit »an und für sich«, nicht einfach, um die zwanzigjährige Arbeit der Gruppe »Oswoboschdenije Truda« weiterzuführen. Nein, er kam als potentieller Führer. Und nicht als Führer »an und für sich«, sondern als Führer jener Revolution, die im Anschwellen begriffen war, und die er spürte und empfand. Er kam, um in kürzester Frist die gedankliche Takelage und den Organisationsapparat für die Revolution aufzubauen. Und nicht in dem Sinne spreche ich von seiner ungestümen und zugleich disziplinierten Zielstrebigkeit, dass er, Lenin, bestrebt war, dem »Endziel« zum Triumph zu verhelfen – nein, das wäre zu allgemein und zu leer –, sondern in dem konkreten, geraden, unmittelbaren Sinne, dass er sich das praktische Ziel gesteckt hatte, das Kommen der Revolution zu beschleunigen und ihren Sieg sicherzustellen.

Als Lenin in seiner Arbeit im Ausland sich Schulter an Schulter mit Plechanow sah, als das entschwand, was die Deutschen das Pathos der Distanz nennen, – da konnte es nicht ausbleiben, dass dem Schüler physisch klar wurde, dass er in jener Frage, die er für den gegebenen Zeitpunkt als Grundfrage betrachtete, nicht nur beim Lehrer nichts zu lernen hatte, sondern, dass der abwartende, skeptische Lehrer vielmehr fähig war, durch seine Autorität die rettende Arbeit zu bremsen und die jüngeren Mitarbeiter ihm, Lenin, abtrünnig zu machen. Daraus ergab sich die wachsame Sorge Lenins in der Redaktion; daraus folgten die Kombinationen des Sieben- und Drei-Männer-Kollegiums, daraus entstand das Bestreben, Plechanow von der Gruppe »Oswoboschdenije Truda« zu trennen, ein leitendes Triumvirat zu bilden, in dem Lenin stets Plechanow in den Fragen der revolutionären Theorie und Martow in den Fragen der revolutionären Politik auf seiner Seite hätte. Die Personen-Kombinationen wechselten, aber die Vorwegnahme blieb im Grunde unverändert, bis sie schließlich zu Fleisch und Blut wurde.

Nach dem zweiten Parteitag

Auf dem zweiten Parteitag eroberte Lenin Plechanow, aber er war ein unzuverlässiger Bundesgenosse; gleichzeitig jedoch verlor er Martow und – für immer. Plechanow hatte anscheinend auf dem zweiten Parteitag etwas vorausgeahnt. Er sagte wenigstens damals zu Axelrod als Antwort auf seine bitteren und fragenden Vorwürfe wegen des Plechanowschen Bundes mit Lenin: *»Aus solchem Teig werden Robespierres gemacht.«* Ich weiß nicht, ob dieser bemerkenswerte Satz in der Presse jemals zitiert worden ist, und ob er in der Partei überhaupt bekannt ist; für seine Richtigkeit kann ich mich aber verbürgen. *»Aus solchem Teig werden Robespierres gemacht!«* – *»und sogar etwas viel Größeres, Georgij Walentinowitsch!«* antwortete die Geschichte. Diese geschichtliche Offenbarung scheint aber im Bewusstsein von Plechanow sehr schnell verblasst zu sein. Er brach mit Lenin und kehrte zum Skeptizismus und zu seinen bissigen Witzen zurück, deren Bissigkeit übrigens der Zeit nicht stand hielt.

Bei der »sektiererischen« Vorwegnahme ging es nicht nur um Plechanow und nicht nur um die Alten. Der zweite Parteitag bedeutete, allgemein genommen, den Abschluss eines gewissen Anfangsstadiums der vorbereitenden Periode. Der Umstand, dass die Organisation der »Iskra« auf dem Parteitag ganz unerwartet in fast zwei gleiche Teile gespalten wurde, spricht an und für sich dafür, dass in jenem Anfangsstadium über vieles noch keine volle Klarheit geschaffen war. Die Klassenpartei hatte erst angefangen, die Schale des intellektuellen Radikalismus zu durchbrechen.

Der Zustrom der Intelligenz zum Marxismus hatte noch nicht aufgehört. Die Studentenbewegung suchte in ihrem linken Flügel Anschluss an die »Iskra.« Unter der intellektuellen Jugend, besonders im Ausland, waren die Gruppen der »Iskra«-Freunde zahlreich vertreten. Doch gehörte das alles noch zur grünen Jugend und war meistens recht unsicher. Zur »Iskra« gehörende Studentinnen stellten dem Vortragenden einmal die Frage: *»Darf eine ›Iskra‹-Anhängerin einen Marineoffizier heiraten?«*

Auf dem zweiten Parteitag waren nur drei Arbeiter erschienen, und auch diese waren nicht ohne Mühe herbeigeschafft worden. Die »Iskra« sammelte und erzog einerseits einen Stamm von Berufsrevolutionären und zog die jüngeren und heroisch veranlagten Arbeiter unter ihre Fahne.

Andererseits aber passierten erhebliche Gruppen der Intelligenz die »Iskra« nur als Durchgangsstation, um bald danach zu »Oswoboschdenije«-Anhängern zu verblassen.

Die »Iskra« hatte Erfolg nicht nur als marxistisches Organ der im Aufbau begriffenen proletarischen Partei, sondern auch einfach als eine kampfesfrohe, politisch äußerst linke Zeitschrift, die ein scharfes Wort nicht scheute. Die radikaleren Elemente der Intelligenz erklärten sich in der ersten impulsiven Aufwallung bereit, unter der Fahne der »Iskra« für die Freiheit zu kämpfen. Außerdem hatte jene, für schrittweise Entwicklung eintretende Tendenz, mit ihrem schulmeisternden Unglauben an die Kraft des Proletariats, die früher im »Ökonomismus« ihren Ausdruck fand, inzwischen Zeit gehabt, sich in die Farben der »Iskra«, und zwar ziemlich aufrichtig, zu kleiden, ohne ihr Wesen geändert zu haben. Der glänzende Sieg der »Iskra« war schließlich bedeutend weitgehender als ihre realen Eroberungen.

Wie weit Lenin sich noch vor dem zweiten Parteitag darüber ganz klar wurde, möchte ich hier nicht beurteilen. Jedenfalls war er sich darüber klarer als sonst jemand. Unter dem Stimmungsallerlei, das sich um die Fahne der »Iskra« gruppierte und dessen Reflexe auch in der Redaktion zu finden waren, repräsentierte nur Lenin den morgigen Tag mit all seinen harten Aufgaben, mit seinen brutalen Konflikten und unzählbaren Opfern. Daher seine gespannte Wachsamkeit und sein kämpferischer Argwohn. Daher die klare Formulierung der organisatorischen Fragen, wie sie in der Frage über die Parteizugehörigkeit (Artikel 1 der Satzung)[7] ihren symbolischen Ausdruck fand. Es ist durchaus natürlich, dass auf dem zweiten Parteitag, der

7 Lenin und Martow gingen in der Frage des Artikels 1 der Satzung auseinander.
Lenin: *»Als Mitglied der Partei gilt jeder, der ihr Programm anerkennt und die Partei sowohl durch materielle Mittel als auch durch persönliche Mitarbeit in einer von den Parteiorganisationen unterstützt.«*
Martow: *»Als Mitglied der Partei gilt jeder, der ihr Programm anerkennt, die Partei durch materielle Mittel unterstützt und ihr regelmäßig persönliche Beihilfe erweist unter der Leitung einer ihrer Organisationen.«*

sich anschickte, die Früchte der ideellen Siege der »Iskra« zu ernten, gerade Lenin eine neue Gliederung, eine neue, anspruchsvollere, strengere Auslese in die Wege leitete.

Um sich zu einem solchen Schritt zu entschließen, mit der Hälfte des Parteitages gegen sich, mit Plechanow als unzuverlässigem Halbverbündeten und mit allen übrigen Mitgliedern der Redaktion in offener und entschiedener Gegnerschaft, um sich unter solchen Umständen zu einer neuen Auslese zu entschließen, musste man schon einen außerordentlichen Glauben nicht nur in die Sache, sondern auch in seine eigene Kraft besitzen. Diesen Glauben gewann Lenin durch die in der Erfahrung erprobten Selbsteinschätzung, die ihm aus der gemeinsamen Arbeit mit den »Lehrern« erwuchs, und aus dem ersten Wetterleuchten der Kämpfe, die das zukünftige Spaltungsgewitter ankündigten.

Die ganze, kraftvolle Zielstrebigkeit Lenins gehörte dazu, ein solches Unternehmen anzufangen und bis zum Ende zu führen. Lenin zog unermüdlich die Sehne an bis zum Reißen und fühlte gleichzeitig vorsichtig mit dem Finger, ob die Spannung nicht irgendwo nachzulassen drohte. – *»Man darf den Bogen nicht überspannen, sonst bricht er!«* rief man von allen Seiten. *»Er wird nicht brechen«*, antwortete der Meister. – *»Unser Bogen ist aus zähem proletarischem Material; man muss die Parteisehne mehr und mehr anspannen; denn der schwere Pfeil hat weit zu fliegen.«*

Rund um den Oktober

Vor dem Oktober

Dass Lenin in Petrograd eingetroffen war und in Arbeiterversammlungen gegen den Krieg und die provisorische Regierung auftrat, erfuhr ich aus den amerikanischen Zeitungen in Amhurst, im kanadischen Konzentrationslager. Die internierten deutschen Matrosen hatten sofort Interesse für Lenin gewonnen, dessen Name ihnen zum ersten Male in den Zeitungstelegrammen begegnete.

Es waren alles Leute, die sehnlichst das Ende des Krieges erwarteten, das ihnen die Tore des Konzentrationsgefängnisses öffnen sollte. Sie schenkten jedem Wort, das gegen den Krieg gerichtet war, die größte Aufmerksamkeit. Bis dahin kannten sie Liebknecht. Man hatte ihnen aber häufig gesagt, Liebknecht sei gekauft. Jetzt lernten sie Lenin kennen. Ich erzählte ihnen von Zimmerwald und Kienthal. Lenins Reden führten viele von ihnen zu Liebknecht.

Auf der Durchfahrt durch Finnland bekam ich zum ersten Male neue russische Zeitungen mit Telegrammen über den Eintritt von Zeretelli, Skobelew und anderen »Sozialisten« in die provisorische Regierung. Die Lage war damit völlig eindeutig. Von den April-Thesen Lenins erfuhr ich am zweiten oder dritten Tag nach meiner Ankunft in Petrograd. Das war das, was die Revolution brauchte. Erst später las ich in der »Prawda« den noch aus der Schweiz eingesandten Artikel Lenins: »Die erste Etappe der ersten Revolution.«

Noch heute kann und sollte man mit größtem Interesse und politischem Nutzen die ersten, recht verschwommenen Nummern der nachrevolutionären »Prawda« lesen, auf deren Hintergrund der Leninsche »Brief aus der Ferne« in seiner ganzen konzentrierten Kraft hervortritt. Dieser, dem Ton nach sehr ruhige, theoretisch aufklärende Artikel ist wie eine zu einem straffen Ring zusammengezogene Stahlspirale, die sich später auswinden und ausbreiten sollte, bis sie den ganzen Ideengehalt der Revolution umkreist haben würde.

Mit dem Genossen Kamenew hatte ich für einen der ersten Tage nach meiner Ankunft einen Besuch in der Redaktion der »Prawda« vereinbart. Die erste Begegnung fand wahrscheinlich am 5. oder 6. Mai statt. Ich sagte Lenin, dass mich nichts trenne von seinen April-Thesen und von dem gesamten Kurs, den die Partei nach seinem Eintreffen eingeschlagen hatte und dass ich vor der Wahl stünde, ob ich sofort »individuell« der Parteiorganisation beitreten oder den Versuch machen sollte, den besseren Teil der »Verbändler« mitzunehmen. Zu ihnen gehörten etwa 3000 Arbeiter in Petrograd und eine ganze Reihe wertvoller revolutionärer Kräfte: Uritzki, Lunatscharski, Joffe, Wladimirow, Manuilski, Karachan, Jurenew, Posern, Litkens und andere. Antonow-Owsejenko war damals schon in die Partei eingetreten; wie ich glaube, auch Sokolnikow Lenin sprach sich weder für das eine noch für das andere kategorisch aus. Vor allen Dingen kam es darauf an, sich über die Lage und die Menschen näher zu orientieren. Lenin hielt ein Zusammenarbeiten mit Martow und überhaupt mit einem Teil der Menschewiken- Internationalisten, die soeben erst aus dem Ausland gekommen waren, auf die eine oder andere Art nicht für ausgeschlossen. Man musste eben sehen, wie sich die gegenseitigen Beziehungen innerhalb der »Internationalisten« bei der praktischen Arbeit gestalten würden.

Auf Grund einer stillschweigenden Vereinbarung habe ich meinerseits nicht versucht, die natürliche Entwicklung der Ereignisse zu beschleunigen. Unsere Politik war die gleiche. In den Arbeiter- und Soldatenversammlungen pflegte ich vom ersten Tage meiner Ankunft an zu sagen: *»Wir Bolschewiken und Internationalisten«*, und da das Bindewort »und« bei dem häufigen Wiederholen dieser Worte das Reden nur erschwerte, so beschränkte ich mich bald auf die Bezeichnung: *»Wir Bolschewiken-Internationalisten.«* Auf diese Weise ging die politische Verschmelzung der organisatorischen voraus.[8]

Der verkannte Lenin

Die Redaktion der »Prawda« habe ich vor den Julitagen zwei bis drei Mal in den kritischsten Augenblicken besucht. Bei diesen ersten Zusammenkünften – und noch mehr nach den Julitagen – machte Lenin den Eindruck der höchsten Konzentriertheit, einer ungeheuren innerlichen Sammlung unter dem Mantel der Ruhe und der »prosaischen« Einfachheit. Die Kerenski-Herrschaft schien in jenen Tagen allmächtig. Der Bolschewismus erschien als ein »unbedeutendes Häuflein.«

Die Partei selber war sich ihrer morgigen Kraft noch nicht bewusst. Und dennoch führte Lenin sie sicher ihren größten Aufgaben entgegen.... .

Seine Reden auf dem ersten Kongress der Sowjets riefen bei der sozialrevolutionär-menschewistischen Mehrheit Misstrauen und Befremden hervor. Unklar empfanden sie, dass dieser Mann auf einen sehr weiten Punkt zielte. Aber den Punkt selber konnten sie nicht sehen.

Und die revolutionären Philister fragten sich: Wer ist das? Was ist das? Einfach ein Besessener? Oder ein historisches Geschoss von unerhörter Explosivkraft?

Lenins Auftreten auf dem Kongress der Sowjets, als er von der Notwendigkeit sprach, 50 Kapitalisten zu verhaften, war rednerisch wohl kein »Erfolg.« Und doch war es außerordentlich bedeutsam. Kurzer Beifall der verhältnismäßig wenig zahlreichen Bolschewiken begleitete den Redner, der die Tribüne verließ mit der Miene eines Menschen, der nicht alles gesagt hatte und vielleicht auch nicht so, wie er es

8 N. N. Suchanow hat in seiner »Geschichte der Revolution« eine besondere Linie von mir, zum Unterschied von Lenins Linie zu konstruieren versucht. Suchanow ist aber als »Konstruktivist« bekannt. Anmerkung des Verfassers.

hatte sagen wollen… . Und dennoch zog zu gleicher Zeit ein Hauch des Ungewöhnlichen durch den Saal. Das war ein Hauch der Zukunft, den alle für einen Augenblick verspürten, als sie mit fragenden Blicken diesen so gewöhnlichen und doch so rätselhaften Menschen verfolgten.

Wer war er? Was war er? Hatte nicht Plechanow in seiner Zeitung Lenins erste Rede auf dem revolutionären Boden Petersburgs als Fieberwahn bezeichnet? Waren nicht die von den Massen erwählten Delegierten durchweg Anhänger der Sozialrevolutionäre und Menschewiken? Hatte nicht Lenins Haltung unter den Bolschewiken selber in der ersten Zeit eine scharfe Unzufriedenheit hervorgerufen?

Einerseits forderte Lenin, dass entschieden gebrochen werde nicht nur mit dem bürgerlichen Liberalismus, sondern auch mit allen Abarten der Verteidigungsbejaher. Innerhalb der eigenen Partei organisierte er den Kampf gegen jene *»alten Bolschewiken«*, die – so schrieb Lenin – *»mehr als einmal eine traurige Rolle in der Geschichte unserer Partei gespielt haben, indem sie eine einstudierte Formel sinnlos wiederholten, statt die Eigenart der neuen lebendigen Wirklichkeit zu* studieren.« (Gesammelte Werke, Band XIV, 1. Teil, Seite 28) Oberflächlich betrachtet, schien es, als hätte er auf diese Weise seine eigene Partei geschwächt. Zu gleicher Zeit aber erklärte er auf dem Sowjetkongress: *»Es ist nicht wahr, dass keine Partei bereit ist, die Macht zu übernehmen. Eine solche Partei ist da: das ist unsere Partei.«* Klaffte nicht ein ungeheurer Widerspruch zwischen der Stellung eines sich von allen anderen abgrenzenden »Propagandistenkreises« und dem offen ausgesprochenen Anspruch auf die Machtübernahme in dem riesigen, bis zum innersten Grunde erschütterten Lande?

Dem Kongress der Sowjets blieb es vollkommen unverständlich: was wollte und erhoffte dieser sonderbare Mensch eigentlich, dieser kühle Phantast, der in einem kleinen Blatt kleine Artikel schrieb? Und als Lenin mit großartiger Einfachheit – die den tatsächlich Einfältigen als Einfalt erschien – auf dem Sowjetkongress erklärte: *»Unsere Partei ist bereit, die Macht ganz zu übernehmen«*, da wurde diese Erklärung mit schallendem Gelächter aufgenommen. *»Ihr könnt lachen, soviel ihr wollt«*, sagte Lenin. Er wusste: *»Wer zuletzt lacht, lacht am besten.«* Lenin liebte dieses Sprichwort, weil er fest entschlossen war, als Letzter zu lachen. Und er fuhr ruhig fort zu beweisen, dass man zuerst 50 oder 100 der größten Millionäre verhaften und dem Volk erklären müsse, dass wir alle Kapitalisten als Räuber betrachten und dass Tereschtschenko keineswegs besser sei als Miljukow, nur dümmer. Schrecklich, erstaunlich einfältige, tödliche Gedanken! Und dieser Vertreter eines kleinen Teils des Kongresses, von dem er von Zeit zu Zeit zurückhaltenden Beifall erntete, sagte zum Kongress: *»Ihr habt Angst, die Macht zu ergreifen? Wir aber sind zur Machtübernahme bereit.«* Als Antwort erhielt er natürlich ein Lachen, das in jenem Augenblick beinahe herablassend und nur ein klein wenig verängstigt klang.

Lenins Taktik

Auch für seine zweite Rede wählte Lenin schrecklich einfache Worte aus dem Brief irgendeines Bauern, der davon schrieb, dass man stärker auf die Bourgeoisie drücken müsse, sodass sie in allen Fugen krache; wenn man der Bourgeoisie nicht so stark zusetze, dann werde es schlecht gehen. Und dieses einfache naive Zitat, das war das ganze Programm? Wie sollte man da nicht verwundert sein? Man lachte wieder, herablassend und ein wenig nervös. Die Worte: »der Bourgeoisie zusetzen« hatten in der Tat, als abstrakt genommenes Programm einer Propagandistengruppe betrachtet, kein besonderes Gewicht. Die Verständnislosen begriffen indessen nicht, dass Lenin den sich steigernden Druck der Geschichte auf die Bourgeoisie richtig erlauscht hatte und dass die Bourgeoisie als Folge dieses Druckes *»in allen Fugen krachen«* würde. Nicht umsonst hatte Lenin im Mai dem Bürger Maklakow auseinandergesetzt, dass *»das Land der Arbeiter und der ärmsten Bauern tausendmal linker als die Tschernows und Zeretellis«* sei und *»hundertmal linker als wir.«*

Hier lag die Hauptquelle der Leninschen Taktik. Durch die frische, aber bereits ausreichend getrübte Hülle der Demokratie hatte er das Land der Arbeiter und ärmsten Bauern erfühlt. Dieses Land steht bereit, die größte Revolution zu machen, aber es versteht noch nicht, diese Bereitschaft politisch zum Ausdruck zu bringen. Die Parteien, die im Namen der Arbeiter und Bauern sprechen, betrügen sie. Die Millionen der Arbeiter und Bauern haben unsere Partei noch nicht kennen gelernt, sie haben sie noch nicht als Sprachrohr ihrer Bestrebungen entdeckt. Zu gleicher Zeit aber hat unsere Partei selber noch nicht ihre ganze potenzierte Kraft begriffen, und deshalb ist sie »hundertmal« rechter als die Arbeiter und Bauern. Das eine muss an das andere herangebracht werden. Die Millionen müssen erst für die Partei, und die Partei für die Millionen entdeckt werden.

Es gilt, nicht allzu sehr vorauszueilen, aber auch nicht zurückzubleiben. Es gilt, geduldig und beharrlich über ganz einfache Dinge aufzuklären. *»Nieder mit den zehn Minister-Kapitalisten!«* Die Menschewiken sind nicht einverstanden? Nieder mit den Menschewiken! Sie lachen? Sie werden nicht allzu lange lachen. … Wer zuletzt lacht, lacht am besten.

Ich entsinne mich, dass ich einen Vorschlag gebracht hatte, auf dem Sowjetkongress an erster Stelle die Erörterung der Fragen über die sich vorbereitende Offensive an der Front zu fordern. Lenin hieß den Gedanken gut, wollte ihn aber anscheinend noch mit anderen Mitgliedern des ZK beraten. Zur ersten Sitzung des Kongresses brachte Genosse Kamenew einen von Lenin in aller Eile verfassten Entwurf einer Deklaration der Bolschewiken bezüglich der Offensive mit.

Ich weiß nicht, ob dieses Dokument noch vorhanden ist. Sein Text erschien, ich weiß nicht mehr aus welchen Gründen, sowohl den anwesenden Bolschewiken als auch den Internationalisten für den Kongress ungeeignet. Gegen den Text nahm auch Posern Stellung, den wir mit der Vorlesung beauftragen wollten. Ich entwarf einen anderen Text, der zur Vorlesung gelangte. Die Leitung dieser Aktion lag, wenn ich mich nicht irre, in Händen von Swerdlow, den ich erst während des ersten Sowjetkongresses als Vorsitzenden der bolschewistischen Fraktion kennen lernte.

Ungeachtet seiner Schmächtigkeit und der kleinen Statur, die auf Kränklichkeit schließen ließen, machte die Persönlichkeit Swerdlows den Eindruck von Bedeutung und ruhiger Kraft. Er präsidierte gleichmäßig ohne Lärm und Unterbrechungen, arbeitend wie ein guter Motor. Das Geheimnis lag hier natürlich nicht in der Kunst des Präsidierens an und für sich, als vielmehr darin, dass er die Zusammensetzung der Versammlung stets ausgezeichnet einschätzte und genau wusste, was er erreichen wollte.

Er pflegte vor jeder Sitzung mit den einzelnen Delegierten zusammenzukommen, sie auszufragen, bisweilen auch auf sie einzureden. Auf diese Weise konnte er sich bereits vor Eröffnung der Sitzung vorstellen, welchen Verlauf die Sitzung etwa nehmen würde. Aber auch ohne vorhergehende Verhandlungen wusste er besser als sonst jemand, wie der eine oder der andere Genosse sich zu der zur Debatte stehenden Frage stellen würde. Die Zahl der Genossen, deren politische Physiognomie er sich deutlich vorstellte, war sehr groß, gemessen an den Maßstäben unserer damaligen Partei. Er war ein geborener Organisator und ein Meister der Kombination.

Jede politische Frage betrachtete er vor allen Dingen von einem konkreten organisatorischen Gesichtswinkel aus, als Frage der Wechselbeziehungen zwischen einzelnen Personen und Gruppierungen innerhalb der Parteiorganisation und zwischen der Partei als Ganzem und den Massen. Die algebraischen Formeln übersetzte er sofort und fast automatisch in ihre zahlenmäßigen Bedeutungen. Dadurch lieferte er eine sehr wichtige Handhabe zur Nachprüfung der politischen Formeln, insoweit sie sich auf revolutionäre Handlungen bezogen.

Die Julitage

Nachdem die Demonstration vom 10. Juni abgesagt worden war, in jenen Tagen, als die Atmosphäre des ersten Sowjetkongresses bis zum Äußersten erhitzt war und Zeretelli die Petersburger Arbeiter zu entwaffnen drohte, begab ich mich mit dem Genossen Kamenew zur Redaktion und entwarf dort, nach einem kurzen Meinungsaustausch, auf Lenins Vorschlag hin einen Appell des ZK an das Exekutivkomitee.

Bei dieser Zusammenkunft sagte Lenin einige Worte über Zeretelli, und zwar im Zusammenhang mit dessen neuester Rede (vom 11. Juni): *»Er war doch ein Revolutionär; wie viele Jahre hat er im Zuchthaus gesessen, und jetzt diese völlige Absage an die Vergangenheit!«* In diesen Worten war nichts Politisches, sie waren auch nicht politisch gemeint, sie waren vielmehr das Ergebnis flüchtigen Nachdenkens über das klägliche Schicksal des früheren großen Revolutionärs. In Lenins Ton lag etwas wie Bedauern und Verdruss, aber er hielt sich nicht länger dabei auf, weil Lenin nichts so zuwider war wie die geringste Andeutung von Sentimentalität und psychischer Empfindsamkeit.

Am 4. oder 5. Juli traf ich mich mit Lenin (und auch mit Sinowjew?), ich glaube, im Taurischen Palais. Die Offensive war zurückgeschlagen. Die Erbostheit gegen die Bolschewiken hatte bei der Regierung die äußerste Grenze erreicht. »*Jetzt werden sie uns einen nach dem andern erschießen,*« sagte Lenin, »*das ist für sie der geeignetste Augenblick.*« Sein Grundgedanke war: zum Rückzug blasen und sich zurückziehen, falls nötig, in die Illegalität. Das war eine der scharfen Wendungen der Leninschen Strategie, die, wie immer, in der raschen Einschätzung der Lage begründet war.

Später, in der Zeit der dritten Tagung der Komintern, meinte Wladimir Iljitsch einmal: »*Im Juli haben wir nicht wenig Dummheiten gemacht.*« Er hatte dabei die verfrühte militärische Aktion im Sinne, die zu aggressiven Formen der Demonstration, die unseren Kräften im Lande nicht entsprachen.

Um so bedeutsamer war die nüchterne Entschlossenheit, mit der er am 4. und 5. Juli die Lage nicht nur vom Gesichtspunkt der Revolution, sondern auch von dem der Gegenseite her durchdacht hatte und zur Schlussfolgerung gelangt war, dass es für »sie« gerade der rechte Augenblick sei, uns über den Haufen zu schießen. Zum Glück besaßen unsere Feinde damals weder die Konsequenz noch die Entschlusskraft zu solchem Vorgehen. Sie beschränkten sich auf die Perewersewsche chemische Vorbereitung.[9] Es ist allerdings sehr wahrscheinlich, dass sie oder vielmehr ihre Offiziere, wenn es ihnen gelungen wäre, in den ersten Tagen nach der Juli- Aktion Lenin zu ergreifen, mit ihm ebenso verfahren wären, wie anderthalb Jahre später die deutschen Offiziere mit Karl Liebknecht und Rosa Luxemburg.

Der Beschluss, zu flüchten oder sich in die Illegalität zurückzuziehen, wurde bei der soeben erwähnten Zusammenkunft unmittelbar noch nicht gefasst. Die Kornilow-Bewegung kam erst allmählich in Schwung. Ich selber blieb noch zwei bis drei Tage sichtbar. Ich trat auf einigen Partei- und Organisationskonferenzen auf mit dem Thema: »*Was soll nun geschehen?*« Der wütende Ansturm auf die Bolschewiken schien unüberwindbar. Die Menschewiken versuchten, die ohne ihr Zutun geschaffene Lage mit allen Mitteln auszunutzen. Wie ich mich entsinnen kann, hatte ich Gelegenheit, in irgend einer Versammlung in der Bibliothek des Taurischen Palais' vor Vertretern der Gewerkschaften zu sprechen. Es waren im ganzen einige zehn Mann anwesend, das heißt, nur die Spitzenfunktionäre. Die Menschewiken waren tonangebend. Ich begründete die Notwendigkeit einer Protestaktion der Gewerkschaften gegen die Anschuldigung, dass die Bolschewiken in Verbindung mit dem deutschen Militarismus stünden. Ich kann mich auf den Verlauf dieser Versammlung nur noch

9 Perewersew war Justizminister der provisorischen Regierung. Er hat nach den Julitagen der Öffentlichkeit bekannt gegeben, die Regierung verfüge über Material, durch das Lenin und seine Genossen als Agenten des deutschen Generalstabes entlarvt würden. Diese Aktion war es, die Trotzki als »chemische Vorbereitung« bezeichnet.

ganz dunkel besinnen; dagegen erinnere ich mich noch sehr deutlich an zwei oder drei schadenfrohe Fragen, die direkt zum Ohrfeigen herausforderten… .

Inzwischen verstärkte sich der Terror zusehends. Verhaftungen waren an der Tagesordnung.

Einige Tage hielt ich mich in der Wohnung des Genossen Larin verborgen, dann begann ich auszugehen, erschien im Taurischen Palais und wurde bald darauf verhaftet. Befreit wurde ich erst in den Tagen der Kornilow-Offensive und der beginnenden bolschewistischen Flut. Während dieser Zeit wurde der Übertritt der »Verbändler« zur bolschewistischen Partei vollzogen. Swerdlow regte an, dass ich mit Lenin zusammenkommen sollte, der sich damals noch versteckt hielt. Ich kann mich nicht entsinnen, wer mich zu der konspirativen Arbeiterwohnung brachte, wo ich Wladimir Iljitsch traf, vielleicht war es Rachia. Dort traf ich auch Kalinin. Wladimir Iljitsch fuhr in meiner Gegenwart fort, ihn über die Stimmung der Arbeiterschaft beharrlich auszufragen, ob sie kämpfen würden, ob sie bereit seien, bis zum Ende zu gehen, ob man die Macht ergreifen könne usw.

Wie war Lenins Stimmung zu jener Zeit? Wenn man seine Stimmung in wenigen Worten ausdrücken will, so müsste man sagen, dass es eine Stimmung der im Zaum gehaltenen Ungeduld und der tiefen Besorgnis war. Er sah klar, dass der Augenblick herannahte, wo es zum Biegen oder Brechen kommen musste. Aber gleichzeitig schien es ihm, und zwar mit Grund, dass die Spitzen der Partei nicht alle notwendigen Konsequenzen aus dieser Tatsache zogen.

Die Haltung des Zentralkomitees schien ihm zu passiv und abwartend. Lenin hielt es nicht für möglich, offen zur Arbeit zurückzukehren, da er mit Recht befürchtete, dass seine Verhaftung die abwartende Stimmung der Parteispitzen befestigen und sogar verstärken würde, was wiederum unweigerlich zum Verpassen der außerordentlich revolutionären Situation geführt hätte. Daher die gespannte Wachsamkeit Lenins. Seine Unduldsamkeit gegenüber jedem Zögern, ja jeder Andeutung einer abwartenden und unentschlossenen Haltung steigerte sich in jenen Tagen und Wochen bis zum höchsten Grade. Er forderte die sofortige Inangriffnahme einer regelrechten Verschwörung: man sollte den Gegner überrumpeln und ihm die Macht entreißen; das Weitere würde sich schon zeigen. Darüber muss man etwas eingehender berichten.

Lenins Fingerspitzengefühl

Der Biograph wird der bloßen Tatsache der Rückkehr Lenins nach Russland, die zu seiner Fühlungnahme mit den Volksmassen führte, die stärkste Beachtung schenken müssen. Mit einer kurzen Unterbrechung im Jahre 1905 verbrachte Lenin mehr als anderthalb Jahrzehnte in der Emigration. Sein Gefühl für die Wirklichkeit, sein Erfassen des lebendigen, werktätigen Menschen hatten in der Zwischenzeit nicht nur keine Einbuße erlitten, sondern waren vielmehr durch theoretische Arbeit und die Betätigung der schöpferischen Phantasie verstärkt worden. Aus einzelnen zufälligen Begegnungen und Beobachtungen vermochte er das Bild des Ganzen zu erfassen und zu rekonstruieren. Immerhin hat er jene Periode seines Lebens, während der er für seine zukünftige geschichtliche Rolle endgültig reif wurde, als Emigrant verlebt.

Nach Petersburg kam er mit fertigen revolutionären Ansichten, die das Ergebnis seiner ganzen gesellschaftlich-theoretischen und praktischen Lebenserfahrung darstellten. Die Losung der sozialistischen Revolution proklamierte er, kaum dass er russischen Boden betreten hatte. Hier aber begann erst, auf Grund der lebendigen Erfahrung der erwachten Volksmassen Russlands, die Nachprüfung des Angesammelten, des Durchdachten, des bisher Gewonnenen. Die Formeln haben die Prüfung bestanden. Mehr noch: Erst hier in Russland, in Petersburg, erhielten sie einen alltäglichen, unwiderlegbar konkreten Inhalt und damit eine unbezwingbare Kraft. Jetzt war es nicht mehr notwendig, aus einzelnen, mehr oder weniger zufälligen Probestücken ein Perspektivbild des Ganzen zusammenzustellen. Das Ganze kündete von sich selber mit allen Stimmen der Revolution. Und hier zeigte Lenin – und vielleicht hatte er es hier auch selber zum ersten Mal ganz gefühlt –, in welchem Grade er die noch chaotische Stimme der erwachenden Masse zu erlauschen verstand.

Mit welch tiefer organischer Verachtung beobachtete er das geschäftige Getue der maßgebenden Parteien der Februarrevolution, jene Woge der »machtvollen« öffentlichen Meinung, die von einer Zeitung zur anderen brandete, jene Kurzsichtigkeit, eitle Selbstbespiegelung, Schwatzhaftigkeit, – kurz: das Gesicht des offiziellen Februar-Russland. Hinter dieser mit demokratischen Kulissen ausgestatteten Bühne hörte er den dumpfen Widerhall nahender Ereignisse von ganz anderem Ausmaße.

Als die Skeptiker ihn auf die großen Schwierigkeiten hinwiesen, auf die Mobilisierung der bürgerlichen öffentlichen Meinung, auf das kleinbürgerliche Element, presste er die Zähne zusammen, und seine Backenknochen traten noch eckiger hervor. Das bedeutete, dass er sich zurückhielt, um den Skeptikern nicht klar und deutlich seine Meinung über sie zu sagen. Er sah und begriff die Hindernisse nicht weniger als die anderen, aber er spürte klar, handgreiflich, physisch jene historisch angesammelten gigantischen Kräfte, die jetzt zum Durchbruch drängten, um alle Hindernisse fortzuschwemmen.

Er sah, hörte und fühlte vor allen Dingen den russischen Arbeiter, der zahlenmäßig stärker geworden war, der die Erfahrung von 1905 noch nicht vergessen hatte, der durch die Schule des Krieges, durch ihre Illusionen, durch die Falschheit und die Lüge der Verteidigungsparolen gegangen und der jetzt zu den allergrößten Opfern und unerhörtesten Anstrengungen bereit war.

Er fühlte den Soldaten, der, von drei Jahre langem sinn- und ziellosen mörderischen Schlachten betäubt, durch das Tosen der Revolution geweckt worden war und der nun im Begriff stand, alle sinnlosen Opfer, Erniedrigungen und Maulschellen durch einen Ausbruch wütenden, nichts schonenden Hasses zu vergelten. Er hörte den Bauern, der immer noch die Fesseln der jahrhundertelangen Leibeigenschaft mitschleppte und der jetzt, durch den Krieg aufgerüttelt, zum ersten Male die Möglichkeit ahnte, mit den Unterdrückern, den Sklavenhaltern, den Herren und Junkern auf eine schreckliche, erbarmungslose Art abzurechnen.

Der Bauer schwankte noch hilflos zwischen dem Tschernowschen Geschwätz und seinem eigenen »Mittel«, der großen Agrar-Revolte. Der Soldat wechselte noch von einem Fuß zum anderen hinüber, auf der Suche nach einem Weg, schwankend zwischen Patriotismus und hemmungsloser Fahnenflucht. Die Arbeiter hörten noch die letzten Wortergüsse Zeretellis an, doch waren sie bereits misstrauisch und halb feindselig dabei. Ungeduldig zischte schon der Dampf in den Kesseln der Kronstädter Kriegsschiffe. Der Matrose, bei dem sich der stählern geschliffene Hass des Arbeiters mit dem dumpfen, bärenhaften Zorn des Bauern verband, der Matrose, der vom Feuer des grässlichen Gemetzels angesengt worden war, warf bereits alle die über Bord, die für ihn nur Abarten der ständischen, bürokratischen und militärischen Unterdrückung verkörperten.

Im Palais der Ballerina

Die Februarrevolution näherte sich dem Abgrund. Die zerlumpten Fetzen der zaristischen Legalität wurden von den Rettern der Koalition aufgelesen, geglättet, zusammengenäht und umgemodelt zum dünnen Schleier der demokratischen Legalität. Darunter aber brodelte und kochte alles; alle Unbill der Vergangenheit suchte ein Ventil; der Hass gegen den Dorfpolizisten, den Wachtmeister, den Polizeikommissar, den Parasiten, gegen die manikürte Hand und die schimpfende und ohrfeigende Obrigkeit. Dieser Hass bereitete die größte revolutionäre Explosion in der Weltgeschichte vor.

Das war es, was Lenin sah und hörte, was er mit unwiderstehlicher Klarheit, mit absoluter Überzeugung physisch empfand, als er nach langer Abwesenheit in Berührung trat mit dem von revolutionären Zuckungen erschütterten Lande.

> *»Ihr Trottel, Prahlhänse und Idioten glaubt, dass die Geschichte in den Salons gemacht wird, wo die demokratischen Parvenüs mit den adligen Liberalen liebäugeln, wo die gestrigen unansehnlichen Leutchen aus der Provinz-Advokatur es rasch lernen, die Hände der hochgeborenen Exzellenzen zu küssen. Trottel, Prahler, Idioten! Die Geschichte wird im Schützengraben gemacht, wo der vom Alpdruck des Kriegsrausches besessene Soldat dem Offizier sein Bajonett in den Leib stößt und dann auf den Puffern des Eisenbahnwagens in das heimatliche Dorf zurückkehrt, um den roten Hahn auf das Dach des Herrenhauses zu setzen.*

Diese Barbarei ist euch zuwider? ›Nichts für ungut!‹ antwortet die Geschichte, ›ich liefere, was ich kann‹. Das sind nur die Konsequenzen aus dem Vorangegangenen. Ihr glaubt im Ernst, dass die Geschichte in euren Kontaktkommissionen gemacht wird?[10] *Unsinn, sinnloses Gestammel, Phantasterei, Kretinismus! Die Geschichte – dessen sollt ihr gewahr sein – hat diesmal das Palais der Kschsesinskaja, der Ballerina, der ehemaligen Kurtisane des ehemaligen Zaren, zu ihrem vorbereitenden Laboratorium auserwählt. Und von hier aus, von diesem für das alte Russland symbolischen Gebäude aus, bereitet sie die Liquidierung unseres ganzen Petrograder zaristischen, bürokratisch-adligen, junkerlich-bourgeoisen, zotenhaften Sumpfes vor. Hierher, zum Palais der ehemaligen kaiserlichen Ballerina, strömen die verrußten Delegierten von den Fabriken, die grauen, ungeschlachten und verlausten Sendlinge aus den Schützengräben. Und von hier aus verbreiten sie über das ganze Land neue, zukunftskündende Worte.«*

Die Unglücks-Minister debattierten und überlegten, wie man das Palais seiner gesetzlichen Eigentümerin zurückerstatten könnte. Die bürgerliche, sozialrevolutionäre, menschewistische Presse zeigte hohnlachend ihre faulen Zähne, als Lenin vom Balkon der Kschesinskaja herunter die Losung der sozialistischen Umwälzung in die Massen schleuderte. Aber diese verspäteten Krämpfe vermochten weder Lenins Hass gegen das alte Russland zu vertiefen noch konnten sie seinen Willen zu dessen Vernichtung steigern. Das eine wie das andere war bereits bis zum Höchstmaß entwickelt. Lenin war auf dem Balkon der Kschesinskaja derselbe Lenin wie etwa zwei Monate später in seinem Versteck in einem Heuschober, und wenige Wochen danach als Vorsitzender des Rats der Volkskommissare.

Die internen Differenzen

Lenin sah gleichzeitig, dass in der Partei selber sich ein konservativer Widerstand – anfangs nicht so sehr politischer als psychologischer Art – gegen den zu unternehmenden Sprung regte. Lenin folgte mit Besorgnis der wachsenden Differenz zwischen der Stimmung der Parteispitzen und der Millionen der Arbeitermasse. Er gab sich nicht einen Augenblick damit zufrieden, dass das Zentralkomitee die These des bewaffneten Aufstandes annahm. Mit allen Kräften und Mitteln, die ihm zu Gebote standen, war er bestrebt, die Partei unter den Druck der Arbeitermassen zu setzen, und das Zentralkomitee der Partei unter den Druck der Parteimitgliedschaft. Er ließ die alten Genossen zu sich in sein Versteck kommen, zog Auskünfte ein, prüfte, veranstaltete Kreuzverhöre, lancierte seine Parolen auf Umwegen – abweichende Ansichten durchkreuzend – in die Partei, nach unten, in die Tiefe, um die Spitzen vor die Notwendigkeit zu setzen, zu handeln und bis ans Ende zu gehen.

10 Zur Schlichtung der Streitigkeiten zwischen dem Petersburger Sowjet und der Provisorischen Regierung wurde eine sogenannte Kontaktkommission eingesetzt

Um sich eine richtige Vorstellung von Lenins Haltung in jener Periode zu machen, muss man eines feststellen: Er hatte den unerschütterlichen Glauben, dass die Massen willens und fähig waren, die Revolution zu machen. Ihm fehlte aber die gleiche Überzeugung in Bezug auf den Stab seiner eigenen Partei. Zu gleicher Zeit aber sah er äußerst klar, dass man keine Zeit verlieren durfte. Eine revolutionäre Situation kann man nicht willkürlich so lange konservieren, bis die Partei reif sein wird, sie auszunutzen.

Das haben wir vor kurzem an dem Beispiel Deutschlands beobachten können. Es ist nicht lange her, dass man noch die Meinung hören konnte: wenn wir nicht im Oktober die Macht ergriffen hätten, hätten wir es zwei bis drei Monate später getan. Das ist ein grober Irrtum! Wenn wir nicht im Oktober die Macht ergriffen hätten, dann hätten wir sie überhaupt nicht bekommen. Unsere Kraft vor dem Oktober lag in dem ununterbrochenen Zustrom der Massen, die glaubten, diese Partei würde das tun, was die anderen Parteien nicht zu tun vermochten. Hätten sie in jener Zeit ein Zögern, ein Abwarten unsererseits, ein Missverhältnis zwischen Wort und Tat gesehen, dann hätten sie uns innerhalb von zwei, drei Monaten ebenso den Rücken gekehrt, wie früher den Sozialrevolutionären und Menschewiken. Die Bourgeoisie hätte eine Atempause erhalten. Sie hätte sie für den Friedensschluss ausgenutzt. Das Kräfteverhältnis hätte sich radikal verschieben können, und der proletarische Umsturz wäre in unbestimmte Ferne gerückt. Das ist es, was Lenin sah, spürte und begriff. Daher seine Unruhe, seine Besorgnis, sein Misstrauen, sein ungestümes Drängen, das sich für die Revolution als rettend erwies.

Jene Differenzen innerhalb der Partei, die in den Oktobertagen stürmisch zum Ausbruch kamen, traten bereits in manchen früheren Etappen der Revolution hervor. Das erste, grundsätzliche, aber vorläufig noch ruhig-theoretische Vorgefecht ereignete sich gleich nach der Ankunft Lenins in Verbindung mit seinen Thesen.

Der zweite Zusammenstoß fand aus Anlass der bewaffneten Demonstration vom 20. April statt.

Der dritte wegen des Versuches einer bewaffneten Demonstration am 10. Juni: die »Gemäßigten« sagten, dass Lenin sie in eine bewaffnete Demonstration mit der daraus sich ergebenden Perspektive des Aufstandes hinein manövrieren wollte.

Der nächste, bereits schärfere Konflikt brach im Zusammenhang mit den Julitagen aus. Die Meinungsverschiedenheiten gelangten in die Presse.

Eine weitere Etappe in der Entwicklung des internen Kampfes stellte die Frage des »Vorparlaments« dar.[11] Dieses Mal traten in der Parteifraktion zwei Gruppierungen

11 Durch die Kornilow-Bewegung und die anschlie0enden hitzigen Erörterungen in der Öffentlichkeit und in den Sowjets sah die provisorische Regierung sich veranlasst, sich eine Art parlamentarische Basis zu schaffen. Zu diesem Zweck wurde ein »Vorparlament« aus Vertretern der inzwischen gewählten Selbstverwaltungen, der Sowjets und anderen öffentlichen Körperschaften zur Beratung der aktuellen Fragen einberufen.

offen gegen einander auf. Wurde über jene Sitzung ein Protokoll geführt? Ist es aufbewahrt worden? – Ich weiß davon nichts. Die Debatte war indessen von hervorragendem Interesse. Zwei Tendenzen: die eine für die Machtergreifung, die andere für die Rolle der Opposition in der Konstituierenden Versammlung, kamen damals mit ausreichender Schärfe zum Ausdruck.

Die Anhänger einer Boykottierung des Vorparlamentes blieben in der Minderheit, deren Zahl indessen nicht weit hinter der der Mehrheit zurückblieb. Auf die Debatte in der Fraktion und den angenommenen Beschluss reagierte Lenin aus seinem Versteck mit einem Schreiben an das Zentralkomitee. Diesen Brief, in dem sich Lenin in mehr als energischen Ausdrücken mit denen solidarisierte, die für die Boykottierung der »Bulyginschen Duma«[12] der Kerenski-Zeretelli eintraten, kann ich im zweiten Teil von Band XIV der »Gesammelten Werke« nicht finden. Ist dieses außerordentlich wertvolle Dokument erhalten geblieben? Den Gipfel erreichten die Differenzen unmittelbar vor der Oktoberetappe, als es darum ging, endgültig Kurs auf den bewaffneten Aufstand zu nehmen und den Termin des Aufstandes festzusetzen. Und schließlich wurden schon nach dem 25. Oktober die Differenzen außerordentlich verschärft durch die Frage einer Koalition mit anderen sozialistischen Parteien.

Es wäre höchst interessant, Lenins Rolle am Vorabend des 20. April, des 10. Juni und der Julitage in allen Einzelheiten zu rekonstruieren. »*Wir haben im Juli ziemliche Dummheiten gemacht*«, sagte Lenin später, sowohl in privaten Unterhaltungen als auch – wie ich mich erinnere – in einer Beratung mit der deutschen Delegation anlässlich der Märzereignisse von 1921 in Deutschland.

Worin bestanden jene »Dummheiten«? In der energischen oder zu energischen Durchführung, in dem aktiven, vielleicht zu aktiven Vorfühlen? Ohne solche Erkundungen von Zeit zu Zeit zu unternehmen, kann man hinter der Masse zurückbleiben. Es ist aber andererseits bekannt, dass zu aktive »Erkundungen« bisweilen, ob man will oder nicht, in eine Entscheidungsschlacht übergehen. Das wäre beinahe im Juli passiert. Man hatte indessen noch rechtzeitig abgeblasen.

Und dem Feind fehlte in jenen Tagen noch der Mut, die Sache bis zum Ende zu führen. Es war auch kein Zufall, dass ihm der Mut dazu fehlte: die Kerenskiade war eine Halbheit ihrem Wesen nach, und diese feige Kerenskiade lähmte die Kornilow-Bewegung umso mehr, je mehr sie diese Bewegung fürchtete.

12 Nicht verwirklichtes reaktionäres Projekt eines beratenden Parlamentes aus dem Jahre 1905.

Der Umsturz

Am Schluss der »demokratischen Konferenz« wurde auf unser Drängen hin der Termin des zweiten Sowjetkongresses auf den 25. Oktober festgesetzt. Bei der Stimmung, die von Stunde zu Stunde nicht nur in den Arbeitervierteln, sondern auch in den Kasernen drängender wurde, erschien es uns am zweckmäßigsten, die Aufmerksamkeit der Petersburger Garnison auf dieses Datum hinzu lenken, auf den Tag, wo der Sowjetkongress die Frage der Macht entscheiden musste, und wo den Arbeitern und den Truppen nach gehöriger Vorbereitung die Aufgabe zufallen würde, den Kongress zu unterstützen.

Unsere Strategie war ihrem Wesen nach offensiv: Wir wollten die Macht im Sturm erobern, aber unsere Agitation ging davon aus, dass die Feinde die Verjagung des Sowjetkongresses im Sinne hatten, und dass es folglich nötig war, ihnen einen rücksichtslosen Widerstand entgegenzusetzen.

Der ganze Plan stützte sich auf die Stärke der revolutionären Flut, die allerorts zur gleichen Höhe drängte und dem Gegner weder Zeit noch Rast und Ruhe ließ.

Die rückständigsten Regimenter verhielten sich uns gegenüber schlimmstenfalls neutral. Unter diesen Bedingungen war der kleinste Schritt der Regierung gegen den Petersburger Sowjet dazu angetan, uns sofort das entscheidende Übergewicht zu sichern. Lenin befürchtete indessen, dass der Gegner Zeit haben werde, kleinere, aber entschieden konterrevolutionär gestimmte Truppenteile heranzuziehen und dass er uns mit der Waffe der Überrumpelung zuvorkommen könnte. Wäre es ihm gelungen, die Partei und die Sowjets zu überrumpeln und die Führer in Petersburg zu verhaften, dann hätte der Gegner schon auf diese Weise die Bewegung geköpft und allmählich ihrer ganzen Kraft beraubt. *»Man darf nicht warten, man darf nicht zögern!«* wiederholte Lenin.

Unter diesen Umständen fand Ende September oder Anfang Oktober die berühmte Nachtsitzung des Zentralkomitees in der Wohnung Suchanows statt. Lenin erschien mit der festen Absicht, dieses Mal einen Beschluss zu erreichen, der für keinerlei Zweifel, Schwankungen, Verzögerungen, Passivität und Abwarten Platz ließ. Noch bevor er zum Angriff auf die Gegner des bewaffneten Aufstandes überging, setzte er die Genossen, die den Aufstand mit dem zweiten Kongress der Sowjets verbinden wollten, unter Druck.

Irgend jemand hatte ihm meine Worte übermittelt: *»Wir haben den Aufstand bereits auf den 25. Oktober festgesetzt.«* Diesen Satz habe ich tatsächlich einige Male zu Genossen gesagt, die den Weg der Revolution über das Vorparlament und eine »eindrucksvolle« bolschewistische Opposition in der Konstituierenden Versammlung vorgezeichnet sahen. *»Wenn der Sowjetkongress mit seiner bolschewistischen Majorität die Macht nicht ergreift,«* sagte ich, *»ist der Bolschewismus einfach erledigt. Wenn* *wir nach allem Vorgefallenen den Sowjetkongress mit einer für uns von vornherein sicheren Mehrheit zum 25. Oktober einberufen, so übernehmen wir dadurch in aller Öffentlichkeit die Verpflichtung, die Macht nicht später als am 25. Oktober zu übernehmen.«* Wladimir Iljitsch unterzog die Festlegung auf dieses Datum einer scharfen Kritik. Die Frage des zweiten Sowjetkongresses, sagte er, interessiere ihn überhaupt nicht. Welche Bedeutung sollte das haben? Würde der Kongress überhaupt zustande kommen? Und was würde er schon tun können, wenn er zustande käme? Man müsse die Macht an sich reißen; es sei nicht nötig, sich an den Sowjetkongress zu binden, es wäre lächerlich und sinnlos, dem Gegner den Tag des Aufstandes anzukündigen. Bestenfalls könnte der 25. Oktober zur Maskierung dienen, der Aufstand müsse aber früher und unabhängig vom Sowjetkongress erfolgen. Die Partei müsse die Macht mit Waffengewalt erobern, und dann könne man mit dem Sowjetkongress reden. Man müsse sofort zur Tat schreiten!

Die Vorbereitung des Aufstandes

Wie in den Julitagen, als Lenin mit Sicherheit erwartete, dass »sie« uns über den Haufen schießen würden, so hatte er auch jetzt die vermutliche Handlungsweise des Feindes durchdacht und war zu dem Schluss gekommen, dass es vom Standpunkt der Bourgeoisie das Richtigste gewesen wäre, uns mit Waffengewalt zu überrumpeln, die Revolution zu desorganisieren und sie dann einzeln zu schlagen. Wie im Juli überschätzte Lenin den Scharfblick und die Entschlussfähigkeit des Feindes, und diesmal vielleicht auch seine materiellen Möglichkeiten.

In erheblichem Maße war dies eine bewusste Überschätzung, die taktisch durchaus berechtigt war: sie sollte die Partei zu einer verdoppelten Energie des Angriffs zwingen. Trotzdem war die Partei nicht in der Lage, auf eigene Faust, unabhängig vom Sowjet und hinter dessen Rücken die Macht zu ergreifen. Das wäre ein Fehler gewesen. Selbst in der Arbeiterschaft wäre dieser Fehler nicht ohne Folgen geblieben, und in der Garnison hätten die Folgen außerordentlich schwerwiegend werden können.

Die Soldaten kannten den Sowjet, ihre Soldatensektion. Die Partei kannten sie durch den Sowjet.

Und wenn der Aufstand hinter dem Rücken des Sowjets erfolgt wäre, ohne Zusammenhang mit ihm, ohne durch seine Autorität gedeckt zu sein, ohne dass dieser Aufstand für sie klar und deutlich unmittelbar aus dem Kampf um die Erhaltung der Macht der Sowjets hervorgegangen wäre, dann hätte dies eine gefährliche Verwirrung in der Garnison anrichten können. Man darf nicht vergessen, dass in Petersburg, neben dem lokalen Sowjet, noch der alte WZIK[13] mit den Sozialrevolutionären an der Spitze bestand. Diesem WZIK konnte man nur den Sowjetkongress entgegensetzen.

13 Allrussisches Exekutivkomitee des Sowjetkongresses

Im Zentralkomitee bildeten sich schließlich drei Gruppierungen heraus: die Gegner einer Machtergreifung, die durch die Logik der Entwicklung gezwungen waren, auf die Parole *»alle Macht den Sowjets«* zu verzichten; Lenin, der die sofortige Organisierung des Aufstandes, unabhängig von den Sowjets, forderte; und die letzte Gruppe, die sich dafür einsetzte, den Aufstand mit dem zweiten Sowjetkongress eng zu verknüpfen und ihn daran zeitlich anzuschließen. *»Die Machtergreifung muss jedenfalls dem Sowjetkongress vorangehen,«* beharrte Lenin, *»sonst wird man euch auseinanderjagen, und ihr werdet überhaupt keinen Kongress einberufen können.«* Eine Resolution wurde schließlich in dem Sinne angenommen, dass der Aufstand nicht später als am 15. Oktober zu erfolgen hätte.

Der Termin selber blieb, wie ich mich erinnere, fast unumstritten. Alle begriffen, dass der Termin nur einen ungefähren, sozusagen orientierenden Charakter tragen und den Ereignissen gemäß auf etwas früher oder später verschoben werden konnte. Es würde sich in jedem Falle nur um eine Differenz von Tagen handeln, um nicht mehr. Dass ein Termin – und ein früher Termin – an und für sich notwendig war, das war durchaus einleuchtend.

Die Debatten in den Sitzungen des Zentralkomitees drehten sich hauptsächlich um den Kampf mit dem Teil seiner Mitglieder, die von einem bewaffneten Aufstand überhaupt nichts wissen wollten.

Die drei oder vier Reden, die Lenin während jener Sitzung gehalten hat, kann ich nicht wiedergeben. Die Themen waren: Müssen wir die Macht ergreifen? Ist es Zeit, die Macht zu ergreifen? Werden wir die Macht behalten können, wenn wir sie erobert haben? Über diese Fragen hat Lenin damals und später einige Broschüren und Aufsätze geschrieben. In der erwähnten Sitzung war der Gedankengang seiner Reden natürlich der gleiche.

Was sich aber nicht mehr wiedergeben und wiederherstellen lässt, das ist der Geist dieser gespannten und leidenschaftlichen Reden aus dem Stegreif, die von dem Streben durchdrungen waren, den Opponenten, den Zaghaften, den Zweiflern seine eigenen Gedanken, seinen Willen, seine Zuversicht, seinen Mut zu vermitteln. Es sollte doch das Schicksal der Revolution entschieden werden! … Die Sitzung fand ihren Abschluss in später Nachtstunde. Alle fühlten sich ungefähr so, wie nach einer überstandenen chirurgischen Operation. Ein Teil der in der Sitzung Anwesenden, auch ich, verbrachte den Rest der Nacht in der Wohnung Suchanows.

Am 25. Oktober

Die weitere Entwicklung der Ereignisse hat uns bekanntlich außerordentlich geholfen. Der Versuch, die Petersburger Garnison durch andere Truppenteile zu ersetzen, führte zur Bildung des Militärischen Revolutionskomitees. Wir erhielten die Möglichkeit, die Vorbereitung des Aufstandes durch die Autorität der Sowjets zu legalisieren und in enge Verbindung mit der Frage zu bringen, die das vitale Interesse der gesamten Petersburger Garnison berührte.

In der Zeit zwischen der zuletzt geschilderten Sitzung des ZK und dem 25. Oktober kann ich mich nur an eine Zusammenkunft mit Wladimir Iljitsch erinnern, und auch an diese nur unklar. Wann war es? Vermutlich etwa zwischen dem 15. und 20. Oktober. Ich entsinne mich, dass es mich sehr interessierte, wie Lenin auf den »defensiven« Charakter meiner Rede in der Sitzung des Petersburger Sowjets reagieren werde: ich hatte das Gerücht, dass wir für den 22. Oktober (den »Tag des Petersburger Sowjets«) einen bewaffneten Aufstand vorbereiteten, für falsch erklärt und warnend erklärt, dass wir jeden Angriff mit einem resoluten Gegenschlag beantworten und bis zum Letzten gehen würden.

Die Stimmung Wladimir Iljitschs war bei dieser Begegnung, wie ich mich erinnere, ruhiger und zuversichtlicher, ich möchte sagen: weniger misstrauisch. Er hatte nicht nur keinerlei Einwände gegen den äußerlich defensiven Ton meiner Rede, sondern er fand diesen Ton durchaus geeignet, die Wachsamkeit des Feindes einzuschläfern. Nichtsdestoweniger schüttelte er hin und wieder mit dem Kopf und fragte: *»Werden sie uns aber nicht zuvorkommen? Werden wir nicht überrumpelt werden?«* Ich argumentierte, dass das Weitere sich fast automatisch abwickeln werde. Bei dieser Zusammenkunft war auch, wie ich glaube, Genosse Stalin anwesend, vielleicht nur zeitweise. Es ist übrigens möglich, dass es sich um zwei verschiedene Zusammenkünfte handelte. Ich muss allgemein bemerken, dass die Ereignisse, die dem Umsturz vorangingen, in meinem Gedächtnis sozusagen komprimiert sind, und es fällt mir sehr schwer, sie von einander zu lösen und richtig einzuordnen.

Meine nächste Zusammenkunft mit Lenin fand bereits am Tage des 25. Oktober im Smolny[14] statt.

Um welche Zeit? Das weiß ich nicht mehr, vermutlich war es schon gegen Abend. Ich entsinne mich gut, dass Wladimir Iljitsch mich zuallererst erregt über die Verhandlungen befragte, die wir mit dem Stab des Petersburger Militärbezirks bezüglich des weiteren Schicksals der Petersburger Garnison führten. Die Zeitungen berichteten, dass die Verhandlungen vor einem günstigen Abschluss stünden. *»Ihr lasst Euch auf ein Kompromiss ein?«* fragte Lenin mit durchbohrendem Blick.

Ich erwiderte, dass wir die beruhigende Nachricht mit Absicht in die Presse lanciert hätten und dass es sich um eine Kriegslist im Augenblick der Eröffnung des Generalangriffs handelte. *»Das ist gu-u-ut!«* sagte Lenin in singendem Tonfall, fröhlich, in gehobener Stimmung, und er fing an, das Zimmer abzuschreiten, erregt die Hände aneinanderreihend. *»Das ist s-sehr gut!«* Die Kriegslist hatte Lenin überhaupt sehr gern. Den Feind düpieren, ihn zum besten haben, das war eine feine Sache! In

14 Das Smolny-Institnt war eine höhere Pensionsschule für Töchter des Adels, in dessen Gebäude das Militärische Revolutionskomitee tagte.

diesem Fall hatte die List indessen eine ganz besondere Bedeutung: sie besagte, dass wir bereits mitten drin im Stadium der entscheidenden Aktion waren.

Ich begann zu erzählen, dass die militärischen Operationen bereits ziemlich weit gediehen wären und dass wir zur Zeit in der Stadt eine ganze Reihe wichtiger Punkte besetzt hielten. Wladimir Iljitsch hatte ein Plakat gesehen, oder ich hatte es ihm vielleicht gezeigt, auf dem etwaigen Banditen, die den Moment des Umsturzes für ihre Zwecke ausnutzen wollten, angekündigt wurde, dass man mit ihnen kurzen Prozess machen würde. Es war, als ob Lenin dabei einen Augenblick überlegte, mir schien sogar: zweifelte. Er sagte aber dann: »*R-richtig!*« Er stürzte sich begierig auf diese Einzelheiten des Aufstandes. Sie waren für ihn unbestreitbare Beweise, dass die Sache dieses Mal in vollem Gange war, dass der Rubikon überschritten und eine Rückkehr oder ein Rückzug unmöglich war.

Ich erinnere mich, welchen großen Eindruck die Mitteilung auf Lenin gemacht hatte, dass ich durch einen schriftlichen Befehl eine Kompanie des Pawlowski-Regiments beordert hatte, das Erscheinen unserer Partei- und der Sowjet-Zeitung sicherzustellen.

»*Und – kam die Kompanie?*«

»*Sie kam.*«

»*Die Zeitungen werden gesetzt?*«

»*Sie werden gesetzt.*«

Lenin war begeistert. Er lachte und rieb sich vergnügt die Hände. Dann wurde er schweigsam, dachte eine Weile nach und bemerkte: »*Schön, es geht auch so. Wenn wir nur die Macht kriegen!*« Ich begriff, dass er sich erst in diesem Augenblick endgültig damit abgefunden hatte, auf die Machtergreifung mit Hilfe des Komplotts zu verzichten. Er hatte bis zur letzten Stunde befürchtet, dass der Feind unsere Absichten durchkreuzen und uns überrumpeln würde. Erst jetzt, am Abend des 25. Oktober, war er beruhigt und billigte endgültig den Weg, den die Ereignisse eingeschlagen hatten.

Ich sagte, er war beruhigt, – aber nur, um sofort wieder in Unruhe zu geraten über eine ganze Reihe von konkreten und konkretesten Fragen, die mit dem weiteren Gang des Aufstandes verbunden waren: »*Hören Sie, würden Sie das nicht so machen?*« »*Und sollte man nicht das unternehmen?*« »*Sollte man nicht den und den anrufen?*« Diese endlosen Fragen und Vorschläge waren äußerlich nicht mit einander verbunden, aber sie erwuchsen alle aus der konzentrierten gedanklichen Arbeit, die den ganzen Umfang des Aufstandes erfasste.

An der Macht

Man muss es verstehen, sich von seiner Begeisterung angesichts der Ereignisse der Revolution nicht überwältigen zu lassen. Wenn die Flut in unaufhörlichem Steigen begriffen ist, wenn die Kräfte des Aufstandes automatisch anschwellen, während die Kräfte der Reaktion unaufhaltsam zerbröckeln und zerfallen, dann ist die Versuchung groß, sich dem Strom der Ereignisse zu überlassen. Ein rascher Erfolg entwaffnet ebenso leicht wie eine Niederlage. Den Hauptfaden der Ereignisse nicht aus dem Auge zu lassen; nach jedem Erfolg sich zu sagen: es ist noch nichts erreicht, noch nichts gesichert; fünf Minuten vor dem entscheidenden Sieg die Sache mit der gleichen Wachsamkeit und Energie, dem gleichen Nachdruck zu verfolgen wie fünf Minuten vor dem Beginn des bewaffneten Kampfes; fünf Minuten nach dem Sieg, kaum, dass der erste Applaus verklungen ist, sich zu sagen: das Errungene ist noch nicht gesichert, man darf keine Minute Zeit verlieren – das war die Auffassung, die Handlungsweise, die Methode Lenins, so war das organische Wesen seines politischen Charakters, seines revolutionären Geistes.

Ich habe schon einmal bei anderer Gelegenheit erzählt, wie Dan, der wahrscheinlich auf dem Wege zur Fraktionssitzung der Menschewiken des zweiten Sowjetkongresses war, Lenin – trotz seines aus konspirativen Gründen bis zur Unkenntlichkeit veränderten Aussehens – erkannte, als er mit uns an einem kleinen Tisch irgendwo in einem Durchgangszimmer zusammen saß.

Von diesem Vorfall ist sogar ein Bild gemalt worden, das übrigens, soweit ich es nach den Abbildungen zu beurteilen vermag, der Wirklichkeit gar nicht entspricht. Das scheint das Schicksal der historischen Malerei zu sein, und nicht nur der Malerei. Ich kann mich nicht entsinnen, aus welchem Anlass – es war jedenfalls bedeutend später – ich zu Wladimir Iljitsch sagte: *»Man müsste das niederschreiben, sonst wird man es später entstellen.«* Mit einer scherzhaft hoffnungslosen Gebärde winkte Lenin ab: *»Man wird sowieso lügen ohne Ende.«*

Im Smolny ging die erste Sitzung des zweiten Sowjetkongresses vor sich. Lenin zeigte sich in dieser Sitzung nicht. Er hielt sich in einem Zimmer des Smolny auf, in dem, wie ich mich erinnere, aus irgend welchen Gründen keine oder fast keine Möbel waren. Später erst breitete jemand auf dem Fußboden Decken aus und legte zwei Kissen darauf. Wladimir Iljitsch und ich ruhten beide, nebeneinander liegend, aus. Aber nach einigen Minuten bereits wurde ich gerufen: *»Dan spricht, man muss ihm antworten.«* Als ich nach meiner Erwiderung zurückkam, legte ich mich wieder neben Wladimir Iljitsch nieder, der natürlich nicht daran dachte, einzuschlafen. Wer konnte an Schlaf denken? Alle fünf bis zehn Minuten kam irgend jemand aus dem Sitzungssaal herein gelaufen, um zu berichten, was dort vorging. Außerdem kamen die Boten aus der Stadt, wo unter der Leitung von Antonow-Owsejenko die Belagerung des Winter-Palais vor sich ging, die mit dessen Erstürmung endete.

Es war vermutlich schon am folgenden Morgen. Eine schlaflose Nacht trennte uns von den Ereignissen des vorherigen Tages. Wladimir Iljitsch sah müde aus. Er meinte mit einem Lächeln: »*Es ist ein schroffer Übergang von der Illegalität und dem Perewersew-Spuk zur Macht. Es schwindelt.*« – Die letzten Worte »*es schwindelt*« sagte er, ich weiß nicht weshalb, auf deutsch; er machte dabei eine wirbelnde Handbewegung nach dem Kopf hin. Nach dieser einzigen, mehr oder weniger persönlichen Bemerkung, die ich von ihm in Bezug auf die Machtergreifung gehört habe, ging er einfach zur Tagesordnung über.

Brest-Litowsk

In die Friedensverhandlungen traten wir mit der Hoffnung ein, die Arbeitermassen Deutschlands und Österreich-Ungarns wie auch der Entente-Länder aufzurütteln. Zu diesem Zweck war es nötig, die Verhandlungen möglichst in die Länge zu ziehen, damit die europäischen Arbeiter Zeit hätten, die Tatsache der Sowjetrevolution und im besonderen ihre Friedenspolitik gehörig zu erfassen.

Nach dem ersten Abbruch der Verhandlungen schlug Lenin mir vor, nach Brest-Litowsk zu gehen.

An und für sich war die Aussicht auf Verhandlungen mit Baron Kühlmann und General Hoffmann wenig verlockend, aber – *»um die Verhandlungen zu verschleppen, muss man einen ›Verschlepper‹ haben«*, wie sich Lenin ausdrückte. Wir hatten einen kurzen Gedankenaustausch im Smolny bezüglich der allgemeinen Linie der Verhandlungen. Die Frage, ob wir unterschreiben würden oder nicht, stellten wir einstweilen zurück. Man konnte nicht wissen, wie sich die Verhandlungen entwickeln und welchen Widerhall sie in Europa finden würden, welche Situation sich ergeben würde. Die Hoffnung auf eine rasche revolutionäre Entwicklung gaben wir selbstverständlich nicht auf.

Dass wir nicht weiter Krieg führen konnten, war für mich völlig klar. Als ich zum ersten Male unterwegs nach Brest-Litowsk durch die Schützengräben fuhr, waren unsere Genossen trotz meiner Warnungen und Anspornungen außerstande, eine einigermaßen eindrucksvolle Kundgebung gegen die übertriebenen deutschen Forderungen zu organisieren. Die Schützengräben waren fast leer, man wagte nicht einmal von einer bedingten Fortsetzung des Krieges zu sprechen. Frieden, Frieden, – koste es, was es wolle! … Später, nach meiner Rückkehr aus Brest-Litowsk, versuchte ich, die Vertreter der militärischen Gruppe im Allrussischen Exekutivkomitee zu überreden, unsere Delegation durch eine »patriotische« Rede zu unterstützen.

»Unmöglich,« war die Antwort, *»ganz unmöglich. Wir würden nicht in die Schützengräben zurückkehren können, man wird uns nicht begreifen; wir werden jeden Einfluss verlieren…«* In Bezug auf die Unmöglichkeit eines revolutionären Krieges gab es also zwischen mir und Lenin auch nicht den Schatten einer Meinungsverschiedenheit.

Es blieb aber eine andere Frage: Können die Deutschen noch Krieg führen? Können sie die Revolution angreifen, nachdem diese das Ende des Krieges erklärt hatte? Wie sollte man die Stimmung der deutschen Soldaten erfahren? Welche Wirkung hatte die Februarrevolution und später die Oktoberrevolution auf sie ausgeübt? Der Januarstreik in Deutschland sprach dafür, dass ein Umschwung bereits im Gange war. Aber wie tief war dieser Umschwung? Sollte man nicht versuchen, die deutsche Arbeiterklasse und die deutsche Armee vor die Alternative zu stellen: auf der einen

Seite die Arbeiterrevolution, die den Krieg für beendet erklärt hat, auf der anderen Seite die Hohenzollernregierung, die den Befehl zum Angriff gegen diese Revolution erteilte? »*Natürlich ist das sehr verlockend,*« erwiderte Lenin, »*und diese Probe würde zweifelsohne nicht ganz erfolglos bleiben. Es ist aber riskant, sehr riskant. Wenn sich der deutsche Militarismus, was sehr wahrscheinlich ist, als stark genug erweisen wird, den Angriff gegen uns zu eröffnen, – was dann? Man darf es nicht riskieren: Nichts in der Welt ist jetzt so wichtig wie unsere Revolution.*«

Die Schwierigkeiten der Verhandlungen

Die Verjagung der Konstituierenden Versammlung hatte in der ersten Zeit unsere außenpolitische Lage außerordentlich ungünstig gestaltet. Die Deutschen befürchteten anfangs immerhin, dass wir uns mit der »patriotischen« Konstituierenden Versammlung verständigen würden und dass diese Verständigung zum Versuch einer Fortsetzung des Krieges führen könnte. Ein derartiger sinnloser Versuch hätte allerdings die Revolution und das Land endgültig vernichtet. Das hätte sich indessen erst später herausgestellt, inzwischen aber die Deutschen neue Anstrengungen gekostet. Die Verjagung der Konstituierenden Versammlung diente dagegen als endgültiger Beweis unserer offenkundigen Bereitschaft, den Krieg um jeden Preis zu beenden.

Kühlmanns Ton wurde sofort frecher. Und welchen Eindruck mochte die Verjagung der Konstituierenden Versammlung beim Proletariat der Entente-Länder hervorgerufen haben? Die Antwort darauf war nicht schwer: Die Ententepresse stellte das Sowjetregime unentwegt als eine Hohenzollernagentur dar. Und nun kommen die Bolschewiken und verjagen die »demokratische« Konstituierende Versammlung, um mit den Hohenzollern einen Schmachfrieden zu schließen, zu einer Zeit, wo Belgien und Nordfrankreich von deutschen Truppen besetzt sind. Es war klar, dass es der Bourgeoisie der Entente gelingen würde, unter den Arbeitermassen die größte Verwirrung anzurichten. Und das wiederum konnte eine kriegerische Intervention gegen uns erleichtern.

Es ist ja bekannt, dass selbst in Deutschland, in den Kreisen der sozialdemokratischen Opposition, beharrlich das Gerücht verbreitet wurde, die Bolschewiken seien von der deutschen Regierung gekauft, und in Brest-Litowsk werde jetzt eine Komödie mit von vornherein verteilten Rollen gespielt. Diese Darstellung musste noch glaubhafter in Frankreich und England erscheinen. Ich war der Ansicht, dass es unter allen Umständen notwendig war, der europäischen Arbeiterschaft vor der Unterzeichnung des Friedens einen schlagenden Beweis der tödlichen Feindschaft zwischen uns und dem regierenden Deutschland zu geben.

Unter dem Eindruck dieser Erwägungen kam ich nach Brest-Litowsk mit dem Gedanken jener »pädagogischen« Demonstration, die sich in der Formel ausdrückte: Den Krieg stellen wir ein, aber einen Frieden unterzeichnen wir nicht. Ich beriet mich mit den andern Mitgliedern der Delegation, fand ihre Zustimmung und schrieb darüber an Wladimir Iljitsch. Er antwortete: *»Wenn Sie herkommen, werden wir uns darüber unterhalten.«*

Es ist übrigens möglich, dass Lenins Ablehnung meines Vorschlages bereits in diesem Brief zum Ausdruck kam. Jetzt kann ich mich dessen nicht mehr erinnern; den Brief habe ich nicht bei der Hand, und ich bin auch nicht sicher, ob er überhaupt noch existiert. Nach meiner Rückkehr fanden zwischen mir und Wladimir Iljitsch im Smolny längere Unterhaltungen über dieses Thema statt.

> *»Das wäre alles sehr verlockend und so schön, wie man es besser gar nicht wünschen könnte, vorausgesetzt, dass General Hoffmann nicht imstande ist, seine Truppen gegen uns marschieren zu lassen. Aber dürfen wir hoffen, dass er dazu nicht imstande ist? Er wird für diesen Zweck besonders ausgesuchte Regimenter aus bayerischen ›Kulaken‹ finden. Und braucht man denn viel gegen uns? Sie sagen ja selber, dass die Schützengräben leer sind. Was dann, wenn er den Krieg wirklich wieder aufnähme?«*

> *»Dann wären wir gezwungen, den Frieden zu unterzeichnen, und es wäre dann für jedermann klar geworden, dass uns kein anderer Ausweg übrig blieb. Das würde genügen, um der Legende von unserer geheimen Verbindung mit den Hohenzollern einen entscheidenden Stoß zu versetzen.«*

> *»Natürlich, die Sache hat ihre Vorzüge. Immerhin ist das alles sehr riskant. Jetzt gibt es nichts Wichtigeres in der Welt als unsere Revolution; sie muss gesichert werden, koste es, was es wolle.«*

Zu den Schwierigkeiten der Frage an und für sich kamen noch interne Parteischwierigkeiten hinzu.

In der Partei, wenigstens in ihren leitenden Kreisen, herrschte unversöhnliche Abneigung gegen die Annahme der Brester Bedingungen. Die in unserer Presse erscheinenden Verhandlungsberichte nährten und verschärften diese Stimmung. Sie fand ihren schärfsten Ausdruck in der Gruppe der linken Kommunisten, die die Parole des revolutionären Krieges verkündete. Diese Tatsache rief bei Lenin begreiflicherweise große Unruhe hervor.

> *»Wenn das Zentralkomitee sich entschließt, die deutschen Bedingungen nur unter dem Druck eines mündlichen Ultimatums zu unterschreiben,«* meinte ich, *»dann laufen wir Gefahr, in der Partei eine Spaltung hervorzurufen. Es ist für unsere Partei nicht minder wichtig als für die Arbeiter Europas, dass die wirkliche Sachlage klar zu Tage tritt. Wenn wir mit den Linken brechen, dann wird die Partei außerordentlich nach rechts abgedrängt werden. Es ist doch eine nicht zu bezweifelnde Tatsache, dass alle Genossen, die seinerzeit den Oktoberumsturz entschieden bekämpften und sich für einen Block der sozialistischen Parteien einsetzen, nunmehr als bedingungslose Anhänger des Brest-Litowsker Friedens auftreten.*

Unsere Aufgaben erschöpfen sich aber doch nicht darin, Frieden zu schließen. Unter den linken Kommunisten dagegen gibt es sehr viele, die in der Oktoberperiode die aktivste Rolle gespielt haben usw.«

»Das ist alles unbestreitbar«, erwiderte Wladimir Iljitsch. *»Jetzt geht es aber um das Schicksal der Revolution. Das Gleichgewicht in der Partei werden wir schon wieder herstellen. Vor allen Dingen aber müssen wir die Revolution retten, und retten können wir sie nur durch die Unterzeichnung des Friedens. Lieber eine Spaltung, als die Gefahr einer militärischen Zertrümmerung der Revolution.*

Die Linken werden etwas toben und dann – selbst wenn sie es auf eine Spaltung ankommen lassen, was nicht unvermeidlich erscheint – zur Partei zurückkehren. Wenn die Deutschen uns aber überrennen, dann ist es überhaupt aus mit uns. … Nun schön, wollen wir annehmen, dass nach Ihrem Plan gehandelt wird. Wir haben die Unterzeichnung des Friedens abgelehnt. Und die Deutschen ergreifen daraufhin die Offensive. Was werden Sie dann unternehmen?«

»Wir unterschreiben dann den Frieden unter dem Druck der Bajonette. Es wird sich dann für die Arbeiterklasse der ganzen Welt ein völlig klares Bild ergeben.«

»Und Sie werden dann nicht für die Parole des revolutionären Krieges eintreten?«

»Auf keinen Fall.«

»Bei dieser Formulierung kann der Versuch vielleicht nicht so gefährlich werden. Wir riskieren dann, Estland oder Lettland zu verlieren. Unsere estnischen Genossen waren bei mir und erzählten, wie schön sie den sozialistischen Aufbau in der Landwirtschaft in Angriff genommen haben. Es wird sehr schade sein, das sozialistische Estland zu opfern,« scherzte Lenin, *»man wird aber wahrscheinlich um des guten Friedens willen sich mit diesem Kompromiss abfinden müssen.«*

»Und wenn wir den Frieden sofort unterschreiben, wäre dann etwa die Möglichkeit einer deutschen Intervention in Estland oder Lettland ausgeschlossen?«

»Das stimmt allerdings, es würde sich aber dann nur um eine Möglichkeit handeln, während hier der Ausgang von vornherein fast gewiss ist. Ich werde jedenfalls für sofortige Unterzeichnung des Friedens eintreten: das ist sicherer.«

General Hoffmann spricht

Lenins Bedenken gegen meinen Plan drehten sich in der Hauptsache darum, dass wir im Falle einer Wiederaufnahme der deutschen Offensive keine Zeit mehr hätten, den Frieden zu unterschreiben, das heißt, dass der deutsche Militarismus uns keine Zeit dazu lassen würde: »Diese Bestie springt schnell«, hatte Wladimir Iljitsch mehrfach wiederholt. In den Beratungen, die über die Fragen des Friedens entscheiden sollten, nahm Lenin sehr entschieden gegen die Linken Stellung, während er sehr vorsichtig und ruhig gegen meinen Vorschlag auftrat. Er fand sich schließlich in einer gewissen Selbstüberwindung mit meinem Vorschlag ab, mit Rücksicht darauf, dass die Partei offenkundig gegen die Unterzeichnung war und nur insoweit, als die Zwischenlösung für die Partei zur Brücke für die Friedensunterzeichnung werden sollte. Die Beratungen der prominentesten Bolschewiken – Delegierten des dritten Rätekongresses – bewiesen eindeutig, dass unsere Partei, die kaum erst die Glut des Oktobers überstanden hatte, zur Klärung des eigenen Urteils den Prüfstein des Handelns brauchte; erst so würde sie das richtige Verständnis für die außenpolitische Situation aufbringen. Wäre nicht die Zwischenformel vorgeschlagen worden, dann hätte die Mehrheit für den revolutionären Krieg gestimmt.

Es ist hier nicht ohne Interesse, dass die linken Sozialrevolutionäre sich keineswegs von vornherein dem Brest-Litowsker Frieden widersetzten. Spridonowa wenigstens war zunächst eine entschiedene Anhängerin der Unterzeichnung: *»Der Bauer will den Krieg nicht haben,«* meinte sie, *»und er wird jeden Frieden in Kauf nehmen.« »Unterschreiben Sie sofort den Frieden,«* sagte sie zu mir nach meiner ersten Rückkehr aus Brest, *»und schaffen Sie das Getreidemonopol ab.«* Später unterstützen die linken Sozialrevolutionäre die Zwischenformel der Einstellung des Krieges ohne Vertragsunterzeichnung, die sie aber bereits als Etappe zum revolutionären Krieg *»im Falle ...«* auffassten.

Die deutsche Delegation hat bekanntlich auf unsere Erklärung so reagiert, als ob Deutschland nicht die Absicht hätte, die Erklärung mit einer Wiederaufnahme der militärischen Operationen zu beantworten. Mit diesem Eindruck kehrten wir nach Moskau zurück.

»Und werden sie uns nicht betrügen?« fragte Lenin.

Wir zuckten mit den Achseln:

»Es sieht nicht danach aus.«

»Na also,« sagte Lenin, *»ist es so, dann umso besser: der Schein wird gewahrt und aus dem Kriege sind wir heraus.«*

Zwei Tage vor Ablauf des Termins erhielten wir indessen von dem in Brest zurückgebliebenen General Samojlo die telegraphische Nachricht, dass die Deutschen, einer Erklärung des Generals Hoffmann gemäß, sich vom 18. Februar, 12 Uhr an als im Kriegszustand mit uns befindlich betrachteten und ihm deshalb die Abreise aus Brest-Litowsk nahe gelegt hätten.

Das Telegramm gelangte zuerst zu Wladimir Iljitsch. Ich war gerade in seinem Arbeitszimmer. Wir unterhielten uns mit Karelin und noch einem linken Sozialrevolutionär. Lenin übergab mir schweigend das Telegramm. Ich entsinne mich seines Blickes, der mich sofort fühlen ließ, dass das Telegramm eine wichtige und unangenehme Nachricht enthielt. Lenin beeilte sich, die Unterhaltung mit den Sozialrevolutionären abzuschließen, um über die entstandene Lage zu beraten.

»Die Deutschen haben uns also doch hineingelegt. Sie haben fünf Tage gewonnen. ... Diese Bestie lässt sich nichts entgehen. Jetzt bleibt uns also nichts übrig, als die alten

Bedingungen zu unterzeichnen, wenn uns die Deutschen diese Bedingungen überhaupt noch zubilligen werden.« Ich widersprach in dem Sinne, dass man Hoffmann die Möglichkeit geben solle, faktisch die Offensive zu beginnen.

»Das hieße aber, Dünaburg preisgeben, viel Artillerie verlieren usw.?«

»Natürlich, das bedeutet neue Opfer. Es ist aber notwendig, dass der deutsche Soldat tatsächlich den Kampf ins Sowjetgebiet trägt. – Es ist notwendig, dass die deutschen sowie die französischen Arbeiter davon erfahren.«

»Nein«, antwortete Lenin. *»Es handelt sich natürlich nicht um Dünaburg, aber wir dürfen jetzt keine einzige Stunde verlieren. Wir haben die Probe aufs Exempel gemacht. Hoffmann kann und will Krieg führen, man darf nicht zögern: sie haben uns ohnehin fünf Tage genommen, auf deren Verlust ich nicht gefasst war. Die Bestie springt schnell.«*

Das Zentralkomitee fasste den Beschluss, ein Telegramm abzusenden mit der Erklärung unseres sofortigen Einverständnisses zur Unterzeichnung des Brest-Litowsker Vertrages. Ein entsprechendes Telegramm wurde abgesandt.

»Mir scheint,« sagte ich in einer privaten Unterhaltung zu Wladimir Iljitsch, *»dass es politisch zweckmäßig wäre, wenn ich als Volkskommissar des Auswärtigen meine Demission einreichte.«*

»Wozu? Wir wollen doch diese parlamentarischen Gebräuche bei uns nicht einführen.«

»Mein Rücktritt würde aber in den Augen der Deutschen eine radikale politische Schwenkung bedeuten und ihr Vertrauen zu unserer nunmehr wirklichen Bereitschaft, den Frieden zu unterzeichnen und einzuhalten, verstärken.«

»Möglich,« meinte Lenin nachdenklich, *»das ist ein ernstes politisches Argument.«* Ich entsinne mich nicht, zu welchem Zeitpunkt uns die Mitteilung von der Landung deutscher Truppen in Finnland und der begonnenen Niederwerfung der finnischen Arbeiterschaft erreichte.

Ich erinnere mich, dass ich Wladimir Iljitsch im Korridor, unweit von seinem Zimmer, traf. Er war sehr erregt. Ich habe ihn in solchem Zustand niemals, weder vor- noch nachher, gesehen.

»Ja,« meinte er, *»wir werden uns anscheinend schlagen müssen, obwohl wir nichts zum Kämpfen haben. Aber einen anderen Ausweg, glaube ich, gibt es dieses Mal kaum …«* Das war die erste Reaktion Lenins auf das Telegramm über die Niederwerfung der finnischen Revolution. Aber schon nach zehn bis fünfzehn Minuten, als ich zu ihm ins Zimmer kam, sagte er: *»Nein, wir können unsere Politik nicht ändern. Unsere Aktion würde das revolutionäre Finnland nicht retten, uns aber ganz sicher vernichten. Wir wollen den finnischen Arbeitern helfen mit allem, was uns zu Gebote steht, aber ohne den Boden des Friedens zu verlassen. Ich weiß nicht, ob uns das jetzt noch retten wird. Das ist jedenfalls der einzige Weg, auf dem eine Rettung noch möglich erscheint.«*

Und die Rettung war, wie sich herausstellte, tatsächlich nur auf diesem Wege möglich.

Die Bedeutung der Brester Taktik

Der Beschluss, den Frieden nicht zu unterzeichnen, entsprang keineswegs, wie man jetzt bisweilen schreibt, der abstrakten Erwägung, dass eine Verständigung zwischen uns und den Imperialisten grundsätzlich unmöglich wäre. Es genügt, in der Broschüre des Genossen Owsjannikow die von Lenin durchgeführten höchst lehrreichen Abstimmungen über diese Frage nachzulesen, um zu der Überzeugung zu gelangen, dass die Anhänger der sondierenden Formel *»weder Krieg noch Frieden«* die Frage, ob wir als revolutionäre Partei berechtigt seien, unter gewissen Verhältnissen einen *»Schmachfrieden«* zu unterzeichnen, in bejahendem Sinne beantwortet hatten. Wir haben in der Tat gesagt: Wenn es auch nur fünfundzwanzig Chancen gegen hundert gibt, dass der Hohenzoller nicht wagen oder nicht imstande sein würde, mit uns Krieg zu führen, dann muss dieser Versuch, trotz des Risikos, unternommen werden.

Drei Jahre später gingen wir das Risiko ein – diesmal auf die Initiative Lenins hin –, das bürgerlichadlige Polen mit dem Bajonett abzutasten. Wir wurden zurückgeschleudert. Worin liegt hier der Unterschied zu Brest-Litowsk? Ein grundsätzlicher Unterschied besteht nicht, wohl aber ein Unterschied in der Größe des Risikos.

Ich entsinne mich, dass Genosse Radek gelegentlich geschrieben hat, die Kraft des taktischen Denkens Lenins käme am schlagendsten zum Ausdruck in der Distanz zwischen der Unterzeichnung des Brest-Litowsker Friedens und dem Marsch auf Warschau. Wir alle wissen jetzt, dass der Marsch auf Warschau ein Fehler war, der uns schrecklich teuer zu stehen kam. Er brachte uns nicht nur zum Frieden von Riga, der uns die Verbindung mit Deutschland kostete; neben einer Reihe von anderen Ereignissen jener Periode war dieser Fehler überdies ein mächtiger Antrieb zur Konsolidierung des bürgerlichen Europa.

Die konterrevolutionäre Bedeutung des Rigaer Vertrages für das Schicksal Europas kann man am klarsten ermessen, wenn man sich die Situation des Jahres 1923 unter der Voraussetzung vorstellt, dass wir mit Deutschland eine gemeinsame Grenze gehabt hätten. Allzu vieles spricht dafür, dass die Entwicklung der Ereignisse in Deutschland in solchem Falle einen ganz anderen Weg genommen hätte.

Auch in Polen selber hätte sich zweifellos die revolutionäre Bewegung in bedeutend günstigerem Tempo entwickelt, wenn unsere militärische Intervention und ihr Fehlschlag ausgeblieben wären.

Lenin selber maß, soweit mir bekannt ist, dem »Warschauer« Fehler eine ungeheure Bedeutung bei. Trotzdem war Radek durchaus im Recht mit seiner Einschätzung jener Distanz in der Leninschen Taktik. Nachdem die »Abtastung« der werktätigen Masse Polens ergebnislos versucht worden war; nachdem wir zurückgeschleudert wurden, und zurückgeschleudert werden mussten, da beim Ausbleiben interner Unruhen in Polen unser Marsch auf Warschau nicht mehr als ein Partisanenritt sein konnte; nachdem wir gezwungen waren, den Frieden von Riga zu unterzeichnen – nach alldem war die Schlussfolgerung leicht, dass die Gegner des Feldzuges recht gehabt hatten und dass es besser gewesen wäre, rechtzeitig Halt zu machen und sich die gemeinsame Grenze mit Deutschland zu sichern. Dies alles wurde aber erst nachträglich klar.

Bedeutsam für Lenin bei der Idee des Warschauer Feldzuges aber ist die Kühnheit seines Planes.

Das Risiko war groß, aber das Ziel war *größer*. Denn eine etwaige Schlappe bedeutete dieses Mal keine Gefahr für die Existenz der Sowjetrepublik, sondern höchstens ihre Schwächung. ... Man darf es dem zukünftigen Geschichtsschreiber überlassen, ein Werturteil darüber zu fällen, ob der Zweck einer Demonstration vor der europäischen Arbeiterschaft die Gefahr einer Verschlechterung der Brest-Litowsker Friedensbedingungen aufwiegen konnte. Es war aber ohne Weiteres klar, dass nach dieser Demonstration die Unterzeichnung des aufgezwungenen Friedens unumgänglich wurde. Auch hier hat die Klarheit der Leninschen Stellungnahme und seine große Stoßkraft die Situation gerettet.

> *»Wie ist es, wenn die Deutschen trotzdem den Vormarsch aufnehmen? Was tun wir, wenn sie auf Moskau marschieren?«*
>
> *»Wir werden nach dem Osten zurückweichen, zum Ural hin, immer unsere Bereitschaft zur Friedensunterzeichnung betonend. Das Bassin von Kusnezk ist reich an Kohle. Wir werden eine Uralo-Kusnezker Republik schaffen und uns dabei stützen auf die Uraler Industrie und die Kusnezker Kohle, auf das Proletariat des Urals und den Teil der Moskauer und Petersburger Arbeiterschaft, den wir mitnehmen können. Wir werden schon durchhalten. Im Notfalle werden wir uns noch weiter östlich, hinter den Ural, zurückziehen. Wir werden bis zur Kamtschatka zurückgehen, aber wir werden uns halten. Die internationale Situation wird sich noch zehnfach ändern, und wir werden von den Grenzen der Uralo-Kusnezker Republik aus zu einer neuen Expansion gelangen und nach Moskau und Petersburg zurückkehren. Wenn wir aber jetzt sinnlos in den revolutionären Krieg verwickelt werden und die Blüte der Arbeiterklasse und unserer Partei niedermetzeln lassen, dann werden wir natürlich keine Gelegenheit mehr haben, irgendwohin zurückzukehren.«*

In jener Periode nahm die Uralo-Kusnezker Republik in Lenins Argumentation einen großen Raum ein. Er machte bisweilen seine Opponenten sprachlos durch die Frage: *»Wissen Sie, dass wir im Kusnezker Revier riesige Kohlenlager besitzen? In Verbindung mit dem Uraler Erz und dem sibirischen Getreide haben wir eine neue Basis.«* Der Opponent, der nicht immer eine klare Vorstellung davon besaß, wo Kusnezk liegt und welche Beziehung die dortige Kohle zum konsequenten Bolschewismus und zum revolutionären Krieg haben könnte, machte große Augen oder brach aus purer Überraschung in Gelächter aus, in der Annahme, dass Lenin ihn entweder zum Besten haben oder überlisten wollte. In der Tat aber dachte Lenin gar nicht daran, zu scherzen. Er durchdachte vielmehr, seiner Natur treu bleibend, die ganze Situation bis zu ihren äußersten Konsequenzen und den denkbar schlimmsten praktischen Folgen. Der Gedanke an die Uralo-Kusnezker Republik war für ihn organisch notwendig, um sich und die anderen in der Überzeugung zu bestärken, dass noch nichts verloren war und dass es für eine Verzweiflungsstrategie keinen Platz gab noch geben durfte.

Bis zur Uralo-Kusnezker Republik ist die Sache bekanntlich nicht gekommen, und es ist gut, dass es nicht so weit gekommen ist. Man kann aber trotzdem sagen, dass die unverwirklicht gebliebene Uralo-Kusnezker Republik der Russischen Sozialistischen Föderativen Sowjetrepublik (RSFSR) zur Rettung wurde.

Lenins Brest-Litowsker Taktik richtig zu verstehen und zu würdigen, ist in jedem Falle nur möglich, wenn man sie mit seiner Oktobertaktik in Verbindung bringt. Gegen den Oktober und für Brest einzutreten, bedeutete in beiden Fällen im Grunde genommen, sich zum Sprachrohr der gleichen Kapitulationsstimmung zu machen. Das Wesentliche daran aber ist, dass Lenin bei der Brest-Litowsker Kapitulation dieselbe unerschöpfliche revolutionäre Energie entwickelte, die der Partei im Oktober den Sieg gebracht hatte. Gerade diese natürliche, organische Verbindung von Oktober und Brest, von gigantischem Schwung und mutiger Vorsicht, von Drängen und Augenmaß, liefert den Maßstab für Lenins Methode und Kraft.

Die Verjagung der Konstituierenden Versammlung

Gleich in den ersten Tagen, wenn nicht in den ersten Stunden nach dem Umsturz, stellte Lenin die Frage der Konstituierenden Versammlung zur Debatte.

»Man muss die Wahlen aufschieben,« schlug er vor, *»man muss sie aufschieben. Das Wahlrecht muss erweitert werden unter Einbeziehung der Achtzehnjährigen. Man muss Zeit gewähren, die Wahllisten zu erneuern. Unsere eigenen Listen sind ganz untauglich. Es sind eine Menge hergelaufener Intellektueller darin, während wir Arbeiter und Bauern brauchen. Die Kornilow-Leute, die ›Kadetten‹*[15] *müssen wir als außerhalb des Gesetzes stehend erklären.«*

Ihm wurde darauf erwidert:

> *»Eine Aufschiebung wäre zur Zeit ungünstig. Sie würde als eine Liquidierung der Konstituierenden Versammlung aufgefasst werden, um so mehr, als wir selber die provisorische Regierung einer Verschleppung der Konstituierenden Versammlung beschuldigt haben.«*
>
> *»Das sind Nichtigkeiten!«* meinte Lenin. *»Von Belang sind nur Tatsachen, nicht Worte. Der Provisorischen Regierung gegenüber bedeutete die Konstituierende Versammlung einen Schritt vorwärts, oder besser, sie hätte ihn bedeuten können; der Sowjetmacht gegenüber, besonders bei den bestehenden Wahllisten, würde sie aber unweigerlich einen Schritt rückwärts bedeuten.*
>
> *Weshalb sollte eine Verlegung des Wahltermins ungünstig sein? Und wenn die Konstituierende Versammlung sich als kadettisch-menschewistisch-sozialrevolutionär erweisen wird, – wird das günstig sein?«*

»Bis dahin werden wir aber stärker sein,« wandten die anderen ein, *»während wir jetzt noch zu schwach sind. Von der Sowjetmacht weiß man in der Provinz so gut wie nichts. Und wenn auf dem Lande jetzt schon die Nachricht verbreitet wird, dass wir die Konstituierende Versammlung aufgeschoben hätten, dann würde uns das noch mehr schwächen.«* Gegen eine Aufschiebung der Wahlen trat besonders Swerdlow energisch auf, da er mehr als wir anderen mit der Provinz Fühlung hatte.

15 Die konstitutionell-demokratische Partei der russischen Liberalen unter Führung von Miljukow.

Lenin blieb mit seinem Standpunkt allein. Er schüttelte unzufrieden den Kopf und meinte wiederholt:

»Ein Fehler, ein offenkundiger Fehler, der uns sehr teuer zu stehen kommen kann! Wenn dieser Fehler nur nicht der Revolution den Kopf kostet...«

Als aber der Beschluss gefasst war: Keine Aufschiebung! konzentrierte Lenin seine ganze Aufmerksamkeit auf die organisatorischen Maßnahmen, die zur Verwirklichung der Konstituierenden Versammlung nötig waren. Inzwischen hatte es sich herausgestellt, dass wir in der Minderheit bleiben würden, selbst wenn wir die linken Sozialrevolutionäre mitrechneten, die mit ihren rechten Parteigenossen gemeinsame Listen hatten und gründlich hinters Licht geführt worden waren.

»Man muss die Konstituierende Versammlung natürlich auseinander jagen«, meinte Lenin. *»Wie würden sich aber die linken Sozialrevolutionäre dazu verhalten?«*

Wir wurden von dem alten Natanson beruhigt. Er machte uns einen Besuch, um *»sich Rat zu holen«*, und seine ersten Worte waren:

»Man wird wohl die Konstituierende Versammlung mit Gewalt nach Hause schicken müssen, was?«

»Bravo!« rief Lenin, *»was richtig ist, ist richtig! Werden aber die Euren mitmachen?«*

»Manche von uns schwanken noch, aber ich glaube, dass sie schließlich einverstanden sein werden«, antwortete Natanson

---

Die linken Sozialrevolutionäre durchlebten damals den Honigmonat ihres äußersten Radikalismus: sie erklärten sich tatsächlich einverstanden.

»Sollten wir es nicht so machen,« schlug Natanson vor, *»dass Eure und unsere Fraktion in der Konstituierenden Versammlung dem Zentralen Exekutivkomitee des Sowjetkongresses angeschlossen werden und mit ihm zusammen einen Konvent bilden?«*

»Wozu?« antwortete Lenin mit sichtlicher Unzufriedenheit. *»Zur Imitierung der französischen Revolution, was? Durch die Verjagung der Konstituierenden Versammlung befestigen wir das Sowjetsystem Bei Ihrem Plan aber würde alles durcheinander geraten: Weder das eine noch das andere.«*

Natanson versuchte zu beweisen, dass sein Plan dazu dienen würde, einen Teil der Autorität der Konstituierenden Versammlung auf uns zu übertragen. Er gab aber bald seinen Standpunkt auf.

Lenin widmete sich der Frage der Konstituierenden Versammlung mit allem Nachdruck.

»Ein offensichtlicher Fehler«, meinte er. *»Wir haben bereits die Macht erobert und uns trotzdem in eine solche Lage gebracht, dass wir gezwungen sind, zu militärischen Maßnahmen zu greifen, um sie wieder zu erobern.«* Die Vorbereitung führte er mit größter Sorgfalt durch. Sich alle Einzelheiten genau überlegend, unterzog er Uritzki, der zu seinem Leidwesen zum Kommissar der Konstituierenden Versammlung bestellt war, einem eingehenden Verhör. Lenin traf unter anderem die Verfügung,

dass eines der lettischen Regimenter mit einem besonders starken proletarischen Einschlag nach Petrograd gebracht wurde.

»Der Bauer könnte eventuell noch schwankend werden«, meinte er. *»Da ist proletarische Entschlossenheit von Nöten«*

Das Ende der Demokratie

Die aus allen Ecken und Enden Russlands eingetroffenen bolschewistischen Abgeordneten der Konstituierenden Versammlung wurden auf das Drängen Lenins und unter der Leitung von Swerdlow auf die Fabriken, Betriebe und Truppenteile verteilt. Sie bildeten ein wichtiges Glied in dem organisatorischen Apparat der »ergänzenden Revolution« vom 5. Januar. Was die sozialrevolutionären Abgeordneten betrifft, so hielten sie es für unvereinbar mit der hohen Würde eines Volksvertreters, sich am Kampf zu beteiligen: *»Das Volk hat uns gewählt, das Volk möge uns verteidigen.«*

Im Grunde genommen hatten diese Provinz-Philister keine Ahnung, was sie anfangen sollten, und die meisten hatten es einfach mit der Angst zu tun bekommen. Dafür aber hatten sie das Zeremoniell der ersten Sitzung sorgsam ausgearbeitet. Sie brachten Kerzen mit, für den Fall, dass die Bolschewiken das elektrische Licht auslöschten, und eine große Menge von Butterbroten, für den Fall, dass man sie ohne Nahrung lassen würde. Auf diese Weise bewaffnet, stellte sich die Demokratie zum Kampf mit der Diktatur – in voller Ausrüstung: mit Butterbroten und Kerzen. Das Volk dachte gar nicht daran, die zu unterstützen, die sich als seine Vertreter wähnten und in Wirklichkeit doch nur die Gespenster einer bereits erledigten Periode der Revolution darstellten.

Während der Liquidierung der Konstituierenden Versammlung war ich in Brest-Litowsk. Am Tage meiner Rückkehr nach Petersburg sagte mir Lenin über die Verjagung der Konstituierenden Versammlung: *»Es war gewiss sehr riskant unsererseits, dass wir die Einberufung nicht auf einen späteren Termin verlegt hatten, – es war sehr, sehr unvorsichtig. Aber letzten Endes war es besser so. Die Verjagung der Konstituierenden Versammlung durch die Sowjetmacht bedeutet die offene und vollständige Liquidierung der formalen Demokratie im Namen der revolutionären Diktatur. Das wird eine nachhaltige Lektion sein.«* So ging die theoretische Beweisführung Hand in Hand mit der Verwendung des lettischen Schützenregimentes. Ohne Zweifel hatten jene Gedankengänge, die Lenin später, zur Zeit der ersten Komintern-Tagung in den bemerkenswerten Thesen über die Demokratie formuliert hat, bereits damals in seinem Bewusstsein endgültige Gestalt angenommen.

Die Kritik der formalen Demokratie hat bekanntlich ihre eigene lange Geschichte. Den zwiespältigen Charakter der Revolution von 1848 erklärten sowohl wir als auch unsere Vorgänger mit dem Schiffbruch der politischen Demokratie. An ihre

Stelle sollte die »soziale« Demokratie treten. Die bürgerliche Gesellschaft verstand es aber, diese auf den Platz zu stellen, den die reine Demokratie bereits nicht mehr zu halten imstande war.

Die politische Geschichte machte eine längere Periode durch, in der die soziale Demokratie, von der Kritik der reinen Demokratie lebend, deren Funktion erfüllte und durch und durch von deren Lastern durchdrungen wurde. Es geschah, was in der Geschichte bereits mehrfach der Fall war: die Opposition zeigte sich dazu berufen, die Aufgaben, denen die kompromittierten Kräfte des gestrigen Tages nicht mehr gewachsen waren, auf eine konservative Art zu erfüllen.

Aus einer zeitlich bedingten Voraussetzung, bestimmt, der Vorbereitung der proletarischen Diktatur zu dienen, wurde die Demokratie zum obersten Kriterium, zur letzten Kontrollinstanz, zum unantastbaren Heiligtum, das heißt: zur größten Heuchelei der bürgerlichen Gesellschaft. So war es auch bei uns. Nachdem ihr der materielle Todesstoß im Oktober versetzt worden war, versuchte die Bourgeoisie im Januar, in der spukhaft-heiligen Gestalt der Konstituierenden Versammlung wieder aufzuerstehen. Die weitere siegreiche Entwicklung der proletarischen Revolution nach der offenen, handgreiflichen, derben Verjagung der Konstituierenden Versammlung versetzte der formalen Demokratie jenen Gnadenstoß, von dem sie niemals mehr auferstehen wird. Lenin war deshalb im Recht, als er sagte: *»Es ist letzten Endes besser, dass es so geschah.«*

Tschernows letzter Auftritt

In der Gestalt der Konstituierenden Versammlung erhielt die Februarrevolution die Gelegenheit, zum zweiten Mal zu sterben.

Auf dem Hintergrund meines Gesamteindrucks von dem offiziellen Februar-Russland, von dem damaligen menschewistisch-sozialrevolutionären Petersburger Sowjet, erhebt sich noch jetzt grell, als ob es erst gestern gewesen wäre, das Gesicht eines sozialrevolutionären Delegierten. Wer er war und woher er kam, das wusste ich nicht, noch weiß ich es heute. Dem Äußeren nach sah er aus wie ein Lehrer, der einmal ein braver Seminarzögling war. Ein stülpnasiges, fast schnurrbartloses, bebrilltes Gesicht, mit derben Backenknochen. Es war in jener Sitzung, als die sozialistischen Minister sich zum ersten Mal dem Sowjet vorstellten.

Tschernow setzte weitläufig, salbungsvoll, kokettierend und ekelerregend auseinander, weshalb gerade er und seine Genossen in die Regierung eingetreten waren und welche glücklichen Folgen sich daraus ergeben sollten. Ich entsinne mich besonders einer Phrase, die er bis zum Überdruss wiederholte: *»Ihr habt uns in die Regierung hinein geholt, Ihr könnt uns auch wieder hinaussetzen.«* Der Seminarist folgte dem Redner mit einem Blick, in dem konzentrierte Anbetung zu lesen war.

So ungefähr musste ein gläubiger Pilger empfinden und dreinschauen, der in ein berühmtes Kloster gerät und der Glückseligkeit teilhaftig wird, der Belehrung des heiligen Mönches lauschen zu dürfen. Die Rede floss endlos dahin, die Zuhörerschaft wurde zeitweise müde, ein leichtes Säuseln ging durch den Saal. Bei dem Seminaristen aber schienen die Quellen seines ehrfurchtsvollen Entzückens unerschöpflich.

»So sieht unsere – oder richtiger gesagt: ihre – Revolution aus!« dachte ich in dieser ersten Sowjetsitzung, die ich 1917 sah und hörte.

Als Tschernow seine Rede beendet hatte, antwortete der Saal mit stürmischem Applaus. Nur in einer kleinen Ecke unterhielten sich unzufrieden die wenigen Bolschewiki. Diese Gruppe stach sofort von dem Gesamtbilde ab, als sie meiner Kritik der kriegsfrommen Ministerreife der Menschewiken und Sozialrevolutionäre einmütigen Beifall zollte. Der ehrfurchtsvolle Seminarist war erschrocken und in höchstem Grade beunruhigt. Nicht etwa empört; in jenen Tagen wagte er es noch nicht, gegen einen in die Heimat zurückgekehrten politischen Emigranten empört zu sein.

Es wollte ihm aber nicht in den Kopf, wie man gegen eine in jeder Beziehung erfreuliche und begrüßenswerte Tatsache, wie den Eintritt Tschernows in die Provisorische Regierung, Stellung nehmen konnte. Er saß nur wenige Schritte von mir entfernt, und in seinem Gesicht, das mir als Barometer der Versammlung diente, verband sich der Ausdruck des Schreckens und des Befremdens mit der noch nicht ganz verflüchtigten Ehrfurcht. Dieses Antlitz blieb für immer in meinem Gedächtnis haften als Symbol der Februarrevolution – als ihr bestes, simpel-naives, von unten kommendes, philisterhaft-seminaristisches Symbol, denn sie hatte noch ein anderes und ein schlimmeres, das durch die Dans und Tschernows verkörpert wurde.

Es war nicht umsonst und nicht von ungefähr, dass Tschernow als Vorsitzender der Konstituierenden Versammlung amtierte. Das träg-revolutionäre, halb-oblomowsche, republikanisch-manilowsche[16] und – ach, einesteils wie simple! und andernteils ach, wie gaunerhafte! – Februar-Russland hatte ihn auf den Schild gehoben. Der halb verschlafene Bauer hob und drängte die Tschernows nach oben durch die Vermittlung der ehrfurchtsvollen Seminaristen. Und Tschernow nahm dieses Mandat nicht ohne die übliche russische Grazie entgegen, aber auch nicht ohne die übliche russische Spitzbüberei.

Denn Tschernow – hier komme ich zum Zweck meiner Ausführungen – ist in seiner Art ebenfalls eine nationale Gestalt. Ich sage »ebenfalls«, weil ich vor etwa vier Jahren Gelegenheit hatte, über das Nationale in Lenin zu schreiben. Die Gegenüberstellung und selbst das indirekte Vergleichen dieser beiden Persönlichkeiten mag als unangebracht empfunden werden. Und es wäre auch tatsächlich roh und

16 Oblomow und Manilow sind unsterbliche Gestalten der russischen Literatur. Von Gontscharow, beziehungsweise Gogol, geschaffen, verkörpert der eine unbezwingbare willenlose Trägheit, der andere impotente Schwärmerei und Empfindsamkeit.

unangebracht, wenn es sich um die Persönlichkeiten handeln würde. Es handelt sich aber hier um die »Elemente« des Nationalen, um ihre Verkörperung und Widerspiegelung. Tschernow repräsentiert das Epigonentum der alten revolutionären intellektuellen Tradition, Lenin aber ihren Abschluss und ihre vollkommene Überwindung.

In der alten Intelligenz waren verkörpert: der Adlige, der reumütig beichtend die Idee seiner Pflicht dem Volke gegenüber geschwätzig breit tritt; der ehrfurchtsvolle Seminarist, dem sich von seinem väterlichen, vom Gottesbildlämpchen belichteten Heim, ein Spältchen in die Welt der kritischen Gedanken öffnete; das aufgeklärte Bäuerlein, zwischen der Sozialisierung und seinem Erbgesinde schwankend; der vereinsamte Arbeiter, der sich an der Umgebung der Herren Studenten reibt, den Seinigen entfremdet ist, aber bei den »Fremden« keinen Anschluss findet. Das alles ist in der süßzüngigen, formlosen, durch und durch zwiespältigen Tschernowiade zu finden.

Von dem alten intelligenzlerischen Idealismus der Epoche einer Sophie Perowskaja blieb im Tschernowismus fast nichts übrig. Dagegen kam etwas Neues von dem kaufmännischindustriellen Russland hinzu, das hauptsächlich in der Linie des kaufmännischen Grundsatzes lag: »*Ohne Betrug – kein Verkauf.*«

Herzen[17] war seiner Zeit eine riesengroße und prachtvolle Erscheinung in der Entwicklung des russischen soziologischen Denkens. Lasst aber Herzen ein halbes Jahrhundert auf der Stelle stehen, reißt ihm dazu noch das schimmernde Gefieder seines Talentes aus, verwandelt ihn in seinen Epigonen – auf dem Hintergrund der Jahre 1905 bis 1917 – dann habt ihr das Element des Tschernowismus.

Mit Tschernyschewski eine derartige Operation vorzunehmen, wäre schwieriger, aber im Tschernowismus ist auch das Element einer Karikatur auf Tschernyschewski zu finden. Die Verbundenheit mit Michailowski stellt sich als viel unmittelbarer dar, weil in Michailowski selber das Epigonentum bereits vorwiegt

---

Der Tschernowismus besitzt, wie unsere ganze revolutionäre Entwicklung, eine bäuerliche Unterlage, die aber durch das unreife, halb intelligente städtische und dörfliche Kleinbürgertum oder durch die überreife, stark durchsäuerte Intelligenz verfärbt und verfälscht wurde. Die Höchstentwicklung des Tschernowismus konnte notwendigerweise nur eine Augenblickserscheinung sein.

Während der Stoß, der von dem Februar-Erwachen der Soldaten, Arbeiter und Bauern ausging, sich über eine ganze Reihe von Zwischenstufen aus Kriegsfreiwilligen, Seminaristen, Studenten und Advokaten über die Kontakt-Kommissionen und sonstigen weisen Einrichtungen fortpflanzend, die Tschernows zu den höchs-

17 Herzen, Tschernyschewski, Michailowski waren große Schriftsteller und Publizisten, von deren Gedankengut die russischen Volkstümler (einschließlich der sozialrevolutionären Bewegung) lebten. Michailowski war der eigentliche geistige Vater der Sozialrevolutionären Partei.

ten Gipfeln der Demokratie emporheben konnte, fand ein entscheidender Ruck im Unterbau statt, und die demokratischen Gipfel blieben in der Luft hängen.

Die ganze Tschernowiade konzentrierte sich deshalb – zwischen Februar und Oktober – auf die Beschwörung des Augenblicks: »*Verweile doch! Du bist so schön!*« Der Augenblick wollte aber nicht verweilen. Der Soldat wurde »satanisch«, der Bauer stellte sich auf die Hinterfüße, sogar der Seminarist verlor zusehends seine Februar-Ehrfurcht. Schließlich musste der Tschernowismus mit flatternden Rockschößen, diesmal ganz ungraziös, von den eingebildeten Gipfeln herunter schweben und landete in dem durchaus realen Pfützendreck.

Einen bäuerlichen Unterbau besitzt auch der Leninismus, insofern als dieser Unterbau dem russischen Proletariat und unserer ganzen russischen Geschichte eigen ist. Unsere Geschichte besteht aber glücklicherweise nicht nur aus Passivität und Schwärmerei, sie hat auch ihre Dynamik. In dem Bauern selber ist nicht nur Aberglaube, sondern auch Mutterwitz verkörpert.

Sämtliche Züge der Aktivität, des Mutes, des Hasses gegen Stillstand und Unterdrückung, der Verachtung für Schwachherzige, mit einem Wort: alle dynamischen Elemente, die sich durch den Gang der sozialen Bewegungen und die Dynamik des Klassenkampfes ansammeln konnten, fanden im Bolschewismus ihren Ausdruck.

Der bäuerliche Grundton fand hier seine Widerspiegelung im Proletariat, in der dynamischen Kraft unserer – und nicht nur unserer – Geschichte, und dieser Widerspiegelung hat Lenin ihre vollendete Ausprägung verliehen. In diesem Sinne eben ist Lenin der Kopf des nationalen Elementes. Der Tschernowismus aber spiegelt dieselbe nationale Unterlage wieder, aber nicht vom Kopfe her, sondern weit davon entfernt.

Die tragikomische Episode des 5. Januar 1918 (die Verjagung der Konstituierenden Versammlung) war die letzte prinzipielle Auseinandersetzung zwischen dem Leninismus und dem Tschernowismus. Aber nur eine »prinzipielle« Auseinandersetzung, denn praktisch gab es keine, sondern nur eine kleine und klägliche Nachzüglerdemonstration der von der Szene verschwindenden, mit Kerzen und Butterbroten gewappneten »Demokratie.« Die aufgeblasenen Fiktionen plagten, die billigen Kulissen stürzten in sich zusammen, die groß tuende moralische Kraft entpuppte sich als tölpelhafte Kraftlosigkeit. Schluss!

Regierungsarbeit

Die Macht in Petersburg war erobert. Nun musste eine Regierung gebildet werden.

»Wie sollen wir sie nennen?« überlegte Lenin. *»Nur nicht Minister, das ist eine scheußliche, abgeschabte Bezeichnung.«*

»Man könnte sie als Kommissare bezeichnen,« meinte ich, *»aber es gibt jetzt viel zu viel Kommissare. Vielleicht Oberkommissare? ... Nein, ›Ober‹ klingt schlecht. Könnte man nicht ›Volkskommissare‹ sagen?«*

»Volkskommissare? Das würde vielleicht passen. Und wie soll die Regierung als Ganzes heißen?«

»Der Rat der Volkskommissare?«

»Rat der Volkskommissare,« griff Lenin den Gedanken auf, *»das ist ausgezeichnet; das riecht nach Revolution.«* Den letzten Satz habe ich wörtlich behalten.[18]

Hinter den Kulissen wurden mit dem »WIKSCHEL« (dem Allrussischen Exekutivkomitee der Eisenbahner), mit den linken Sozialrevolutionären und anderen schleppende Verhandlungen geführt. Über dieses Kapitel kann ich indessen nur wenig berichten. Ich kann mich nur der wütenden Entrüstung entsinnen, die die unverschämten Ansprüche des WIKSCHELs bei Lenin auslösten, und seiner nicht minder großen Empörung über diejenigen von uns, denen diese Ansprüche imponierten. Die Verhandlungen wurden von uns indessen fortgesetzt, da mit dem WIKSCHEL vorläufig noch gerechnet werden musste.

Auf die Initiative des Genossen Kamenew hin wurde die von Kerenski eingeführte Todesstrafe für Soldaten abgeschafft. Ich kann mich jetzt nicht mehr genau erinnern, bei welcher Körperschaft Kamenew seinen Antrag stellte; es wird wahrscheinlich beim Militärischen Revolutionskomitee und wahrscheinlich schon am Morgen des 25. Oktober gewesen sein. Ich weiß nur noch, dass es in meiner Anwesenheit geschah und dass ich dem Antrag nicht widersprach. Lenin war noch nicht da. Der Vorgang ereignete sich anscheinend vor seinem Eintreffen im Smolny. Als er von dieser ersten gesetzgeberischen Handlung erfuhr, war er über alle Maßen empört.

»Das ist Unsinn«, wiederholte er mehrfach. *»Wie kann man eine Revolution ohne Erschießungen durchführen? Glauben Sie denn, Sie würden mit allen Feinden fertig werden, wenn Sie sich entwaffnen? Welche Repressivmaßnahmen bleiben dann noch übrig? Gefängnis? Wer achtet darauf während des Bürgerkrieges, wenn jede Partei zu*

18 Genosse Miljutin hat diese Episode etwas anders erzählt. Mir scheint aber, dass die oben wiedergegebene Lesart eher zutrifft. Lenins Worte: *»Das riecht nach Revolution«*, bezogen sich in jedem Falle auf meinen Vorschlag, die Regierung im ganzen als Rat der Volkskommissare zu bezeichnen. Anmerkung des Verfassers.

siegen hofft?« Kamenew versuchte zu argumentieren, dass es sich nur um die Abschaffung der Todesstrafe handele, die Kerenski für die desertierenden Soldaten eingeführt hatte. Lenin blieb indessen unversöhnlich. Für ihn war es klar, dass hinter diesem Dekret eine wenig überlegte Haltung gegenüber den ungeheuren Schwierigkeiten steckte, denen wir entgegengingen.

»Es ist ein Fehler,« wiederholte er, *»eine unzulässige Schwäche, eine pazifistische Illusion«* usw. Er schlug vor, das Dekret sofort zurückzuziehen. Ihm wurde darauf erwidert, dass dieser Schritt einen äußerst ungünstigen Eindruck hervorrufen würde. Jemand bemerkte: Besser schon, einfach zu erschießen, wenn es klar werden sollte, dass es keinen anderen Ausweg gibt. Man ließ es schließlich hierbei bewenden.

Die bürgerlichen Sozialrevolutionäre und menschewistischen Zeitungen produzierten sich gleich von den ersten Tagen des Umsturzes an als ein ziemlich einträchtiger Chor von Wölfen, Schakalen und tollwütigen Hunden. Nur die »Nowoje Wremja«[19] versuchte, ihren Wedel zwischen den Hinterfüßen verbergend, einen »loyalen« Ton anzuschlagen.

»Werden wir denn wirklich diese Hundsfötter nicht zähmen?« fragte Wladimir Iljitsch bei jeder Gelegenheit. *»Mein lieber Herrgott, was ist denn das für eine Diktatur!«* Die Zeitungen hatten sich besonders in Lenins Parole *»Raubt das Geraubte!«* eingebissen und servierten diese Worte in jeglicher Aufmachung: in Leitartikeln, Versen, Feuilletons.

»Sie haben sich aber tüchtig in dieses ›Raubt das Geraubte‹ eingefressen«, bemerkte Lenin einmal in scherzhafter Verzweiflung.

»Wessen Worte sind es denn?« fragte ich. *»Oder sind sie erfunden?«*

»Aber nein, ich habe es tatsächlich irgendwie gesagt,« erwiderte Lenin, *»gesagt und vergessen, sie machen aber daraus ein ganzes Programm.«* Und er fuchtelte humorvoll mit dem Arm.

19 Eine erzreaktionäre Zeitung auf der äußersten Rechten.

Lenins Regierungston

Jeder, der etwas von Lenin kennt, weiß, dass die Fähigkeit, jedes Mal die Sache von der Form zu trennen, eine seiner stärksten Seiten war. Es schadet aber keineswegs, zu unterstreichen, dass er auch die Form außerordentlich schätzte in Erkenntnis der Macht, die das Formale über die Geister ausübt; darum gestaltete er das Formale zu einem Faktor von materiellem Wert.

Von dem Augenblick an, wo die Provisorische Regierung als abgesetzt erklärt worden war, trat Lenin systematisch, im Großen wie im Kleinen, als Regierung auf. Wir hatten noch gar keinen Apparat; eine Verbindung mit der Provinz bestand nicht; die Beamten sabotierten; der WIKSCHEL störte die telegraphischen Unterredungen mit Moskau; es gab kein Geld und auch keine Armee.

Lenin wirkte aber auf allen Fronten durch Verfügungen, Dekrete, Befehle, die er im Namen der Regierung ergehen ließ.

Es versteht sich von selber, dass er mehr denn sonst jemand weit davon entfernt war, ein abergläubischer Verehrer formaler Beschwörungen zu sein. Er war sich zu klar dessen bewusst, dass unsere Kraft in jenem Apparat lag, der von unten, aus den Petersburger Bezirken, aufgebaut wurde. Um aber die von oben, aus den leer gewordenen oder sabotierenden Kanzleien fließende Arbeit mit der schöpferischen Tätigkeit, die sich von unten her entwickelte, in ein Gefährt einzuspannen, war jener Ton des formalen Nachdrucks notwendig, der Ton einer Regierung, die heute allerdings noch im luftleeren Raum hin und her taumelt, morgen oder übermorgen aber eine Kraft werden wird und deshalb bereits heute als Kraft auftritt. Dieser Formalismus war auch nötig, um unsere eigene Brüderschaft zu disziplinieren. Über den brodelnden Elementen, über den revolutionären Improvisationen der vorstürmenden proletarischen Gruppen spannten sich allmählich die Fäden des Regierungsapparates.

Lenins Arbeitszimmer und mein eigenes lagen an entgegengesetzten Enden des Smolny. Der uns verbindende, oder richtiger gesagt: trennende Korridor war so lang, dass Wladimir Iljitsch scherzhaft meinte, wir sollten einen Fahrradverkehr einrichten. Wir waren telefonisch miteinander verbunden, Matrosen liefen häufig zu mir herein und brachten wichtige Zettel von Lenin; auf kleinen Stückchen Papier standen zwei, drei kräftige Sätze, jeder pointiert, mit doppelter und dreifacher Unterstreichung der wesentlichsten Worte und einer abschließenden, ebenso pointierten Frage. Mehrmals am Tage durchlief ich den endlosen Korridor, in dem ein ameisenähnlicher Betrieb herrschte, um zur Beratung in Lenins Zimmer zu eilen. Aktuelle Fragen standen im Brennpunkt unseres Interesses. Die Sorgen des Ministeriums des Auswärtigen überließ ich ganz den Genossen Markin und Salkind. Ich selber beschränkte mich auf die Abfassung einiger agitatorischer Noten und auf die wenig zahlreichen Empfänge.

Die deutsche Offensive stellte uns vor die schwierigsten Aufgaben, und wir hatten keine Mittel zu ihrer Lösung und auch nicht die geringste Ahnung, solche Mittel zu finden oder zu schaffen. Wir begannen mit einem Aufruf. Der von mir verfasste Entwurf: *»Das sozialistische Vaterland ist in Gefahr!«* wurde gemeinsam mit den linken Sozialrevolutionären beraten. Diese gerieten, als Rekruten des Internationalismus, in Verlegenheit über den Titel des Aufrufs. Lenin dagegen war sehr zufrieden: *»Das zeigt sofort eine Schwenkung um 180 Grad in unserer Beziehung zur Vaterlandsverteidigung. So muss es auch sein!«* In einem der abschließenden Punkte des Entwurfes hieß es, dass jeder, der dem Feinde Beistand leistet, an Ort und Stelle vernichtet werden wird. Der linke Sozialrevolutionär Steinberg, den ein sonderbarer Wind in die Revolution getragen und sogar bis zum Rat der Volkskommissare empor geweht hatte, opponierte gegen diese brutale Drohung, da sie das *»Pathos des Aufrufes«* beeinträchtige.

»Im Gegenteil,« rief Lenin, *»gerade darin liegt das revolutionäre Pathos.«* (Er verlegte den Ton ironisch auf die zweite Silbe.) *»Glauben Sie denn, dass wir ohne den brutalsten revolutionären Terror als Sieger hervorgehen werden?«*

Lenins Beziehungen zum Terror

Das war die Periode, wo Lenin bei jeder passenden Gelegenheit die Idee von der Unvermeidbarkeit des Terrors in unsere Köpfe einzuhämmern bemüht war. Jede Äußerung von Gutherzigkeit, Schwärmerei, Lässigkeit – und von all dem gab es übergenug – empörte ihn; nicht so sehr an und für sich betrachtet, sondern vielmehr als Beweis dessen, dass selbst die Spitzen der Arbeiterklasse sich nicht genügend Rechnung ablegten von der ungeheuerlichen Schwierigkeit der Aufgaben, die nur durch Maßnahmen bewältigt werden konnten, die von einer ebenso ungeheuren Energie getragen sind.

»Ihnen«, sprach er von den Feinden, *»droht die Gefahr, alles zu verlieren. Zur gleichen Zeit aber haben sie Hunderttausende von Leuten, die durch die Schule des Krieges gegangen sind, satte, mutige, zu allem bereite Offiziere, Offiziersanwärter, Bourgeois- und Gutsbesitzersöhnchen, Polizeibeamte, Kulaken. Und unsere, mit Verlaub gesagt, ›Revolutionäre‹ bilden sich ein, dass wir die Revolution gütlich-gemütlich durchführen können. Wo haben denn die gelernt? Was verstehen sie denn unter Diktatur? Was für eine Diktatur kann es schon werden, wenn man ein Waschlappen ist?«*

Solche Ergüsse konnte man zehnmal am Tage hören, und sie waren immer auf irgend einen der Anwesenden gezielt, der des »Pazifismus« verdächtig erschien. Lenin ließ keine einzige Gelegenheit vorüber, wenn man in seinem Beisein auf die Revolution oder die Diktatur zu sprechen kam, insbesondere, wenn dies in den

Sitzungen des Rats der Volkskommissare oder in Anwesenheit von linken Sozialrevolutionären oder wankelmütigen Kommunisten der Fall war, ohne dass er sofort bemerkte: »*Aber wo haben wir denn eine Diktatur? Zeigen Sie sie doch! Einen Brei haben wir, aber keine Diktatur.*« Das Wort »Brei« benutzte er gern. »*Wenn wir nicht einen weißgardistischen Saboteur über den Haufen schießen können, was ist denn das für eine große Revolution? Schauen Sie mal, was diese bürgerliche Meute bei uns in den Zeitungen schreibt! Wo ist da die Diktatur? Nichts als bloßes Geschwätz und Brei …* .«

Diese Reden gaben seine wirkliche Stimmung wieder, obwohl sie zu gleicher Zeit einen betont gewollten Charakter trugen: Lenin hämmerte – seiner Methode treu – das Bewusstsein der Notwendigkeit besonders harter Maßnahmen um der Rettung der Revolution willen in die Köpfe ein.

Die Kraftlosigkeit des neuen Staatsapparates kam in dem Augenblick der deutschen Offensive besonders krass zum Vorschein. »*Gestern saßen wir noch fest im Sattel,*« sagte Lenin unter vier Augen, »*und heute halten wir uns nur noch an der Mähne. Das ist aber auch eine Lehre! Diese Lehre wird auf unsere verdammte Nachlässigkeit wirken müssen. Schaffe Ordnung, fasse die Sache an, wie es sich gehört, wenn du kein Sklave sein willst! Es wird eine gute Lehre sein, wenn … wenn nur die Deutschen und die Weißen es inzwischen nicht fertig bringen, uns zu erledigen.*«

»*Was wird sein,*« fragte mich einmal Wladimir Iljitsch ganz unerwartet, »*wenn die Weißgardisten uns beide niedermachen? Werden dann Bucharin und Swerdlow es schaffen?*«

»*Vielleicht wird man uns auch nicht umbringen*«, antwortete ich scherzend.

»*Der Teufel weiß es!*« meinte Lenin und lachte auch selber darüber. Die Unterhaltung fand damit ihren Abschluss.

Die alten Offiziere

In einem der Räume des Smolny tagte der Stab. Das war die chaotischste von allen Behörden.

Man konnte niemals herausfinden, wer dort verfügte, wer zu befehlen hatte und worüber. Hier wurde zum ersten Mal, zunächst noch ganz allgemein, die Frage der Kriegsspezialisten zur Debatte gestellt. Wir hatten in dieser Beziehung bereits eine gewisse Erfahrung aus dem Kampf mit Krasnow, in dem wir den Oberst Murawjew zum Befehlshaber bestellten, er aber seinerseits die Leitung der militärischen Operationen bei Pulkow dem Oberst Walden übertrug. Murawjow waren vier Matrosen und ein Soldat mit der Instruktion beigegeben, tüchtig aufzupassen und die Hand am Revolver zu halten. Das war das Embryo des Kommissarensystems. Diese Erfahrung wurde auch in gewissem Maße bei der Neubildung des Obersten Kriegsrats zugrunde gelegt.

»Ohne seriöse und erfahrene Militärs werden wir aus diesem Chaos nicht herauskommen!« sagte ich Wladimir Iljitsch jedes Mal nach meinem Besuch im Stab.

»Das stimmt anscheinend. Aber werden sie uns auch nicht verraten?«

»Stellen wir jedem von ihnen einen Kommissar zur Seite.«

»Noch besser zwei,« rief Lenin, *»und kräftige Kerle! Es kann ja nicht möglich sein, dass wir keine Kommunisten mit einer kräftigen Faust hätten.«*

So entstand der Aufbau des Obersten Kriegsrats.

Die Übersiedlung nach Moskau

Die Frage der Überführung der Regierung nach Moskau rief keine geringen Reibungen hervor. Es hieß, das sähe wie eine Fahnenflucht aus Petersburg aus, dem die Oktoberrevolution ihre Geburt verdankte. Die Arbeiter, meinte man, würden das nicht verstehen. Smolny sei zum Kennwort der Sowjetmacht geworden, und jetzt wolle man es liquidieren usw., so würde man sagen.

Lenin geriet bei der Erörterung dieser Fragen buchstäblich außer sich:

> *»Kann man denn mit solchen sentimentalen Kleinigkeiten die Frage des weiteren Schicksals der Revolution erledigen? Wenn die Deutschen mit einem Sprung Petersburg erobern und uns darin gefangen nehmen, dann ist die Revolution vernichtet. Wenn aber die Regierung sich in Moskau befindet, dann wäre Petersburgs Fall nur ein einzelner, obwohl schwerer Schlag. Wie können Sie das nicht sehen, nicht begreifen? Mehr noch, wenn wir unter den gegenwärtigen Bedingungen in Petersburg bleiben, dann steigern wir die Kriegsgefahr für die Stadt, da wir dadurch die Deutschen zur Eroberung Petersburgs direkt anspornen. Wenn aber die Regierung in Moskau sitzt, dann müsste sich die Versuchung, von Petersburg Besitz zu ergreifen, außerordentlich verringern: Was kann das schon für ein großer Vorteil sein, eine hungernde revolutionäre Stadt zu besetzen, wenn diese Besetzung nicht das Schicksal der Revolution und des Friedens mit einem Schlage zu entscheiden vermag? Was plaudern Sie von der symbolischen Bedeutung des Smolny! Smolny ist deshalb Smolny, weil wir im Smolny sitzen. Wenn wir im Kreml sein werden, dann wird Eure ganze Symbolik auf den Kreml übergehen.«*

Die Opposition wurde schließlich gebrochen. Die Regierung siedelte nach Moskau über. Ich blieb noch einige Zeit in Petersburg, ich glaube, in der Eigenschaft des Vorsitzenden des Petersburger Militärischen Revolutionskomitees. Nach meinem Eintreffen in Moskau fand ich Wladimir Iljitsch im Kreml, in dem sogenannten Kavaliersflügel. »Brei«, das heißt Unordnung und Chaos, gab es hier keinesfalls weniger als im Smolny. Wladimir Iljitsch schimpfte gutmütig auf die Moskauer, die von einem großen Lokaldünkel durchdrungen waren, und straffte allmählich, Schritt für Schritt die Zügel.

Die Regierung, die recht häufig in einzelnen Teilen erneuert wurde, hatte inzwischen eine fieberhafte Dekret-Tätigkeit entfaltet. Jede Sitzung des Rats der Volkskommissare in der ersten Periode bot das Bild der größten gesetzgeberischen Improvisation.

Alles musste man von Anfang an beginnen, alles in einem leeren Raum neu aufbauen.

»Präzedenzfälle« konnte man nicht finden, weil die Geschichte sie nicht vorrätig hatte, sogar die einfachsten Auskünfte konnte man des Zeitmangels wegen nicht einziehen. Die Fragen wurden nicht anders als auf dem Wege der revolutionären Dringlichkeit gestellt, das heißt, auf dem Wege des unglaublichsten Chaos. Das Große wurde auf bizarre Weise mit dem Kleinen durcheinandergewürfelt. Nebensächliche praktische Aufgaben führten zu den kompliziertesten prinzipiellen Fragen.

Nicht alle, bei weitem nicht alle Dekrete waren untereinander koordiniert, und Lenin ironisierte mehrfach sogar öffentlich die Unausgeglichenheit unserer Dekret-Schöpfungen. Diese Widersprüche, wie akut sie auch vom Standpunkt der praktischen Augenblicksaufgaben gewesen sein mögen, versanken aber letzten Endes in jener Arbeit des revolutionären Denkens, das durch eine gesetzgeberische Linie neue Wege für eine neue Welt der menschlichen Beziehungen absteckte.

Lenins Arbeitsweise

Es erübrigt sich, zu sagen, dass die Leitung dieser ganzen Arbeit bei Lenin lag. Er präsidierte unermüdlich fünf und sechs Stunden hinter einander im Rat der Volkskommissare, dessen Sitzungen in der ersten Periode täglich stattfanden. Er ging von einer Frage zur anderen über, leitete die Debatten und bemaß die Redezeit der Redner streng nach der Taschenuhr, die später durch einen Sekundenmesser ersetzt wurde.

Die Fragen wurden in der Regel ohne Vorbereitung und stets, wie gesagt, auf dem Wege der Dringlichkeit gestellt. Sehr häufig war nicht einmal der Kernpunkt der Frage den Mitgliedern des Rats der Volkskommissare und dem Vorsitzenden vor Beginn der Debatte bekannt. Die Debatte aber war stets sehr kurz, für den einleitenden Vortrag wurden nicht mehr als fünf bis zehn Minuten gewährt. Und trotzdem verstand es der Vorsitzende, die Debatte auf das richtige Gleis zu schieben.

Wenn die Sitzung sehr viele Teilnehmer hatte, darunter Sachverständige und überhaupt unbekannte Personen, dann gebrauchte Wladimir Iljitsch seine beliebte Geste: die rechte Hand schirmartig vor die Stirn haltend, blickte er durch die Finger auf den Vortragenden und auf die Mitglieder der Sitzung überhaupt. Entgegen dem Sinne des Ausdrucks: »durch die Finger blicken«, schaute er dabei sehr scharf und aufmerksam, das erspähend, was er brauchte.

Auf einem schmalen Papierstreifen, mit der kleinsten Schrift (Ökonomie!), wurde die Rednerliste geführt, das eine Auge auf die Uhr gerichtet, die von Zeit zu Zeit über den Tisch gezeigt wurde, um den Redner zu erinnern, dass er seine Ausführungen beenden müsse. Zur gleichen Zeit machte der Vorsitzende rasch auf dem Papier Notizen über die resolutionsmäßigen Schlussfolgerungen aus den Argumenten, die er in der Debatte für bedeutsam hielt.

Gewöhnlich schickte Lenin der Zeitersparnis wegen den Versammlungsteilnehmern kurze Zettel, auf denen er die eine oder andere Auskunft verlangte. Diese Zettel bildeten ein sehr umfangreiches und sehr interessantes briefliches Element in der Technik der Sowjet- Gesetzgebung. Der größte Teil der Zettel ist leider abhanden gekommen, da die Antwort sehr häufig auf der Rückseite erfolgte und der Zettel von dem Vorsitzenden sofort sorgfältig vernichtet wurde. Zu einem gewissen Zeitpunkt gab Lenin seine Resolutionspunkte bekannt. Sie waren stets mit gewollter Schärfe und pedantisch gründlich formuliert – um zu unterstreichen, hervorzuheben, nicht verwischen zu lassen –, worauf die Debatte entweder ganz aufhörte oder aber in das konkrete Gleis praktischer Vorschläge und Ergänzungen hinüber glitt. Die Leninschen »Punkte« lagen dann meist dem Dekret zugrunde.

Eine ungeheure schöpferische Phantasie war neben anderen Eigenschaften erforderlich, um diese Arbeit zu leiten. Dieses Wort könnte auf den ersten Blick unangebracht erscheinen, es entspricht aber nichtsdestoweniger dem Kern der Sache. Die menschliche Phantasie kann verschiedener Art sein, sie ist ebenso unentbehrlich für den Ingenieur und Konstrukteur wie für den ungezügelten Romantiker. Eine der wertvollsten Arten der Phantasie ist die Fähigkeit, sich Leute, Dinge und Erscheinungen so vorzustellen, wie sie in Wirklichkeit sind, selbst wenn man sie niemals gesehen hat. Auf Grund seiner ganzen Lebenserfahrung und theoretischen Überzeugung einzelne, im Fluge aufgegriffene, kleine Tatsachen zu verbinden, sie durchzuarbeiten, in Einklang zu bringen, durch irgendwelche unformulierte Analogiegesetze zu ergänzen und auf diese Weise ein gewisses Gebiet des menschlichen Lebens in seiner ganzen Gegebenheit zu rekonstruieren, – das ist die Phantasie, deren der Gesetzgeber, der Administrator, der Führer namentlich in der Epoche der Revolution bedarf. Lenins Stärke war in enormem Maße die Stärke der realistischen Phantasie.

Lenins Zielstrebigkeit

Lenins Zielstrebigkeit war stets konkret, anders wäre sie übrigens auch keine echte Zielstrebigkeit.

Lenin hat, ich glaube zum ersten Male in der »Iskra«, den Gedanken geäußert, dass man verstehen müsse, in der komplizierten Kette der politischen Handlung das für den gegebenen Augenblick zentrale Glied herauszufinden, sich daran zu halten und so der ganzen Kette die Richtung zu geben.

Später kehrte Lenin wiederholt zu diesem Gedanken zurück, bisweilen auch zu dem Bilde von der Kette und dem Glied. Diese Methode schien bei ihm aus der

Sphäre des Bewusstseins in das Unterbewusstsein übergegangen zu sein, sodass sie letzten Endes zu seiner zweiten Natur wurde.

In den kritischsten Augenblicken, wenn es sich um eine verantwortungsvolle oder riskante taktische Schwenkung handelte, fegte Lenin gleichsam alles Nebensächliche oder Aufschiebbare fort.

Das ist aber nicht in dem Sinne zu verstehen, dass er die zentrale Aufgabe nur in ihren Grundzügen nahm, ohne die Einzelheiten zu beachten. Im Gegenteil. Die Aufgabe, die er als dringend erachtete, stellte er ganz konkret, behandelte sie von allen Seiten, durchdachte die Einzelheiten – bisweilen selbst die allernebensächlichsten –, suchte einen Anlass für immer neue und neue Anregungen und Impulse, erinnerte, unterstrich, kontrollierte und drängte. Das alles war aber jenem »Glied« untergeordnet, das er als das entscheidende im gegebenen Moment betrachtete.

Er schob dabei nicht nur alles, was unmittelbar oder mittelbar der zentralen Aufgabe zuwider lief, beiseite, sondern auch das, was nur geeignet war, die Aufmerksamkeit zu zerstreuen und die Spannung zu schwächen. In den kritischsten Augenblicken wurde er gleichermaßen taub und blind allem gegenüber, was nicht in den Rahmen des ihn jeweilig beherrschenden Interesses gehörte.

Schon das bloße Aufrollen von anderen, sozusagen neutralen Fragen wurde von ihm als Gefahr empfunden, die er instinktiv abwehrte.

War die kritische Etappe glücklich überwunden, dann rief Lenin zu wiederholten Malen aus dem einen oder anderen Anlass aus: »*Wir haben aber ganz vergessen, das und das zu tun . … Wir haben aber hier einen Bock geschossen, als wir uns mit der Hauptfrage befassten…*« Und wenn man ihm manchmal entgegnete: »*Aber diese Frage wurde ja gestellt und genau derselbe Vorschlag wurde eingebracht; Sie wollten aber damals nichts davon hören.*« – »*Wirklich? Ich kann mich gar nicht mehr entsinnen*«, antwortete er mit einem schlauen, etwas »schuldbewussten« Lachen und einer besonderen, ihm eigenen Handbewegung von oben nach unten, die besagen sollte: Alles kann man wohl nicht richtig machen. Dieser »Mangel« war nur die Kehrseite seiner Fähigkeiten zur größten inneren Mobilisierung aller Kräfte, und gerade diese Fähigkeit hat ihn zum größten Revolutionär aller Zeiten gemacht.

Lenins Zeitmaß

In den Leninschen Friedens-Thesen, die Anfang Januar 1918 geschrieben wurden, hieß es, dass »*für den Erfolg des Sozialismus in Russland eine gewisse Zeitspanne,* mindestens einige Monate«, notwendig sei. Jetzt scheinen diese Worte ganz unbegreiflich; war es ein Schreibfehler? Sollte es nicht einige Jahre oder Jahrzehnte heißen? Aber nein, – das war kein Schreibfehler.

Man kann wahrscheinlich eine ganze Reihe anderer Erklärungen Lenins in der gleichen Art finden.

Ich entsinne mich sehr gut, wie Lenin in der ersten Periode, im Smolny, in den Sitzungen des Rats der Volkskommissare immer wiederholte: Nach einem halben Jahr werden wir den Sozialismus haben und der mächtigste Staat der Erde sein. Die linken Sozialrevolutionäre, und nicht nur sie allein, hoben fragend und mit Befremden die Köpfe und sahen einander verstohlen an; sie schwiegen aber.

Das war ein System der Suggerierung. Lenin brachte jedem bei, alle Fragen im Rahmen des sozialistischen Aufbaus zu betrachten, und zwar nicht in der Perspektive des »Endziels«, sondern in der Perspektive des heutigen und morgigen Tages. Bei diesem schroffen Übergang nahm er Zuflucht zu der ihm eigenen Methode der Überspannung des Bogens: Gestern sprach man von dem Sozialismus als »Endziel«, heute aber gilt es so zu denken, zu sprechen und zu handeln, dass die Herrschaft des Sozialismus innerhalb von wenigen Monaten sichergestellt werden kann.

Handelte es sich also nur um einen pädagogischen Kniff? Nein, es handelte sich nicht nur darum.

Man muss zu der pädagogischen Beharrlichkeit noch eines hinzufügen: Lenins großen Idealismus, seinen zähen Willen, der auf dem schroffen Wendepunkt zweier Epochen die Etappen zusammendrängte und die Fristen verkürzte. *Er glaubte an das, was er sprach.* Und diese phantastische halbjährige Frist für den Sozialismus stellt eine ebensolche natürliche Funktion des Leninschen Geistes dar wie seine realistische Handhabung jeder einzelnen Tagesfrage. Die tiefe, unbezwingbare Überzeugung von den mächtigen Entfaltungskräften der menschlichen Entwicklung, für die jeder Preis an Opfern und Leiden gezahlt werden kann und muss, bildete immer die Haupttriebfeder des Leninschen Geistes.

Die Sowjetverfassung

Unter den schwierigsten Verhältnissen, inmitten all der anstrengenden Alltagsarbeit, inmitten der Verpflegungs- und sonstigen Schwierigkeiten jeglicher Art, umringt vom Bürgerkrieg, arbeitete Lenin mit der größten Sorgfalt an der Sowjetverfassung, aufs Peinlichste bedacht, zwischen den sekundären und drittrangigen Erfordernissen des staatlichen Apparates und den grundsätzlichen Aufgaben der proletarischen Diktatur in einem bäuerlichen Lande einen Ausgleich zu schaffen.

Die Verfassungskommission hatte aus irgend einem Grunde beschlossen, die Leninsche »Deklaration der Rechte der Werktätigen« umzuarbeiten und sie mit dem Text der Verfassung zu »koordinieren.« Von der Front nach Moskau gekommen, erhielt ich von der Kommission neben anderem Material auch den Entwurf der umgearbeiteten »Deklaration« oder wenigstens eines Teiles davon. Mit dem Material machte ich mich in Lenins Arbeitszimmer, in seiner sowie Swerdlows Anwesenheit, vertraut. Die Vorbereitung zum V. Kongress der Sowjets war im Gange.

»*Wozu soll man eigentlich die ›Deklaration‹ umarbeiten?*« fragte ich Swerdlow, der die Arbeiten der Verfassungskommission leitete.

Wladimir Iljitsch horchte mit Interesse auf.

»Ja, die Kommission fand, dass die ›Deklaration‹ in manchen Punkten nicht ganz mit der Verfassung übereinstimmt und unpräzise Formulierungen enthält«, erwiderte Jakow Michailowitsch.

»Meines Erachtens ist es zwecklos«, widersprach ich. *»Die ›Deklaration‹ war bereits angenommen, sie ist ein historisches Dokument geworden, – welchen Sinn hätte es, sie noch umzuarbeiten?«*

»Ganz richtig«, schloss sich Wladimir Iljitsch an. *»Ich bin auch der Ansicht, dass man die ganze Sache unnütz angefangen hat. Möge schon dieses Baby, ungekämmt und struppig, wie es ist, weiterleben. Wie es auch aussehen mag, es ist immerhin ein Kind der Revolution... Es wird kaum besser werden, wenn man es zum Friseur bringt.«*

Swerdlow machte den Versuch, den Beschluss seiner Kommission »pflichtgemäß« zu verteidigen, erklärte sich aber bald mit uns einverstanden. Es wurde mir klar, dass Lenin, der verschiedentlich gegen den einen oder den anderen Vorschlag der Verfassungskommission Stellung zu nehmen gezwungen war, keine Lust hatte, die Redigierung der »Deklaration der Rechte« – deren Urheber er selber war – zum Gegenstand eines Streites zu machen. Er war aber sehr erfreut über die Unterstützung von »dritter Seite«, die ihm unerwartet im letzten Augenblick zuteil wurde. Wir kamen zu dritt überein, die »Deklaration« nicht zu ändern, und das ausgezeichnete struppige Baby entging auf diese Weise der Barbierstube.

Das Studium der Sowjetgesetzgebung in ihrem Entwicklungsgang unter Hervorhebung der grundsätzlichen Momente und Wendepunkte, wie sie sich aus dem Entwicklungsgang der Revolution und ihrer Klassenbeziehungen ergaben, ist eine Aufgabe von größter Wichtigkeit, weil die praktischen Schlussfolgerungen für das Proletariat anderer Länder eine enorm praktische Bedeutung erhalten können und müssen.

Die Sammlung der Sowjet-Dekrete bildet in gewissem Sinne einen Teil – und einen keineswegs unwesentlichen Teil – der Gesammelten Werke von Wladimir Iljitsch Lenin.

Die Tschechoslowaken und die linken Sozialrevolutionäre

Das Frühjahr 1918 war sehr schwierig. Zeitweise hatte man das Gefühl, alles gleite davon und zerbröckele, und es gäbe nichts, woran man sich klammern, worauf man sich stützen könnte.

Einerseits war es völlig klar, dass ohne die Oktoberumwälzung das Land für längere Zeit dem Fäulnisprozess überantwortet geblieben wäre. Andererseits regte sich im Frühjahr 1918 unwillkürlich die Frage: Werden die Lebenssäfte des erschöpften, ruinierten, verzweifelten Landes ausreichen, um das neue Regime am Leben zu erhalten? Nahrungsmittel gab es nicht. Eine Armee gab es nicht. Der staatliche Apparat entwickelte sich im Schneckentempo. Eiternde Verschwörungen von überall her. Das Korps der Tschechoslowaken gebärdete sich auf unserem Boden wie eine selbständige Macht. Wir konnten ihnen nichts oder so gut wie nichts entgegensetzen.

In einer sehr schweren Stunde des Jahres 1918 erzählte mir einmal Wladimir Iljitsch:

> *»Heute war eine Arbeiterdelegation[20] bei mir und da gab einer von ihnen auf meine Worte zur Antwort: ›Auch Sie, Genosse Lenin, nehmen anscheinend für die Kapitalisten Partei!‹ Wissen Sie, solche Worte hörte ich zum ersten Mal. Ich gestehe, ich verlor meine Fassung und wusste nicht, was ich antworten sollte. Wenn das kein böswilliger Typ, kein Menschewik war, dann ist das ein besorgniserregendes Symptom.«*

Als er mir diese Episode mitteilte, schien mir Lenin betrübter und erregter als in späteren Fällen, wenn böse Frontnachrichten kamen, wie beim Fall von Kasan, oder als Petersburg unmittelbar bedroht war. Das ist auch begreiflich: Kasan und sogar Petersburg konnte man verlieren und zurückgewinnen, das Vertrauen der Arbeiter aber ist das Grundkapital der Partei.

»Ich habe den Eindruck,« sagte ich in jenen Tagen zu Wladimir Iljitsch, *»dass das Land jetzt, nach den überstandenen Krankheiten verstärkte Ernährung, Ruhe und Pflege braucht, um am Leben zu bleiben und sich zu erholen; der kleinste Stoß kann jetzt der letzte sein.«*

20 Ich kann mich leider der Frage gar nicht mehr entsinnen, die jene Delegation zu ihrem Besuch veranlasste. Anmerkung des Verfassers.

»Ich habe den gleichen Eindruck,« antwortete Wladimir Iljitsch, *»eine furchtbare Entkräftung! Jeder weitere Stoß ist jetzt gefährlich.«*

Die Geschichte mit den Tschechoslowaken drohte indessen, die Rolle eines solchen Stoßes zu spielen. Das tschechoslowakische Korps hatte sich in dem schwammigen Körper des südwestlichen Russlands eingenistet, ohne auf Widerstand zu stoßen, und es war bald von einem Tross von Sozialrevolutionären und anderen Politikern von einer noch weißeren Färbung umgeben.

Am Ruder waren allerdings überall schon die Bolschewiken, aber die Schwammigkeit der Provinz war noch sehr groß. Kein Wunder. Die Oktoberrevolution war eigentlich nur in Petersburg und Moskau im richtigen Sinne des Wortes durchgeführt. In den meisten Provinzstädten wickelte sich die Oktober- ebenso wie die Februarrevolution telegraphisch ab. Die einen kamen, die anderen gingen, weil man es ihnen in den Hauptstädten bereits vorgemacht hatte. Die Schwammigkeit des gesellschaftlichen Milieus, das Fehlen jeglichen Widerstands auf Seiten der gestrigen Machthaber hatte zur Folge, dass die Revolution an der gleichen Schwammigkeit litt.

Das Erscheinen der Tschechoslowaken änderte die Situation anfangs zu unseren Ungunsten, schließlich aber zu unseren Gunsten. Die Weißen erhielten einen militärischen Mittelpunkt, um den herum sie sich kristallisieren konnten. Als Reaktion hierauf begann die richtige revolutionäre Kristallisierung der Roten. Man kann sagen, dass das Wolgagebiet erst nach dem Auftreten der Tschechoslowaken seine Oktoberrevolution durchgemacht hat. Das geschah indessen nicht mit einem Mal.

Die Ermordung des Grafen Mirbach

Am 3. Juli läutete Wladimir Iljitsch bei mir im Kriegskommissariat an.

»Wissen Sie, was passiert ist?« fragte er mit jener dumpfen Stimme, die Erregung verriet.

»Nein, was ist denn los?«

»Die linken Sozialrevolutionäre haben eine Bombe gegen Mirbach geworfen; man sagt, er sei schwer verwundet. Kommen Sie zum Kreml, wir müssen uns beraten.« Nach wenigen Minuten war ich in Lenins Arbeitszimmer. Er berichtete mir die tatsächlichen Vorgänge, dabei fortwährend neue Einzelheiten telefonisch anfordernd.

»Das ist eine Geschichte!« sagte ich, die recht ungewöhnlichen Neuigkeiten in mich aufnehmend.

»Über Eintönigkeit des Daseins können wir uns keineswegs beschweren.«

»Ja!« meinte Lenin erregt auflachend. *»Ja, hier haben wir wieder einmal einen ungeheuerlichen kleinbürgerlichen Seitensprung...«* Er sagte das Wort »Seitensprung« sehr ironisch. *»Das ist der Zustand, von dem Engels schrieb: ›der rabiat gewordene Kleinbürger‹.«* Zu gleicher Zeit wurden eilige Telefongespräche – kurze Fragen und

Antworten – mit dem Kommissariat des Auswärtigen, der Tscheka und anderen Behörden geführt. Lenins Gedanken arbeiteten, wie immer in kritischen Momenten, gleichzeitig nach zwei Richtungen hin: der Marxist bereicherte seine historische Erfahrung, mit Interesse den neuen Trick – den »Seitensprung« des philisterhaften Radikalismus – beurteilend; zu gleicher Zeit aber straffte der revolutionäre Führer die Fäden der Information und arbeitete die zu unternehmenden Maßnahmen aus. Man erhielt Nachrichten von einem Aufstand bei der Tscheka.

»Ich fürchte, dass die linken Sozialrevolutionäre jenes Kirschsteinchen werden könnten, dem es vielleicht beschieden ist, uns zu Fall zu bringen… .«

»Ich habe gerade darüber nachgedacht,« antwortete Lenin, *»das ist ja das Schicksal des schwankend gewordenen Kleinbürgers, dass er als Kirschsteinchen den Zwecken der Weißgardisten dienen muss… . Wir müssen jetzt unter allen Umständen auf den Charakter des deutschen Berichtes nach Berlin einwirken. Der Anlass für ein militärisches Eingreifen ist mehr als ausreichend, insbesondere wenn man berücksichtigt, dass Mirbach wahrscheinlich fortwährend berichtet hat, wir seien schwach, und es bedürfe nur eines kleinen Stoßes, um uns zu erledigen…«*

Bald darauf kam Swerdlow, gut gelaunt wie immer.

»Na, was ist?« sagte er, mich mit einem ironischen Lächeln begrüßend *»Es sieht aus, als müssten wir wieder vom Rat der Volkskommissare zum Revolutionskomitee übergehen.«* Lenin fuhr inzwischen fort, Auskünfte einzufordern. Ich weiß nicht mehr, ob es in jenem Augenblick oder später war, dass wir die Mitteilung von Mirbachs Ableben erhielten. Man musste zur Botschaft fahren, um zu »kondolieren.« Es wurde beschlossen, dass Lenin, Swerdlow und, ich glaube, Tschitscherin fahren sollten. Mein Mitkommen wurde in Erwägung gezogen, doch nach einem flüchtigen Meinungsaustausch wurde ich davon befreit.

»Ob wir unser Sprüchlein auch richtig sagen werden?« meinte Wladimir Iljitsch kopfschüttelnd. *»Ich habe mich schon darüber mit Radek verständigt. Ich wollte sagen ›Mitleid‹, man muss aber sagen ›Beileid‹.«*

Er lachte ein wenig, halblaut, kleidete sich an und sagte fest zu Swerdlow: *»Wir gehen!«* Sein Gesicht veränderte sich, wurde aschgrau, Iljitsch fiel diese Fahrt in die hohenzollernsche Botschaft zum Kondolenzbesuch anlässlich des Todes des Grafen Mirbach nicht leicht. Als inneres Erlebnis war dies wahrscheinlich einer der schwersten Augenblicke seines Lebens.

In solchen Tagen erkennt man die Menschen. Swerdlow war wirklich unvergleichlich: selbstbewusst, mutig, fest, schlagfertig – der beste Typ eines Bolschewiken. Lenin erkannte Swerdlow zu dieser Zeit erst voll und lernte ihn gerade in jenen schweren Monaten richtig würdigen. Wie viele Male hat nicht Wladimir Iljitsch bei Swerdlow angerufen, um die eine oder die andere eilige Maßnahme vorzuschlagen, und in den meisten Fällen erhielt er die Antwort: *»Ist schon!«* das hieß: die nötigen Vorkehrungen waren bereits getroffen. Wir scherzten häufig über dieses Thema: Swerdlow wird wieder sagen: *»Ist schon!«*

»Dabei waren wir anfangs gegen seine Aufnahme ins Zentralkomitee,« erzählte Lenin einmal, *»wie wir doch diesen Menschen unterschätzt haben! Darüber gab es genug Streit, man hatte uns aber auf dem Kongress von unten her korrigiert und das war, wie sich herausstellte, durchaus richtig.«*[21]

Die Mobilmachung

Die Revolte der linken Sozialrevolutionäre kostete uns einen politischen Mitläufer und Bundesgenossen, hat uns aber letzten Endes nicht geschwächt, sondern gestärkt. Unsere Partei wurde dadurch fester zusammengefügt. In den Behörden, bei der Armee stieg die Bedeutung der kommunistischen Zellen. Die Linie der Regierung wurde fester.

In derselben Richtung hat zweifellos auch der tschechoslowakische Aufstand gewirkt, der die Partei von dem Zustand der Depression erlöste, in dem sie sich ohne Zweifel seit dem Brester Frieden befand. Die Periode der Parteimobilisation für die Ostfront begann.

Die erste Gruppe, zu der noch die linken Sozialrevolutionäre zählten, fertigten wir beide, Wladimir Iljitsch und ich, gemeinsam ab. Hier wurde schon, zunächst noch in nebelhafter Form, die Organisation der zukünftigen Politischen Abteilungen eingeleitet. Die von der Wolga kommenden Nachrichten waren indessen nach wie vor ungünstig.

Murawjews Verrat und der Aufstand der linken Sozialrevolutionäre richteten an der Ostfront wieder eine zeitweilige Verwirrung an. Die Gefahr verschärfte sich sofort. Gerade da begann der radikale Umschwung.

»Man muss alles und alle mobilisieren und an die Front schicken«, sagte Lenin. *»Wir müssen aus dem ›Vorhang‹ alle einigermaßen kampffähigen Truppen herausziehen und sie nach der Wolga hinüber werfen.«*

Es sei erinnert, dass als »Vorhang« jener dünne Truppenkordon bezeichnet wurde, der im Westen an der deutschen Okkupationslinie lag.

»Und die Deutschen?« erwiderte man Lenin.

21 Swerdlow wird – ich weiß nicht weshalb – immer als der erste Vorsitzende vom Allrussischen Exekutivkomitee des Nach-Oktober bezeichnet. Das stimmt nicht. Der erste Vorsitzende war, wenn auch nicht lange, Genosse Kamenew. Swerdlow ersetzte ihn auf Anregung Lenins in der Periode des verschärften internen Parteikampfes in Verbindung mit dem Versuch einer Verständigung mit den sozialistischen Parteien. In den Anmerkungen zum Band XIV der »Gesammelten Werke« Lenins heißt es, dass die Ersetzung des Genossen Kamenews durch Swerdlow angeblich durch die Abreise des ersteren zu den Verhandlungen nach Brest-Litowsk hervorgerufen worden war.
Diese Erklärung stimmt nicht. Die Wahl Swerdlows wurde, wie bereits gesagt, durch die Verschärfung des internen Parteikampfes veranlasst. Ich kann mich dessen umso sicherer entsinnen, als es mir damals oblag, im Auftrage des Zentralkomitees Swerdlows Kandidatur bei der Parteifraktion des Allrussischen Exekutivkomitees in Vorschlag zu bringen.

»Die Deutschen werden nicht vorrücken, – sie haben andere Sorgen im Kopf. Überdies sind sie auch selber daran interessiert, dass wir mit den Tschechoslowaken fertig werden.« Dieser Plan wurde angenommen, und er lieferte das Rohmaterial für die künftige Fünfte Armee.

Damals wurde auch meine Reise an die Wolga beschlossen. Ich machte mich daran, einen Zug zu formieren, was in jenen Zeiten nicht einfach war. Wladimir Iljitsch interessierte sich auch hier für alle Einzelheiten, schrieb mir Zettel, telefonierte ohne Ende.

»Haben Sie ein leistungsfähiges Auto? Nehmen Sie eines aus der Kreml-Garage.« Und wieder nach einer halben Stunde: *»Nehmen Sie ein Flugzeug mit? Sie sollten eins mitnehmen, für alle Fälle.«*

»Die Armee wird Flugzeuge haben«, antwortete ich. *»Falls nötig, werde ich davon Gebrauch machen.«*

Wieder nach einer halben Stunde: *»Ich glaube doch, Sie sollten trotzdem ein Flugzeug beim Zuge haben. Wer weiß, was passieren kann.«*

Und so weiter, und so fort.

Die Konsolidierung

Die hastig, vorwiegend aus den abgekämpften Soldaten der alten Armee zusammengezimmerten Regimenter und Formationen zerstreuten sich bekanntlich sehr kläglich beim ersten Zusammenprall mit den Tschechoslowaken.

»Um diese verderbliche Haltlosigkeit zu überwinden, brauchen wir starke Sperrformationen aus Kommunisten und überhaupt aus kampfgewillten Leuten«, sagte ich zu Lenin vor meiner Abreise nach dem Osten. *»Man muss sie zum Kämpfen* zwingen. *Wenn wir warten, bis sich der Muschik den Schlaf aus den Augen reibt, dann wird es vielleicht zu spät sein.«*

»Das ist natürlich richtig,« antwortete er, *»ich fürchte aber, dass die Sperrformationen ebenso wenig die nötige Festigkeit aufbringen werden. Der Russe ist gütig, entschlossene Mittel des revolutionären Terrors liegen ihm nicht. Aber versuchen muss man es.«*

Die Nachricht vom Attentat auf Lenin und der Ermordung Uritzkis traf mich in Swijaschsk. In jenen tragischen Tagen durchlebte die Revolution eine innere Wandlung. Sie wurde ihre »Güte« los. Der Parteihammer erhielt jetzt endgültig seine richtige Härte. Die Entschlossenheit wuchs und, wo nötig, auch die Schonungslosigkeit. An der Front renkten die Politischen Abteilungen Hand in Hand mit den Sperrformationen und den Tribunalen das Rückgrat im schwammigen Körper der jungen Armee wieder zurecht. Die Änderung war sofort zu merken. Wir eroberten Kasan und Simbirsk zurück. In Kasan erhielt ich von Lenin, der damals nach dem Attentat fast wieder hergestellt war, ein Telegramm anlässlich unserer ersten Siege an der Wolga.

Als ich bald danach in Moskau war, fuhr ich zusammen mit Swerdlow nach Gorki [Lenins Landaufenthalt, nicht weit von Moskau] zu Wladimir Iljitsch, der sich rasch erholte, aber zu seiner Arbeit nach Moskau noch nicht zurückkehren durfte. Wir fanden ihn in bester Laune. Er erkundigte sich ausführlich nach der Organisation der Armee, ihren Stimmungen, der Rolle der Kommunisten, der wachsenden Disziplin, und er wiederholte mit Behagen: »*Das ist gut, das ist ausgezeichnet. Die Stärkung der Armee wird sofort auf das ganze Land zurückwirken und überall eine Stärkung der Disziplin und des Verantwortungsgefühls zur Folge haben...*«

In den Herbstmonaten stellte sich tatsächlich eine große Veränderung ein. Jener an Bleichsucht gemahnende Zustand, der in den Frühlingsmonaten vorherrschte, war nicht mehr zu spüren.

Irgendwie war ein Umschwung eingetreten, irgend etwas konsolidierte sich. Es ist merkwürdig, dass die Revolution dieses Mal nicht durch eine neue Atempause, sondern vielmehr durch eine neue akute Gefahr gerettet worden war, die den verschütteten Quellen der revolutionären Energie im Proletariat zum Durchbruch verhalf.

Als Swerdlow und ich ins Auto stiegen, stand Lenin munter und lebensfroh auf dem Balkon. So froh habe ich ihn nur einmal, am 25. Oktober, gesehen, als er im Smolny von den ersten militärischen Erfolgen des Aufstandes erfuhr.

Die linken Sozialrevolutionäre hatten wir politisch liquidiert. An der Wolga machten wir reinen Tisch. Lenin erholte sich von seinen Verwundungen. Die Revolution gewann an Kraft und Männlichkeit.

Lenin auf der Tribüne

Lenin ist nach dem Oktober von Photographen und Filmoperateuren mehrfach aufgenommen worden. Seine Stimme ist auf Schallplatten festgehalten. Seine Reden sind stenographiert und gedruckt. Alle Elemente Wladimir Iljitschs sind auf diese Weise noch gegenwärtig. Aber nur die Elemente! Die lebendige Persönlichkeit äußert sich ja im unwiederholbaren und stets dynamischen *Zusammenspiel* der Elemente.

Wenn ich in Gedanken versuche, mit noch unbefangenem Auge und Ohr wie zum ersten Mal Lenin auf der Tribüne zu sehen und zu hören, dann sehe ich vor mir eine kräftige und gedrungene, von innerer Spannkraft erfüllte Gestalt, nicht hoch von Wuchs, und ich höre eine gleichmäßige, fließende, sehr schnelle, etwas schnarrende, ununterbrochene, fast pausenlose und im ersten Anlauf auch nicht besonders akzentuierte Stimme.

Die ersten Sätze sind gewöhnlich allgemein gehalten, der Ton tastend. Die ganze Gestalt scheint ihr Gleichgewicht, die Geste ihre Form noch nicht gefunden zu haben. Der Blick ist in sich gekehrt, das Gesicht fast unfreundlich, sogar ärgerlich – der Gedanke sucht den Kontakt mit der Zuhörerschaft. Dieses Anfangsstadium dauert mehr oder weniger lange, je nach der Zuhörerschaft, dem Thema, der Stimmung des Redners. Nun hat er aber in die richtige Kerbe gehauen! Das Thema beginnt Gestalt zu gewinnen. Der Redner beugt den Oberkörper nach vorn über und steckt die Daumen der beiden Hände hinter die Ärmelausschnitte der Weste. Durch diese Doppelbewegung treten Kopf und Hände mit einem Mal hervor.

Der Kopf an und für sich erscheint auf dem nicht hohen, aber kräftigen, fest gefügten, rhythmischen Körper nicht groß. Enorm groß erscheinen an diesem Kopf die Stirn und die kahl hervorragenden Konturen des Schädels. Die Hände sind sehr beweglich, aber nicht geschäftig oder nervös. Die Handfläche – breit, kurzfingerig, »plebejisch«, stark – trägt die gleichen Züge der Zuverlässigkeit und der männlichen Gutmütigkeit, die der ganzen Gestalt eigen sind.

Damit diese Züge erkennbar werden, muss der Redner aber von innen heraus erhellt werden, etwa wenn er die List des Gegners durchschaut oder den Gegner mit Erfolg in die Falle lockt.

Dann treten unter der machtvollen Überdachung von Stirn und Schädel die Leninschen Augen hervor, die selbst auf einem geglückten Photo von 1919 nur annähernd wiedergegeben sind. Auch der gleichgültige Zuhörer wurde, wenn er diesen Blick zum ersten Mal auffing, gespannt und wartete, was nunmehr folgen würde. Die hervorstehenden Backenknochen wurden in solchen Augenblicken belichtet und gemildert durch die kluge Herablassung, hinter der eine große Kenntnis der

Menschen, Beziehungen und Verhältnisse – bis zu ihrem allertiefsten Hintergrund – zu spüren war. Der untere Teil des Gesichts mit seinem rötlich-grauen Bartwuchs blieb fast im Schatten. Die Stimme wurde weicher, geschmeidiger und – stellenweise – schelmisch anschmiegsam.

Nun bringt aber der Redner die mögliche Erwiderung des Gegners oder ein boshaftes Zitat aus einem feindlichen Artikel. Bevor er dazu kommt, den gegnerischen Gedanken zu analysieren, gibt er den Zuhörern zu verstehen, dass die Erwiderung unbegründet, oberflächlich oder falsch sei. Er holt die Finger aus dem Westenausschnitt, wirft den Körper leicht nach rückwärts, tritt mit kleinen Schritten zurück, als ob er sich den Raum für den Anlauf freimachen wollte, und zuckt die spitzen Schultern – bald ironisch, bald mit verzweifelter Miene –, die Hände mit den ausdrucksvoll zurückgeschobenen Daumen dabei weit auseinander holend.

Die Verurteilung, das Lächerlichmachen oder die Anprangerung des Gegners – je nach dem Gegner und der Gelegenheit – geht bei ihm stets der Widerlegung voran. Der Zuhörer wird gleichsam darauf vorbereitet, Argumente welcher Art er zu erwarten und auf welchen Ton er seine Gedanken abzustimmen hat. Dann wird die logische Offensive eröffnet. Die linke Hand geht entweder von neuem hinter den Westenausschnitt oder, häufiger, in die Hosentasche. Die Rechte folgt der Logik der Gedanken und unterstreicht deren Rhythmus. Wo es nötig wird, kommt die Linke zu Hilfe. Der Redner strebt gegen die Zuhörerschaft vor, arbeitet mit kreisförmigen Handbewegungen sein eigenes Wortmaterial heraus. Das bedeutet, dass er nunmehr bei der zentralen Idee, beim Hauptpunkt der ganzen Rede angelangt ist.

Lenin und die Opponenten

Befinden sich Gegner unter der Zuhörerschaft, dann werden dem Redner von Zeit zu Zeit kritische oder gehässige Zwischenrufe entgegen geschleudert In neun von zehn Fällen bleiben sie unbeantwortet. Der Redner sagt, was er braucht, zu denen, die er braucht, und so, wie er es für richtig hält. Sich zufälligen Erwiderungen zuliebe ablenken lassen, das mag er nicht. Schnell parierende Schlagfertigkeit ist seiner Konzentriertheit nicht eigen. Nur seine Stimme wird nach den feindseligen Zwischenrufen härter, die Rede kompakter und nachdrücklicher, der Gedanke schärfer, die Geste ausgeprägter.

Den gegnerischen Zwischenruf greift er nur dann auf, wenn er in seinen Gedankengang hineinpasst und die benötigte Schlussfolgerung beschleunigen kann. In solchen Fällen wirkt seine Antwort ganz überraschend – durch ihre vernichtende Einfachheit. Er legt die Situation vollständig bloß, wo man von ihm eine Maskierung erwartete.

Das haben die Menschewiken in der ersten Periode der Oktoberrevolution erlebt, als der Vorwurf des Verstoßes gegen die Demokratie noch ein ganz frisches Aroma hatte. *»Unsere Zeitungen sind verboten!«* – *»Natürlich, aber leider noch nicht alle!*

Bald werden alle verboten sein. (Stürmischer Beifall.) Die Diktatur des Proletariats wird diesen schändlichen Vertrieb von bürgerlichem Opium an der Wurzel vernichten.« (Stürmischer Beifall.) Der Redner strafft sich empor, mit beiden Händen in den Taschen. Von Pose keine Spur, keine rhetorische Färbung der Stimme; aber die ganze Figur, die Haltung des Kopfes, die zusammengepressten Lippen, die Backenknochen, der ein klein wenig heisere Tonfall, alles atmet die unverwüstliche Überzeugung von seinem Recht und seiner Wahrheit. *»Wenn ihr kämpfen wollt, so könnt ihr es haben.«*

Wenn der Redner nicht gegen den Feind, sondern gegen die Seinen ausholt, dann fühlt man es in den Gebärden wie im Ton. Der heftigste Angriff behält in solchen Fällen stets den Charakter der »Beschwichtigung.« Bisweilen schnappt die Stimme des Redners auf einen hohen Ton über: das passiert, wenn er einen von den Seinigen ungestüm bezichtigt, ihm ins Gewissen redet, beweist, dass der Opponent nichts, aber auch gar nichts von der Sache verstünde und dass er zur Begründung seiner Einwände nichts, aber auch nicht das Mindeste, angeführt habe. Bei diesem, *»aber auch gar nichts«* und *»nicht das Mindeste«* erhebt sich die Stimme bisweilen bis zum Fistelton und bricht ab, wodurch der zornigste Ausfall unerwartet einen Anstrich von Gutmütigkeit erhält.

Lenins Redeform

Der Redner hat seinen Gedanken bis zum Ende durchdacht, bis zur letzten praktischen Schlussfolgerung, – den Gedanken, aber nicht den Vortrag, nicht die Formulierung, ausgenommen vielleicht die gedrängtesten, treffendsten, saftigsten Ausdrücke und Schlagworte, die später im politischen Leben der Partei und des Landes gangbare Münze wurden. Der Aufbau der Sätze ist meistens überladen, die Sätze werden, einander überwuchernd, übereinander aufgeschichtet oder ineinander eingekeilt. Für die Stenographen ist dieser Aufbau eine schwere Prüfung und ebenso für die Redakteure. Durch die schwerfälligen Sätze hindurch legt der konzentrierte und machtvolle Gedanke eine starke, sichere Bahn frei.

Stimmt es indessen, dass hier ein Marxist von tiefster Bildung, ein Theoretiker und Nationalökonom, ein Mann von höchster Gelehrsamkeit spricht? Es hat ja, wenigstens bisweilen, den Anschein, als ob man dem Auftreten eines ungewöhnlichen Autodidakten beiwohnte, der zu all dem, was er vorträgt, mit seinem eigenen Verstand gelangt ist, der es in seinem eigenen Gehirn ohne wissenschaftlichen Apparat, ohne wissenschaftliche Terminologie, auf eigene Art durchgearbeitet hat und es nunmehr ebenso in der ihm eigenen Art und Weise vorträgt.

Woher kommt dieser Eindruck? Er kommt daher, dass der Redner die Frage nicht nur für sich selber durchdacht hat, sondern auch für die Masse, dass er durch deren Erfahrung seine Gedanken gleichsam hat hindurchgehen lassen und dass er seinen

Vortrag von dem theoretischen Gerüst, das er selber beim ersten Anpacken dieser Frage benutzte, gründlich befreit hat.

Bisweilen erklimmt der Redner übrigens seine Gedankenleiter zu stürmisch, zwei bis drei Sprossen mit einem Mal überspringend. Das geschieht, wenn die Schlussfolgerung ihm allzu klar und praktisch, zu dringend erscheint und die Zuhörer möglichst schnell zu diesem Ziel gebracht werden sollen. Plötzlich spürt er aber, dass die Zuhörerschaft ihm nicht mehr folgen kann, dass der Kontakt sich gelöst hat. Er nimmt sich dann in die Hand, steigt eine Sprosse hinab und beginnt den Aufstieg von Neuem, aber in ruhigerem und gemessenerem Schritt. Selbst die Stimme verändert sich, verliert die übermäßige Spannung und erhält eine umhüllende Überzeugungskraft. Der Aufbau der Rede leidet natürlich unter dieser Rückwärtsbewegung. Aber ist denn die Rede für den Aufbau da? Ist denn irgend eine andere Logik in der Rede von Wert, außer jener Logik, die zum Handeln zwingt?

Und wenn der Redner dann wiederum zu seiner Schlussfolgerung gelangt und die Zuhörer dieses Mal wohlbehalten zum Ziel führt, ohne jemanden unterwegs verloren zu haben, dann fühlt man im Saal physisch jene dankbare Freude, in die sich die befriedigte Spannung des kollektiven Denkens löst. Jetzt bleibt nur noch übrig, auf den gefolgerten Schluss – zur größeren Festigkeit – zwei bis drei Mal draufzuschlagen; ihm – zur besseren Erinnerung – ein einfaches, farbiges und bildhaftes Gewand zu geben; und dann kann man sich und den anderen eine Atempause gestatten, kann ein bisschen Ulk treiben und lachen, damit inzwischen das kollektive Denken das neu Errungene besser in sich aufnehmen kann.

Lenins rednerischer Humor

Der rednerische Humor ist bei Lenin ebenso schlicht wie alle seine übrigen Kunstgriffe, – wenn man hier von Kunstgriffen sprechen darf. Sich selber genügender Scharfsinn, geschweige denn Scharfzüngigkeit ist in Lenins Reden nicht zu finden, wohl aber hier und da ein Witz: kräftig, der Masse zugänglich, der echte Volkswitz. Wenn die politische Situation nichts besonders Bedrohliches enthält, wenn die Zuhörerschaft in ihrer Mehrzahl eine »eigene« ist, dann ist der Redner nicht abgeneigt, im Vorbeigehen ein bisschen zu »spaßen.« Die Zuhörerschaft nimmt das listig-simple Scherzwort, die gutmütig-rücksichtslose Charakteristik dankbar auf in dem Gefühl, dass auch dies nicht so mir nichts dir nichts gesagt worden ist, nicht der bloßen Schönrednerei, sondern dem immer gleichen Ziele zuliebe.

Wenn der Redner zum Scherze greift, dann tritt die untere Hälfte des Gesichts mehr hervor, insbesondere der Mund, der ansteckend zu lachen versteht. Stirn und Schädel werden gleichsam gedämpft, das Auge hört auf zu bohren, blinzelt heiter, das Schnarren tritt stärker hervor, die Straffheit seines kraftvollen Gedankens wird durch Lebensfreudigkeit und Menschlichkeit verschönert

---

In Lenins Reden wie in seiner ganzen Arbeit bildet die Zielstrebigkeit den Hauptzug. Der Redner baut nicht irgendwie eine Rede auf, sondern führt sie zu einer bestimmten aktiven Schlussfolgerung. Er packt seine Zuhörer verschieden an; er erklärt, überzeugt, rügt, scherzt, überzeugt nochmals und erklärt von Neuem. Das, was seiner Rede Einheitlichkeit verleiht, ist kein formaler Plan, sondern das klare, sich streng an den heutigen Tag haltende praktische Ziel, das wie ein Splitter in das Bewusstsein der Zuhörerschaft eindringen soll.

Diesem Ziel ist auch sein Humor untergeordnet. Sein Witz ist utilitaristisch. Das farbige Wörtchen hat seine praktische Bestimmung; die einen sollen angepeitscht, die anderen an der Leine gehalten werden. Zum Beispiel »Pesedyschka« [Atempause], »Chwostism« [ein vom Bolschewismus geprägtes Schlagwort, mit dem die sich »im Nachtrab« bewegenden Parteigenossen gebrandmarkt wurden], »Smytschka« [Kontakt mit dem Bauerntum] und Dutzende anderer nicht im gleichen Maße verewigter Schlagworte.

Bevor der Redner zu solchem Schlagwort gelangt, kreist er einige Male umher, als ob er den nötigen Punkt suche. Hat er ihn gefunden, dann legt er den Nagel an und, nachdem er mit dem Auge das Ziel richtig bemessen hat, schlägt er weit ausholend mit dem Hammer auf den Nagelkopf, einmal, ein zweites, ein zehntes Mal, – bis der Nagel richtig sitzt, so dass man ihn, wenn man ihn nicht mehr braucht, sehr schwer entfernen kann. Dann wird Lenin selber mit einem Sprüchlein rechts und links auf diesen Nagel einschlagen, um ihn locker zu machen, und wird ihn, nachdem er ihn entfernt hat, in den Archiv-Schrott werfen – zum großen Leidwesen derer, die sich an den Nagel gewöhnt hatten.

Der Abschluss

Nun geht die Rede ihrem Ende zu. Das Fazit ist gezogen, die Schlussfolgerungen sind fest verankert. Der Redner bietet den Anblick eines Arbeiters, der sich abgerackert, aber seine Sache zu Ende gebracht hat. Von Zeit zu Zeit wischt er mit der Hand die Schweißtropfen vom kahlen Schädel. Die Stimme wirkt ohne Anspannung wie ein verlöschender Scheiterhaufen. Man kann Schluss machen. Man erwarte aber nicht jenes die Rede krönende schwungvolle Finale, ohne das – sollte man meinen – das Podium nicht verlassen werden darf. Andere dürfen's nicht. Lenin darf es. Bei ihm gibt es keinen oratorischen Ausklang; er hat seine Arbeit beendet und setzt einen Punkt dahinter. *»Wenn wir das begreifen, das tun werden, dann ist unser Sieg gewiss«* –, so lautet häufig der Schlusssatz. Oder: *»Das ist es, wonach wir streben müssen, nicht mit Worten, sondern mit Taten.«* Und bisweilen noch schlichter: *»Das ist alles, was ich Ihnen sagen wollte.«* Und dieser Abschluss, der der Natur der Leninschen Rhetorik und der Natur von Lenin selber voll und ganz entspricht, wirkt auf die Zuhörerschaft keineswegs abkühlend. Im Gegenteil, gerade nach einem solchen »effektlosen«, »blassen« Abschluss erfasst die Zuhörerschaft gleichsam von neuem, in einem einzigen Aufflackern des Bewusstseins, alles, was Lenin ihr in seiner Rede geboten hat, und bricht in stürmischen, dankbaren, begeisterten Beifall aus.

Aber schon hat Lenin hastig seine Papiere ergriffen und das Podium raschen Schrittes verlassen, um dem Unvermeidlichen zu entgehen. Der Kopf ist leicht in die Schultern gezogen, das Kinn nach unten, die Augen hinter den Brauen gesenkt; der Schnurrbart sträubt sich fast ärgerlich auf der unzufrieden aufgeworfenen Oberlippe. Das Beifallstosen schwillt an, eine Woge übertönt die andere. *»Es lebe … Lenin! … Der Führer Iljitsch! …«* Und nun schimmert im Schein der elektrischen Lampen der einzigartige Menschenschädel, von allen Seiten überschwemmt von den ungestüm anschwellenden Wogen. Und als es schien, dass der Orkan der Begeisterung seine größte Heftigkeit erreicht hatte, hört man plötzlich durch das Gebrüll und das Tosen und das Geplätscher irgend eine junge, gespannte, glückliche und leidenschaftliche Stimme, die wie eine Sirene den Sturm durchschneidet: *»Es lebe Iljitsch!«* Und von irgendwoher, aus den innersten und bewegtesten Tiefen der Solidarität, der Liebe, des Enthusiasmus steigt als Antwort der machtvolle Zyklon, der allgemeine, unteilbare, die Kuppeln erschütternde Schlachtruf auf: *»Es lebe Lenin!«*

Der Philister über den Revolutionär

In einem der vielen Sammelwerke, die Lenin gewidmet sind, stieß ich auf einen Artikel des englischen Schriftstellers Wells unter dem Titel: »Der Schwärmer vom Kreml.« Die Schriftleitung des Sammelwerkes hebt in ihrer Anmerkung hervor, dass »selbst so fortgeschrittene Leute, wie Wells, den Sinn der in Russland vor sich gehenden proletarischen Revolution nicht begriffen haben.« Man sollte meinen, das sei kein hinreichender Grund, um dem Artikel von Wells in einem Sammelwerk Platz einzuräumen, das dem Führer dieser Revolution gewidmet ist. Es hat indessen wohl keinen Zweck, darüber zu nörgeln; ich selber wenigstens habe einige Seiten aus dem Aufsatz von Wells nicht ohne Interesse gelesen. Aus dem Folgenden wird ersichtlich sein, dass dies allerdings keineswegs für den Verfasser des Aufsatzes spricht.

Der Zeitpunkt, zu dem Wells Moskau besuchte, taucht lebhaft in meiner Erinnerung auf. Es war der an Hunger und Kälte reiche Winter 1920/21. Das unruhige Vorgefühl der im Frühjahr eintretenden Verwicklungen lag in der Luft. Das hungernde Moskau lag in tiefem Schnee. Die Wirtschaftspolitik stand vor einer jähen Wendung.

Ich entsinne mich sehr gut des Eindrucks, den Wladimir Iljitsch aus der Unterhaltung mit Wells behielt: *»Das ist aber ein Spießbürger! Das ist aber ein Philister!«* wiederholte er. Er hob dabei beide Hände über den Tisch und lachte und seufzte, wie es ihm eigen war, wenn er innere Scham für einen anderen Menschen empfand.

»Ach, welch ein Philister!« wiederholte er, seine Unterhaltung in der Erinnerung noch einmal erlebend. Unser Gespräch fand vor Beginn der Sitzung des Politischen Büros statt und beschränkte sich eigentlich auf die Wiederholung der eben zitierten knappen Charakteristik von Wells. Aber auch das war mehr als genug für mich.

Ich habe allerdings wenig von Wells gelesen und ihn niemals gesehen. Doch diesen englischen Salonsozialisten, Fabianer[22], Verfasser von phantastischen und utopischen Dichtungen, der gekommen war, um sich die kommunistischen Experimente anzusehen, – dieses Bild konnte ich mir sehr gut vorstellen. Und Lenins Bemerkung, insbesondere der Ton, ersetzte unschwer das Fehlende. Der Aufsatz von Wells, der auf unbegreifliche Weise in das Leninsche Sammelwerk hineingeraten ist, hat jetzt die Bemerkung Lenins in meinem Gedächtnis wieder wachgerufen und ihr einen

22 The Fabian Society – Gesellschaft der Fabier – vereinigt in England die intellektuellen Sozialisten

lebendigen Inhalt verliehen. Denn obwohl in dem Aufsatz von Wells über Lenin fast keine Spur von Lenin zu finden ist, gibt er doch ein deutliches Spiegelbild von dem Verfasser selber.

Beginnen wir meinetwegen mit der einleitenden Beschwerde des Verfassers: Er, Wells, habe sich sehr lange bemühen müssen, einen Empfang bei Lenin zu erreichen, was ihn *»sehr gereizt«* habe.

Weshalb denn eigentlich? War Wells etwa von Lenin zum Besuch aufgefordert worden? Hatte er etwa die Verpflichtung übernommen, ihn zu empfangen? Oder hatte Lenin damals sehr viel Zeit übrig? Im Gegenteil, in jenen außerordentlich schweren Tagen war jede Minute seiner Zeit bereits in Anspruch genommen; es fiel ihm keineswegs leicht, eine Stunde zu erübrigen, um Wells zu empfangen.

Dies zu begreifen, hätte auch einem Ausländer nicht schwer fallen sollen. Doch Wells als prominenter Ausländer und – trotz seines Sozialismus – konservativster Engländer von imperialistischem Schnitt war von der Überzeugung durchdrungen, dass er diesem barbarischen Land und dessen Führer mit seinem Besuch im Grunde genommen eine große Ehre erweise. Da liegt der Hund begraben. Der ganze Aufsatz von Wells, von der ersten bis zur letzten Zeile, riecht nach diesem unbegründeten Selbstdünkel.

Wells' Eindruck von Lenin

Die Charakteristik Lenins beginnt in dem Aufsatz, wie zu erwarten war, mit einer Offenbarung.

Lenin, heißt es, sei *»gar kein Schriftsteller.«* Wer sollte in der Tat berufen sein, diese Frage zu entscheiden, wenn nicht der Berufsschriftsteller Wells? *»Die kurzen scharfen Flugschriften, die in Moskau mit seiner (Lenins) Unterschrift erscheinen und die Strotzen von falschen Vorstellungen über die Psyche der westlichen Arbeiter …, bringen die wirkliche Grundlage des Leninschen Denkens sehr wenig zum Ausdruck.«* Dem ehrbaren Gentleman bleibt es natürlich unbekannt, dass Lenin eine ganze Serie kompaktester Werke über die Agrarfrage, Volkswirtschaftstheorie, Soziologie, Philosophie geschrieben hat. Wells kennt nur die *»kurzen scharfen Flugschriften«*, und auch diese Kenntnis ist von dem Vorbehalt begleitet, dass die Flugschriften nur *»mit Lenins Unterschrift«* erscheinen, das heißt: Wells lässt die Vermutung offen, dass die Broschüren von anderen geschrieben worden sind. Die *»wirkliche Grundlage des Leninschen Denkens«* offenbart sich aber nicht in den Dutzenden der von ihm geschriebenen Bände, sondern in jener einstündigen Unterhaltung, die der aufgeklärte Gast aus Großbritannien so großmütig mit Lenin zu führen geruhte.

Von Wells hätte man wenigstens eine interessante Skizzierung der äußeren Erscheinung Lenins erwarten können, und einem einzigen gut getroffenen Charakterzug zuliebe wären wir bereit, ihm alle seine fabianischen Banalitäten zu verzeihen. Nicht einmal dieser Vorzug ist in dem Aufsatz zu finden.

»Lenin hat ein angenehmes dunkles (!) Gesicht mit einem ständig wechselnden Ausdruck und einem regen Lächeln...« »Lenin ist seinen Photos sehr wenig ähnlich...« »Während der Unterhaltung hat er ein wenig gestikuliert.« Über diese Banalitäten der Sonderberichterstatter einer kapitalistischen Zeitung hat sich Wells nicht emporzuheben vermocht.

Übrigens hat er noch entdeckt, dass Lenins Stirn an den länglichen und etwas unsymmetrischen Schädel von Arthur Balfour erinnere und dass Lenin im ganzen genommen *»ein kleines Männchen«* sei: *»Wenn er auf dem Stuhlrand sitzt, berühren seine Beine kaum den Fußboden«* Was den Schädel Arthur Balfours betrifft, so können wir über diesen ehrwürdigen Gegenstand nichts aussagen und glauben gern, dass er länglich ist. Im übrigen aber – welch unanständige Nachlässigkeit! – Lenin war rötlich-blond, man kann ihn unmöglich als dunkelhäutig bezeichnen. Er war von mittelgroßer Statur, vielleicht sogar etwas unter mittel; dass er aber den Eindruck eines »kleinen Männchens« machte und dass seine Füße im Sitzen kaum den Boden erreichten, das konnte nur einem Wells einfallen, der mit dem Selbstgefühl eines zivilisierten Gullivers das Land der nordischen kommunistischen Liliputaner besuchte.

Und ist von ihnen selber zu Ehren des Fabius Cunctator (des Zögerers) so benannt worden.

Anmerkung des Verfassers

Wells hat ferner bemerkt, dass Lenin die Gewohnheit habe, während der Unterhaltungspausen das Augenlid mit dem Finger hochzuheben. *»Es ist möglich, dass diese Gewohnheit irgendeinem Sehdefekt entspringt«*, versucht der scharfsinnige Schriftsteller zu erraten. Diese Gebärde ist uns bekannt. Lenin hatte sie zur Gewohnheit, wenn er einen ihm unbekannten fremden Menschen vor sich hatte und diesen mit einem raschen Blick durch die Finger der schirmartig vorgehaltenen Hand musterte. Der »Defekt« des Leninschen Sehvermögens bestand darin, dass er seinen Unterhaltungspartner auf diese Weise ganz durchschaute, seine aufgeblasene Selbstgefälligkeit, seine zivilisierte Protzigkeit und seinen zivilisierten Dünkel erkannte und, nachdem er dieses Bild in sich aufgenommen hatte, noch lange zu bemerken pflegte: *»Das ist aber ein Philister! Ein ungeheuerlicher Spießer!«*

Das Thema der Unterhaltung

Der Unterhaltung wohnte Genosse Rotstein bei, und Wells macht im Vorbeigehen die Entdeckung, dass Rotsteins Anwesenheit *»für die gegenwärtige Lage der Dinge in Russland bezeichnend sei.«*

Rotstein, schauen Sie, kontrolliert Lenin im Auftrag des Außenkommissariats wegen der übermäßigen Offenheit Lenins und wegen seiner träumerischen Unvorsichtigkeit. Was soll man zu dieser unschätzbaren Beobachtung sagen? Wells brachte, als er den Kreml betrat, in seinem Bewusstsein den ganzen Mist der internationalen bürgerlichen Presseberichte mit, und er entdeckte mit seinem scharf blickenden Auge – das selbstredend mit keinerlei »Sehdefekten« behaftet war! – in Lenins Arbeitszimmer das, was er früher in der »Times« oder aus einer anderen Quelle der ehrbaren und wohlerzogenen Klatschsucht herausgelesen hatte.

Worin bestand nun die Unterhaltung? Darüber erfahren wir von Wells nur hoffnungslose Gemeinplätze, die beweisen, wie armselig und kläglich Lenins Gedanke in manchem Schädel widerstrahlt, dessen Symmetrie zu bezweifeln wir übrigens gar keinen Anlass haben.

Wells kam mit der Idee, dass er *»mit einem überzeugten doktrinären Marxisten zu diskutieren haben werde; es lag aber nichts Derartiges vor.«* Das kann uns nicht verwundern. Wir wissen ja bereits, dass *»das Wesen des Leninschen Denkens«* sich nicht etwa in seiner mehr als dreißigjährigen politischen und schriftstellerischen Tätigkeit, sondern in seiner Unterhaltung mit dem englischen Spießbürger offenbart hat. *»Man sagte mir,« fährt Wells fort, »dass Lenin zu dozieren liebe, mit mir hat er es aber nicht versucht.«* Wie sollte man, in der Tat, einen Gentleman belehren, der so erfüllt ist von hoher Selbsteinschätzung?

Dass Lenin es liebte, Belehrungen zu erteilen, stimmt überhaupt nicht. Es trifft nur zu, dass Lenin es verstand, sehr belehrend zu sprechen. Das tat er indessen nur dann, wenn er der Ansicht war, dass sein Gegenüber etwas zu lernen imstande war. In solchen Fällen pflegte er wirklich weder Zeit noch Mühe zu schonen. Bei dem prachtvollen Gulliver aber, der durch die Laune des Schicksals in das Arbeitszimmer des *»kleinen Männchens«* geraten war, hatte Lenin wahrscheinlich bereits nach den ersten zwei bis drei Minuten der Unterhaltung die feste Überzeugung, wie sie die Aufschrift über dem Eingang zur Danteschen Hölle wiedergibt: *»Lass alle Hoffnung fahren!«*

Man kam auf die Großstädte zu sprechen. Wells fiel es, wie er sagt, in Russland zum ersten Mal ein, dass das Stadtbild von dem Handel in den Geschäften und auf den Märkten bestimmt werde.

Diese Entdeckung gab er den an der Unterhaltung Beteiligten zum besten. Lenin *»erkannte an«*, dass die Städte beim Kommunismus in ihren Ausmaßen erheblich zurückgehen würden. Wells seinerseits *»wies darauf hin«*, dass die Renovierung der Städte eine Riesenarbeit erfordern werde und dass viele kolossale Gebäude in Petersburg nur noch die Bedeutung von historischen Denkmälern behalten würden.

Lenin erklärte sich auch mit diesem unvergleichlichen Gemeinplatz von Wells einverstanden. *»Mich dünkt,«* fügte Wells hinzu, *»er unterhielt sich gern mit einem Menschen, der jene unvermeidlichen Folgen des Kollektivismus begreift, die dem Verständnis vieler aus seiner eigenen Gefolgschaft entgangen sind.«*

Hier habt ihr den fertigen Maßstab, um Wells' Niveau zu ermessen! Er betrachtet es als Produkt seines großen Scharfsinns, entdeckt zu haben, dass beim Kommunismus die gegenwärtigen konzentrierten Stadtkolosse verschwinden werden und dass viele der heutigen kapitalistischen Architektur-Ungeheuer nur die Bedeutung von historischen Denkmälern behalten werden, – wenn ihnen nicht die Ehre zuteil wird, der Vernichtung anheimzufallen. Wie sollten auch die armen Kommunisten – die *»langweiligen Fanatiker des Klassenkampfes«*, wie Wells sie bezeichnet – sich zu solchen Entdeckungen aufschwingen, die übrigens in einer volkstümlichen Erläuterung des alten Programms der deutschen Sozialdemokratie längst niedergelegt worden sind. Dass all das, was dort vorhergesagt wurde, bereits den utopistischen Klassikern bekannt war, davon schweigen wir ganz.

Jetzt wird es hoffentlich verständlich sein, weshalb Wells jenes Lachen Lenins, von dem ihm so viel erzählt worden war, im Laufe der Unterhaltung *»gar nicht bemerkt«* hat: Lenin war keineswegs zum Lachen zu Mute. Ich fürchte sogar, seine Kiefer drängte es zu einer Bewegung, die dem Lachen völlig entgegengesetzt ist. Seine bewegliche und kluge Hand, die es stets verstand, rechtzeitig das unhöfliche Gähnen vor dem zu sehr von sich selber eingenommenen Gegenüber zu verbergen, hat hier aber sicherlich Iljitsch den nötigen Dienst erwiesen.

Lenin wird von Wells belehrt...

Wie wir bereits gehört haben, hat Lenin nicht versucht, Wells zu belehren, aus Gründen, die wir als durchaus gewichtig anerkennen. Dafür aber hat Wells umso beharrlicher Lenin belehrt. Er hat ihm den ganz neuen Gedanken eingegeben: der Erfolg des Sozialismus *»erfordere den Umbau nicht nur der materiellen Seite des Daseins, sondern auch der Geistesverfassung des gesamten Volkes.«*

Wells wies Lenin darauf hin, dass *»die Russen ihrer Natur nach Individualisten und Händler«* seien.

Er legte Lenin dar, dass der Kommunismus *»zu sehr eile«* und dass er zerstöre, bevor er in der Lage sei, etwas aufzubauen, und so weiter in dem gleichen Sinne. *»Das brachte uns«*, erzählt Wells, *»zu dem uns trennenden Kernpunkt, dem Unterschied zwischen dem evolutionären Kollektivismus und dem Marxismus.«*

Unter dem evolutionären Kollektivismus ist das fabianische Gebräu aus Liberalismus, Philanthropie, sparsamer sozialer Gesetzgebung und Sonntagsbetrachtungen über eine bessere Zukunft zu verstehen. Wells selber formuliert das Wesen seines evolutionären Kollektivismus folgendermaßen: *»Ich glaube, dass die bestehende kapitalistische Ordnung sich durch ein System der planmäßigen Erziehung der Gesellschaft zivilisieren und in eine kollektivistische Ordnung umwandeln lässt.«* Wells erklärt allerdings nicht, wer eigentlich das *»planmäßige Erziehungssystem«* und bei wem er es in Anwendung bringen werde: Vielleicht die Lords mit den länglichen Schädeln am englischen Proletariat, oder umgekehrt: das englische Proletariat an den Lords? O nein!, alles was ihr wollt, nur nicht das letztere. Wozu existieren denn auf der Welt die aufgeklärten Fabier, Männer des Gedankens, der uneigennützigen Phantasie, Gentlemen und Ladies, Mister Wells und Mrs. Snowden, – wenn nicht dazu: durch planmäßige und andauernde Eruption dessen, was hinter ihren eigenen Schädeln steckt, die kapitalistische Gesellschaft zu zivilisieren und sie in eine kollektivistische umzuwandeln, mit einer so vernünftigen und glücklichen Gemessenheit des Tempos, dass selbst die königliche Dynastie Großbritanniens den Übergang gar nicht merken würde?

All das hat Wells vor Lenin auseinandergesetzt, und Lenin hat alles mit angehört. *»Für mich war es direkt eine Erholung (!), mich mit diesem ungewöhnlichen kleinen Mann zu unterhalten.«* Und für Lenin? – Oh, der viel geduldige Iljitsch! Er mag im Stillen manche ausdrucksvollen und saftigen russischen Worte gesagt haben. Er unterließ es, sie laut ins Englische zu übertragen, nicht nur, weil seine englischen Sprachkenntnisse vermutlich nicht so weit reichten, sondern auch aus Höflichkeitsgründen.

Iljitsch war sehr höflich. Er konnte sich indessen auch nicht auf höfliches Schweigen beschränken.

»Er war gezwungen,« erzählt Wells, *»mir zu entgegnen, und er meinte, dass der Kapitalismus unheilbar raffgierig und verschwenderisch sei und dass man ihm nichts beibringen könne.«* Lenin berief sich auf eine Reihe von Tatsachen, die unter anderem ein neues Buch von Monais nennt: der Kapitalismus hat die britischen nationalen Schiffswerften zerstört, die vernünftige Ausbeutung der englischen Kohlengruben verhindert usw. Die Sprache der Tatsachen und Zahlen kannte Iljitsch sehr gut.

Wells Schlussfolgerung

»Ich gestehe,« sagt Herr Wells unerwarteterweise zum Schluss, *»es war für mich sehr schwer, mit ihm zu diskutieren.«* Was soll das besagen? Den Ansatz etwa zu einer Kapitulation des evolutionären Kollektivismus vor der Logik des Marxismus? Nein, nein! *»Lasst alle Hoffnung fahren!«* Der auf den ersten Blick unerwartete Satz ist keineswegs zufällig, er gehört zum System, er trägt einen streng konsequent fabianischen, evolutionären, pädagogischen Charakter. Er ist auf die englischen Kapitalisten, Bankiers, Lords und ihre Minister berechnet. Wells sagt ihnen: Seht ihr, ihr handelt so schlecht, so ruinös, so eigennützig, dass es mir schwer fällt, in einer Auseinandersetzung mit dem Schwärmer vom Kreml die Grundsäge meines evolutionären Kollektivismus zu verteidigen. Werdet einsichtig, nehmt allwöchentlich ein fabianisches Bad, zivilisiert euch, marschiert auf dem Wege des Fortschritts. Wells' resigniertes Geständnis war also nicht der Anfang einer Selbstkritik, sondern nur die Fortsetzung der erzieherischen Arbeit an jener kapitalistischen Gesellschaft, die so vervollkommnet, moralisiert und fabianisiert aus dem imperialistischen Krieg und dem Frieden von Versailles hervorgegangen ist.

Nicht ohne herablassende Sympathie bemerkt Wells über Lenin: »*Sein Glauben an seine Sache ist unbegrenzt.*« Das zu bestreiten, liegt keinerlei Anlass vor. Der Glaube an seine Sache war bei Lenin hinreichend stark. Was stimmt, das stimmt. Diese Glaubensstärke war es übrigens, die ihm die Geduld gab, sich in jenen dumpfen Monaten der Blockade mit jedem Ausländer zu unterhalten, der vielleicht eine Verbindung, wenn auch eine schiefe, zwischen Russland und dem Westen vermitteln konnte.

Das war Lenins Unterhaltung mit Wells. Ganz, ganz anders sprach Lenin mit den englischen Arbeitern, die ihn besuchten. Zu ihnen fand er einen lebendigen Kontakt. Er lernte und belehrte zugleich. Die Unterhaltung mit Wells trug aber einen halb erzwungenen, diplomatischen Charakter.

»*Unsere Unterhaltung endete unbestimmt*«, sagt der Verfasser des Aufsatzes zum Schluss. Mit anderen Worten: Die Partie zwischen dem evolutionären Kollektivismus und dem Marxismus blieb dieses Mal unentschieden. Wells reiste nach Großbritannien ab, und Lenin blieb im Kreml. Wells schrieb für das bürgerliche Publikum einen schalen Bericht, und Lenin wiederholte kopfschüttelnd: »*Das ist aber ein Spießbürger! Uh, uh, uh, ist das ein Philister!*«

Der Zweck der Analyse

Man wird vielleicht fragen, weshalb und wozu ich mich eigentlich jetzt, nach beinahe vier Jahren, mit dem so unbedeutenden Aufsatz von Wells ausführlich auseinandergesetzt habe. Der Umstand, dass sein Aufsatz in einem der Lenins Hinscheiden gewidmeten Sammelwerke abgedruckt worden ist, wäre natürlich kein hinreichender Grund. Auch die Rechtfertigung wäre unzulänglich, dass diese Zeilen in Suchum, während einer Kur, geschrieben wurden. Für mich waren ernstere Gründe maßgebend.

In England ist jetzt die Partei am Ruder, zu der Wells gehört, und die von den aufgeklärten Vertretern des evolutionären Kollektivismus geleitet wird. Und es schien mir – wie ich glaube, nicht ganz grundlos –, dass die Lenin gewidmeten Zeilen von Wells uns vielleicht besser als manches andere den Geist der leitenden Schicht der britischen Arbeiterpartei offenbaren; Wells ist schließlich nicht der schlechteste ihrer Vertreter.

Wie tödlich rückständig sind diese mit dem schweren Bleigewicht der bürgerlichen Vorurteile belasteten Leute! Ihre Arroganz – ein verspäteter Reflex der großen geschichtlichen Rolle der englischen Bourgeoisie – gestattet es ihnen nicht, sich in das Leben anderer Völker, in neue Gedankengänge, in den über ihre Köpfe hinweg spülenden historischen Prozess richtig hineinzuversetzen

---

Die beschränkten Routiniers, die Empiriker mit den Scheuklappen der bürgerlichen öffentlichen Meinung, – diese Herrschaften tragen sich selber und ihre Vorurteile in der ganzen Welt zur Schau und bringen es fertig, nur sich selber wahrzunehmen, nichts um sich herum. Lenin hat in vielen Ländern Europas gelebt, er lernte fremde Sprachen, las, studierte, horchte, analysierte, verglich, deduzierte. Zum Haupte eines großen revolutionären Landes geworden, ließ er keine Gelegenheit ungenützt, um gewissenhaft und aufmerksam zu lernen, zu erkunden, zu erfahren. Er wurde nie müde, das Leben der ganzen Welt zu verfolgen. Er las und sprach frei deutsch, französisch, englisch, las italienisch. In den letzten Jahren seines Lebens, von Arbeit überbürdet, pflegte er trotzdem während der Sitzungen des Politischen Büros nebenher die tschechische Grammatik zu studieren, um einen unmittelbaren Schlüssel zu der Arbeiterbewegung der Tschechoslowakei zu erhalten; wir »ertappten« ihn bisweilen bei dieser Beschäftigung, und er lachte dann ein wenig verlegen und entschuldigte sich. … Und ihm steht ein Wells gegenüber, der jene Gattung der scheingebildeten, beschränkten Spießer verkörpert, die überall schauen, ohne etwas zu sehen und dabei der Meinung sind, dass sie nichts zu lernen brauchten, weil sie mit ihrem ererbten Vorrat an Vorurteilen genügend eingedeckt sind.

Und Herr MacDonald, der eine solidere und rauere puritanische Abart des gleichen Typus repräsentiert, beruhigt die bürgerliche öffentliche Meinung: Wir haben mit Moskau gekämpft, und wir haben Moskau besiegt. Sie hätten Moskau besiegt? Das sind aber wahrhaftig arme *»kleine Männchen«*, und seien sie auch noch so hoch von Wuchs! Heute noch, nach allem, was sich in der Welt ereignet hat, wissen sie noch gar nichts von ihrem eigenen morgigen Tag. Die liberalen und konservativen Geschäftemacher schieben ohne Mühe die am Ruder befindlichen »evolutionären« sozialistischen Pedanten vor, um sie zu kompromittieren und bereiten dadurch bewusst ihren Zusammenbruch vor, nicht nur als Minister, sondern auch als Politiker. Gleichzeitig bereiten sie auch, allerdings weniger bewusst, die Machtübernahme durch die englischen Marxisten vor. Ja, ja, durch die Marxisten, die *»langweiligen Fanatiker des Klassenkampfes.«* Auch die englische soziale Revolution wird nach den von Marx entdeckten Gesetzen vor sich gehen.

Mit der ihm eigenen Geistreichelei, die schwer ist wie ein Pudding, hat Wells einmal gedroht, er würde die Schere nehmen und Marx die »doktrinäre« Haarkrone und den Bart beschneiden, er würde Marx anglisieren, respektabilisieren und fabianisieren, das heißt, ihn auf englische, respektable und fabianische Art zurichten. Aus diesem Vorhaben ist aber nichts geworden, und es wird auch nichts dabei herauskommen. Marx wird Marx bleiben, ebenso wie Lenin Lenin blieb, nachdem ihn Wells im Laufe einer ganzen Stunde mit seinem stumpfen Rasiermesser qualvoll bearbeitet hatte. Und wir wagen die Voraussage, dass man in nicht allzu ferner Zukunft in London, etwa auf dem Trafalgar Square, zwei Bronzefiguren neben einander aufstellen wird: Karl Marx und Wladimir Iljitsch Lenin. Die englischen Proletarier werden zu ihren Kindern sagen: *»Wie schön ist es, dass es den kleinen Männchen aus der Labour Party nicht gelungen ist, diesen beiden Riesen das Haar abzuschneiden oder sie zu rasieren!«*

In Erwartung dieses Tages, den zu erleben ich mich bemühen werde, schließe ich für einen Augenblick die Augen und sehe deutlich Lenins Gestalt in seinem Sessel, dem gleichen Sessel, in dem ihn Wells gesehen hat, und ich höre die von einem aufrichtigen Stoßseufzer begleiteten Worte: »Das ist aber ein Spießbürger! Das ist aber ein Philister!«

Anhang

Über den Fünfzigjährigen

Das Nationale in Lenin

Lenins Internationalismus bedarf keiner Empfehlung. Er wird am besten gekennzeichnet durch den unversöhnlichen, bereits in den ersten Tagen des Weltkrieges vorgenommenen Bruch mit jener Imitation des Internationalismus, die in der Zweiten Internationale herrschte. Die offiziellen Führer des »Sozialismus« bemühten sich, von der parlamentarischen Tribüne aus die Interessen des Vaterlandes mit den Interessen der Menschheit durch abstrakte Argumente im Geiste der alten Kosmopoliten in Einklang zu bringen. In der Praxis führte dies, wie uns bekannt ist, zur Unterstützung des räuberischen Vaterlandes durch die Kräfte des Proletariats.

Lenins Internationalismus ist keineswegs eine Formel zur Verbindung des Nationalen mit dem Internationalen in Worten, sondern eine Formel der internationalen revolutionären Tat. Das von der sogenannten zivilisierten Menschheit besetzte Weltgebiet wird als ein einziges riesiges Kampffeld betrachtet, das Feld eines Kampfes, in dem die einzelnen Völker und ihre Klassen nur Teilelemente darstellen. Keine einzige bedeutende Frage wird auf den nationalen Rahmen beschränkt. Sichtbare und unsichtbare Fäden verbinden die gegebene Frage stets in aktivster Weise mit Dutzenden von Erscheinungen in allen Teilen der Welt. In der Beurteilung von internationalen Faktoren und Kräften ist Lenin mehr als sonst jemand frei von nationaler Voreingenommenheit und Parteinahme.

Marx war der Ansicht, dass die Philosophen die Welt bereits zur Genüge interpretiert hätten, und er sah seine Aufgabe darin, die Welt zu verändern. Er selber, der geniale Vorläufer, hat das indessen nicht erlebt. Jetzt ist die Umgestaltung der Welt in vollem Gange, und ihr erster Kämpfer ist Lenin. Sein Internationalismus ist praktisches Urteil und praktischer Eingriff in den Gang der geschichtlichen Ereignisse im Weltausmaße und zu Weltzwecken. Russland und sein Schicksal sind nur Bestandteile dieses grandiosen geschichtlichen Ringens, von dessen Ausgang das Schicksal der Menschheit abhängt.

Lenins Internationalismus bedarf keiner Empfehlung. Gleichzeitig aber ist Lenin selber im tiefsten Sinne national. Er wächst mit seinen Wurzeln in der neuen russischen Geschichte, er nimmt sie in sich auf, verleiht ihr den höchsten Ausdruck, und gerade dadurch erreicht er die höchsten Gipfel der internationalen Tat und des internationalen Einflusses.

Lenin als nationale Gestalt

Auf den ersten Blick könnte die Charakterisierung Lenins als »national« unerwartet erscheinen, im Grunde genommen aber ist dies eine Selbstverständlichkeit. Um einen solchen in der Geschichte der Völker nie dagewesenen Umschwung zu leiten, wie ihn Russland erlebt, dazu gehört augenscheinlich eine ununterbrochene organische Verbundenheit mit den Grundkräften des Volkslebens, eine Verbundenheit, die von den tiefsten Wurzeln ausgeht.

Lenin verkörpert in sich das russische Proletariat, eine junge Klasse, die politisch vielleicht nicht älter als Lenin selber, aber dabei tief national ist, weil sie die gesamte vorherige Entwicklung Russlands in sich zusammenfasst, weil sie seine ganze Zukunft verkörpert und weil sie eine Klasse ist, mit der die russische Nation steht und fällt. Das Fehlen von Routine und Schablone, von Falschheit und herkömmlicher Bedingtheit, die Entschlossenheit des Denkens, die Kühnheit im Handeln – eine Kühnheit, die niemals in Unvernunft ausartet – das sind die Charakterzüge des russischen Proletariats und mit ihm zugleich Lenins.

Die Wesensart des russischen Proletariats, die es jetzt als wichtigster Faktor der internationalen Revolution auftreten lässt, ist durch den ganzen Entwicklungsgang unserer nationalen russischen Geschichte vorbereitet worden: durch die barbarische Brutalität des absolutistischen Staates, durch die Minderwertigkeit der privilegierten Klassen, durch die fieberhafte Entwicklung des von der Weltbörse befruchteten russischen Kapitalismus, durch den blutsaugenden Charakter der russischen Bourgeoisie, die Dekadenz ihrer Ideologie, die Nichtigkeit ihrer Politik. Unser »dritter Stand« hatte weder seine Reformation noch seine große Revolution durchgemacht, noch hätte er sie durchmachen können. Einen umso umfassenderen Charakter haben die revolutionären Aufgaben des russischen Proletariats angenommen. Unsere Geschichte hat in der Vergangenheit weder einen Luther noch einen Thomas Münzer, Mirabeau, Danton oder Robespierre hervorgebracht. Gerade deswegen besitzt das russische Proletariat seinen Lenin. Was an Tradition fehlte, wurde durch den Schwung der Revolution wettgemacht.

Nicht nur die proletarische Gegenwart der Arbeiterklasse, sondern auch seine noch ganz frische bäuerliche Vergangenheit finden in Lenin ihre Widerspiegelung. Dieser unbestrittenste aller Führer des Proletariats besitzt nicht nur ein bäuerliches Äußeres, sondern auch einen kräftigen bäuerlichen Kern. Vor dem Smolny steht ein Denkmal des anderen Großen des Weltproletariats: Marx auf dem steinernen Postament, im schwarzen Gehrock. Das ist natürlich eine Kleinigkeit, aber Lenin kann man sich im schwarzen Gehrock nicht vorstellen. Auf manchen Bildern ist Marx in einem gestärkten Brusthemd mit weitem Ausschnitt dargestellt, und eine Art Monokel hängt darüber. Dass Marx nicht zur Koketterie neigte, ist klar für jeden, der eine Ahnung hat vom Marxschen Geist. Marx entstammt aber einem ganz anders gearteten national-kulturellen Boden, er lebte in einer anderen Atmosphäre, wie ja auch die Oberschicht der deutschen Arbeiterklasse nicht in dem deutschen Dorf wurzelt, sondern im zünftigen Handwerk und in der komplizierten städtischen Kultur des Mittelalters.

Lenins Eigenart

Schon in dem reichen und glänzenden Stil von Marx, der Kraft und Geschmeidigkeit, Zorn und Ironie, Strenge und Eleganz in sich vereinigt, kommt das literarische und ästhetische Erbe der ganzen vorangegangenen sozial-politischen Literatur zum Ausdruck, bis zurück zur Reformation und noch weiter zurück. Lenins literarischer und rednerischer Stil ist furchtbar einfach, zweckbestimmt, asketisch wie sein ganzes Wesen. In seiner kraftvollen Askese ist aber keine Spur von Moralisieren zu finden. Seine Askese ist nicht etwa ein Grundsatz, ein vorbedachtes System und schon ganz gewiss keine Pose – sie ist einfach der äußere Ausdruck einer Konzentration aller seelischen Kräfte zum Zweck des Handelns. Das ist die wirtschaftliche bäuerliche Sachlichkeit, allerdings gesteigert bis zum größten Ausmaß.

Marx kommt voll und ganz in dem »Kommunistischen Manifest«, dem Vorwort zu seiner »Kritik der politischen Ökonomie«, im »Kapital« zum Ausdruck. Selbst wenn er die Erste Internationale nicht gegründet hätte, wäre seine Geltung für alle Zeiten die gleiche geblieben wie heute. Lenin dagegen ist ganz der Mann der revolutionären Tat. Seine wissenschaftlichen Arbeiten sind nichts weiter als eine Vorbereitung der Aktion. Hätte er in der Vergangenheit kein einziges Buch veröffentlicht, er ginge trotzdem wie jetzt in die Geschichte ein als Führer der proletarischen Revolution und als Gründer der Dritten Internationale.

Ein klares wissenschaftliches System – die materialistische Dialektik – ist notwendig für eine Tat von so geschichtlicher Tragweite, wie Lenin sie vollbrachte; notwendig, aber nicht hinreichend.

Dazu gehört noch jene verborgene schöpferische Kraft, die wir als Intuition bezeichnen: die Fähigkeit, Erscheinungen im Fluge zu beurteilen, den Kern, das Wesentliche und Wichtige, von der Schale und vom Kleinkram zu befreien, die Lücken im Bilde auszufüllen mit Hilfe der Phantasie, die Pläne der anderen, vor allem die der Feinde, bis ans Ende zu durchdenken, alles zu einem Ganzen zu verbinden und in dem gleichen Augenblick, in dem die Kampfes-»Formel« im Geiste erst Gestalt gewinnt, zum Schlage auszuholen. Das ist die Intuition des Handelns. In gewissem Sinne ist sie verwandt mit dem, was wir im Alltag »Schlauheit« nennen.

Wenn Lenin, das linke Auge zugekniffen, durch einen Funkspruch die Parlamentsrede eines der imperialistischen Staatslenker oder eine diplomatische Note erhält – dies Gemisch von blutrünstiger Tücke und aalglatter Heuchelei –, dann sieht er aus wie ein sehr kluger Bauer, dem man mit Worten nicht beikommen und den man mit der bloßen Phrase nicht betrügen kann. Das ist die bäuerliche Schlauheit in höchster Potenz, bis zur Genialität entfaltet und ausgerüstet mit den neuesten Errungenschaften wissenschaftlicher Forschung.

Das junge russische Proletariat konnte das, was es vollbracht hat, nur vollbringen, weil es mit seinen eigenen Wurzeln den schweren Felsblock der Bauernschaft umspannte und mitriss. Dieser Prozess ist von unserer ganzen nationalen Vergangenheit vorbereitet worden. Aber gerade deshalb, weil das Proletariat durch die Entwicklung der Ereignisse ans Ruder kam, hat unsere Revolution die nationale Beschränktheit und die provinzielle Krähwinkelei der früheren russischen Geschichte sofort und gründlich überwunden. Sowjetrussland ist nicht nur zum Asyl der Kommunistischen Internationale, sondern vielmehr zur lebendigen Verkörperung ihres Programms und ihrer Methoden geworden.

Auf jenen unbekannten, von der Wissenschaft noch nicht ergründeten Wegen, die zur Gestaltung der menschlichen Persönlichkeit führen, hat Lenin aus dem nationalen Milieu alles in sich aufgenommen, was er brauchte für die größte revolutionäre Tat in der menschlichen Geschichte.

Eben weil die soziale Revolution, mit ihrem seit langem bestehenden internationalen theoretischen Ausdruck, durch Lenin zum ersten Male in einem nationalen Rahmen verwirklicht wurde, darum ist Lenin im geradesten und unmittelbarsten Sinne der revolutionäre Führer des Weltproletariats und als ein solcher erlebte er seinen 50. Geburtstag.

»Prawda« Nr. 86, vom 23. April 1920.

Über den Verwundeten

(Rede, gehalten in der Sitzung des Zentralen Exekutivkomitees am 2. September 1918.) Genossen, den brüderlichen Gruß, der mir hier entgegen hallt, deute ich in dem Sinne, dass wir alle in diesen schweren Tagen und Stunden wie Brüder das tiefe Bedürfnis empfinden, uns enger aneinander, an unsere Sowjetorganisationen anzuschließen, fester zu unserer kommunistischen Fahne zu stehen. In diesen angsterfüllten Tagen und Stunden, wo unser und – wir können das jetzt mit vollem Recht sagen – des Weltproletariats Fahnenträger auf seinem Lager in furchtbarem Kampf mit dem Tode ringt, sind wir einander näher als in der Stunde des Sieges. … Die Nachricht von dem Attentat auf den Genossen Lenin traf mich und eine Reihe anderer Genossen in Swijaschsk, an der Kasaner Front. Dort hagelte es Schläge – von rechts, von links, von vorn. Dieser neue Schlag aber war ein Schlag in den Rücken aus der entlegensten Etappe.

Dieser verräterische Schlag hat eine neue Front aufgerissen, in diesem Augenblick die schmerzhafteste, die beängstigendste: die Front, an der Wladimir Iljitsch mit dem Tode kämpft.

Welche Niederlagen uns an der einen oder anderen Front auch erwarten mögen – ich habe allerdings mit Euch gemeinsam den festen Glauben an unseren baldigen Sieg –, einzelne Niederlagen an einem Teil der Gesamtfront wären nicht so schwer und so tragisch für die Arbeiterklasse Russlands und der ganzen Welt wie ein unglücklicher Ausgang des Kampfes an jener Front, die in der Brust unseres Führers aufgerissen worden ist.

Wenn man sich nur hineindenkt, kann man die ganze Kraft des konzentrierten Hasses begreifen, welche Lenin bei allen Feinden der Arbeiterklasse hervorgerufen hat und hervorrufen wird. Denn die Natur hat ein herrliches Werk geleistet, als sie in einem Menschen die revolutionäre Idee und die unerschütterliche Energie der Arbeiterklasse verkörperte. Dieser Mensch ist Wladimir Iljitsch Lenin. Die Bildergalerie der Arbeiterführer, der revolutionären Kämpfer, ist reich und vielgestaltig, und ich selber habe, wie viele andere Genossen, die im dritten Jahrzehnt ihrer revolutionären Arbeit stehen, Gelegenheit gehabt, in verschiedenen Ländern vielen Abarten des Typus eines Arbeiterführers, eines revolutionären Vertreters der Arbeiterklasse, zu begegnen. Aber nur in Lenin besitzen wir eine Gestalt, die für unsere durch Blut und Eisen gekennzeichnete Epoche geschaffen worden ist.

Die Epoche der sogenannten friedlichen Entwicklung der bürgerlichen Gesellschaft, wo die Gegensätze sich allmählich häuften, wo Europa die sogenannte Periode des bewaffneten Friedens durchlebte und Blut fast nur in den Kolonien floss, wo das Raubkapital die rückständigsten Völker drangsalierte, jene Epoche liegt hinter uns. Europa erfreute sich damals des sogenannten Friedens des kapitalistischen

Militarismus. In jener Epoche formierten und gestalteten sich die prominentesten Führer der europäischen Arbeiterbewegung. Wir kennen unter ihnen eine so hervorragende Gestalt wie August Bebel, den großen Hingeschiedenen. Er spiegelte aber eine Epoche der allmählichen und langsamen Entwicklung der Arbeiterklasse wider. Neben Mut und eiserner Energie war ihm äußerste Vorsicht der Bewegungen, die Sondierung des Bodens, die Strategie des Abwartens und der Vorbereitung eigen. Er spiegelte den Prozess der allmählichen, molekularen Kräfteansammlung der Arbeiterklasse wider, sein Gedanke ging vorwärts, Schritt für Schritt, ebenso wie die deutsche Arbeiterklasse in der Epoche der Weltreaktion nur allmählich von unten aufstieg, sich von der Dunkelheit und vom Aberglauben frei machend. Seine geistige Gestalt wuchs, entwickelte sich, wurde stärker und größer, blieb aber stets auf dem gleichen Boden des Abwartens und der Vorbereitung. So war August Bebel in seinen Ideen und seinen Methoden die beste Gestalt der vergangenen, für ewig entschwundenen Epoche.

Unsere Zeit ist aus einem anderen Zeug gewebt. Wir leben in einer Epoche, wo die angesammelten Gegensätze bis zu einer ungeheuerlichen Explosion gediehen sind, wo sie die Hülle der bürgerlichen Gesellschaft durchbrochen haben, wo sämtliche Stützpunkte des Weltkapitalismus durch das ungeheuerliche Völkergemetzel bis zum Grunde erschüttert sind, eine Epoche, die alle Klassengegensätze aufgedeckt hat, die die Volksmassen vor die fürchterliche Wirklichkeit gestellt hat, in der, nackten Profitinteressen zuliebe, Millionen vernichtet werden. Für diese Epoche hat es die Geschichte Westeuropas vergessen, versäumt oder nicht vermocht, ihren eigenen Führer zu schaffen, und nicht ohne Grund, denn alle Führer, die sich vor dem Krieg des größten Vertrauens der europäischen Arbeiterklasse erfreuten, spiegelten ihren gestrigen, aber nicht ihren heutigen Tag wider… .

Und als die neue Epoche sich einstellte, die Epoche der schrecklichen Erschütterungen und blutigen Kämpfe, da war sie eine zu harte Nuss für die früheren Führer. Es war der Wille der Geschichte – und nicht von ungefähr –, in Russland eine Gestalt aus einem Guss zu schaffen, eine Gestalt, die unsere ganze harte und große Epoche in sich widerspiegelt. Ich wiederhole: nicht von ungefähr. 1847 hat das damals rückständige Deutschland aus seiner Mitte Marx geschaffen, den größten Kämpfer und Denker, der die Wege der neuen Geschichte voraussah. Deutschland war damals ein rückständiges Land, aber nach dem Willen der Geschichte durchlebte die damalige deutsche Intelligenz eine Periode der revolutionären Entwicklung; und der größte Vertreter dieser Intelligenz, der den ganzen Reichtum ihres Wissens besaß, brach mit der bürgerlichen Gesellschaft, stellte sich auf den Boden des revolutionären Proletariats und arbeitete das Programm der Arbeiterbewegung und die Entwicklungstheorie der Arbeiterklasse aus. Zur Erfüllung dessen, was Marx in jener Epoche vorausgesagt hat, ist unsere Epoche berufen. Dazu braucht sie aber neue Führer, die Träger des großen Geistes unserer Epoche sein müssen, in der die Arbeiterklasse, auf der Höhe ihrer geschichtlichen Aufgabe angelangt, klar die große

Grenze erkannt hat, die es zu überschreiten gilt, wenn die Menschheit leben und nicht wie ein krepiertes Tier auf der großen Straße der Weltgeschichte verwesen soll. Für diese Epoche hat die russische Geschichte einen neuen Führer geschaffen. Alles Gute, das bei der alten revolutionären Intelligenz zu finden war, ihre Selbstaufopferung, ihr Wagemut, ihr Hass gegen jede Form der Unterdrückung, – all das konzentrierte sich in diesem Menschen, der bereits in seiner Jugend mit der Welt der Intelligenz wegen ihrer Verbundenheit mit der Bourgeoisie brach, und der in sich den Sinn und das Wesen der Entwicklung der Arbeiterklasse verkörperte. Sich auf das junge revolutionäre Proletariat Russlands stützend, die reiche Erfahrung der internationalen Arbeiterbewegung ausnutzend, ihre Ideologie in einen Hebel der Aktion verwandelnd, ist dieser Mensch jetzt in seiner ganzen Größe am politischen Firmament erschienen. Das ist Lenin, der größte Mensch unserer revolutionären Epoche. (Beifall.)

Ich weiß, und ihr, Genossen, wisst es ebenso wie ich, dass das Schicksal der Arbeiterklasse nicht von einzelnen Persönlichkeiten abhängt: das heißt aber nicht, dass die Persönlichkeit in der Geschichte unserer Bewegung und der Entwicklung der Arbeiterklasse gleichgültig wäre. Die Persönlichkeit vermag nicht die Arbeiterklasse nach ihrem eigenen Vorbild zu formen, und sie kann dem Proletariat nicht willkürlich den einen oder anderen Entwicklungsweg vorschreiben, sie kann aber die Verwirklichung seiner Aufgaben fördern, die Erreichung seines Zieles beschleunigen. Die Kritiker hielten Karl Marx vor, er habe die Revolution bedeutend näher vorausgesehen, als sie sich in der Tat verwirklichte. Darauf wurde mit vollem Recht geantwortet, dass er auf einem hohen Berg gestanden habe, weshalb ihm die Entfernungen kürzer erschienen.

Wladimir Iljitsch wurde von vielen – auch von mir – mehrfach kritisiert, weil er manche sekundären Ursachen und beiläufigen Umstände scheinbar nicht bemerkte. Ich muss sagen, dass das für eine Epoche der »normalen«, langsamen Entwicklung möglicherweise bei einem politischen Führer ein Fehler gewesen wäre. Es ist aber der größte Vorzug des Genossen Lenin als des Führers der neuen Epoche, dass bei ihm alles Beiläufige, alles Äußerliche, alles Nebensächliche fortfällt und zurücktritt und nur der grundlegende unversöhnliche Klassengegensatz in der furchtbaren Form des Bürgerkrieges zurückbleibt.

Mit dem revolutionären Blick voran zu dringen, das Hauptsächliche, Grundlegende, Wichtigste zu bemerken und darauf hinzuweisen, diese Begabung ist Lenin im höchsten Maße eigen. Und die, denen es, wie uns, in dieser Periode beschert war, die Arbeit Wladimir Iljitschs, die Arbeit seines Denkens, von der Nähe aus zu beobachten, die konnten nicht umhin, ihm schrankenlose Bewunderung zu zollen – ich wiederhole: schrankenlose Bewunderung für jene Begabung des durchdringenden, bohrenden Gedankens, der alles Äußerliche, Zufällige, Oberflächliche fortfegt und die grundlegenden Wege und Methoden des Handelns festlegt. Die Arbeiterklasse lernt nur die Führer schätzen, die, nachdem sie den Weg der Entwicklung entdeckt haben, unerschüttert weitergehen, auch wenn die Vorurteile des Proletariats sich ihnen bisweilen als Hindernisse entgegenstellen. Zu der Begabung des machtvollen Denkens kommt bei Wladimir Iljitsch die Unerschütterlichkeit des Willens hinzu, und diese Eigenschaften ergeben in ihrem Zusammenwirken den echten revolutionären Führer, der aus dem männlichen unerbittlichen Denken und dem stählernen unerschütterlichen Willen zusammengeschweißt ist.

Welch ein Glück, dass all das, was wir sprechen und hören und was wir in den Resolutionen über Lenin lesen, nicht die Form eines Nachrufs trägt. Und es war doch so nahe daran… . Wir sind überzeugt, dass an dieser nahen Front, dort im Kreml, das Leben siegen und Wladimir Iljitsch bald in unsere Reihen zurückkehren wird.

Genossen, wenn ich gesagt habe, dass Lenin in sich das männliche Denken und den revolutionären Willen der Arbeiterklasse verkörpert, so kann man sagen, dass ein tiefes Symbol, sozusagen eine bewusste Absicht der Geschichte darin liegt, dass in diesen schweren Stunden, wo die russische Arbeiterklasse unter Anspannung aller Kräfte an den äußeren Fronten gegen die Tschechoslowaken und die weißgardistischen Söldlinge Englands und Frankreichs kämpft, unser Führer gegen die Wunden kämpft, die ihm durch dieselben Tschechoslowaken, Weißgardisten, Söldlinge Englands und Frankreichs zugefügt worden sind. Hier liegt ein innerer Zusammenhang und ein tiefes geschichtliches Sinnbild! Und so wie wir alle überzeugt sind, dass wir in unserem Kampf an der tschechoslowakischen, englisch-französischen und weißgardistischen Front mit jedem Tag und jeder Stunde stärker werden (Beifall) – davon darf ich als Augenzeuge, der unmittelbar vom Kriegsschauplatz kommt, reden, ja, wir werden mit jedem Tag stärker, wir werden morgen stärker sein, als wir gestern waren, übermorgen stärker als morgen, und ich zweifle nicht daran, dass der Tag nahe ist, an dem es uns möglich sein wird, Euch zu sagen, dass Kasan, Simbirsk, Samara, Ufa und andere zeitweilig besetzte Städte in unsere Sowjetfamilie zurückkehren werden – , ebenso hoffen wir, dass gleichzeitig und in raschem Tempo die Wiederherstellung des Genossen Lenin vor sich gehen wird.

Auch jetzt steht sein Bild, das herrliche Bild des verwundeten Führers, der vorübergehend die Front verlassen musste, unauslöschlich vor uns. Wir wissen: auch nicht für eine Minute hat er unsere Reihen verlassen, denn, selber getroffen von den verräterischen Kugeln, weckt er uns alle, ruft uns und drängt uns vorwärts. Ich habe keinen einzigen Genossen, keinen einzigen ehrlichen Arbeiter beobachtet, der die Hände hätte sinken lassen unter dem Einfluss der Nachricht von dem verräterischen Attentat gegen Lenin; dafür habe ich aber Dutzende gesehen, die die Fäuste ballten und deren Hand zur Waffe griff; ich hörte Hunderte und Tausende von Lippen, die den Klassenfeinden des Proletariats erbarmungslose Rache schworen. Es erübrigt sich, zu erzählen, wie die klassenbewussten Kämpfer an der Front reagierten, als sie erfuhren, Lenin liege mit zwei Kugeln im Leibe danieder. Niemand konnte von Lenin sagen, es fehle seinem Charakter an Metall; jetzt enthält nicht nur sein Geist Metall, sondern auch sein Körper, und so wird er der Arbeiterklasse Russlands noch wertvoller sein.

Ich weiß nicht, ob unsere Worte und unser Herzschlag jetzt das Krankenlager des Genossen Lenin erreichen, ich zweifle aber nicht daran, dass er sie fühlt. Ich zweifle nicht, dass er trotz des Fiebers, das noch anhält, weiß, dass auch unsere Herzen jetzt mit doppelter und dreifacher Geschwindigkeit schlagen. Wir alle sind uns jetzt klarer denn je bewusst, dass wir Glieder einer kommunistischen Sowjetfamilie sind. Niemals ist einem jeden von uns das eigene Leben dermaßen als eine Sache zweiten oder dritten Ranges erschienen, wie in dem Augenblick, wo das Leben des größten Menschen unserer Zeit in tödlicher Gefahr schwebt. Jeder Idiot kann den Schädel Lenins mit einer Kugel durchbohren, aber diesen Schädel neu zu schaffen, das ist selbst für die Natur eine schwierige Aufgabe.

Aber nein, er wird bald wieder aufstehen – zum Denken und Schaffen, zum Kampf gemeinsam mit uns. Wir aber versprechen dem teuren Führer: Solange in unseren eigenen Schädeln noch die Kraft zum Denken lebt und in unseren Herzen warmes Blut schlägt, werden wir der Fahne der kommunistischen Revolution treu bleiben. Wir werden kämpfen gegen die Feinde der Arbeiterklasse bis zum letzten Blutstropfen, bis zum letzten Atemzug. (Brausender und lang anhaltender Beifall.)

Über den Kranken

(Aus einem Bericht auf der VII. Allukrainischen Parteikonferenz, am 5. April 1923.) Genossen, in diesem Jahr haben wir eine Nachprüfung der Klarheit des Denkens und der Willensstärke unserer Partei erlebt. Die Prüfung war schwer, weil sie in einer Tatsache bestand, die zur Zeit noch auf dem Bewusstsein aller Mitglieder der Partei und der breitesten Kreise der werktätigen Bevölkerung lastet, richtiger gesagt: über der ganzen werktätigen Bevölkerung unseres Landes und in erheblichem Maße auch der ganzen Welt. Ich meine damit die Krankheit von Wladimir Iljitsch. Als sich sein Befinden Anfang März verschlechterte, versammelte sich das Politische Büro des Zentralkomitees, um zu beraten, ob man der Partei und dem Land die Verschlimmerung im Gesundheitszustand des Genossen Lenin bekannt geben müsse. – Ich glaube, Genossen, Ihr werdet Euch alle vorstellen können, in welcher Stimmung die Sitzung des Politischen Büros verlief, da wir der Partei und dem Lande diesen ersten schweren, beängstigenden Krankheitsbericht mitteilen mussten. Es ist selbstverständlich, dass wir uns auch in jenem Augenblick als Politiker verhalten mussten. Niemand wird uns deshalb einen Vorwurf machen. Wir dachten nicht nur an die Gesundheit des Genossen Lenin – natürlich, an erster Stelle interessierten wir uns in jenen Minuten für seinen Puls, für sein Herz, für seine Temperatur –, aber wir dachten auch daran, welche Wirkung die Zahl seiner Herzschläge auf den politischen Puls der Arbeiterklasse und unserer Partei ausüben werde. Mit Angst, aber gleichzeitig auch voller Glauben an die Kräfte unserer Partei, sagten wir, dass man im ersten Augenblick des Auftretens der Gefahr die Partei und das Land davon in Kenntnis setzen muss. Niemand zweifelte daran, dass unsere Feinde bemüht sein würden, diese Nachricht auszunutzen, um bei der Bevölkerung, insbesondere bei der Bauernschaft, Wirrnis zu stiften, beunruhigende Gerüchte in Umlauf zu setzen usw.; keiner von uns zweifelte aber auch nur für eine Sekunde daran, dass man der Partei sofort sagen müsse, wie die Sache stand, weil das die Steigerung des Verantwortungsgefühls jedes einzelnen Parteimitgliedes bedeutete. Unsere Partei ist eine große Halbmillionenpartei, ein großes Kollektiv mit einer großen Erfahrung; doch, Genossen, inmitten dieser halben Million Menschen nimmt Lenin einen Platz ein, der sich mit nichts vergleichen lässt. Es gibt und es gab in der geschichtlichen Vergangenheit keinen Menschen, der gleich Lenin die Schicksale nicht nur eines Landes, sondern auch die Schicksale der Menschheit beeinflusste; es gibt keinen Maßstab, es ist keiner geschaffen worden, der uns gestatten würde, die geschichtliche Bedeutung Lenins zu ermessen. Die Tatsache, dass er für längere Zeit seiner Arbeit fern bleiben musste, und sein schlimmer Zustand mussten deshalb unvermeidlich eine tiefe politische Besorgnis hervorrufen.

Gewiss, gewiss, gewiss, wir wissen mit Bestimmtheit, dass die Arbeiterklasse siegen wird. Wir singen: »Es rettet uns kein höh'res Wesen …« und auch »kein Tribun.« Und das ist richtig; im geschichtlichen Endergebnis würde die Arbeiterklasse gesiegt haben, auch wenn es keinen Marx, keinen Uljanow-Lenin auf der Welt gegeben hätte. Die Arbeiterklasse hätte die Idee und die Methoden, die sie braucht, hervorgebracht, aber langsamer. Die Tatsache, dass die Arbeiterklasse auf den Wellenkämmen ihres Stromes zwei Gestalten wie Marx und Lenin emporgehoben hat, ist ein kolossales Plus für die Revolution. Marx ist der Prophet mit den Gebotstafeln, Lenin aber der größte Vollbringer der Gebote, der nicht wie Marx die proletarische Aristokratie, sondern die Klassen, die Völker in der schwierigsten Situation durch die Erfahrung belehrte, der handelte, manövrierte und siegte. In diesem Jahr ist uns in der praktischen Arbeit nur die teilweise Mitwirkung von Wladimir Iljitsch geblieben. Auf gedanklichem Gebiet haben wir vor kurzem von ihm einige Mahnungen und Weisungen erhalten, die für eine Reihe von Jahren genügen werden: über die Bauernfrage, den Staatsapparat und das nationale Problem . … Und nun, sage ich, musste man über die Verschlimmerung seines Gesundheitszustandes berichten. Wir fragten uns mit verständlicher Besorgnis: welche Schlüsse wird die parteilose Masse hieraus ziehen, der Rotarmist, der Bauer, der in unserem Staatsapparat vor allen Dingen Lenin vertraut. Von allem anderen abgesehen, ist Iljitsch das große moralische Kapital des Staatsapparates in den Wechselbeziehungen zwischen der Arbeiterklasse und dem Bauerntum. Würde der Bauer nicht meinen – fragten manche aus unserer Mitte –, dass mit Lenins langer Abwesenheit von der Arbeit seine Politik eine Änderung erfahren könnte? Wie reagierten nun tatsächlich die Partei, die Arbeitermasse, das Land? … Als die ersten beunruhigenden Krankheitsberichte erschienen, schloss sich die Partei im Ganzen enger zusammen, sie straffte sich, richtete sich moralisch empor. Natürlich, Genossen, die Partei besteht aus lebendigen Menschen. Menschen haben Fehler und Mängel, und auch die Kommunisten haben viel »Menschliches, Allzumenschliches«, wie die Deutschen sagen; es gibt bei ihnen Gruppen – und persönliche Konflikte, ernste und kleinliche, das gibt es und wird es geben, denn ohne solche kann eine große Partei nicht existieren. Die sittliche Kraft, das politische spezifische Gewicht der Partei wird aber bestimmt durch das, was bei einer derartigen tragischen Erschütterung an die Oberfläche gelangt: Wille zur Einheit, Disziplin – oder Nebensächliches und Persönliches, Menschliches, Allzumenschliches. Und nun, Genossen, glaube ich, dürfen wir diese Schlussfolgerung nunmehr mit voller Überzeugung ziehen: als die Partei spürte, dass sie für längere Zeit Lenins Leitung würde entbehren müssen, schloss sie sich fester zusammen und schob alles beiseite, was die Klarheit ihres Denkens, die Einheitlichkeit ihres Willens, ihre Kampffähigkeit gefährden konnte.

Bevor ich mich in den Wagen setzte, um hierher nach Charkow zu fahren, unterhielt ich mich mit unserem Moskauer Befehlshaber Nikolai Iwanowitsch Muralow, der vielen von Euch als altes Parteimitglied bekannt ist, darüber, wie der Rotarmist die Lage im Zusammenhang mit Lenins Krankheit aufnimmt. Muralow sagte mir: »Im ersten Augenblick hat die Nachricht wie ein Blitzschlag gewirkt, alle prallten zurück, nachher aber haben sie mehr und tiefer als bisher über Lenin nachgedacht.« … Ja, Genossen, der parteilose Rotarmist denkt jetzt auf seine Art, aber sehr tief, über die Rolle der Persönlichkeit in der Geschichte nach; er überlegt das, was wir, Leute der älteren Generation, aus den Broschüren erlernten, als wir noch Gymnasiasten, Studenten oder junge Arbeiter waren, die im Gefängnis, im Zuchthaus, in der Verbannung grübelten und debattierten über die Beziehung des »Helden« zur »Masse«, über den subjektiven Faktor und die objektiven Bedingungen usw. Und jetzt, 1923, hat unser junger Rotarmist über diese Fragen konkret mit hunderttausend Köpfen nachgedacht, und mit ihm zugleich hat auch der allrussische, allukrainische und jeder sonstige Bauer mit hundert Millionen Köpfen über die Rolle der Persönlichkeit Lenins in der Geschichte nachgedacht. Und wie antworten darauf unsere politischen Beamten, unsere Kommissare, die Sekretäre unserer Parteizellen? Sie antworten so: Lenin ist ein Genie, ein Genie wird einmal in Jahrhunderten geboren, und Genies unter den Führern der Arbeiterklasse gibt es nur zwei in der Weltgeschichte: Marx und Lenin. Ein Genie erzeugen, das vermag selbst der Beschluss der machtvollsten und diszipliniertesten Partei nicht, aber in höchst erreichbarem Maße versuchen, ihn während seiner Abwesenheit zu ersetzen, das kann man durch die Verdoppelung der kollektiven Anstrengungen. Das ist die Theorie von der Persönlichkeit und der Klasse, die unsere politischen Erzieher in populärer Form dem parteilosen Rotarmisten beibringen. Und das ist eine richtige Theorie: Lenin arbeitet jetzt nicht, wir müssen doppelt so einträchtig arbeiten, mit doppelter Wachsamkeit nach den Gefahren ausschauen und mit doppelter Beharrlichkeit diese Gefahren abwenden, die Möglichkeiten des Aufbaues mit doppelter Hartnäckigkeit ausnutzen. Und das werden wir alle tun: von den Mitgliedern des Zentralkomitees bis zum parteilosen Rotarmisten. …

Unsere Arbeit, Genossen, ist eine sehr langwierige, eine Kleinarbeit, wenn sie sich auch im Rahmen eines großen Planes bewegt; die Methoden der Arbeit sind »prosaisch«: Bilanz und Kalkulation, Naturalsteuer und Getreideausfuhr, – das alles tun wir Schritt für Schritt, einen Ziegel setzen wir auf den anderen . … Bestellt hier nicht die Gefahr einer kleinkrämerischen Entartung der Partei? Eine derartige Entartung können wir aber ebenso wenig gestalten wie die geringste Zerstörung ihrer tatkräftigen Einheit, weil die gegenwärtige Periode, wenn sie auch »ernst und lange«[23] sein mag, doch nicht ewig dauern wird. Und vielleicht nicht einmal lange. Ein revolutionärer Ausbruch großen Stils kann als der Beginn einer europäischen Revolution früher eintreten, als es manchem von uns jetzt scheinen möchte. Und wenn wir aus den vielen strategischen Belehrungen Lenins etwas jetzt besonders festhalten müssen, dann das, was er die Politik der großen Schwenkungen nennt:

23 Mit diesen Worten hat Lenin die neue Wirtschaftspolitik angekündigt.

Heute auf die Barrikaden, morgen in den Stall der III. Staatsduma.[24] Heute der Ruf zur Weltrevolution, zum Weltoktober, morgen Verhandlungen mit Kühlmann und Czernin zur Unterzeichnung des Brest-Litowsker Schandfriedens. Die Situation hat sich geändert, oder wir beurteilten sie anders: Marsch gegen den Westen, »her mit Warschau!« … Wir sahen die Lage wieder anders: es folgte der Frieden von Riga, auch ein hinreichend schmachvoller Frieden, wie ihr alle wisst. … Und dann: hartnäckige Arbeit, Ziegelchen auf Ziegelchen, Sparsamkeit, Personalabbau, Nachprüfung: braucht man fünf Telefonistinnen oder drei; wenn drei genügen, darfst Du es nicht wagen, fünf anzustellen, weil der Bauer deswegen einige Pud Getreide mehr wird hergeben müssen. – Alltägliche Kleinarbeit, und da, schau, da flackert mit einem Mal die Flamme der Revolution an der Ruhr auf. Was, wird sie uns etwa entartet vorfinden? Nein, Genossen, nein! Wir entarten nicht, wir wechseln die Methoden und die Handgriffe, aber die revolutionäre Selbsterhaltung der Partei ist für uns höher als alles. Wir lernen eine Bilanz zu ziehen, und gleichzeitig spähen wir mit wachsamem Auge nach dem Osten und nach dem Westen, und die Ereignisse werden uns nicht unvorbereitet vorfinden. Durch Selbstsäuberung und Erweiterung unserer proletarischen Basis konsolidieren wir uns. … Wir treiben eine Verständigungspolitik mit der Bauernschaft und mit dem Kleinbürgertum, lassen die Nep-Leute zu, aber in die Partei werden wir die Nep-Leute und die Kleinbürger nicht hereinlassen, nein, – mit Schwefelsäure und glühendem Eisen werden wir sie aus der Partei ausbrennen.

(Beifall.) Und auf dem XII. Parteitag, der der erste Parteitag nach dem Oktober ohne Wladimir Iljitsch und überhaupt einer der wenigen Parteitage in der Geschichte unserer Partei ohne ihn sein wird, werden wir einander sagen, dass wir in unser Bewusstsein zu den übrigen Grundgeboten mit einem scharfen Meißel einschreiben, einmeißeln werden: Verknöchere nicht, gedenke der Kunst der scharfen Schwenkungen, manövriere, aber verliere Dich nicht, verständige Dich mit einem zeitweiligen oder dauerhaften Verbündeten, aber gestatte ihm nicht, sich in die Partei einzukeilen, bleib, was du bist, die Avantgarde der Weltrevolution. Und wenn die Alarmglocke vom Westen her läutet – und sie wird läuten –, so mögen wir auch bis hierher, bis zur Brust, in Kalkulation, in Bilanzen und in der Nep stecken, wir werden reagieren ohne Zögern und ohne Zaudern: wir sind Revolutionäre von Kopf bis Fuß, das waren wir, das bleiben wir, das werden wir bis zum Ende sein. (Stürmischer Beifall, alle klatschen stehend.)

24 Das russische Vorkriegsparlament.

Über den Toten

Lenin ist nicht mehr. Er weilt nicht mehr unter uns. Dunkle Gesetze, die die Tätigkeit der Blutgefäße bestimmen, haben dieses Leben abgebrochen. Die Medizin erwies sich als machtlos, zu vollbringen, was Millionen Menschenherzen von ihr erwarteten und mit Inbrunst forderten.

Wie viele gibt es unter ihnen, die ohne Bedenken ihr eigenes Blut bis zum letzten Tropfen geopfert hätten, wenn dadurch die Tätigkeit der Blutgefäße des großen Führers Lenin-Iljitsch, des Einzigen, Unwiederholbaren belebt, wiederhergestellt werden könnte? Aber ein Wunder geschah nicht, wo die Wissenschaft sich als machtlos erwies. Und so ist Lenin nicht mehr. Die Worte sausen auf das Bewusstsein nieder, wie ein mächtiger Fels ins Meer stürzt. Kann man es glauben, ist es denkbar, kann man es anerkennen?

Das Bewusstsein der Werktätigen der ganzen Welt wird diese Tatsache nicht aufnehmen wollen, weil der Feind noch furchtbar stark, der Weg lang, das große Werk – das größte in der Geschichte – noch nicht abgeschlossen ist; weil die Arbeiterklasse der Welt Lenin nötig braucht, wie vielleicht niemals irgend jemanden in der menschlichen Geschichte.

Mehr als zehn Monate dauerte der zweite Anfall der Krankheit, der schwerer war als der erste. Die Blutgefäße »spielten«, wie der bittere Ausdruck der Ärzte lautete. Das war ein schreckliches Spiel mit dem Leben von Iljitsch. Man konnte eine Besserung, eine fast völlige Wiederherstellung, aber auch eine Katastrophe erwarten. Wir alle erwarteten die Genesung, aber die Katastrophe kam. Die Atmungszentrale im Gehirn hörte auf, ihren Dienst zu verrichten – und löschte die Zentrale des genialsten Denkens.

Und nun ist Iljitsch nicht mehr. Die Partei ist verwaist. Verwaist ist die Arbeiterklasse. Gerade dieses Gefühl vor allem ruft die Nachricht vom Tode des Lehrers, des Führers wach.

Wie werden wir vorwärts gehen? Werden wir den Weg finden, werden wir uns nicht verirren? Denn Lenin, Genossen, ist nicht mehr unter uns!

Lenin ist nicht mehr, aber der Leninismus besteht. Das Unsterbliche in Lenin – seine Lehre, seine Arbeit, seine Methode, sein Beispiel –, sie leben in uns, in der Partei, die er schuf, in dem ersten Arbeiterstaat, dessen Haupt und Führer er gewesen ist.

Unsere Herzen sind deshalb von maßloser Trauer ergriffen, weil wir alle durch die große Gunst der Geschichte als Zeitgenossen Lenins geboren wurden, neben ihm gearbeitet, bei ihm gelernt haben. Unsere Partei ist der Leninismus in der Aktion, unsere Partei ist der kollektive Führer der Werktätigen. In jedem von uns lebt ein Teilchen von Lenin; es stellt den besten Teil eines jeden von uns dar.

Wie werden wir vorwärts gehen? – Mit der Leuchte des Leninismus in den Händen. Werden wir den Weg finden? – Wir werden ihn finden durch das kollektive Denken, durch den kollektiven Willen der Partei.

Und morgen und übermorgen, nach einer Woche und nach einem Monat werden wir uns fragen: Ist denn Lenin wirklich nicht mehr? Denn als unwahrscheinliche, unmögliche, ungeheuerliche Willkür der Natur wird uns sein Tod noch lange erscheinen.

Möge jener Nadelstich, den wir empfinden, den unser Herz jedes Mal fühlt bei dem Gedanken, dass Lenin nicht mehr ist, zur Mahnung werden, zu der Warnung, zu dem Ruf: Deine Verantwortung ist größer geworden. Sei des Führers würdig, der Dich erzogen hat.

In Betrübnis, in Trauer und Gram schließen wir unsere Reihen und unsere Herzen, schließen sie enger zusammen für neue Kämpfe.

Genossen, Brüder, Lenin ist nicht mehr unter uns. Leb wohl, Iljitsch! Leb wohl, Führer!

Tiflis, Bahnhof, am 22. Januar 1924.

Ausgewählte Titel des Manifest Verlags

Leo Trotzki: Revolution in Russland (Textsammlung)
ISBN 978-3-96156-001-1, 13,90 Euro

S. Staničić, S. Hollasky, W. Klein, S. Kimmerle: Die Deutsche Revolution. Texte zur revolutionären Periode in Deutschland vom November 1918 bis 1923.
ISBN 978-3-96156-004-2, 9,90 Euro

Karl Liebknecht: Der Hauptfeind steht im eigenen Land! Reden und Schriften gegen Militarismus und Krieg.
ISBN 978-3-96156-005-9, 14,90 Euro

Wolfram Klein: 1917 - Die Russische Revolution. Eine Einführung.
ISBN 978-3-96156-006-5, 8,90 Euro

Friedrich Engels: Zur Wohnungsfrage
ISBN 978-3-96156-081-3, 6,90 Euro

Wladimir Iljitsch Lenin: Staat und Revolution.
ISBN 978-3-96156-008-0, 12,90 Euro

S. Staničić/R. Arnsburg (HG.): Pandemische Zeiten: Corona, Kapitalismus, Krise und was wir dagegen tun können
ISBN 978-3-96156-091-2, 14,90 Euro

Albert Rhys Williams: Durch die Russische Revolution
ISBN 978-3-96156-011-0, 14,90 Euro

Leo Trotzki: Wie wird der Faschismus geschlagen? Textsammlung zu Faschismus und Einheitsfronttaktik.
ISBN 978-3-96156-046-2, 8,90 Euro

August Bebel: Die Frau und der Sozialismus
ISBN 978-3-96156-044-8, 16,90 Euro

Wladimir Iljitsch Lenin: Vom Februar zum Oktober
ISBN 978-3-96156-031-8, 13,90 Euro